Regioni e principali città d'Italia
イタリア—州と主要都市の地図

世界の言語シリーズ 13

イタリア語

Giulio Antonio Bertelli
菊池 正和

大阪大学出版会

序文 — Introduzione

本書の使い方と特徴

本書は初級（A1）から中級（B2）までのイタリア語文法をカバーしていますが，単なる文法書ではありません。各課の最初のページには，その課で説明される文法項目を用いた「会話」または「読み物」があります。いずれの場合も，できるだけ自然で「生きた」イタリア語を用いていますので，まずは例文として覚えてみましょう。さらに「会話」の場合，下線部の表現を入れ替えることで，学習者は語彙力を上達させるだけでなく，イタリア語の文の構造をより効果的に学ぶことができるように工夫されています。「読み物」は比較的長文で，イタリアの様々な文化が紹介されていますが，できるだけ読み応えがあり，また「オチ」のある小話やストーリーにしました。

そして次の２ページ目には，１ページ目の「会話」や「読み物」に関連する単語や表現が紹介されます。予習の際に，辞書でその意味を調べてみましょう。また「読み物」の場合には，単語や表現をまとめた表に加えて，内容に関する質問もあります。これらの質問に答えることで，イタリア語の文章の中から必要な情報のみを引き出す練習が可能となります。

これらの「会話」や「読み物」に関しては，３ページ目以降で説明してある文法項目を学んでから取り組むことも可能です（学習者や教員の判断次第です）。また「会話」と「読み物」については，CD トラックに音声も収録されていますので，リスニングの練習にも活用していただけます。

本書は 28 課から形成されています。6 課ごとに「ステップアップとまとめ」という課が挿入されており，それまでの課で学んだ文法項目を復習するための練習問題と，さらに発展的な内容を学びたい人のための文法説明，練習問題が導入されています。学習の目的や段階に応じて活用してください。

本書の最大の特徴は「柔軟性」にあります。それぞれの課は２つから５つの「節」に分かれており，１つの「節」で１つの文法項目を扱っています。そして各節の文法説明の後に，その規則及び例外の理解を定着させるための練習問題が入っています。このように，文法項目ごとに説明と練習問題をまとめることで，学習者（または教員）は，区切りの良いところで学習を中断でき，効率よく学習時間を調整することができます。また，学習者のニーズに合わせて，割愛したい文法項目があれば，それも容易にできます。

練習問題の豊富さも本書の大切な特徴です。イタリア語文法の各規則，そして例外をしっかりと身に着けるために，あえて多くの練習問題を導入しています。また，出題に際しては，学習者を退屈させないために様々な工夫を凝らしています。動詞の活用を身に着けるためにオーソドックスな「穴埋め」や「正解を選ぶ」問題もあれば，他の市販のイタリア語教科書ではめったに見かけない「文の各要素の並び替え」問題や「文の前半と後半を結び付ける」問題などもあります。これらの問題によって，学習者は文の構造を意識し，語順を理解できるようになります。さらに，学習者が問題を解きながらイタリアの文化を学んでほしいという著者の思いから，可能な限り，例文や練習問題に文化的要素を含めました。授業のネタになるような要素や，イタリア人がよく使うギャグやダジャレなどユーモラスで時に破廉恥，時にシュールなイタリア語もあえて導入しています。やはり言語は人間の考えだけでなく，人間の心に飛び交う気持ちや感情を表すためにも使うものなので，本書のイタリア語表現に「人間らしい」，そして時に「人間臭い」感情が浮かび上がることがあります。これも日本で市販される教科書においては珍しい要素だと言えます。イタリアの息吹を感じながら，笑顔でイタリア語を学習していただければ幸いです。

また，著者のこれまでの教育経験を生かして，日本人学習者にありがちな間違いを取り上げた「ここだけは間違えるな！」というコーナーや，英語よりラテン語やギリシャ語に近いイタリア語の特徴を説明するために，「言語をさかのぼる」というコラムを設けて，言語学習の奥深さを感じていただきます。更に，特別コラム（SPECIALE）で，イタリア語およびイタリア文化の特徴（ジェスチャー，方言，擬音語，レシピ，詩など）を取り上げて，紹介します。本書はとにかく，学習者・読者が楽しく学び，できるだけ退屈しないように考えられています。

最後に，本書は，動詞の活用と用法にばかり焦点が置かれてきた従来の教科書の不足を補うために，文の構造，時制や法の使い分けから，名詞や形容詞，副詞の用法，疑問詞や接続詞，句読法の正しい使い方に至るまで，説明や練習問題を充実させています。また，文法項目の説明にとどまらず，その項目を応用するときにイタリア人の頭の中で発生するメカニズムの説明に挑戦しています。一方で，日本語での説明およびイタリア語例文の和訳は他の教科書に比べ最小限にとどめてあります。逆に，イタリア語文の量は多めに設定されています（本書に表れる単語は3000語を越える）。この点は学習者にとっては多少「不親切」と感じられるかもしれませんが，語学の学習においては，その言語になるべく多く触れることが大切です。辞書，そして付録の語彙リストおよび動詞の活用表を見ながら，直接イタリア語に触れて，チャレンジしてください。

本書のターゲット

本書の前半は，主に日常生活で使われるイタリア語を中心に，できるだけ「日常的」な場面を想定して，会話文や練習問題を考えています。読み物の和訳や練習問題の解答も付属していますので，独学者にも使いやすいように作られています。一方で，本書は基本的に大学などでイタリア語を専攻語として学ぶ者のために作られています。前半はイタリア語を第二外国語として学ぶ者も意識しながら考えられており，コミュニケーションを中心としたものです。後半は読むことを中心としたもので，主にイタリア語を専攻語として学び，イタリアの文学や歴史などの勉強を始めようとする者や中級文法を求める独学者を想定しています。本書はイタリア語検定（準2，3，4，5級），CILS，CELI，PLIDAなど，あらゆる検定試験の準備にも役立ちます。

いずれにせよ，柔軟に学習していただけるように工夫された本書は，様々な学習のニーズやレベルに合わせてお使いいただけます。

初めてイタリア語を学ぼうとする皆様への著者からのメッセージ

1つの言語を学び始めることは，生まれたての赤ちゃんを養うことです。これからイタリア語を学ぼうとする皆様の心の中に，小さな赤ちゃん，bambinoがいます。これから，毎日，毎日，忘れずに，多くの単語を覚えて，その子を養ってあげてください。イタリア語文法の仕組みや秘密を身に付けることで，少しずつ成長させてあげてください。毎日この赤ちゃんのことを忘れずに，大切に，心を込めて，面倒を見てあげてください。そうすると，この赤ちゃんはいつの間にか成長し，自立できる立派な少年になるのです。時々，この子はちょっとダダをこねたり，わがままを言って，うまくいかないこともあるでしょう。だけど，この子はイタリア人のあなたなのです。ちょっとうるさくて，パスタやピッツァが大好きで，話している時に思わず手を動かしてしまうこともありますが，大事に育ててあげてください。この子がずっとあなたと一緒にいれば，あなたにとって最高の仲間になって，もう怖いことはありませんよ！

Giulio Antonio Bertelli
菊池　正和

謝　辞
Ringraziamenti

まず，2018 年度をもって大阪大学を退職される郡史郎先生に本書を捧げます。長年いろいろとお世話になりました。心から感謝申し上げます。また，本書が出来上がるまでの長い道のりを辿るなかで，多くの方々の力を借りました。毎日支えてくれて，いっぱいエネルギーを与えてくれる家族と子供たち，同僚で友人の Luciana Cardi 先生と Massimiliano Mannino 先生から様々なアイデアとインスピレーションを得て，音声データの収録に協力いただき，感謝申し上げます。次に，『クオーレ』ご翻訳文の使用をご快諾くださった和田忠彦先生，イラスト作成に快く応じてくれた堀有里子さん，音声データの収録に協力していただいた大学院生の姫島鷹平さんと山田芙紗子さん，イタリア留学中に撮った多くの写真を提供してくれたイタリア語専攻の学部生たち，そして本書の元となる教材についての修正に協力してくれた 2017，2018 年度のイタリア語専攻の 1 回生たちに心から感謝申し上げます。最後に，著者の気まぐれを受け入れてくださって，丁寧に原稿のチェックを何度も行ってくださった大阪大学出版会の川上展代さん，そしてコラムのアイコンを描いてくださった遊文舎のデザイナーさん，そして CD の録音作業を根気よくしてくださった大阪大学サイバーメディアセンターの並川嘉文先生は，まさに本書の完成を実現したスーパーヒーローです！　一緒に仕事ができてよかったと思わせるこのお三方に特別な感謝を申し上げます。Grazie a tutti!

Giulio Antonio Bertelli
菊池正和

目　次
Indice

第1部　初歩
PARTE I － I PRIMI PASSI

第２部　直説法現在

PARTE II – L'INDICATIVO PRESENTE

第4部　条件法と接続法

PARTE IV − CONDIZIONALE E CONGIUNTIVO

第 5 部　その他の法
PARTE V － ALTRI MODI

世界の言語シリーズ　13

イタリア語

第1部　初歩

PARTE I – I PRIMI PASSI

アルファベットと発音

Alfabeto e pronuncia

会話 — DIALOGO
初対面　Primo incontro

CD-I 01

1-a　Primo incontro tra giovani (con il "tu")

くだけた表現（tu で相手に呼び掛ける際） △ Akane　● Fabio	入れ替える部分
△ Ehi, ciao! Come ti chiami?	
● Mi chiamo Fabio. Piacere! E tu?	→ ● 1）Mauro　2）Ciro　3）Totò
△ Io sono Akane. Piacere mio.	→ △ 1）Misa　2）Ayumi　3）Tomoko
● Che bel nome! Come si scrive?	
△ A, K, A, N, E.　È facile!	→ △（名前のスペリングを伝える）
● E di dove sei?	
△ Sono giapponese di Osaka. Tu?	→ △ 1）Tokyo　2）Sendai　3）Kyoto
● Io sono italiano, di Roma.	→ ● 1）Torino　2）Napoli　3）Palermo

1-b　Primo incontro tra adulti（con il "Lei"）

丁寧な表現（Lei で相手に呼び掛ける際） △ Rina Yamaki　● Aldo Rossi	入れ替える部分
△ Buongiorno, come si chiama?	
● Mi chiamo Aldo Rossi. Piacere! E Lei?	→ ● 1）Carlo Ricci　2）Edoardo Poli
△ Io sono Rina Yamaki. Molto lieta.	→ △ 1）Minako Kawase　2）Yukari Watanabe
● Oh! Ma il cognome come si scrive?	
△ Y, A, M, A, K, I.　È un po' difficile…	→ △（名前のスペリングを伝える）
● E di dov'è?	
△ Sono giapponese di Sapporo. E Lei?	→ △ 1）Nagoya　2）Nara
● Sono italiano di Bologna.	→ ● 1）Milano　2）Pisa

Parole ed espressioni utili — 役立つ単語と表現

くだけた表現（tu）	丁寧な表現（Lei）
Ciao! やぁ！／またね！	Buongiorno.　おはようございます。 こんにちは。 Buonasera.　こんばんは。（夕方から） （イタリア南部で Buonasera は午後から）
Come ti chiami?　お名前は？	Come si chiama?　お名前は何ですか？
E tu?　君は？ （何かを訊き返すときに）	E Lei?　あなたは？
Piacere.　はじめまして Piacere mio. （Piacere に対する答えとして） （イタリアでは初対面に握手します。）	Piacere. / Piacere mio. Molto lieto. どうぞよろしくお願いします。 Molto lieta.（主語が女性の場合）
Di dove sei?　どこ出身？	Di dov'è?　どこの出身ですか？

Ehi!　やあ，おい
Oh!　おお！
（驚いた時などに使います）
Il nome　名前
Il cognome　苗字
Che bel nome!　なんて響きのいい名前!
（che ＋形容詞＝なんて…！）
È facile!　簡単です
È difficile!　難しいです
単語や人名・地名などの綴り（スペリング）を尋ねる場合は：
Come si scrive?
どうやって書きますか？

Un po'（Un poco）少し，ちょっと，若干
E　そして
Ma　しかし
Mi chiamo ...　私は～という名前です。
Io sono ...　私は～です。

＊人名，地名の頭文字は必ず大文字です。

1.1 イタリア語のアルファベット L'alfabeto italiano

イタリア語のアルファベットは基本的に21文字からなります。ただし，外来語や古語に用いる文字を加えると，英語と同じく26文字から形成されます。

これらの文字は「母音」(Vocali) と「子音」(Consonanti) に区別されます。母音は基本的に5つあり，日本語とほぼ同じように発音します。ただし，「E」と「O」は開口音と閉口音があるので，音は全部で7つとなります。

CD-I 03

イタリア語の母音	A	E (É) — (È)	I	O (Ò) — (Ó)	U

CD-I 04

これ以外の文字は「子音」と呼びます。各文字の読み方，発音を学びます。

文字(大, 小)	発音(仮名)	備考・ヒント	単語①	単語②
A, a	アー a	口を大きくあける。ほぼ日本語の「ア」と同じ発音。	Acqua	Albero
B, b	ビィ bi	唇を合わせて，発音する。日本語の「バ」行とほぼ同じ音。	Bambino	Borsa
C, c	チィ ci	基本は「カ」行とほぼ同じ。「ce」は「チェ」,「ci」は「チ」と発音するので注意。	Castello	Cielo
D, d	ディ di	日本語の「ダ」行とほぼ同じ。	Dolce	Dormire

文字(大, 小)	発音(仮名)	備考・ヒント	単語①	単語②
E, e	エ e	開口音「è」と閉口音「é」があるので注意。	Euro（開） 	Estate（閉） 
F, f	エッフェ effe	上歯を下の唇に当てて発音する。日本語の「フ」とは若干違う。	Finestra 	Fiore 
G, g	ジ gi	基本は「ガ」行と同じだが,「ge」は「ジェ」,「gi」は「ジ」と発音するので注意。	Gufo 	Gelato 
H, h	アッカ acca	「h」は無音なので，発音しない。語中の場合はChe, Chi, Ghe, Ghi ⇒「ケ」,「キ」,「ゲ」,「ギ」。	Hotel 	Chiave 
I, i	イ i	ほぼ日本語の「イ」と同じ発音。	Imperatore 	Inverno 
L, l	エッレ elle	＊注意＊ 舌を巻かない。舌を巻く「R」と同じように発音しない。	Luna 	Letto 
M, m	エンメ emme	ほぼ日本語の「マ」行と同じ。「Mu」は「ムゥ」で，若干異なる。＊「ミュ」と発音しないこと。	Mare 	Musica 

文字(大, 小)	発音(仮名)	備考・ヒント	単語①	単語②
N, n	エンネ enne	ほぼ日本語の「ナ」行と同じ。	Nave	Nuvola
O, o	オ o	開口音「ò」と閉口音「ó」があるので注意。	Occhio（開）	Ombra（閉）
P, p	ピィ pi	ほぼ日本語の「パ」行と同じ。「pu」は「プゥ」と発音。	Primavera	Pasta
Q, q	クゥ qu	「クゥ」の後に, 必ず母音（a,e,i,o）が来る。	Quadro	Quaderno
R, r	エッレ erre	＊注意＊ 舌を巻く。「L」と混同しないように。	Rosa	Ragù
S, s	エッセ esse	基本は「サ」行で, 母音に挟まると「ザ」行となる（＊ただし中部・南部ではいつも「サ」行となる）。	Strada	Scimmia
T, t	ティ ti	日本語の「タ」行にほぼ同じ発音。	Torta	Treno

文字(大, 小)	発音(仮名)	備考・ヒント	単語①	単語②
U, u	ウ u	日本語の「ウ」より口をしぼめて発音する。	Uva	Università
V, v	ヴィ (ヴ) vi (vu)	英語の「V」と同じ。下の唇をかむ。「B」と発音しないように。	Vino	Vaso
Z, z	ゼータ zeta	語頭なら「ザ」行(*ただし中部・南部では「ツァ」行になることが多い), 語中なら基本的に「ツァ」行と同様に発音する。	Zebra	Stazione

※ s や z の発音については清濁 2 つの発音がありますが, それほど両者を厳密に区別する必要はありません。例えば, 母音間の「s」や語頭の「z」は, 北部イタリアでは濁音「ザ行」で, 中部・南部イタリアでは清音「サ行」で発音する傾向があります。

Esercizio 1: 次の単語を発音して, 辞書で意味を調べてください。

CD-I 05

1) aria ________	2) buono ________	3) cucchiaio ________	4) delfino ________	5) erba ________	
6) forza ________	7) giraffa ________	8) hobby ________	9) imparare ________	10) lasagne ________	
11) mamma ________	12) notte ________	13) ora ________	14) porta ________	15) quattro ________	
16) riso ________	17) sasso ________	18) tavolo ________	19) uovo ________	20) volare ________	21) zio ________

外来語や古語で使われる文字　Lettere speciali

CD-I
06

これらの５文字は主に外来語や古語で現れますが，名前などのスペリングを伝える際に役立つのでしっかり覚えましょう。

文字(大, 小)	発音(仮名)	備考・ヒント	単語①	単語②
J, j	イルンガ i lunga (i lungo)	外来語の際は「g」で，古語の際は「i」と発音。	Jeans	Jettatore
K, k	カッパ cappa (kappa)	「k」で，英語と同じ発音。	Kimono	Koala
W, w	ドッピアヴ doppia vu	基本は「u」と読むが，「v」と読むこともある。	Whisky	Wafer
X, x	イクス ics	普段は「cs」と読む。語頭の際は「s」に近い。	Ex	Xilofono
Y, y	イプスィロン ipsilon	「i」とほぼ同じ発音。	Yogurt	Yacht

1.2 ローマ字読みと異なる音節の発音 Sillabe speciali

CD-I 07

C	ca	che	chi	co	cu	例：
	カ	ケ	キ	コ	ク	1) casa 2) anche 3) chiaro 4) colore 5) cuore
	cia	ce	ci	cio	ciu	例：
	チャ	チェ	チ	チョ	チュ	1) ciao! 2) certo! 3) ci vediamo! 4) cioccolato 5) acciuga
G	ga	ghe	ghi	go	gu	例：
	ガ	ゲ	ギ	ゴ	グ	1) gallo 2) margherita 3) ghiaccio 4) gol 5) guerra
	gia	ge	gi	gio	giu	例：
	ジャ	ジェ	ジ	ジョ	ジュ	1) giacca 2) gelato 3) giro 4) giorno 5) giusto
	gna	gne	gni	gno	gnu	例：
	ニャ	ニェ	ニ	ニョ	ニュ	1) Bologna 2) lasagne 3) bagnino 4) sogno 5) ognuno
	gli					例：
	ｸﾞリイ (基本は「リ」ですが，音は「ギ」に近い。「イ」も強調します。)					1) coniglio 2) famiglia 3) figlio 4) sveglia 5) moglie 6) biglietto 7) canaglia
S	sca	sche	schi	sco	scu	例：
	スカ	スケ	スキ	スコ	スク	1) scala 2) scheda 3) schiavo 4) scorso 5) scuola
	scia	sce	sci	scio	sciu	例：
	シャ	シェ	シ	ショ	シュ	1) sciabola 2) scemo 3) pesci 4) sciopero 5) prosciutto
	si					例：
	スィ (「sci」と「si」の発音に注意！)					1) sicuro 2) corsia 3) cortesia 4) scusi 5) si 6) silenzio

Esercizio 2: あなたの名前を書いてください（イタリア語では名，姓の順番で書きます）。

Nome: ____________________　　Cognome: ____________________

CD-I 08

Esercizio 3: 次の単語を発音し，辞書で意味を調べてください。

1) chiesa ________	2) cuoco ________	3) forchetta ________	4) coltello ________	5) bacio ________	
6) cerchio ________	7) granchio ________	8) ghiaia ________	9) Germania ________	10) giurare ________	
11) bagno ________	12) cicogna ________	13) segnare ________	14) aglio ________	15) tovaglia ________	
16) scegliere ________	17) Sicilia ________	18) sciare ________	19) aurora ________	20) Euro ________	21) alloro ________

1.3 アクセント　L' accento

イタリア語の全ての単語にアクセントが付いています。アクセントの位置を間違えると，単語の意味が変わることが稀にありますので，正しく発音するのは重要です。アクセントは原則として，後ろから2つ目の音節の中心となる母音に付けます。ただし，後ろから3つ目の音節に付けることもあります。また，最後の母音に付けることもあり，その場合アクセント記号を付けます。

CD-I 09

後ろから2番目の音節につく場合	i ta **lia** no 4 3 2 1	ris to **ran** te 4 3 2 1	man **gia** re 3 2 1
後ろから3番目の音節につく場合	te **le** fo no 4 3 2 1	**ca** me ra 3 2 1	**ta** vo lo 3 2 1
最後の母音につく場合	pro prie **tà** 3 2 1	ca pa ci **tà** 4 3 2 1	li ber **tà** 3 2 1

Esercizio 4: 次の単語を発音し，辞書で意味を調べてください。 CD-I 10

1) caffè ________	2) pizzeria ________	3) macchina ________	4) biblioteca ________	5) tè ________	
6) sabato ________	7) domenica ________	8) cassetto ________	9) fontana ________	10) Napoli ________	
11) camicia ________	12) lettera ________	13) strega ________	14) bidè ________	15) tartufo ________	
16) zattera ________	17) vicino ________	18) perché ________	19) molto ________	20) morto ________	21) chissà ________

Pizza napoletana DOC（margherita）

CD-I 11

Parole italiane nella lingua giapponese ―日本語におけるイタリア語

アクセントやgliなどの特別な音にさえ注意すれば，日本人の学習者にとってイタリア語の発音は決して難しいものではありません。また，普段カタカナで表記されている外来語で，イタリア語由来のものも多くあります。特に多いのは音楽用語です。ただし，カタカナ表記は，英語などを通して日本語に導入されており，その発音は必ずしもイタリア語の正しい発音だとは限らないので注意しましょう。

カタカナ語	イタリア語	正しい発音	意味（辞書で調べてください）
1）ピザ	pizza	ピッツァ	
2）セピア	seppia	セッピア	
3）フレスコ	affresco	アフレスコ	
4）アカペラ	a cappella	ア・カッペッラ	
5）インフルエンザ	influenza	インフルエンツァ	
6）マニフェスト	manifesto	マニフェスト	
7）プロシュート	prosciutto	プロシュット	
8）パニーニ	panino	パニーノ	
9）オペラ	opera lirica	オペラ・リーリカ	
10）ラテ	latte	ラッテ	

発音をよく聞いて，カタカナ語に「騙されない」ように注意しましょう。

あと，「ボーノ」（buono），「グラッチェ」（grazie）と発音するのをよく聞きますが，正しくは「ブオーノ」と「グラツィエ」です。注意しましょう！

Risotto ai gamberi

文の構造と品詞

La frase e le parti del discorso

会話 — DIALOGO
学校で　A scuola

CD-I 12

2-a　In una scuola di italiano (tra compagni)

くだけた表現（tuで相手に呼び掛ける際） △ Shinji　● John	入れ替える部分
△ Ciao, John! ● Ciao, Shinji! △ Ehi, scusa, come si dice in italiano "cat"? ● Si dice "gatto". △ Grazie! ● Prego! Ci vediamo!	→ △ 1）Richard　2）Sara　3）Tony → ● 1）Akane　2）Yukari　3）Yoshio → △ 1）chair　2）book　3）car → ● 1）sedia　2）libro　3）macchina

CD-I 13

2-b　In una scuola di giapponese (all'insegnante)

丁寧な表現（Leiで相手に呼び掛ける際） △ Signorina Carli　● Signor Yamada	入れ替える部分
△ Buongiorno, signor Yamada. ● Buongiorno, signorina Carli! △ Scusi, come si dice in giapponese "treno"? ● Si dice "densha". △ Grazie mille. ● Prego. Arrivederci.	→ △ 1）signora Taki　2）signor Kanda → ● 1）signor Conti　2）signora Stevens → △ 1）cane　2）canzone → ● 1）inu　2）uta

＊好きな単語を入れ替えて，練習してください。

Parole ed espressioni utili ― 役立つ単語と表現

くだけた表現（tu）	丁寧な表現（Lei）
Ciao, Mario. （名前で呼ぶ）	Buonasera, signor Rossi.　男性 signora Gatti.　既婚女性 signorina Neri.　未婚女性 （苗字で呼ぶ）
Ci vediamo.　また会おうね。	Arrivederci./ArrivederLa.　さようなら。
Scusa.　すみません。 （声をかける時，謝るときなどに使います）	Scusi.　すみません。

Grazie.　ありがとう
Grazie tante. / Grazie mille.　どうもありがとう
Prego.　どういたしまして・どうぞ
Buonanotte.　おやすみなさい
Addio.　さようなら―二度と会う予定がない場合
Sì./No.　はい・いいえ

教室で頻繁に使われる表現：
-Ci sono domande?（-Sì./-No.）（「質問はありますか？」）
-Tutto bene?（-Sì./-No.）（「大丈夫ですか？」）
Presente!（点呼の時の「はい!」）
Cominciamo!（「はじめましょう!」）
scuola 学校
compagno クラスメイト，仲間，パートナー
insegnante 教員

新しい単語を学びたい時に：
-Come si dice in italiano "愛"? -Si dice "Amore".
-Come si dice in giapponese "Ti amo"?
-Si dice "愛している".

2.1 文の構造　La struttura della frase

イタリア語の平叙文の構造は基本的に次のとおりです。
この３つの部分の役割と重要性を理解し，文の構造を常に意識しましょう。

主語 Soggetto	動詞 Verbo	補語 Complemento	
Io（私）	mangio（食べる）	una pizza.（ピッツァを）	私はピッツァを食べる。
Michele（ミケーレ）	ama（愛する）	Serena.（セレーナを）	ミケーレはセレーナを愛している。
Noi（私たち）	andiamo（行く）	a Milano.（ミラノへ）	私たちはミラノへ行く。

a）動詞　Il verbo

イタリア語で，文の最も肝心で不可欠な部分は動詞（Verbo）です。主語がなくても，動詞だけで文は成り立ちます。

例：　**Piove.**　雨が降っている。　　**Nevica.**　雪が降っている。

逆に，動詞がなければ，文は成り立ちません。イタリア語の動詞の原形（不定詞ともいう，つまり辞書で検索できる，活用されていない形）は基本的に -are, -ere, -ire で終わります（ただし，稀に -rre で終わる動詞もあります）。
動詞は主語の動作などを表すので，特に主語との密接な関係を持っており，主語に合わせて活用させます。
英語などと異なり，イタリア語では，６つの活用形（1, 2, 3 人称単数，1, 2, 3 人称複数）はそれぞれ異なる形になることが多いので，動詞の活用形だけで主語が把握できます。したがって，主語は頻繁に省略されます。

例：　Piacere,（io）sono Sara,（io）ho 22 anni e（io）sono italiana.
英訳：　Nice to meet you, **I** am Sara, **I**'m 22 years old and **I**'m italian.

動詞の活用はまず「法」(modo)，そして更に「時制」(tempo) に分類されます。
注意：日本語でこの分類はないので，「法」と「時制」の概念を理解することは重要です。

表：イタリア語の動詞の「法」と「時制」

動詞「cantare」［歌う］（原形）の活用形（1 人称単数のみ）の変化を一例とします。

法 modo	説明 spiegazione	時制 tempi	備考 altro
1）**直説法** **Modo indicativo** **（第 4 〜 19 課）**	主に「現実の世界」に属する事柄，紛れもない事実を表す。時制は 8 つある。	現在 canto 近過去 ho cantato 半過去 cantavo 大過去 avevo cantato 未来 canterò 先立未来 avrò cantato 遠過去 cantai 先立過去 ebbi cantato	イタリア語で最も利用されている。近過去，大過去，先立未来，先立過去は複合時制で，**助動詞（essere または avere）の活用形＋過去分詞からなる。**
2）**条件法** **Modo condizionale** **（第 20 課）**	主に「意志（図）の世界」に属する事柄，そして願望や夢を表す。時制は 2 つある。	現在 canterei 過去 avrei cantato	丁寧語（主に表現を和らげる際）でも頻繁に利用する。
3）**接続法** **Modo congiuntivo** **（第 21，22 課）**	主に個人の「思考の世界」，つまり主観性，個人の立場や思想を表す。時制は 4 つある。	現在 canti 過去 abbia cantato 半過去 cantassi 大過去 avessi cantato	主に従属節で利用する。接続詞 che で主節に結ぶ。活用形は類似するので，主語を省かない。
4）**命令法** **Modo imperativo** **（第 25 課）**	主に命令や丁寧なアドバイスをする際に利用する。時制は 1 つのみ。	現在 canta!（2 人称）	1 人称の活用形は存在しないため，変化は 5 つしかない。
5）**不定詞** **Infinito** **（第 26 課など）**	動詞の原形（未活用の形）。時制は 2 つある。	現在 cantare 過去 aver(e) cantato	人称に合わせた 6 つの活用変化はせず，形は 1 つのみ。
6）**分詞** **Participio** **（第 26 課など）**	動詞の完了形（近過去等）で過去分詞を利用する。時制は 2 つある。	現在 cantante 過去 cantato	名詞や形容詞としても使える。形は 1 つのみ。
7）**ジェルンディオ** **Gerundio** **（第 6，26 課など）**	進行形などに使う。時制は 2 つある。	現在 cantando 過去 avendo cantato	英語の「-ing」との共通点が多い。形は 1 つのみ。

b）主語　Il soggetto

「主語」はたいてい動詞が表す動作を起こすモノです。名詞（人名，具体的・抽象的なモノを表す名詞）あるいは代名詞（人称代名詞，指示代名詞）です。上述のとおり，動詞の活用形を見るだけで推測できることが多いので，しばしば省略されます。基本的に，動詞の前に置きますが，疑問詞を用いた疑問文の場合は動詞の後に置きます。

例：（質問）-Che cosa fa Mario?
（何）（する）（マリオ）
-マリオは何をするの？

（答え）-Mario fa la doccia.
（マリオ）（する）（シャワー）
-マリオはシャワーを浴びる。

c）補語　Il complemento

「補語」は2種類あります。直接的に動詞に繋がるもの（直接補語ーComplemento diretto），そして前置詞で間接的に繋がるもの（間接補語ーComplemento indiretto）があります。

	主語	動詞	補語		
直接補語	Io	amo	Milano.	私はミラノを愛している。	I love Milano.
間接補語	Io	sono	a Milano.	私はミラノにいる。	I am in Milano.

amare（愛する）は他動詞で，その対象であるMilanoそのものに直接的にかかっています。

essere（である，いる）は自動詞です。自動詞は基本，主語自身の範囲内で完結する動作を表し，前置詞を介して補語に繋がります（a Milano）。

2.2　文の構成要素（品詞説明）　Le parti del discorso

a）名詞と冠詞　Il sostantivo e l'articolo

名詞（Sostantivo）は人間が全ての具体的，または抽象的な物事に付けた名前です。名詞の「性」は男性か女性で，「数」は単数か複数です。原則として，名詞の前に冠詞（Articolo）が付きます。人名も地名も名詞ですが，頭文字は必ず大文字で，基本的にそれらに冠詞は付きません。

il sale（塩，the salt）	la gioia（喜び，the joy）	Antonio（人名）	Roma（地名）

詳細は主に本書の第3課を参照してください。

b）形容詞　L'aggettivo

形容詞（Aggettivo）は名詞の様子や特徴などを表すものであり，名詞を修飾するため，名詞に「依存」するものです。つまり，名詞の「性」（男性か女性か），そして「数」（単数か複数か）に語尾を合わせなければなりません。イタリア語では，日本語や英語と異なり，形容詞の大多数は**名詞の後に**付けます。

冠詞	名詞	形容詞
Il	gatto	bianco

日本語は「白い猫」，英語は「the white cat」と，名詞と形容詞の位置は逆になります。

詳細および例外は第5，6課を参考にしてください。

c）接続詞　La congiunzione

接続詞は2つ以上の文，名詞，形容詞などの要素を結びつけるもので，とりあえず，基本的なものを覚えるのは極めて重要です。例えば，「e」は英語の「and」，「o」は英語の「or」に相当します。

要素1	接続詞	要素2
Sergio	e	Maria
rosso	e	nero
Vuoi un caffè	o	vuoi un cappuccino?

詳細は第11課を参考にしてください。

d）動詞と副詞　Il verbo e l'avverbio

動詞全般に関しては，2-1を参考にしてください。副詞は動詞，形容詞，そして副詞を修飾します。動詞を修飾する場合は，動作の様子・方法についての情報を含みます。形容詞，そして副詞を修飾する場合は，形容詞と副詞を強める役割があります。

主語	動詞
Simone	canta.

主語	動詞	副詞
Simone	canta	bene.

主語	動詞	副詞②	副詞①
Simone	canta	molto	bene.

（英語で：「Simone sings.」→「Simone sings well.」→「Simone sings very well.」）

名詞	形容詞
Una ragazza	carina.

名詞	副詞	形容詞
Una ragazza	molto	carina.

(英語で：「A cute girl.」→「A very cute girl.」)

副詞はつまり，形容詞が名詞を修飾するように，動詞（または形容詞，副詞）を修飾します。ただし，形容詞と異なり，副詞は語尾変化しません。また，副詞も様々な種類があります（時間，質，量，場所などを表すもの）。副詞の文中における位置は様々です。できるだけ動詞（または形容詞）の近くに配置した方が良いですが，柔軟性が高く，イタリア語においては最も扱いやすい要素です。

詳しくは第7，8課を参考にしてください。

e）代名詞　Il pronome

代名詞は，文の構造を乱さずに省略する名詞の代わりに使うものです。

とりあえず，人称代名詞を覚えておくことが重要です。

1人称（単）	2人称（単）	3人称（単）	1人称（複）	2人称（複）	3人称（複）
io（me）	tu（te）	lui/lei/Lei	noi	voi	loro/Loro
私（私を）	君（君を）	彼・彼女・あなた	私たち	君たち	彼ら・あなたたち

代名詞は「箱」のようなものです。その箱を開けたら，中に名詞，または名詞となった複雑な文が入っています。

Io (I)	amo (love)	Simona. (Simona)

Io (I)	amo (love)	lei. (her)

この場合，「lei」という箱に「Simona」が入っています。「lei」を使った場合，話しても聞き手もその箱の中身（つまりSimona）を知っています。

これ以外に，指示代名詞（pronomi indicativi），所有代名詞（pronomi possessivi）［第5課］，直接・間接補語代名詞（pronomi diretti e indiretti）［第10課］，再帰代名詞（pronomi riflessivi）［第11課］，関係代名詞（pronomi relativi）［第16課］などがあります。

イタリア語で代名詞を使う理由は2つあります。1つ目は，文章を出来るだけまとめて，短くするためです。2つ目は，文中における名詞の繰り返しを避けるためです。イタリア語では，繰り返しの多い文章はだらしない，稚拙なものだと見做されますので，できるだけ代名詞を上手に使いましょう。

f) 前置詞　La preposizione

イタリア語では，最も使われる前置詞は９つあります（以下を参照)。前置詞は動詞と間接補語を結ぶものですが，その使い方は数え切れないほど多くあり，慣用的なものも多くあります。とりあえず，文中で以下のものに出会うことがあれば，それは前置詞だと判断してください。

di	a	da	in	con
～の（所有）	～に ～へ	～から ～より	～に ～中に	～と共に ～と一緒に
of	to/at/in	from	in/into	with

su	per	tra/fra
～の上に ～について	～のために	～の間 ～後（時，距離）
on	for	between/in

ちなみに，イタリア語では，前置詞は冠詞と結合することも多いです。詳しくは第８課を参照してください。

Esercizio 1: 辞書を使って次の文を分析し，上述の形成要素を確認してください。

例：Io sono Marco.

Io ＝人称代名詞（1 人称単数)，sono ＝動詞（原形：essere)，Marco ＝名詞（人名）

1）Tu sei di Roma o di Napoli?

2）Sono un ragazzo italiano di Venezia.

3）Carlo e Gianna sono molto simpatici.

4）Noi compriamo un regalo per Simone.

5）Stasera noi usciamo con Sara e Anna.

2.3 主な句読符　La punteggiatura

イタリア語において，句読符は非常に重要な役割があります。文のリズムやイントネーションなどを左右する働きがありますのでしっかりと身に付けましょう。

a) 終止符 Il punto	.	必ず文末，略語の後に付ける。長い休止を示す。 例：① Noi amiamo il calcio. ②（手紙で）Egr. Sig. Rossi,
b) コンマ La virgola	,	語，節の休止を示す。呼びかける際も使う。 例：① Vuoi caffè, tè o latte? ② Vado a mangiare, nonna!
c) コロン I due punti	:	リスト，説明・結論前に使う。「つまり」の意を持つ。 例：Ecco i miei amici: Martino e Erika.
d) セミコロン Il punto e virgola	;	内容の面で繋がる二つの独立した節を結ぶ。長文で使う。 例：Oggi sono stanco, non voglio uscire; guardo la TV a casa.
e) 感嘆符 Il punto esclamativo	!	感嘆文・強い命令を含む文，擬音語の後に付ける。 例：① Che caldo! ② Vai a letto! ③ Boom!
f) 疑問符 Il punto interrogativo	?	疑問文の最後に付ける。 例：① Dove vai? ② Sei italiano o francese?
g) 中断符 I puntini	...	文を途中で中断する時，ためらいを表す時に使う。 例：① Ma che... ② Dunque... ③ Se tu sapessi...
h) 引用符① Le virgolette ①	“”	引用，強調する語に使う。「:」と共に，直接話法に使う。 例：① Buongiorno, “artista”! ② Leo dice: “Ciao!”
i) 引用符② Le virgolette ②	« »	引用符①と同じ。 例：① È stato un «incidente». ② Rosa dice a Anna: «Ti amo».
l) アポストロフォ L’apostrofo	’	母音，語の一部が発音の都合で省略される時に使う。 例：① Ida è un’amica. ② Quant’è? ③ Ecco un po’ di vino.

コンマは大事だよ！　La virgola è importante!

a) Vado a mangiare, nonna!　ごはんを食べに行くよ，おばあちゃん！

b) Vado a mangiare nonna!　おばあちゃんを食べに行くぜ！

コンマ１つでおばあちゃんの命が助かるぞ！(笑)

Esercizio 2: 次の句読符を正しく入れて書き直しましょう。

. (x2)	, (x3)	: (x1)	? (x2)	! (x2)

1) Ciao Mario Come va

____

2) Ecco tre amici Stefano Marina e Angelo

____

3) Io sono Andrea sono italiano di Firenze

____

4) Che caldo Puoi aprire la finestra

____

イタリア語とパソコン関連文字・用語　L'italiano e il computer

CD-I 14

www	イタリア語では「vuvuvu」と発音します。
@	イタリア語で「chiocciola」（カタツムリ）と言います。
#	イタリア語で「cancelletto」（小さな柵）と言います。
%	イタリア語で「percento」, 前置詞「per」＋「cento」（100），「100 中に」の意味です。
*	イタリア語で「asterisco」（小さな星「astro」）と言います。
-	イタリア語で「trattino」（小さな線）と言います。
/	イタリア語で「barra」（バー）と言います。

Esercizio 3: イタリア語で次のホームページやメールアドレスを読みましょう。

1) giovanni@itamail.com
2) www.treni-italia.com
3) https://carbonara-100%/intro
4) #forza-azzurri.com

I gesti italiani 1 — イタリアのジェスチャー1

1) Mangiare（食べる） 片手の指先を合わせて，口に持っていく。 「何か食べる？」 Mangiamo qualcosa? 「食べたい？」 Vuoi mangiare? 「食べる」という動作を表します。	
2) Bere（飲む） 片手の拳を握り，親指でビンのしぐさをする。 「喉が渇いた！」 Ho sete! 「飲みに行こうか？」 Andiamo a bere? 「飲む」という動作を表します。	
3) Che buono!（おいしい！） 人差し指を突き出して，ほっぺたに持っていって回す。 「おいしい！」 Buono! ＊これは主に小さな子供が使うジェスチャーです。 女の人が使うと，可愛く見えるかもしれません…。	
4) Che fame!（お腹がすいた！） 片手を平らにして，お腹にもっていって，少したたく。 「はらへったぁ！」 Ho fame! 「お腹がすいたなぁ！」 Voglio mangiare. 空腹時に使うしぐさです。	

Venezia - Gondole e navi da crociera

名詞と冠詞

I sostantivi e gli articoli

会話 — DIALOGO
注文しましょう！　Ordiniamo!

CD-I 15

3-a　In un bar di Milano

会話文（△＝客，●＝ウェイター）	入れ替える部分
△ Buongiorno.	
● Buongiorno. Prego, mi dica.	
△ Allora, per me un cappuccino e una brioche.	→ △（右表から飲み物と食べ物を選ぶ）
● Benissimo. Ecco il cappuccino e la brioche.	→ ●（客が頼んだものに定冠詞を入れる）
△ Grazie mille. Quant'è?	→ △ 1）Grazie.　2）Grazie tante.
● Sono 3 euro.	→ ●（値段を見て，計算する）
△ Ecco a Lei. Arrivederci.	

＊数詞は 32，107 ページ，そして早わかり表を参照。

3-b　In una pizzeria a Napoli

会話文（△＝客，●＝ウェイター）	入れ替える部分
△ Buongiorno.	
● Buongiorno. Prego, mi dica.	
△ Allora, una margherita e una birra.	→ △（右表から食べ物と飲み物を選ぶ）
● Benissimo.	
(Dopo 10 minuti...)	
● Ecco la margherita e la birra. Buon appetito.	→ ●（客が頼んだものに定冠詞を入れる）
△ Grazie mille. Quant'è?	→ △ 1）La ringrazio.　2）Molte grazie.
● Sono 7 euro.	→ ●（値段を見て，計算する）
△ Ecco a Lei. Arrivederci.	

以下の２つのメニューに正しい不定冠詞，定冠詞を付けましょう。

BAR LAFÜS

ANTICA PASTICCERIA - PROPRIO A MILANO-MILANO

	Da bere			Da mangiare	
____	caffè	1€	____	brioche alla crema	1€
____	cappuccino	2€	____	brioche alla marmellata	1€
____	bicchiere di latte	1€	____	cannolo al cioccolato	1€
____	caffè macchiato	2€	____	bombolone	2€
____	cioccolata calda	3€	____	maritozzo alla panna	2€
____	caffè americano	2€	____	strudel (torta di mele)	3€
____	tè al limone	2€	____	toast	3€
____	spremuta	3€	____	pizzetta	3€

*「Barlafüs」はミラノの方言で「ろくでなし」という意味です。

Pizzeria “Da Mammata”

Quartieri Spagnoli

Qui si serve solo pizza napoletana d.o.p.

	Le pizze			Le bevande	
____	pizza marinara	3€	____	aranciata (in lattina)	2€
____	pizza margherita	4€	____	coca cola (in lattina)	2€
____	pizza al prosciutto cotto	5€	____	chinotto (in bottiglia)	2€
____	pizza al prosciutto crudo	5€	____	gassosa (in bottiglia)	2€
____	pizza con salsiccia e friarielli	6€	____	ginger (in lattina)	2€
____	pizza alla diavola	5€	____	birra (in lattina)	3€
____	pizza ai quattro formaggi	5€	____	acqua naturale	1€
____	pizza fritta	4€	____	acqua frizzante	1€
____	calzone	6€			

*「Màmmata」はナポリの方言で「お前のお母ちゃん」という意味です。

3.1 名詞の性と数 Genere e numero dei sostantivi

イタリア語の名詞はまず,「性」(genere) で分かれます。イタリア語の全ての名詞は男性名詞か女性名詞のどちらかです。原則として,「-o」で終わる名詞のほとんどは男性名詞, そして「-a」で終わる名詞のほとんどは女性名詞です。

名詞の語尾	例：	例外：
-o	**Mario, libro, cielo, mercato** ほぼ全て**男性名詞**（**maschile**）。	mano, radio などは女性名詞（非常に少ない）。
-a	**Maria, borsa, rosa, casa** 基本的に**女性名詞**（**femminile**）。	Luca, problema, artista などは男性名詞（-ema で終わる名詞は男性, -ista で終わる名詞は男女共通）。

ただし,「-e」で終わる名詞の場合, 名詞を見るだけでは性を推測できないので, 必ず辞書で確認しましょう。

名詞の語尾	男性名詞の例	女性名詞の例
-e	**padre, cane, pane, pesce**... 「-ore」で終わる多くの名詞。	**madre, arte, notte, carne** 「-zione, -sione, -gione」で終わる多くの名詞。

外来語, 略語など, -o, -a, -e 以外で終わるものは男性名詞の場合が多いですが, 女性名詞の場合もあります。

外来語	男性名詞	女性名詞
例：	**computer, sushi, garage** など…	**e-mail, reception** など…

Esercizio 1: 次の名詞の性を分類して, 男性か女性の枠に入れてください。

scala, porta, tetto, bagno, cucina, tavolo, sedia, Lucia, Carlo, gente, sale, pepe, chiave, mouse, tè	
男性名詞	女性名詞

次は名詞の「数」について確認しましょう。辞書では，ほとんど全ての名詞は「単数形」(forma singolare) という基本的な形で現れます。ただし，名詞が表すモノの数が2つ以上になれば，「複数形」(forma plurale) になります。名詞の数も語尾変化によって表します。

単数形の語尾	複数形の語尾	備考	例	
			単数	複数
-o **-e**	**-i**	「-o」,「-e」で終わる全ての男性・女性名詞の複数形は「-i」になる。	㊚ libr**o**	libr**i**
			㊛ man**o**	man**i**
			㊚ can**e**	can**i**
			㊛ madr**e**	madr**i**
-a	**-e**	「-a」で終わる女性名詞のみ。 注意：「-a」で終わる男性名詞の複数形は「-i」になる。	㊛ ragazz**a**	ragazz**e**
			㊛ cas**a**	cas**e**
			㊛ scal**a**	scal**e**
			㊚ problem**a**	problem**i**

Esercizio 2: 次の名詞を複数形にしてください。

1) mela ______	2) nave ______	3) libro ______	4) gelato ______	5) ragazzo ______	6) sistema ______
7) penna ______	8) birra ______	9) giorno ______	10) sera ______	11) bagno ______	12) lupo ______
13) capra ______	14) pesce ______	15) mano ______	16) corvo ______	17) tigre ______	18) asino ______

Esercizio 3: 次の名詞が単数形か複数形かを判断して，正しい枠に入れてください。

sole, luna, capre, mani, rete, ristoranti, carne, valle, gente, sale, pepe, chiavi, aquile, terme, pesce	
単数形	複数形

名詞の複数形 — 主な例外：

＊男性名詞の最後の２文字「**-co**」,「**-go**」の前に子音があれば,「**-chi**」,「**ghi**」になります。

（例①：parco → parchi）（例②：fungo → funghi）

ただし,「-co」,「-go」の前に母音があれば,「**-ci**」,「**-gi**」となることが多いです（例外もあります）。

（例①：amico → amici）（例②：asparago → asparagi）（例外：lago → laghi）

＊「**-ca**」,「**-ga**」で終わる女性名詞の複数形は「**-che**」,「**-ghe**」になります。

（例①：amica → amiche）（例②：riga → righe）

＊女性名詞の最後の２文字「**-cia**」,「**-gia**」の前に母音があれば，複数形は「**-cie**」,「**-gie**」です。

（例①：camicia → camicie）（例②：ciliegia → ciliegie）

ただし,「**-cia**」,「**-gia**」の前に子音があれば，複数形は「**-ce**」,「**-ge**」となります。

（例①：arancia → arance）（例②：frangia → frange）

＊「**-io**」で終わる男性名詞の複数形は一般的に「-ii」ではなく,「**-i**」になることがほとんどです。

（例①：occhio → occhi）（例②：orologio → orologi）　（例外：zio → zii）

＊「**-ista**」で終わる「男女共通」名詞の複数形は男性なら「**-isti**」で，女性なら「**-iste**」になります。

（例①：barista → ㊚ baristi ㊛ bariste）（例②：artista → ㊚ artisti ㊛ artiste）

＊**体の部分などを指す**多くの男性名詞（単数）は，複数形になると**女性名詞**になります。

（例①：㊚ dito → ㊛ dita）（例②：㊚ braccio → ㊛ braccia）（例③：㊚ uovo → ㊛ uova）

＊**複数形になっても，語尾が一切変化しない**名詞も少なからずあります。

a）最後の母音にアクセント記号が付く名詞（例：caffè → caffè）
b）１つの音節からなる名詞（例：re → re）
c）外来語の名詞（例：bar → bar）
d）ギリシャ語源の「-si」でおわる女性名詞（例：tesi → tesi）
e）略された名詞（例：bici → bici）

＊「uomo」の複数形は「uomini」です。

Esercizio 4: 次の名詞を複数形にしてください。

1）computer	2）albergo	3）greco	4）pacco	5）aglio	6）crisi
7）autista	8）sushi	9）città	10）lago	11）banca	12）uomo

次に，冠詞の役割を説明します。原則として，冠詞は人名や数多くの地名などを除く名詞の前に置きます。イタリア語の冠詞は2つの主な役割を果たします。

① ある**名詞の性・数をはっきり**させる。

② **名詞が特定されたものを指すか（定冠詞）否か（不定冠詞）**を定める。

不定冠詞	定冠詞
㊚ **Un** cane　（英語：**A** dog）	㊚ **Il** cane　（英語：**The** dog ）
㊛ **Una** casa　（英語：**A** house）	㊛ **La** casa　（英語：**The** house）
とある1つの～（限定されていない） （初めて名詞が話に現れる時に用いる）	例の～　（限定されている） （話し手も聞き手も名詞について知っている）

3.2　不定冠詞　Articoli indeterminativi

ここではまず，不定冠詞を学びましょう。その形は以下の表のとおりです。

不定冠詞（英語：a）	単数（複数形は数詞または部分冠詞）
男性・普通（母音で始まる男性名詞も含む）	**UN**　例：**Un** ragazzo
男性・特殊（s＋子音，z，ps，gn，yなどで始まる男性名詞）	UNO　例：**Uno st**udente
女性・普通	**UNA**　例：**Una** ragazza
女性・特殊（母音で始まる女性名詞）	UN’　例：**Un’a**mica

Esercizio 5: 辞書で以下の名詞の性を確認し，正しい不定冠詞を書いてください。

1) ____ giorno　2) ____ notte　3) ____ cavallo　4) ____ stella　5) ____ amore
6) ____ canzone　7) ____ treno　8) ____ bambina　9) ____ albero　10) ____ vaso
11) ____ gnocco　12) ____ spada　13) ____ yogurt　14) ____ zia　15) ____ zio
16) ____ specchio　17) ____ vita　18) ____ auto　19) ____ film　20) ____ ombra

Esercizio 6: 正しい不定冠詞を入れてください。

1) Prendo ____ cappuccino e ____ sfogliatella.
2) Mauro ha comprato ____ maglia rossa.
3) Non ho ____ soldo. Sono al verde.
4) Mario è ____ studente pigro.
5) Dario, mi presenti ____ amica carina?
6) Hai ____ sigaretta?
7) ____ birra e ____ pizza, per favore.
8) Chi trova ____ amico, trova ____ tesoro.

Napoli: cappuccino e sfogliatelle.

CD-I 17

1から10までの数詞　I numeri da 1 a 10

1	2	3	4	5
UNO	**DUE**	**TRE**	**QUATTRO**	**CINQUE**
6	7	8	9	10
SEI	**SETTE**	**OTTO**	**NOVE**	**DIECI**

Esercizio 7: 正しい不定冠詞と数詞を書いてください。

例： un amico → (4) quattro amici	① ______ borsa → (7)______ borse
② ______ zaino → (3)______ zaini	③ ______ orologio → (8)______ orologi
④ ______ cane → (6)______ cani	⑤ ______ anno → (10) ______ anni
⑥ ______ italiana → (5)______ italiane	⑦ ______ gnocco → (9)______ gnocchi
⑧ ______ gatto → (4) ______ gatti	⑨ ______ passo → (2)______ passi

イタリア語の不思議 — Lo sapevi che...

「quattro」と「due」は慣用表現で使われると,「少し」,「ちょっと」という意味になる。

例：Ci sono solo quattro gatti. 人が少ないね。

例：Esco a fare quattro（due）passi. ちょっと散歩に出かけるね。

例：Ci mangiamo due spaghetti! ちょっとスパゲッティを食べよう！

3.3 定冠詞 Articoli determinativi

つづいて，定冠詞を学びましょう。その形は以下の表のとおりです。

定冠詞（英語：the）	単数 Singolare	複数 Plurale
男性・普通	**IL** 例：**Il** ragazzo	**I** 例：**I** ragazzi
男性・特殊 (s＋子音，母音，z，ps，gn，y などで始まる男性名詞，母音で始まる場合，単数形は“L’”となる。)	LO 例：**Lo st**udente L’ 例：**L’a**mico	GLI 例：**Gli st**udenti GLI 例：**Gli a**mici
女性・普通 (母音で始まる女性名詞の場合，単数形のみはL’となる。)	**LA** 例：**La** ragazza L’ 例：**L’a**mica	**LE** 例：**Le** ragazze LE 例：**Le a**miche

Esercizio 8: 辞書で以下の名詞の性・数を確認し，正しい定冠詞を書いてください。

1) ____ giorno 2) ____ notte 3) ____ cavalli 4) ____ stelle 5) ____ amore
6) ____ canzone 7) ____ treni 8) ____ bambine 9) ____ albero 10) ____ vasi
11) ____ gnocchi 12) ____ spada 13) ____ yogurt 14) ____ zia 15) ____ zio
16) ____ specchio 17) ____ vita 18) ____ sale 19) ____ sole 20) ____ luna

Esercizio 9: 正しい定冠詞を書いてください。

1) Lo sai che Antonio ha ____ ragazza?
2) ____ telefonino non funziona...
3) Spegni ____ sigaretta, per favore.
4) ____ compagni di Ugo sono tutti bravi.
5) Se rompi ____ specchio avrai sette anni di sfortuna! Attenzione!
6) ____ ragno, invece, porta guadagno.
7) ____ gatti neri portano sfortuna, si dice.
8) ____ aranciata mi piace.
9) Ma ____ chinotto non mi piace.
10) ____ studenti sono simpatici.
11) ____ orologio di Marco è molto caro.
12) ____ bambina di Giovanni è capricciosa.
13) ____ occhi di Anna sono azzurri.

3.4 定冠詞と不定冠詞の使い分け Uso degli articoli

前述のとおり，原則として，話者とその相手が知らない，**初めて会話（または文）に現れる**不特定のモノ（名詞）の前に，不定冠詞を付けます。

例：C'è **una** penna qui. ここに【初めて見る】1本のペンがある。

この「ペン」に関する唯一の情報，つまり「1つ」であること以外，話者もその相手もこのペンについて何も知りません。誰のものか，誰がそこに置いたかなどについては何も知りませんので，「特定されない」名詞として扱い，不定冠詞を付けます。

また，同じ「ペン」について新たな情報が入手できた場合，話者は，同じ，その「特定された」ペンを指すために，定冠詞を使わなければなりません。

例：**La** penna è di Anna. 【例の，その】ペンはアンナのものです。

その「ペン」の特徴について明らかにすればするほど，その存在が特定されるようになります。

Esercizio 10: 定冠詞か不定冠詞を補い，文を完成させてください。

1) (Al bar) -Scusi, ____ birra e ____ panino, per favore. -Ecco ____ birra e ____ panino.
2) -Come si chiama ____ moglie di Fabio? -Si chiama Angela.
3) -Ci sono ____ italiano, ____ francese e ____ americano che passeggiano per Roma. ____ americano dice: "Noi in America siamo bravissimi. Abbiamo costruito ____ ponte di Brooklyn in ____ settimana!". ____ francese, poi, dice: "Anche noi, abbiamo costruito ____ Torre Eiffel in 4 giorni!". Poi tutti e tre passano davanti al Colosseo, e ____ italiano dice: "Oh! Ma questo ieri non c'era!" (イタリアンジョークです)

Per non sbagliare! ×○ ここだけは間違えるな！

△ Vado al cinema con **la mia** amica.
私の(唯一の)女友達と映画館に行く。　(何か寂しい…)

◎ Vado al cinema con **una mia** amica.
私の女友達(の一人)と映画館に行く。

◎ Vado al cinema con **la mia** amica Anna.
私の女友達のアンナと映画館に行く。

不定冠詞「Un」,「Un'」発音に注意：

Un amico　× ウン アミーコ
◎ ウナミーコ（スムーズに，途切れないように）

Caffè (espresso) con biscotti

Le superstizioni italiane — イタリアの迷信

迷信を信じるイタリア人は少なくありません。イタリアで不吉と思われることは多くあるので，念のために覚えておいた方がいいです。

① Gatto nero に道を横切られて，横切った線を越えると罰が当たると言われています。

② Specchio を割ったら，7年間いいことがありませんので注意してくださいね！

③ Scala a pioli の下を通るといいことがありません。

④ Sale を床にこぼすと最悪です。

⑤ Ombrello を室内で開けると災害が訪れます。

でも心配はいりません。色々な厄除けもあります！

⑥ Corno rosso をプレゼントされたら，幸運をもたらす最強のお守りになります！

⑦ Ferro di cavallo も強力なお守りです。

さて，上の①～⑦の番号のモノはどれでしょう？ 正しく絵に合わせましょう。

Torino - Coppa gelato al gianduja e doppia panna con cioccolata calda

Pompei - Ai piedi del Vesuvio

LEZIONE 4 基本的な動詞
I verbi di base

会話 — DIALOGO
久しぶりだな！　Quanto tempo!

4-a　Tra amici, al telefono (con il "tu")

くだけた表現（tuで相手に呼びかける際） △ Franco　● Luca	入れ替える部分
△ Pronto? Ciao, Luca! Quanto tempo!	
● Ciao, Franco! Come stai?	
△ Non c'è male. E tu?	→ △ 1) Benissimo. 2) Così così. 3) Bene.
● Benissimo! Ma dove sei adesso?	→ ● 1) Bene. 2) Non c'è male. 3) Così così.
△ Sono in vacanza al mare. Tu?	
● Io sono a casa... qui piove...	→ ● 1) nevica 2) è nuvoloso 3) c'è nebbia
△ Davvero? Qui fa bel tempo!	→ △ 1) fa caldo 2) è sereno 3) c'è il sole
● Beato te...	

4-b　Un incontro inaspettato (con il "Lei")

丁寧な表現 (Leiで相手に呼びかける際) △ Signora Braschi　● Signor Neri	入れ替える部分
△ Buongiorno, signor Neri! Quanto tempo!	
● Signora Braschi, come sta?	
△ Bene, grazie, e Lei?	→ △ 1) Benissimo. 2) Così così. 3) Bene.
● Non c'è male! Che lavoro fa ora?	→ ● 1) Bene. 2) Non c'è male. 3) Così così.
△ Sono sempre impiegata. E Lei?	→ △ 1) commessa 2) insegnante 3) cuoca
● Io sono medico ora.	→ ● 1) avvocato 2) ingegnere 3) cantante
△ Davvero? Complimenti!	
● Grazie.	

Che tempo fa? — 天気の表現			

晴れ	曇り	雨・雪・霧・風	気温と湿度
È sereno. C'è il sole. Fa bel tempo.	È nuvoloso. È coperto. Fa brutto tempo.	Piove. Nevica. C'è（la）nebbia. C'è（Tira）vento.	C'è（Fa）caldo. C'è（Fa）freddo. C'è（Fa）fresco. È umido/afoso.

Mestieri e professioni — 様々な職業（意味は辞書で調べてください。）				
男⇔女	impiegato/-a ＿＿＿＿	commesso/-a ＿＿＿＿	segretario/-a ＿＿＿＿	cameriere/-a ＿＿＿＿
	cuoco/-a ＿＿＿＿	casalingo/-a ＿＿＿＿	disoccupato/-a ＿＿＿＿	mantenuto/-a ＿＿＿＿
	operaio/-a ＿＿＿＿	mago/-a ＿＿＿＿	professore/-essa ＿＿＿＿	studente/-essa ＿＿＿＿
男女 共通	insegnante ＿＿＿＿	cantante ＿＿＿＿	barista ＿＿＿＿	artista ＿＿＿＿
女でも 不変	medico ＿＿＿＿	avvocato ＿＿＿＿	architetto ＿＿＿＿	ingegnere ＿＿＿＿

Parole ed espressioni utili — 役立つ表現			
Pronto?	もしもし	-Come stai?	元気？
Quanto tempo!	久しぶり！	-Come sta?	お元気ですか？
Dove sei adesso?	今はどこにいるの？	-Benissimo.	とても元気です。
Che lavoro fa?	仕事は何ですか？	-Bene.	元気です。
Davvero?	本当ですか？	-Abbastanza bene.	かなり元気です。
Complimenti!	おめでとう！	-Non c'è male.	悪くありません。
Beato/-a te!	いいなぁ！	-Così così...	まあまあです。
		-Male...	体調が悪いです。

4.1 動詞「Essere」(〜である，存在する) Verbo “essere”

動詞は文を成り立たせる最重要で不可欠な要素です。原形（活用されていない形）は「不定詞」(Infinito) と呼ばれます。辞書で調べる時，見出し語は必ず不定詞となっています。活用形は主語（io, tu などの人称代名詞）に従って変化させます。

ここで，基本的な動詞として，まず essere（英：to be）を学びましょう。

人称	主語	ESSERE(不定詞)	英語
1人称(単数)(私)	io	**sono**	(I am)
2人称(単数)(君)	tu	**sei**	(You are)
3人称(単数)(彼・彼女・あなた)	lui/lei/Lei	**è**	(He/she/it is, You are)
1人称(複数)(私たち)	noi	**siamo**	(We are)
2人称(複数)(君たち・あなたたち)	voi/Voi	**siete**	(You are)
3人称(複数)(彼ら・あなたたち)	loro/Loro	**sono**	(They are)

＊3人称単数，2，3人称複数（Lei, Voi, Loro）は丁寧語で，「あなた，あなたたち」となります。

使い方：「Essere」という動詞には，様々な使い方があります。

① 名前を述べる時　例：Io **sono** Giulio.　私はジュリオだ。
Lui **è** Fabio.　彼はファビオだ。
Loro **sono** Antonio e Maria.　彼らはアントニオとマリアだ。

② 国籍や出身地を述べる時　例：Io **sono** giapponese.　私は日本人だ。
Sono di Kagoshima.　私は鹿児島出身だ。

③ 職業を述べる時　例：Io **sono** insegnante.　私は教員だ。
Lui **è** commesso.　彼は店員だ。
Loro **sono** cantanti.　彼らは歌手だ。

④ 形容詞と共に　例：Sara **è** bella.　サーラはきれいだ。
Voi **siete** alti.　君たちは身長が高い。
La pizza **è** buona.　ピッツァはおいしい。

ESSERCI（essere ＋ 代名小詞 ci）

「essere」に場所を表す代名小詞「ci」を付けると,「esserci」となり,「ある」,「いる」を意味します（英語の there is / there are に近いもの)。不定詞は「esserci」となりますが,活用させると,「ci」は動詞の前に移動し,以下のとおりになります。モノや人の存在を表すため,3人称（単数・複数）で使うことが多いです。

c'è ＋単	**例：** -**C'è** Fabrizio? -No, non **c'è.**　-ファブリツィオはいる?　-いや,いない。 A Roma **c'è** il Colosseo.　ローマにはコロッセオがある。
ci sono ＋複	**例：** **Ci sono** molte zanzare qui.　ここは蚊が多い。 A Venezia **ci sono** molti ponti.　ヴェネツィアには多くの橋がある。

平叙文（主語，動詞，補語という順番です。）

主語（Soggetto）	動詞（Verbo）	補語（Complemento）
Io	sono	Giulio.

疑問文（動詞の位置が平叙文と変わりません。）

主語（Soggetto）	動詞（Verbo）	補語（Complemento）
Tu	sei	Fabio**?**

否定文（動詞の前に「non」を入れます。）

主語（Soggetto）	動詞（Verbo）	補語（Complemento）
Io	**non** sono	Fabio.

Esercizio 1:「essere」の正しい活用形を入れて文章を完成させてください。

1）Ciao. Io ______ Simone, ________ italiano di Siena. Siena ______ famosa per il Palio, una corsa di cavalli. Lei ____ la mia ragazza, Anna.（Noi）________ molto felici di conoscervi.

2）Antonella ____ molto brava. ______ insegnante, e le sue lezioni ________ fantastiche. I suoi studenti ________ contenti di lei.

3）Roma ____ la mia città, ed ____ bellissima. A Roma c'____ il Colosseo, c'____ Piazza di Spagna, poi ci ________ le terme di Caracalla e tante altre cose da vedere.

4）-Buongiorno, ragazze! __________ davvero bellissime! Ma voi non ________ italiane, vero? Di dove ________? Andiamo a mangiare un gelato insieme!

5) (Noi)________ tedesche, ma non ________ turiste. Tu (essere) ______ il solito pappagallo.

6) -Le olive ________ greche: __________ molto buone!

Siena - Il Palio

Roma - Dentro il Colosseo

Esercizio 2:「c'è」または「ci sono」を入れて，文を正しく繋げてください。

1) A Milano __________ | a) il Vesuvio, il sole, il mare e la pizza.
2) A Torino __________ | b) la torre pendente.
3) A Napoli __________ | c) l'Arena e la Casa di Giulietta.
4) A Pisa __________ | d) la Mole Antonelliana.
5) A Venezia __________ | e) i trulli.
6) Ad Alberobello __________ | f) Piazza San Marco.
7) A Verona __________ | g) il Duomo, i Navigli e la nebbia.

イタリアの都市（それぞれの写真は Esercizio 2 の 1)～7)のどの街でしょうか？）

4.2 動詞「Avere」(～を持つ, ～を有する) Verbo “avere”

人称	主語	AVERE(不定詞)	英語
1人称(単数)(私)	io	**ho**	(I have)
2人称(単数)(君)	tu	**hai**	(You have)
3人称(単数)(彼・彼女・あなた)	lui/lei/Lei	**ha**	(He/she/it has, You have)
1人称(複数)(私たち)	noi	**abbiamo**	(We have)
2人称(複数)(君たち・あなたたち)	voi/Voi	**avete**	(You have)
3人称(複数)(彼ら・あなたたち)	loro/Loro	**hanno**	(They have)

＊3人称単数, 2, 3人称複数 (Lei, Voi, Loro) は丁寧語で,「あなた, あなたたち」となります。

使い方:「Avere」も様々な使い方があります。

① 「所有する」,「飼う」という意味 Io **ho** una Ferrari. 私はフェラーリを持っている。
Noi **abbiamo** un cane. 私たちは犬を飼っている。

② 年齢を言う時 -Quanti anni **hai**? -君は何才？ -**Ho** diciotto anni. -18才だよ。
Marco **ha** diciannove anni. マルコは19才です。

③ 体で感じたことを言う **Ho** fame. お腹がすいた。 **Hai** sete? 喉かわいた？
Luigi **ha** sonno? ルイージは眠い？
Ho caldo! 暑い！ **Ho** freddo! 寒い！

④ 「～がいる」という意味 -**Hai** fratelli? -兄弟はいますか？
-**Ho** una sorella. -姉 (妹) がいます。
Fabio **ha** la ragazza. ファビオには彼女がいる。

⑤ 病気や不具合を言う Antonio **ha** l’influenza. アントニオはインフルエンザだ。
Ho mal di testa/denti/pancia/schiena. 頭／歯／腹／腰が痛い。

⑥ Ce l’ho. / Non ce l’ho. (持っている・持っていない)
-**Hai** la macchina? 車はあるの？
-Sì, **ce l’ho.** -はい, あるよ。 No, **non ce l’ho**. -いいえ, ないよ。

Esercizio 3:「avere」の正しい活用形を入れてください。

1) -Ciao! (voi) ________ un po’ di tempo? -No, mi dispiace, non __________ tempo adesso…
2) -Quanti anni ________ ? -Io ____ diciannove anni, e lei ne ______ venti.
3) -Marcello ______ una Lamborghini, ma non ______ la ragazza! Come mai?
4) -Ciao, bella! ______ il ragazzo? -Sì, ____ un ragazzo siciliano molto geloso!
5) -Accidenti!! (io) ______ l’influenza! (Voi) ___________ una medicina per me?

6) -I bambini ________ sonno e ________ anche fame!

7) -A casa noi non ______________ il riscaldamento, e ____________ sempre freddo.

8) -I milanesi __________ sempre fretta, e i romani non __________ voglia di lavorare, si dice.

9) -Ma Giovanni ______ il passaporto? -No, non ce l'______. (lui) ______ solo la patente.

10) -Signor Alberti, ______ la carta d'identità? -Sì, ce l'______. Eccola qui.

Esercizio 4: 次の質問に答えてください。

1) Quanti anni hai? ________________
2) Hai fratelli? ________________
3) Hai la macchina? ________________
4) Hai la bicicletta? ________________
5) Hai caldo? ________________
6) Hai fame? ________________
7) Hai animali? ________________
8) Hai un amico del cuore? ________________

4.3 動詞「fare」と「stare」 Verbi "fare" e "stare"

主語 （人称代名詞）	FARE （～をする，～を作る）（英：to do, to make）	STARE （いる）（英：to stay）
io	**faccio**	**sto**
tu	**fai**	**stai**
lui/lei/Lei	**fa**	**sta**
noi	**facciamo**	**stiamo**
voi/Voi	**fate**	**state**
loro/Loro	**fanno**	**stanno**

この２つの動詞は essere, avere の次に，イタリア語で頻繁に利用する不規則動詞です。その使い方は様々ですが，ここでいくつかの例文を挙げましょう。

Fare: ①（～をする） **Faccio** colazione al bar. バールで朝食を食べます。
Fate una doccia? 君たちはシャワーを浴びるか？
Loro **fanno** i compiti. 彼らは宿題をする。

②（～という仕事をする） Antonio **fa** il medico. アントニオは医者をしている。
Gianna **fa** la commessa. ジャンナは店員をしている。

③（～を作る） Oggi **faccio** la pizza! 今日は（私は）ピッツァを作ろう！
Maria **fa** dolci molto buoni. マリーアはとても美味しいお菓子を作る。

④（気候の表現）Oggi **fa** freddo.　今日は寒い。　Oggi **fa** caldo.　今日は暑い。

Stare: ①（体調を尋ねる時）-Ciao! Come **stai**?　-やあ！調子はどう？
-**Sto**（benissimo/bene/così così/male）.
（すごく元気だ！／元気だ／いまいち／調子が悪い）

②（いる）-Oggi che cosa fai?　-今日は何をするの？
-Sto a casa, sono un po' stanco.　-ちょっと疲れたから，家にいる。

Esercizio 5: 動詞 fare を正しく活用させて文を完成させてください。

1）Ragazzi, se（voi）________ tutti i compiti vi（io）________ la torta.
2）Il padre di Matteo ____ il parrucchiere, e il padre di Totò ____ l'avvocato.
3）Stasera Angela ____ la pizza, e voi ________ i biscotti.
4）Oggi ______ caldo! Andiamo al mare e（noi）__________ il bagno!
5）I cannibali __________ colazione con te e biscotti.（イタリア式ダジャレ）

Esercizio 6: 動詞 stare を正しく活用させて文を完成させてください。

1）-Ciao, Antonio! Come ________ ?　- ________ bene, grazie. E tu?
2）-Buongiorno, signor Rossini! Come ________ ?　- ______ benissimo, grazie. E Lei?
3）-Stasera noi __________ a casa a vedere la partita! Forza Italia!! Forza Azzurri!!
4）-Ragazzi, ma voi ________ male! Avete bevuto troppo!

「私は19歳です。」（英：I am 19.）と言う時は注意してください！
×　Io ~~sono~~ 19 anni.　◎　Io **ho** 19 anni.
（essere ではなく，必ず avere を使います。）

「私は元気です。」（英：I am fine.）と言う時も注意してください！
×　Io ~~sono~~ bene.　◎　Io **sto** bene.
（この場合は，essere ではなく，stare です。）

「私は～をします。」（英：I take...）という場合，英語の take に相当する動詞はイタリア語では prendere ですが（第7課参照），以下のような例では，必ず「fare」を使います。

×　Io ~~prendo~~ una doccia.　×　Io ~~prendo~~ una foto.
×　Io ~~prendo~~ un bagno.
◎　Io **faccio** una doccia.　◎　Io **faccio** una foto.
◎　Io **faccio** un bagno.

Per non sbagliare!
ここだけは間違えるな！

Da sapere assolutamente!!
絶対に覚えましょう

CD-I 20

疑問詞（副詞・代名詞・形容詞）
— Gli interrogativi（avverbi, pronomi e aggettivi）

イタリア語	日本語（英語）	用例（質問）	用例（返事）
1）Che（cosa）...?	何？（What）	-Che（cosa）fai?	-Faccio colazione.
2）Come...?	どの様に…？（How）	-Come stai?	-Sto bene, grazie.
3）Quando...?	いつ…？（When）	-Quando fate la festa?	-Domani sera.
4）Dove...?	どこ…？（Where）	-Dove sei? -Di dove sei?	-Sono a Milano. -Sono di Roma.
5）Chi...?	だれ…？（Who）	-Chi è quella ragazza?	-È mia sorella.
6）Perché...?	何故…？（Why）	-Perché sei in Italia?	-Per lavoro. -Perché ci lavoro.
7）Quanto...?	いくら…？（How much）	-Quant'è?	-Sono 18 euro.
8）Quanti...?	いくつ…？（How many）	-Quanti anni hai?	-Ho diciannove anni.
9）Quale...?	どの，どちらの…？（Which）	-Quale colore ti piace?	-Mi piace il rosso.
10）Quali...?	どの，どちらの（複数）…？（Which ones）	-Quali cani ti piacciono?	-Mi piacciono i bulldog.

疑問詞を含まない疑問文（はい・いいえとしか答えられない質問）は，英語と異なり，肯定文と同じ語順なので，覚えやすいです。

質問　　　　　　　　答え

例①：**-Lui è Antonio?**　　**-Sì, lui è Antonio.**
（英：-Is he Antonio?　　-Yes, he is Antonio.）

疑問詞を含む疑問文（より複雑な情報を求める質問）の場合，疑問詞は疑問文の初めに置きます。それに，動詞，主語（人称代名詞，人名，名詞）が従います（語順はだいたい英語と同様です）。

例②：**-Chi è lui?**　　**-Lui è Antonio.**
（英：-Who is he?　　-He is Antonio.）

例③：**-Perché sei qui?**　　**-Perché ho fame.**
（英：-Why are you here?　　-Because I'm hungry.）

Esercizio 7: 質問と答えを繋げてください。

1) Adamo, perché sei a Tokyo?
2) Che cosa fai il fine settimana?
3) Chi sono quei due strani signori?
4) Quanti anni ha la mamma di Marco?
5) Quali sono i tuoi occhiali?
6) Quant'è per due caffè e un cappuccino?
7) Mario! Dov'è la tua ragazza?
8) Ciao, ragazzi! Come state?
9) Qual è la tua macchina?
10) Quand'è il tuo compleanno?

A) Ha 39 anni: è molto giovane e bella!
B) Male... Abbiamo l'influenza...
C) È il diciannove dicembre.
D) Per trovare una ragazza giapponese.
E) La mia? È questa vecchia 500.
F) Faccio un giro a Positano.
G) Sono due ladri. Stai attento!
H) Sono in tutto 3 euro e 30.
I) Sono questi neri, da sole.
L) Ora lei sta insieme a Gigi... (涙)

Colazione con vista a Positano

I gesti italiani 2 — イタリアのジェスチャー2

1) La mano a borsa（手を巾着に） 片手の指先を合わせて，上下に動かせます。 「なんで！？」（Ma perché?） 「何の用だい？」（Cosa vuoi?） 「何を言っているの？」（Cosa dici?） 質問を強調する「疑問符」という役割があります。	
2) Attenzione!（注意しなさい！） 人差し指で片目の下を引っ張ります。 「気をつけろ！」（Attento!!） 「目を開けろ！」（Occhio!!） 「油断するな！」（Stai in guardia!!） 何かに気を付けるように勧めるための合図です。	
3) I soldi（お金） 親指で人差し指と中指の指先を軽く擦ります。 「お金」（I soldi.） 「高いぞ！」（È caro!） 「金持ちだぜ！」（È ricco!）という意味がある。 札を数えるしぐさで，全般的に「お金」を意味します。	
4) Mordersi le mani（手を噛む） 片手の拳を握り，人差し指を口で軽く噛みます。 「しまった！」（Accidenti!） 「悔しい！」（Che rabbia!） 「くそ！」（Mannaggia!） 悔しさと怒りを手を噛んで抑えるという意味です。	

Bolzano - Una piscina tra i monti

形容詞

Gli aggettivi

会話 — DIALOGO
いらっしゃいませ！　Desidera?

5-a　In una gelateria

会話文（△＝客，●＝店員）	入れ替える部分
● Buongiorno. Desidera?	
△ Dunque... un cono...	→ △ 1）una coppetta　2）un cono
● Piccolo o grande?	→ ● 1）Piccola　2）Piccolo
△ Piccolo.	→ △ 1）Piccola.　2）Grande.
Facciamo cioccolato e pistacchio.	→ △（右表から好きな種類を２つ選ぶ）
● Con panna?	
△ Sì, grazie! Quant'è?	→ △ 1）No, senza panna.　2）Certo!
● Sono 3 euro.	→ ● 1）2 euro.　2）5 euro.

CD-I 22

5-b　In un negozio di abbigliamento

会話文（△＝客，●＝店員）	入れ替える部分
● Buongiorno. Desidera?	
△ Quel maglione rosso in vetrina...c'è verde?	→ △ 1）Quella gonna blu 2）Quel vestito nero
● No, c'è solo blu o nero.	→ ● 1）bianca o grigia 2）bianco o marrone
△ Facciamo blu, allora.	→ △ 1）grigia　2）marrone
● Che taglia ha?	
△ Una M.	→ △ 1）una S　2）una XL
● Ecco a Lei.	→ ● 1）Prego.　2）Ecco qui.
△ Benissimo, grazie!	

In una gelateria — ジェラート屋で (Foto di Miyuki Nishida)

DA TORQUATO - IL RE DEL GELATO						
CONO	piccolo	2€	medio	3€	grande	4€
COPPETTA	piccola	2€	media	3€	grande	4€

I NOSTRI GUSTI	
Cioccolato	Bacio
Stracciatella	Fior di latte
Crema	Nocciola
Tiramìsù	Pistacchio
Fragola	Limone
Cocco	Amarena

Panna montata 1€ — Gelato da asporto: 10€/Kg.

In un negozio di abbigliamento — 洋服屋で (意味を辞書で調べて書きましょう。)			
il vestito ________	la gonna ________	il maglione ________	la camicia ________
il cappotto ________	la maglia ________	il pullover ________	la maglietta ________
il completo ________	la giacca ________	i pantaloni ________	la cravatta ________

La taglia — サイズ				
S (esse) Piccola	M (emme) Media	L (elle) Large	XL (ics-elle) Extra Large	XXL (ics-ics-elle) Extra Extra Large

Parole ed espressioni utili — 役立つ単語と表現			
Desidera?	いらっしゃいませ	Con o senza...?	～入り，または無しで？
Facciamo...	～にしましょう	Allora	では，じゃあ
Che taglia ha?	サイズは何ですか？	Quant'è?	いくらですか？

5.1 品質形容詞 Aggettivi qualificativi

品質形容詞は名詞が表すモノの様子，色，大きさ，特徴，国籍などを表します。品質形容詞は原則として，英語や日本語と異なり，**名詞の後に**付けます。

冠詞・名詞	品質形容詞	
il gatto	bianco	白いネコ
la casa	grande	大きい家

また，名詞が文の主語になった時，形容詞は動詞（essere）の後に置き，その補語となります。

冠詞・名詞	動詞（essere）	品質形容詞	
il gatto	è	bianco	ネコは白です
la casa	è	grande	家は大きいです

イタリア語の形容詞は3つのグループに分けることができます。原形（男性形）が，-o で終わるもの（最も多くあるパターン），-e で終わるもの，そしてその他の文字で終わるものです。

グループ1	グループ2	グループ3
-o	**-e**	**その他**
名詞に合わせて，性と数に応じて語尾が変わります。	名詞に合わせて，数だけに応じて語尾が変わります。	語尾が全く変わりません。-e で終わる外来語も含みます。
例：	例：	例：

グループ1 例：

㊚ 単 il ragazz**o**	italian**o**
㊛ 単 la ragazz**a**	italian**a**
㊚ 複 i ragazz**i**	italian**i**
㊛ 複 le ragazz**e**	italian**e**

グループ2 例：

㊚ 単 il ragazz**o**	giappones**e**
㊛ 単 la ragazz**a**	
㊚ 複 i ragazz**i**	giappones**i**
㊛ 複 le ragazz**e**	

グループ3 例：

㊚ 単 il ragazz**o**	tha**i**
㊛ 単 la ragazz**a**	
㊚ 複 i ragazz**i**	
㊛ 複 le ragazz**e**	

-o 形容詞（-o/-a/-i/-e に変化する）		-e 形容詞（-e/-i に変化する）		その他の形容詞（外来語を含み，変化しない）	
alto	basso	grande	incredibile	rosa	viola
bello	brutto	giapponese	cinese	blu	beige
buono	cattivo	inglese	francese	indù	thai
italiano	americano	verde	marrone	sexy	kawaii
bianco	nero				

5

＊形容詞の特殊な複数形＊

「-co」,「-go」,「-ca」,「-ga」で終わる形容詞の複数形は原則として「-chi」,「-ghi」,「-che」,「-ghe」になります。ただし,「-ico」は「-ici」, そしてアクセントが「-i」につく場合の「-iaco」は「-iaci」になります。

例： bianco → bianchi　bianca → bianche　lungo → lunghi　lunga → lunghe
例外：fantastico → fantastici　austriaco → austriaci

CD-I 23

I COLORI IN ITALIANO　イタリア語の色		
BIANCO　白	NERO　黒	ROSSO　赤
VERDE　緑	BLU　青	GIALLO　黄色
MARRONE　茶色	GRIGIO　灰色	ROSA　ピンク
VIOLA　紫	ARANCIONE　オレンジ色	AZZURRO　水色

Esercizio 1: 品質形容詞を正しい形にしてください。

1) La bandiera (italiano) ________ è (bianco)________, (rosso)________ e (verde) ________.
2) Rossella è una ragazza (simpatico) ______________ con i capelli (rosso) ____________.
3) Questi spaghetti sono (fantastico) ___________! E anche la pizza è molto (buono) __________.
4) Mary è (americano)__________, ma Thomas e Philip sono (inglese) ___________.
5) Generalmente, le case (giapponese) ____________ sono (piccolo) __________.
6) La mia borsa è (marrone)____________ e (giallo)____________ con strisce (nero) ______.
7) Non mi piacciono i romanzi (rosa)________. Preferisco i libri (giallo)__________.

Esercizio 2: 各形容詞の意味を辞書で調べ，その反対語と線で繋げてください。

①

1) alto	a) vecchio
2) lungo	b) lontano
3) nuovo	c) freddo
4) bello	d) corto
5) grande	e) nero
6) vicino	f) brutto
7) bianco	g) basso
8) caldo	h) piccolo

②

1) molto	a) anziano (vecchio)
2) largo	b) pulito
3) giovane	c) stretto
4) magro	d) poco
5) biondo	e) sportivo
6) elegante	f) moro
7) allegro	g) grasso
8) sporco	h) triste

Esercizio 3: 名詞に次の品質形容詞を正しく付けてください（正解は1つ以上あります）。

azzurro, nere, piccola, carine, buona, grandi, simpatico, brava, rosso, bianchi, buoni, giapponesi

単数形

名詞	形容詞
bambina	
vestito	
cielo	
pizza	
studentessa	
ragazzo	

複数形

名詞	形容詞
ragazzi	
spaghetti	
case	
fiori	
amiche	
penne	

CD-I 24

序数（1-10番目～語尾が形容詞のように変化しますが，名詞の前に入れる）

I numeri ordinali

1: primo	**2: secondo**	**3: terzo**	**4: quarto**	**5: quinto**
6: sesto	**7: settimo**	**8: ottavo**	**9: nono**	**10: decimo**

Esercizio 4: 次の序数を書いてください（語尾に注意！）。

1) 3階＝______ piano　2) 5章＝______ capitolo　3) 7回目＝__________ volta

4) 4行目＝________ riga　5) 9位＝______ posto　6) 10世紀＝________ secolo

形容詞と副詞を混乱しないようにしましょう。

× Questo libro è ~~**bene**~~. ◎ Questo libro è **bello**.

形容詞の語尾をしっかりと名詞の性・数に合わせましょう。

× Marin**a** è **una** ragazz**a** bell**a** e simpatic~~o~~.

◎ Marin**a** è **una** ragazz**a** bell**a** e simpatic**a**.

5

5.2 指示形容詞 Aggettivi dimostrativi

次は主な指示形容詞「questo」（日本語の「この」，英語の「this」にあたる）と「quello」（日本語の「その，あの」，英語の「that」にあたる）を学びます。イタリア語では「Aggettivi dimostrativi」と呼びます。この2つの形容詞は特徴として，**必ず名詞の前に置き，冠詞の役割も果たします。名詞の後に来ることはありません**。したがって指示形容詞を使うときは，名詞に冠詞を付けません。

Questo（この）	単数	複数
「-o」で終わる男性名詞 「-e」で終わる男性名詞	男 Quest**o** libr**o** Quest**o** can**e**	男 Quest**i** libr**i** Quest**i** can**i**
「-a」で終わる女性名詞 「-e」で終わる女性名詞	女 Quest**a** cas**a** Quest**a** part**e**	女 Quest**e** cas**e** Quest**e** part**i**
男性名詞が母音で始まる場合 女性名詞が母音で始まる場合	男 Quest'ann**o** 女 Quest'amic**a**	男 Quest**i** ann**i** 女 Quest**e** amich**e**

Esercizio 5: 指示形容詞 questo とその他の品質形容詞の語尾を正しく書いてください。

1）Quest___ bambini sono allegr___.　2）Quest___ ragazza è pigr___.

3）Quest___ fotografie sono bell___.　4）Quest___ ristorante è elegant___.

5）Quest___ casa è vecchi___.　6）Quest___ pesci sono rar___.

7）Quest___ orologio è nuov___.　8）Quest___ scarpe sono pulit___.

また，「quello」の場合，語尾変化は品質形容詞と異なり，定冠詞に似たものとなります。

Quello（その，あの）	単数	複数
「-e」で終わる男性名詞	㊚ Quel libro（il libro） Quel cane（il cane）	㊚ Quei libri（i libri） Quei cani（i cani）
「s＋子音」,「z」で始まる男性名詞	㊚ Que**llo** scudo（lo scudo） Que**llo** zaino（lo zaino）	㊚ Que**gli** scudi（gli scudi） Que**gli** zaini（gli zaini）
「-e」で終わる女性名詞	㊛ Quel**la** casa（la casa） Quel**la** parte（la parte）	㊛ Quel**le** case（le case） Quel**le** parti（le parti）
名詞が母音で始まる場合	㊚ Quel**l'**anno（l'anno） ㊛ Quel**l'**amica（l'amica）	㊚ Que**gli** anni（gli anni） ㊛ Quel**le** amiche（le amiche）

Esercizio 6: 指示形容詞 quello と品質形容詞の語尾を正しく書いてください。

1）Que___ bambino è simpatic___.
2）Que___ ragazze sono alt___.
3）Que___ fotografia è vecchi___.
4）Que___ ristoranti sono chius___.
5）Que___ macchina è nuov___.
6）Que___ specchio è rott___.
7）Que___ orologi sono car___.
8）Que___ zaini sono pien___.
9）Que___ asciugamano è morbid___.
10）Que___ cane è grand___.

5.3 所有形容詞 Aggettivi possessivi

また，頻繁に使われる形容詞には，所有形容詞というものがあります。これも，原則として，名詞の前に付けますが，まれに名詞の後ろに付けることもあります。これらの形容詞はそれぞれの人称（所有者）と同じく**6つあり，所有者に合わせて相応しいものを選びます**。また，**所有物を表す名詞の性と数に合わせて，語尾を変化させます**。語尾変化に，品質形容詞と若干異なる特殊なもの（男性・複数の形，そして「loro」）があるので注意が必要です。

原則として，所有形容詞を用いる時は，冠詞は付けますが，「所有」の対象が親族を表す名詞で，単数であれば，「loro」を除いて冠詞を省きます。基本的に，所有形容詞を用いるときは，定冠詞（il，la，i，le のみ）を付けることが多いですが，不定冠詞や部分冠詞を用いることもあります。

	語尾は所有物（名詞）の性・数に合わせます。				
所有者	㊚・単	㊛・単	㊚・複	㊛・複	意味
io	(il) mi**o**	(la) mi**a**	i mi**ei** ㊟	le mi**e**	私の
tu	(il) tu**o**	(la) tu**a**	i tu**oi** ㊟	le tu**e**	君の
lui/lei (Lei)	(il) su**o** (Su**o**)	(la) su**a** (Su**a**)	i su**oi** ㊟	le su**e**	彼・彼女(あなた)の
noi	(il) nostr**o**	(la) nostr**a**	i nostr**i**	le nostr**e**	私たちの
voi	(il) vostr**o**	(la) vostr**a**	i vostr**i**	le vostr**e**	君たちの
loro	il lor**o**	la lor**o**	i lor**o**	le lor**o**	彼らの

＊所有形容詞を用いる際，**冠詞は原則として付けます**。ただし，上の表のカッコ内の冠詞は，付かないことがあります。

①「所有物」が親族以外のモノなら，冠詞は必ず付きます。

Il mio libro 私の本	**La** sua casa 彼の家	**Il** loro cane 彼らの犬たち	**Le** nostre amiche 私たちの女友達

② ただし，「所有物」が親族の単数形なら，冠詞が付きません。

Mio padre 私の父	Tua madre 君の母	Nostro fratello 私たちの兄弟	Vostro zio 君たちの叔父

③ 親族を表す名詞が複数形の場合と所有形容詞が「loro」（単数形でも）の場合，冠詞が必ず付きます。

I miei nonni 私の祖父たち	**I** vostri fratelli 君たちの兄弟	**La** loro zia 彼らの伯母	**I** loro nipoti 彼らの孫たち

所有形容詞が後につく場合（例外）：

Casa **mia**	「La mia casa」は建物としての家を指すが，「Casa mia」は家族も含めます。英語の「my house」と「my home」のような違いです。
Mamma **mia!**	「なんてこった！」を意味する感嘆文です。基本的に，驚いたときに使います。英語の「Oh my god!」とほぼ同じ使い方です。

Esercizio 7: 所有形容詞やその他の形容詞の語尾を正しく書いてください。

1) La mi___ macchina è una Maserati.
2) I nostr___ amici sono simpatic___.
3) I tu___ gatti sono bellissim___.
4) Le vostr___ bottiglie sono pien___.
5) Signore, ecco la Su___ stanza.
6) Marcello ha perso il su___ telefonino.
7) I lor___ occhi sono azzurr___.
8) I su___ capelli sono biond___.
9) Ecco la vostr___ pizza!
10) Non bevete la nostr___ birra!
11) Non sprecare il tu___ tempo!
12) Non trovo più i mie___ orecchini!
13) Questa è casa mi____.
14) Mamma mi____, che caldo!

Esercizio 8: 正しいものを選んでください。

1) (Miei / I miei) nonni hanno 93 anni.
2) (Nostro / Il nostro) padre è medico.
3) (La mia / Mia) sorella si chiama Arianna, e (il suo / suo) ragazzo si chiama Francesco.
4) Franco e Stefano sono (i miei / miei) cugini; (il loro / loro) padre, cioè (mio / il mio) zio, si chiama Antonio e fa il pizzaiolo. (La loro / Loro) madre, Simona, invece è casalinga.
5) (La mia / Mia) suocera è insopportabile. Chiama (sua / la sua) figlia, cioè (mia / la mia) moglie, sei volte al giorno, e quando viene a casa (mia / la mia) critica qualsiasi cosa.
6) (La mia / Mia) amica Debora ha perso (suo / il suo) padre in un incidente. Poverina!
7) (I miei / Miei) nipoti si chiamano Ugo e Lia. (Il loro / Loro) padre, Fedro, è (il mio / mio) figlio.

La famiglia: nonni, genitori e figli

CD-I 25

5

LA FAMIGLIA　親族

男性	女性	複数	意味
Il nonno	La nonna	I nonni/Le nonne	祖父，祖母
Il padre	La madre	I genitori	父・母（両親）
Il figlio	La figlia	I figli/Le figlie	息子・娘（子供）
Il fratello	La sorella	I fratelli/Le sorelle	兄弟・姉妹
Lo zio	La zia	Gli zii/Le zie	伯父（叔父）・伯母（叔母）
Il cugino	La cugina	I cugini/Le cugine	いとこ
Il nipote	La nipote	I nipoti/Le nipoti	孫／甥・姪
Il cognato	La cognata	I cognati/Le cognate	義理の兄弟・姉妹
Il marito	La moglie	I coniugi	夫・妻（夫婦）
Il suocero	La suocera	I suoceri	義理の父・母（舅・姑）

5.4 指示・所有代名詞 Pronomi dimostrativi e possessivi

指示形容詞「questo」,「quello」（この / その・あの）そして所有形容詞は代名詞として使うこともできます。所有代名詞の語尾変化は形容詞のままですが，指示代名詞として使われる場合の「questo」,「quello」（これ / それ・あれ）の語尾変化は品質形容詞と同じ（-o, -a, -i, -e），つまり単純なものになります。

このような代名詞は繰り返しを省き，文を簡略化させる役割を持ちます。

	形容詞	代名詞
questo （この / これ）	単数形　questo/questa/quest' 複数形　questi/queste **Questo** piatto è di Marco. この皿はマルコのです。 (**Questo** = 名詞「piatto」にかかる形容詞)	単数形　questo/questa 複数形　questi/queste Il piatto di Marco è **questo**. マルコの皿はこれです。 (**questo** = questo piatto)- 名詞を含む
quello （その / それ） （あの / あれ）	単数形　quel/quello/quella/quell' 複数形　quei/quegli/quelle **Quegli** studenti sono bravi. その学生たちは優秀です。 (**Quegli** = 名詞「studenti」にかかる形容詞)	単数形　quello/quella 複数形　quelli/quelle Gli studenti bravi sono **quelli**. 優秀な学生は彼らです。 (**quelli** = quegli studenti)

mio/tuo/suo/nostro/vostro/loro（私の，君の，彼・彼女の，私達の，君達の，彼らの）	Questa è la mia macchina. これは私の車です。 （mia ＝名詞「macchina」にかかる形容詞） Questi sono i vostri soldi. これは君たちのお金です。 （vostri ＝名詞「soldi」にかかる形容詞）	Questa macchina è（la）mia. この車は私の（方のもの）です。 （mia = mia macchina） Questi soldi sono（i）vostri. このお金は君たちの（方のもの）です。 （vostri = vostri soldi）

＊所有代名詞を使う時，定冠詞の有無によって文のニュアンスが少し変わってきます。
例： Questa macchina è **la mia**. =「この車は（他人のものではなく）私の方のものです」。
Questa macchina è **mia**. =「この車は私のものです」（他の人は全く意識しない）。

Esercizio 9: 指示代名詞（questo/quello）の語尾を正しく書いて文を完成させてください。

1）-Quanto costa quella sciarpa? -Quell___? Costa 60 euro.
2）-Di chi sono quelle moto? -Quest___ qui a destra è di Aldo, quell___ lì a sinistra non so.
3）-Quale maglione prendi? -Prendo quest___ rosso. Quell___ blu è troppo leggero.
4）-Ma qual è il vero ragazzo di Debora? -Secondo me è quell____ lì, con la giacca nera.
5）-Che cosa sono quest___? -Sono spiedini di pollo. Ti piacciono?
6）-Chi sono quell___? -Sono le amiche di Gigi. Quell___ a destra è Anna, quell___ a sinistra è Lisa.

Esercizio 10: 正しい所有代名詞（mio/tuo/suo/nostro/vostro/loro）を入れて文を完成させてください。

1）-Di chi è quella moto? -È ______.（彼の）
2）-Di chi sono quei soldi? -Sono________.（私達の）
3）-Al ladro! Quel portafoglio è il ______!（私の）
4）-Quelle scarpe sono le ________?（君の）
5）-Gli ombrelli sono i ________?（君達の）
6）-Dov'è Anna? Questi anelli sono ______.（彼女の）
7）-Sbagliate! La colpa non è ______!（彼らの）
8）-No, queste mutande non sono le ______.（私の）

言語をさかのぼる①
Le radici della lingua ①

このコラムでは，現代の日本語で何気なく使われているいくつかのカタカナ語を挙げます。イタリア語を通して，ラテン語や古代ギリシャ語の本来の意味にまで遡り，言語がいかに不思議で，奥深いものかを味わいましょう！

【カタカナ語】（ローマ字）	イタリア語（意味）	由来の説明
①**【カンパニー】【コンパニオン】**（英：company, companion）	compagnia compagno（仲間，同志）	ラテン語で cum（共に）＋ panis（パン），つまり「パンを共にする者」から来ています。「同等の立場にいる者」，「同志」などという意味です。
②**【キャンセル】**（英：cancel）	cancellare（削除する）	現代イタリア語でも，「cancello」は「門」，「柵」の意味。つまり，削除したいものに「＃」，「柵」のような線を引くことから由来しています。
③**【バス】【オムニバス】**（英：bus, omnibus）	autobus（bus） omnibus（バス，馬車）	ラテン語で「omnibus」は「すべての人（omni）のために（bus）」を意味し，19 世紀のイタリア語では乗合馬車を指すようになりました。後に「autobus」（乗合自動車）となり，元の意味は失われました。「bus」はその省略形です。

In gondola sui canali di Venezia

第1部・ステップアップとまとめ

RIPASSO E APPROFONDIMENTO – Parte I

CD-I 26

読解 — LETTURA E COMPRENSIONE
自己紹介しましょう！　Presentiamoci!

Buongiorno a tutti, io sono Alberto Malagoli. Ho diciotto anni e sono italiano di Mirandola, un piccolo paese vicino a Modena. Sono studente di liceo, ho la ragazza (è una mia compagna di classe, Serena) e faccio tanti sport: calcio, tennis e judo. Mio padre è medico, mia madre è casalinga. Ho anche due fratelli più piccoli, Luigi (per gli amici Gigi) e Marino, e la mia famiglia ha un cane che si chiama Fred. Piacere!

Ciao! Mi chiamo Sayuri Kobayashi. Piacere! Ho diciannove anni e sono giapponese di Yokohama, una grande città vicina a Tokyo. A Yokohama c'è un bel porto. Sono studentessa universitaria, da quest'anno sono iscritta al corso di lingua e cultura italiana dell'Università di Osaka. Mi piace leggere, viaggiare e navigare su Internet. I miei genitori sono impiegati in una grande ditta giapponese di automobili, ho una sorella più grande, Haruka, e un fratello più piccolo, Tomoki. Ma ancora non ho il ragazzo...

Salve a tutti! Piacere, io sono Anthony Wallace, per gli amici Tony. Ho ventiquattro anni e sono americano di Los Angeles. A Los Angeles ci sono tanti divertimenti! Non ho fratelli, sono figlio unico e vivo con i miei nonni. Non sono studente, ma faccio il commesso in un negozio di abbigliamento. Mi piace molto l'Italia, e soprattutto la moda italiana. Ora sto studiando un po' di italiano da solo per potere in futuro lavorare in Italia.

質問 — DOMANDE:

1) Di dov'è Alberto? ______

2) Alberto e Sayuri sono studenti? ______

3) Quali sport fa Alberto? ______

4) Come si chiama il cane di Alberto? ______

5) Quanti fratelli ha Sayuri? ______

6) Che lavoro fanno i genitori di Sayuri? ______

7) Quanti fratelli ha Anthony? ______

8) Che cosa c'è a Los Angeles? ______

9) Perché Anthony studia l'italiano? ______

Ora tocca a te! さて，あなたの番です！ 左の文に倣って，自己紹介をしてください。

LA MIA PRESENTAZIONE

______

______

______

______

______

______

______

Parole ed espressioni utili （辞書で意味を調べてください。）	
liceo	automobile
il ragazzo / la ragazza	navigare（su internet）
compagno di classe	divertimento
fratello/sorella più grande（maggiore）	figlio unico
fratello/sorella più piccolo/-a（minore）	soprattutto
quest'anno	da solo
Mi piace ＋ 動詞（不定詞）	in futuro

6.1 品質形容詞の位置　Posizione degli aggettivi

品質形容詞は原則として，名詞の後に置くことを学びました。しかし，名詞の前に置くこともあります。こうなると，形容詞の意味のニュアンスが若干変わることがあります。

名詞＋形容詞の順番	形容詞＋名詞の順番
un amico **vecchio**　年老いた友人	un **vecchio** amico　昔からの友人
una macchina **nuova**　新しい車	una **nuova** macchina　別種の車
un uomo **grande**　大男	un **grande** uomo　偉人

数量を表す形容詞（molto, poco, troppo, alcuni など）は原則，名詞の前に置きます。

molti studenti 多くの学生	**poca** birra 少量のビール	**troppo** vino 多すぎるワイン	**alcuni** amici 何人かの友人

さらに，「bello」（美しい）という形容詞もしばしば名詞の前に置きますが，指示形容詞「quello」と同じく，定冠詞のように語尾が変化します。

定冠詞	bello	例
il　→	**bel**	Oggi fa **bel** tempo.
lo　→	**bello**	Che **bello** specchio!
la　→	**bella**	Che **bella** ragazza!
i　→	**bei**	Marco ha tre **bei** cani.
gli　→	**begli**	**Begli** amici che siete!
le　→	**belle**	Ci sono due **belle** bambine qui.
l'　→	**bell'**	Lino ha un **bell'**orologio.

また，1つの名詞を2つ以上の形容詞で修飾する場合，2つのオプションがあります。

a) 2つの形容詞を接続詞で繋ぐ場合

名詞	形容詞①	接続詞	形容詞②	
prato	**grande**	e	**verde**	（広くて，緑の庭園）

b) 形容詞の１つを名詞の前に置く場合

形容詞①	名詞	形容詞②
grande	prato	**verde**

Esercizio 1: 次の語を正しい順番に並び替えて文を完成させてください。

1) di classe / Il vostro / ed è / Stefano / nuovo / di Reggio Emilia. / compagno / si chiama

____

2) molti / all'università. / ci sono / Oggi è / non / sabato, / ragazzi

____

3) di scuola. / tanti / ci sono / compagni / vecchi / A Tokyo / miei

____

4) grandi / una bella / neri / C'è / con i / capelli / verdi. / ragazza / e con / occhi

____

5) e molti / troppe / Io bevo / alcolici; / sigarette! / molto / fumo / caffè / inoltre

____

Esercizio 2: 形容詞「bello」を適切に変化させてください。

1) ______ gatto　2) __________ casa　3) ______ quadri　4) ________ albero

5) ______ sedie　6) ________ tavolo　7) ______ zaino　8) ________ torta

9) ______ sport　10) ______ arietta　11) ______ giornata　12) ______ gambe

13) ______ mani　14) ______ occhi　15) ______ capelli　16) ______ viso

Colazione all'italiana

6.2 縮小・愛称・拡大・軽蔑の接尾辞 Suffissi alterativi

名詞・形容詞・副詞に次の接尾辞を付けて変身させると，その意味のニュアンスが次のとおりに変わります。

-ino	縮小・愛称接尾辞。 小さい，可愛い，気持ちがいいの意味。	名　詞：libr**o** → libr**ino**; stell**a** → stell**ina**　など… 形容詞：cald**o** → cald**ino**; bell**o** → bell**ino**　など… 副　詞：ben**e** → ben**ino**　など…
-etto	縮小・愛称接尾辞。 ほぼ「-ino」と同じ。	名　詞：libr**o** → libr**etto**; calci**o** → calc**etto**; bors**a** → bors**etta**; corn**o** → corn**etto**　など…
-one	拡大接尾辞。 大きい（女性名詞が男性になることがある）。	名　詞：ragazz**o** → ragazz**one**; pall**a** → pall**one** など… 形容詞：gelos**o** → gelos**one**　など… 副　詞：ben**e** → ben**one**　など…
-accio	軽蔑接尾辞。 質，または様子が悪い，みすぼらしい。	名　詞：gatt**o** → gatt**accio**; ragazz**o** → ragazz**accio** など… 形容詞：pover**o** → pover**accio** 副　詞：mal**e** → mal**accio**

ただし，注意点が4つあります。

① 上記の接尾辞はすべての名詞・形容詞・副詞につけられるとは限りません。

② これらの接尾辞を用いた場合でも，名詞・形容詞は性・数に応じて語尾変化しますので注意しましょう。
（例：libr**o** → libr**ino**; libr**i** → libr**ini**; cas**a** → cas**etta**; cas**e** → cas**ette**）

③ 接尾辞を付けることで，名詞の性が変化する場合があるので注意しましょう。
（例：pall**a** ㊛ → pall**one**, pall**ino** ㊚）

④ 名詞などがこの表の4つの形で終わっても，それは必ずしも接尾辞が後からつけられたものだとは限りません。例えば：mulino, perfetto, carbone, polpaccio などの単語は縮小・愛称・拡大・軽蔑の付けられた元の単語（mulo, perfo, carbo, polpo）から生まれたものではありません。元の単語は存在しないか，全く別の意味を持ちます。イタリア語は不思議ですね。

Esercizio 3: 辞書で次の単語を調べて，それが縮小・愛称・拡大・軽蔑の接尾辞を付けられたものかどうかを判断してください。元の形があれば書いて，なければ×と書いてください。

1) gattino ________	2) cretino ________	3) portone ________
4) muretto ________	5) mattino ________	6) quadretto ________
7) braccio ________	8) freddino ________	9) pochino ________
10) focaccia ________	11) casaccia ________	12) canzone ________
13) cavallino ________	14) cartone ________	15) maglietta ________
16) stellina ________	17) giardino ________	18) piccolina ________
19) carino ________	20) mattone ________	

6.3 「stare」を使った現在進行形 Presente progressivo

現在進行形（～しているところである，[英：be 動詞 + -ing]）は，助動詞「stare」の直説法現在形と動詞のジェルンディオ（詳細は第 26 課）を組み合わせて作ります。

助動詞（stare）の活用形		不定詞→ジェルンディオ法 （不定詞と同じく，形は 1 つのみ）		
		① **-are** mangi**are**	② **-ere** legg**ere**	③ **-ire** part**ire**
io	**sto**	**-are → -ando**	**-ere → -endo**	**-ire → -endo**
tu	**stai**	**mangiando**	**leggendo**	**partendo**
lui/lei/Lei	**sta**			
noi	**stiamo**			
voi/Voi	**state**			
loro/Loro	**stanno**			

＊ただし，不規則な形もあります。例：**fare → facendo ; dire → dicendo ; bere → bevendo**

用例：Io **sto mangiando**.　私は食べているところだ。
Lui **sta leggendo** un libro.　彼は本を読んでいるところだ。
Noi **stiamo partendo**.　我々は出発しているところだ。

Esercizio 4: 現在進行形を用いて，文を完成させてください。

1) -Misako (dormire) ______ ________ e Mayuko (mangiare) _____ __________.

2) -Il treno (partire) ______ __________, e tu (comprare) ______ ________ il biglietto.

3) -Fabio, dove sei? -(io - arrivare)________ ____________! Aspettami!

4) -Gigi, Anna, che cosa (voi - fare) ________ ____________?
   -(noi - mettere)__________ ____________ in ordine la nostra stanza.

5) -Ma che cosa (voi - dire) ________ __________? Io non sono ubriaco!!
   -Come no! (tu - bere)________ ____________ vino da questa mattina!

6) -Giacomo, dove (tu - andare)______ __________? -Al mercato a fare spese.

6.4 まとめの練習問題 Esercizi di riepilogo

Esercizio 5: 必要があれば，定冠詞か不定冠詞を入れて，文を完成させてください。

1) Questa è ____ Marina, _____ mia amica di Milano. Lei conosce bene ____ tuo padre.

2) ____ miei nonni hanno _____ casa a Roma. ____ casa è piccola: ha solo due stanze e ____ bagno.

3) Martino ha ____ ragazza: si chiama _____ Annarita ed è _____ amica di ____ mio cugino.

4) Stefania ama _____ suo cane e ____ suoi gatti molto più di ____ suo marito. Povero lui!!

5) -C'è _____ studente con _____ zaino nero. Chi è? -Ah! È ____ Simone, ____ mio compagno.

6) _____ amici di ____ Teresa sono tutti un po' matti. Fanno _____ festa ogni giorno!

Esercizio 6: 動詞 essere か avere のうち適切な方を選び，活用させて文を完成させてください。

1) Ciao a tutti, io ________ Antonio, ________ italiano di Torino e _________ studente. ______ diciannove anni e ______ un cane che si chiama Toby: _____ molto carino.

2) Gianni, loro _________ i miei amici giapponesi: Toru e Hideomi. Toru ______ di Tokyo, ______ 22 anni ed è figlio unico. Hideomi, invece, ______ di Osaka, ____ 23 anni e _____ una sorella, Mikiko.

3) Filippo _______ una Ferrari, un telefonino fantastico e molti soldi. Lui _____ proprio un figlio di papà! Io invece _____ soltanto una Vespa e ________ sempre al verde.

Esercizio 7: 次の動詞の中から適切なものを選び，活用させて文を完成させてください。（essere, avere, fare, stare）

1）-Ciao, Marino! Come ________ ? -Ciao... ______ male! ______ fame e ____ anche sonno.

2）-Che lavoro _____ il padre di Luigi? -______ insegnante. E sua madre ______ la commessa.

3）-Alberto! Martino! Che cosa ________ facendo? -Mamma, ___________ guardando la TV, ci ________ i cartoni animati. Poi più tardi ____________ i compiti.

4）-Forza, ragazzi!（Noi）___________ una foto tutti insieme!（Voi）________ pronti?

5）-（Io）______ mal di testa... _____ freddo e non ______ molto bene...
-Eh, allora forse（tu）________ l'influenza! Riguardati!

6

Esercizio 8: 答えを見て，質問を考えてください。

1）______________________________ -Stiamo benissimo, grazie.
2）______________________________ -Loro sono italiani, di Milano.
3）______________________________ -Lei è Anna, la ragazza di Gianni.
4）______________________________ -Adesso io sono a Roma.
5）______________________________ -Perché voglio studiare l'italiano qui a Roma.
6）______________________________ -Sono 25 euro.
7）______________________________ -Io ho 21 anni, e lei 23.
8）______________________________ -Ho un telefonino Smart 10-K5.

La Vespa -（Foto di Ryoko Yamashita）

I gesti italiani 3 ── イタリアのジェスチャー 3

1) **Basta!**（もういい！） 手のひらを前に向けて，腕を X にしてから一気に広げます。 「もういい！」(Basta!) 「もう絶対に…ない！」(Mai più!) 丁寧に「もう結構です。」と言いたければ，片手の手のひらを前に構えて，軽く振ります。	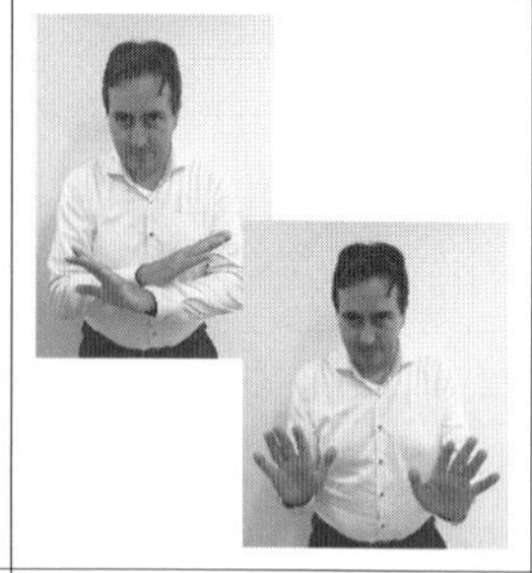
2) **Dopo!**（あとで！） 右手の人差し指を出して，左に向けて，手首を回します。 「後でね！」(A dopo!) 「また後程！」(A più tardi!) 糸巻のようなしぐさです。合図として使います。他のジェスチャーともコンビで使えます。	
3) **Me ne frego!**（どうでもいい！） 人差し指と中指を顎の下にこすります。 「興味がない」Non mi importa. 「どうでもいい」Chi se ne frega! 無関心，無関係を表すしぐさです。特に南イタリアで使います。両手でやると，無関心が倍増します！	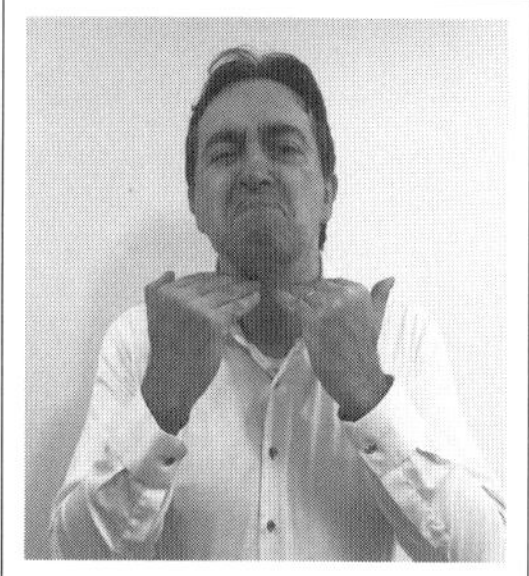
4) **Pazienza...**（仕方がない…） 肩を少し上げながら，腕を広めます。 「仕方がない…」Eeeeh...Pazienza... 「残念です…」Eeeeh...Mi dispiace... 遺憾と諦めを表すためのしぐさです。例えば，電車が遅れた時に「Eh, pazienza... Siamo in Italia.」と言います。	

Marche - Passatelli ai frutti di mare

第2部　直説法現在

PARTE II – L'INDICATIVO PRESENTE

直説法現在形・規則動詞

Verbi regolari al presente indicativo

CD-I 27

会話 — DIALOGO
トスカーナのトラットリアで　In una trattoria toscana

会話文（△, ◇＝客, ●＝ウェイター）	入れ替える部分
◇ Scusi...	
● Buonasera, signore. Che cosa prendete?	
◇ Sì, dunque... io prendo i ravioli.	→ ◇（右メニューからプリーモを選ぶ）
△ Per me invece i pici al ragù di cinghiale.	→ △（右メニューからプリーモを選ぶ）
● E come antipasto?	
△ Mmh... prendiamo un po' di crostini toscani?	→ △（右メニューから前菜を選ぶ）
◇ Sì! Proviamo anche i porcini fritti!	→ ◇（右メニューから前菜を選ぶ）
● E di secondo?	
◇ Prendiamo una bistecca fiorentina in due.	→ ◇（右メニューからメインを選ぶ）
● Benissimo. E da bere?	
△ Un litro di vino della casa.	→ △（右メニューから飲み物を選ぶ）
● Perfetto.	

選んだ食べ物には定冠詞・不定冠詞を必ずつけましょう。

Che cosa prendete?

TRATTORIA TOSCANISSIMA

I'RITROVO DE'BISCHERI

Da sempre a Firenze

Antipasti	Primi
-BRUSCHETTE AL POMODORO	-RAVIOLI ALLE ERBE
-CROSTINI TOSCANI MISTI	-PICI AL RAGÙ DI CINGHIALE
-CROSTINI AL FEGATO	-RIBOLLITA
-CROSTINI DI POLENTA CON PORCINI	-PAPPA AL POMODORO
-PORCINI FRITTI	-LASAGNE AI FUNGHI
-AFFETTATI TOSCANI MISTI	-PACCHERI AL BRASATO
-FORMAGGI TOSCANI MISTI	-PENNE GORGONZOLA E NOCI
Secondi	**Contorni**
-BISTECCA ALLA FIORENTINA (1Kg)	-PATATE ARROSTO
-FILETTO DI MANZO ALLA GRIGLIA	-VERDURE MISTE ALLA GRIGLIA
-BRASATO AL CHIANTI	-INSALATA MISTA
-SALSICCIA AI FERRI	-INSALATA DI RUCOLA
-TRIPPA ALLA FIORENTINA	-PATATINE FRITTE
-OSSOBUCO ALLA TOSCANA	
-POLLO ALLA CRETA	
Dolci	**Bevande**
-CANTUCCI E VIN SANTO	-VINO DELLA CASA
-TIRAMISÙ	-BIRRA ALLA SPINA
-PANNA COTTA	-ACQUA NATURALE
-MASCARPONE	-ACQUA FRIZZANTE
-FRUTTA FRESCA	-COCA COLA (CON CANNUCCIA)

7.1 語幹と語尾 Radice e desinenza

第4課で学んだ4つの基本的な動詞はすべて不規則動詞でしたが，イタリア語では多くの動詞は**規則的に活用させます**。ここでは，直説法現在形の規則動詞の活用パターンを学びましょう。

まず，直説法現在形に活用させたい規則動詞の不定詞（原形，つまり -are，-ere，-ire で終わる形）を語幹（Radice）と語尾（Desinenza）という2つの要素に分けます。

不定詞（原形）	語幹（変化しない部分）	語尾（-are, -ere, -ire の3文字）
amare →	**am-**	**-are**

規則動詞を活用させても，語幹は変化しません。主語に合わせて変化するのは語尾だけです。語尾の変化パターンは不定詞の語尾によって異なり，基本的に3種類あります：**「-are」動詞，「-ere」動詞，「-ire」動詞です**。

7.2 「-are」，「-ere」動詞の語尾変化 Coniugazioni in “are” e “ere”

主語	1）-are 動詞		補語（例）
例：	（愛する） **amare**		
	語幹	語尾	
io	am-	**-o**	Laura l’Italia i cani …など
tu		**-i**	
lui/lei/Lei		**-a**	
noi		**-iamo**	
voi/Voi		**-ate**	
loro/Loro		**-ano**	

＊動詞のアクセント（下線部）は1，2人称複数の場合，語尾に来るので注意しましょう！

用例：Noi **amiamo** l’Italia.　私たちはイタリアを愛している。（am**are** ＝愛する）

Io **parlo** l’inglese.　僕は英語を話す。（parl**are** ＝話す）

Lei **canta** una canzone.　彼女は歌を歌います。（cant**are** ＝歌う）

主語	2）-ere 動詞		補語（例）
例：	（とる） **prendere**		
	語幹	語尾	
io	prend-	-o	un caffè l'autobus la borsa rossa …など
tu		-i	
lui/lei/Lei		-e	
noi		-iamo	
voi/Voi		-ete	
loro/Loro		-ono	

用例：Voi **prendete** un caffè.　あなたたちはコーヒーを飲む。（prend**ere** ＝とる／飲む）

Tu **leggi** un libro.　君は本を読む。（legg**ere** ＝読む）

Loro **scrivono** un'e-mail.　彼らはメールを書く。（scriv**ere** ＝書く）

注意：a)「-are」動詞よりも，「-ere」動詞のほうが不規則変化をすることが多いです。
b)「**-iare**」で終わる動詞の場合，tu，noi の活用語尾の「**-i**」**は必ず落ちます**。
c)「**-care**」，「**-gare**」で終わる動詞の場合，tu，noi の活用語尾は「**-hi**」，「**-hiamo**」と h を補った形になります。

主語	stud**iare**（勉強する）		cer**care**（探す）		pa**gare**（払う）	
io	studi	o	cerc	o	pag	o
tu		(i)		hi		hi
lui/lei/Lei		a		a		a
noi		(i)amo		hiamo		hiamo
voi		ate		ate		ate
loro		ano		ano		ano

用例：Tu **studi** moltissimo!　君はすごく勉強するね！（stud**iare** ＝勉強する）

Noi **cerchiamo** una pizzeria.　私たちはピッツァ屋を探している。（cer**care** ＝探す）

Tu **paghi** il conto.　君がお勘定を払う。（pa**gare** ＝払う）

Esercizio 1: 次の「-are」動詞，「-ere」動詞を活用させてください。

人称	cantare	parlare	giocare	mangiare	legare	leggere	scrivere	correre	ridere
io									
tu									
lui/lei									
noi									
voi									
loro									

Esercizio 2: 次の「-are」動詞,「-ere」動詞を活用させて文を完成させてください。

1) Vincenzo (giocare)__________ sempre ai videogiochi! Non (leggere)________ mai un libro!
2) Ogni mattina io (correre)_________ per un'ora al parco. Poi, a colazione (mangiare)_________ sette cornetti e (prendere)___________ tre cappuccini. Chissà perché non (perdere)______ peso...
3) Luca e Gigi (parlare) ________ sempre di soldi, ma non (lavorare)_________ mai.
4) Ogni sera Claudia (aspettare)___________ suo marito con il mattarello, perché (tornare)___________ sempre a casa ubriaco fradicio.
5) Noi (mandare) __________ questo pacco in Italia, ma (arrivare)__________ sicuramente fra due o tre mesi. Ci vuole tanta, tanta pazienza...
6) Attenzione! Il vaso (cadere)__________! Crash! Troppo tardi...
7) -Pasquale, oggi (prendere)_______ la macchina? -No, oggi (usare)______ il motorino.
8) Mariano, dopo il divorzio, (abitare) ___________ in una baracca. Poverino...

7.3 「-ire」動詞の語尾変化 Coniugazioni in "ire"

「-ire」動詞は通常型活用, そして「-isc-」型活用に分かれます。

種類を決めるコツとして, 語幹の最後の2文字を見ます。その2文字のうちの1つが母音なら,「-isc-」型になることが多いです(例外も少ないながらあります)。

主語	3) -ire 動詞(通常型)		補語(例)
例:	(開ける) **aprire**		la porta la finestra il fuoco …など
	語幹	語尾	
io	**apr-** ⇧ (語幹最後の2文字には母音が1つもない)	**-o**	
tu		**-i**	
lui/lei/Lei		**-e**	
noi		**-iamo**	
voi/Voi		**-ite**	
loro/Loro		**-ono**	

*通常型の活用語尾はほとんど「-ere」動詞のものと同じです(voi の活用のみ -ite となります)。

用例:Noi **apriamo** la porta. 私たちはドアを開ける。(apr**ire** = 開ける)

Tu **parti** domani. 君は明日出発する。(part**ire** = 出発する)

ただし，「-isc-」型の際，**1，2，3 人称単数と 3 人称複数の語幹と語尾の間に**，「-isc-」という要素が入ります。

主語	4) -ire 動詞（「-isc」型）			補語（例）
例：	（理解する） **capire**			
	語幹	語尾		
io	**cap-** ⇧ （語幹最後の 2 文字に母音が含まれる）	**isc**	**-o**	la lezione la domanda la situazione …など
tu		**isc**	**-i**	
lui/lei/Lei		**isc**	**-e**	
noi			**-iamo**	
voi/Voi			**-ite**	
loro/Loro		**isc**	**-ono**	

＊注意：**「-isc-」は 1，2 人称複数には付けません。**

用例：Io **capisco** l'italiano.　私はイタリア語がわかる。（cap**ire** ＝理解する）

Loro **finiscono** di mangiare.　彼らは食べ終わる。（fin**ire** ＝終える）

Esercizio 3: 次の「-ire」動詞を活用させてください。

人称	pulire	finire	partire	dormire	unire	spedire	preferire	offrire	sentire
io									
tu									
lui/lei									
noi									
voi									
loro									

Esercizio 4: 次の「-ire」動詞を活用させ，右と左を線で繋げて文を完成させてください。

1）Alberto（spedire）____________
2）Antonio e Silvia（dormire）____________
3）Io（preferire）____________
4）Andiamo in pizzeria!（offrire）________ tu
5）La macchina non（partire）____________...
6）（Noi sentire）____________
7）（Voi pulire）____________ bene
8）Il film（finire）____________

a） la cena!
b） fra 20 minuti.
c） devo chiamare un meccanico.
d） la vostra camera!
e） dei rumori strani in cantina...
f） il cappuccino al caffè.
g） durante la lezione.
h） una lettera a Marisa.

CD-I 28

Esercizio 5: 次の文を読んで，質問に答えてください。

La mia vita a Venezia

Piacere! Io mi chiamo Riccardo De Rossi, e sono di Roma. Abito a Venezia da poco, ma amo da morire questa splendida città! Sono uno studente, e studio lingua e cultura giapponese all'Università "Cà Foscari". Sono ancora al primo anno, ma sono contento della mia scelta, anche se il giapponese è una lingua molto difficile. La mia ragazza, Claudia, invece studia il cinese. Io e lei abitiamo insieme, e ogni tanto, quando abbiamo tempo, facciamo delle passeggiate romantiche in centro: a Piazza san Marco, a Rialto, o alla Punta della Dogana, il posto che amiamo di più! Venezia è una città molto particolare: al posto delle strade ci sono i canali, e al posto delle automobili ci sono le barche! Non è grandissima, ma sembra un labirinto. E si mangia benissimo! A volte io e Claudia ceniamo in qualche "bacaro", un'osteria tipica veneziana, e mangiamo stuzzichini, crocchette e frutti di mare bevendo un' "ombra" (un bicchiere di vino). Ma qualche volta esageriamo e torniamo a casa un po' ubriachi...

質問 — DOMANDE:

1) Che cosa studia Riccardo? ______________________

2) Dove passeggiano insieme Riccardo e Claudia? ______________________

____

3) Quale posto amano di più Riccardo e Claudia? ______________________

____

4) Che cosa c'è al posto delle macchine? ______________________

5) Che cosa sembra Venezia? ______________________

6) Che cos'è un "bacaro"? ______________________

7) Che cosa mangiano Riccardo e Claudia nei "bacari"? ______________________

____

語幹と語尾の分け方に注意してください。不定詞の最後の**3文字**が語尾です。

× Io mangi~~aro~~ una pizza　　◎ Io mangi**o** una pizza.

この間違いはイタリア語教員が見たくないもの No.1 です。
ご注意ください！

7

Reggio Emilia - Centinaia di forme di Parmigiano Reggiano
（Foto di Yōko Ōnishi）

7.4 副詞・副詞句１ Avverbi 1

イタリア語の文では，疑問を表す副詞（第４課を参照）以外にも，数多くの副詞が見られます。ここで最も頻繁に使われるものを学びます。

動作の様態を表したり，他の副詞を修飾する副詞

副詞・副詞句	意味	用例
benissimo [very well]	非常に良く	-Come stai? -Sto benissimo, grazie.
bene [well]	良く，上手に	Marco parla bene l'inglese.
abbastanza bene [fairly well]	かなり良く	Debora guida abbastanza bene.
così così [so so]	まあまあ	-Come va? -Così così...
male [badly]	悪く，下手に	Quel pianista suona male.
malissimo [terribly]	非常に悪く	Sto malissimo... ho la febbre a 40!

時間を表す副詞

副詞・副詞句	意味	用例
oggi [today]	今日	1) Oggi non dormo. 2) L'esame è oggi.
domani [tomorrow]	明日	Domani mangiamo a casa mia!
ora (adesso) [now]	今	1) Ora parlo io. 2) Adesso non ho tempo.
dopo (più tardi) [later]	後で	1) Ci vediamo dopo! 2) A più tardi!
ancora [again / still]	また・まだ	1) Giochiamo ancora! 2) Sei ancora qui?
allora [then]	では，それなら	Allora, cominciamo.

数量を表す副詞

副詞・副詞句	意味	用例
tutto [all, everything]	全部	Mangiamo tutto!
troppo [too; too much]	～しすぎる	Se mangi troppo, ingrassi!
molto (tanto) [much]	とても	Silvio è molto ricco!
abbastanza [enough; fairly]	十分，かなり	Hai abbastanza benzina?
poco [little; not much]	少し，あまり	Laura mangia poco.
non＋動詞＋niente [nothing]	何も…ない	Filippo non compra niente.

Esercizio 6: 次の副詞を正しく入れて文を完成させてください。

bene, male, oggi, ancora, allora, tutto, troppo, molto, niente, dopo, ora, abbastanza

1) C'è Marco? ________ io non vengo.
2) Ho bevuto ________... sono ubriaco e sto ________...
3) -Alberto, non mangi ________? 4) ________ parto io, domani parti tu!
5) Luigi parla inglese ________ ________!
6) Ti prego! Stai ________ un po' con me!
7) -________ non posso venire. Mi aspetti per cinque minuti?
-OK. Ci vediamo ________.
8) Vorrei comprare quel computer, ma non ho ________ soldi.
9) Mamma!! Nicolino sta rompendo ________!!

7

Tutti al mare!（Foto di Yoko Ōnishi）

CD-I 29

L'italiano degli animali — 動物のイタリア語

動物の鳴き声（擬音語）と動詞を線で繋げて，動詞を３人称に活用しましょう。CD でも動物の鳴き声を確認して下さい。

1) Il cane		a) Muuuuuu!	(muggire)	________
2) Il gallo		b) Pio pio.	(pigolare)	________
3) Il gatto		c) Bau bau.	(abbaiare)	________
4) La mucca	fa	d) Auuuuu!	(ululare)	________
5) La pecora		e) Chicchirichiii!	(cantare)	________
6) Il lupo		f) Cip cip.	(cinguettare)	________
7) Il pulcino		g) Miao.	(miagolare)	________
8) Il passero		h) Beeee.	(belare)	________

動物はそれぞれの性格を持っています。イタリア人はしばしば，人間の性格を描くために，動物に喩えます。以下の文に現れる人を見て，動物に喩えましょう。

a) Luigi è coraggioso come	1) un cane...
b) Antonio ha sempre una fame	2) un gatto.
c) Ehi, Gigi! Ma che fai? Hai paura? Scappi via? Sei proprio	3) da lupo!
d) Marina corre e salta molto velocemente, è agile come	4) un coniglio!
e) Luigino non vuole studiare, ma così rimane	5) una volpe!
f) Marisa parla male di tutti, è subdola come	6) un pesce!
g) Oggi i miei amici non ci sono... e io sono qui, solo come	7) un mandrillo!
h) Stai attento a Lorenzo! È furbo come	8) un serpente.
i) Edoardo pensa sempre alle ragazze... è proprio	9) un leone.
l) Non devi dire niente a nessuno. Devi essere muto come	10) un asino.

Chivasso - Un carro del Carnevalone

不規則動詞と前置詞

Verbi irregolari e preposizioni

CD-I 30

会話 — DIALOGO
城はどこですか？　Scusi, dov'è il castello?

会話文（◇＝道を尋ねる人，●＝通行人）	入れ替える部分
◇ Scusi...	
● Prego, mi dica.	
◇ Dov'è il castello?	→ ◇ 1) il duomo 2) la stazione
● Dunque. Lei va dritto per questa strada...	
◇ Sì...	
● ... e alla terza traversa gira a destra.	→ ● 1) al terzo semaforo 2) al primo incrocio
◇ Alla terza traversa. Bene.	→ ◇ 1) al terzo semaforo 2) al primo incrocio
● Poi va dritto e attraversa la piazza. Sulla	→ ● 1) il parco　2) il ponte
sinistra c'è il castello.	→ ● 1) il duomo　2) la stazione
◇ Perfetto. Ah, c'è un'edicola qui vicino?	→ ◇ 1) un bar　2) una tabaccheria
● Sì, è lì accanto all'ufficio postale.	→ ● 1) di fronte　2) dietro
◇ Grazie mille.	

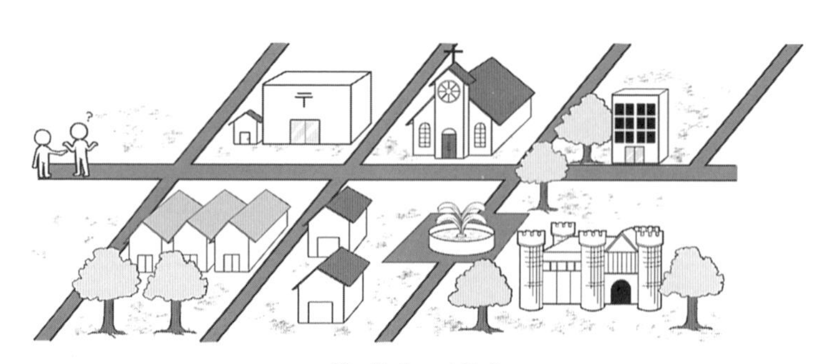

Dov'è il castello?

Parole ed espressioni utili

道を尋ねる — Indicazioni stradali

道を尋ねるには，次の聞き方があります。

1) Scusi, per［目的地］?	3) Scusi, per andare a［目的地］?
2) Scusi,（mi sa dire）dov'è［目的地］?	4) Scusi, vorrei andare a［目的地］...

8

次に，受けた指示を理解するために，以下の動詞と単語をマスターしなければなりません。

andare（行く）	diritto（dritto）（まっすぐ） fino in fondo （突き当たりまで）
girare（曲がる）	a destra （右に） a sinistra （左に）
prendere（入る）	la（prima/seconda/terza）strada （1，2，3）番目の道 la（prima/seconda/terza）traversa （1，2，3）番目の横道
attraversare（渡る）	la strada / il ponte / la piazza / il parco / l'incrocio など…
tornare（戻る）	indietro （引き返して）

町の目印（辞書で意味を調べましょう。）

il semaforo	l'incrocio	la strada	la via
la traversa	l'angolo	il viale	la piazza
la fontana	la chiesa	il parco	il ponte
l'edicola	la tabaccheria	il supermercato	l'ufficio postale
il parcheggio	il distributore	la scuola	il bar

qui / qua	ここ	accanto a	～の横に
lì	そこ	di fronte a	～の真向かいに
là	あそこ	davanti a	～の前
sulla sinistra	左手に	dietro a	～の後ろ
sulla destra	右手に		
in fondo	奥（突き当り）に	su	上に
all'angolo	角に	giù	下に

8.1 不規則動詞1 Verbi irregolari 1

日常的に頻繁に使う「andare」（行く），「venire」（来る），「uscire」（出かける，出る）という3つの不規則動詞は，以前学んだ「essere」，「stare」と同様に自動詞です。これらの動詞は前置詞で補語に繋がることが非常に多いので，この課では後に続く前置詞と一緒に覚えましょう。

主語（人称代名詞）	ANDARE（英：to go）	VENIRE（英：to come）	USCIRE（英：to go out）
io	**vado**	**vengo**	**esco**
tu	**vai**	**vieni**	**esci**
lui/lei/Lei	**va**	**viene**	**esce**
noi	**andiamo**	**veniamo**	**usciamo**
voi/Voi	**andate**	**venite**	**uscite**
loro/Loro	**vanno**	**vengono**	**escono**

用例： **ANDARE:** **Andiamo** a Milano? ミラノへ行こうか？
Io **vado** via. 私は帰る(去る)。 Come **va**? 生活はどう？
VENIRE: Oggi Marcello non **viene** a scuola. 今日マルチェッロは学校に来ない。
Vieni a casa mia? （君は）私の家に来る？
USCIRE: Stasera **esco** con gli amici. 今晩は友達と出かける。
Antonio **esce** con Lucia. アントニオはルチーアと出かける。

＊「venire」は日本語の「来る」との使い方が違うので注意しましょう。

主に誘う時に，「andare」を1人称複数（andiamo）で使うと，答えもandiamoで結構です。

-Debora, andiamo al cinema stasera? -デボラさん，今夜は映画館へ行こうか？
-Sì, andiamo! -うん，行こう！
-No, mi dispiace, ho un impegno... -いいえ，残念ながら用事がある…

ただし，「venire」で誘うと，誘われた者は，承諾し，誘い手と同じ場所に行く場合，「venire」を使います。また，誘われた者が断り，誘い手と違う場所に行く場合は，「andare」を使います。つまり，「venire」は「(誘い手と同じ場所に）行く」という意味もあります。

-Debora, vieni con me al cinema stasera? -デボラさん，今夜は私と一緒に映画館へ来る(行く)？
-Sì, vengo volentieri. -はい，喜んで来る（行く）よ！
-No, non vengo, stasera vado a lavorare... -いいえ，来ない(行かない)，だって今晩は仕事だから…

Esercizio 1: カッコ内の動詞を正しく活用させて文を完成させてください。

1) -Anna e Lucia (venire) __________ in discoteca con noi. Marina (andare) ______ al cinema con Giuseppe, ma Tommaso non (uscire) _________ perché non sta bene.

2) -Ragazzi, (venire) __________ a cena con noi? -Sì, (venire) _________ volentieri!

3) -No, se c'è Federica, la mia ex ragazza, io non (venire) ________!

4) -Sai la novità? Recentemente Gloria (uscire) _________ con Massimo! Beata lei!

5) -Come (andare) __________ la vita? -Benissimo, grazie.

6) -Oggi la connessione a Internet (andare) _______ e (venire) ________... Che strano.

7) -Oggi noi (andare) __________ tutti a Pisa! (Venire) ___________ anche voi? -No, oggi noi (andare) ____________ a Civitavecchia!

8

Esercizio 2: 質問に答えて，文を作ってください。各文の場所の写真を当ててください。

1) Vieni al Carnevale di Viareggio? ______________________________.

2) Andiamo a fare un giro in gondola? ____________________________!

3) Non usciamo a vedere i trulli? ________________________________!

4) Venite a Camogli con noi? ___________________________________.

5) Ehi! Ma loro dove vanno? ________________________a Civita di Bagnoregio!

6) Vado a San Siro a vedere la partita! Vieni? ______________________!

(Foto di Taku Itō, Tomoya Takeuchi, Masakaze Misaki, Shiomi Hashiba e Ryōko Yamashita)

8.2 前置詞 Le preposizioni

a) 前置詞（単独）Preposizioni semplici

前置詞	主な意味	用例
di	～の (of)	1) La macchina **di** Giacomo è rossa.（所有者） 2) Una casa **di** legno.（材料） 3) Sono **di** Firenze.（出身地）
a	～に，～へ (to/at/in)	1) Vado **a** Milano.（都市名） 2) Andiamo **a** dormire.（不定詞） 3) Regaliamo una penna **a** Marco.（目的・受取人）
da	～から，～より (from)	1) **Da** Milano **a** Firenze ci vogliono 4 ore.（から～まで） 2) Vieni **da** Aldo stasera?（［人］の所に）
in	～に，～中に，で (in/into)	1) Andiamo **in** Giappone.（国名） 2) Sono **in** casa.（場所） 3) Veniamo a scuola **in** bicicletta.（乗物）
con	～と共に (with)	1) Usciamo **con** Maria e Anna stasera?（人） 2) Io prendo una pizza **con** i funghi.（モノ）
su	～上に，～について (about, on, over)	1) Leggo un libro **su** Leonardo Da Vinci.（主題） 2) L'aereo vola **su** Milano.（～の上に）
per	～ために (for)	1) Ecco. È un regalo **per** te!（受取人） 2) Quando partite **per** Roma?（目的地）
tra	～の間，～後 (between/in)	1) **Tra** fratelli non bisogna litigare.（名詞） 2) **Tra** cinque minuti arrivo!（時間・距離の表現）
fra	～の間，～後 (between/in)	1) La mia casa si trova **fra** tre fiumi.（名詞） 2) **Fra** trenta minuti comincia il film.（時間・距離の表現）

Esercizio 3: 正しい前置詞を選んで入れて，文を完成させてください。

1) Ecco Anna, la sorella (a/di/per) ____ Leo. Anche lei abita (a/in/da) ____ Milano.
2) Pronto, Claudia? Senti, vorrei andare al cinema (per/con/da) ______ te!
3) Marco, aspetta! (Fra/Di/Su) ______ cinque minuti sono (in/a/da) _____ te!
4) Yukari abita (in/a/di) _____ Tokyo, (in/a/di) _____ Giappone.
5) Compro una cravatta (su/in/per) ______ Gianni! Domani è il suo compleanno.
6) Amo molto viaggiare (in/su/per) ________ treno. Ma anche (con/per/di) ______ la nave.
7) Oggi guardiamo un film (per/da/su) ______ Garibaldi.
8) -Che belle scarpe! Sono (per/di/con) _____ pelle?

b）前置詞と定冠詞の結合形 — Preposizioni articolate

いくつかの前置詞の後に定冠詞付きの名詞が来たら，原則として，その前置詞は後に続く定冠詞と結合します。例に倣い，表を自分で完成させてください。

定冠詞 / 前置詞	il	lo	l'	la	i	gli	le
di	del	dello	dell'	della	dei	degli	delle
a	al						
da	dal						
in	nel						
su	sul						

8

Esercizio 4: 次の文に前置詞と定冠詞の結合形を入れて，文を完成させてください。

1）Oggi abbiamo il risotto（a + la）________ milanese e le lasagne（a + il）______ forno.

2）Ho nascosto le sigarette di Luca（in + il）________ cassetto（di + la）________ mia scrivania.

3）Ragazzi, andiamo（a + il）______ mare! Ci mettiamo（su + il）_______ lettino e prendiamo il sole!

4）Domenica vado（a + lo）________ stadio a vedere la partita（di + l'）_______ Atalanta!

5）La lezione è（da + le）________ 10:30 fino（a + le）________ 12:00. Non vi dimenticate!

6）Adamo ha speso tutti i soldi vinti（a + la）________ lotteria, ed è finito（da + le）__________ stelle（a + le）__________ stalle! Ora non ha più nemmeno i soldi per andare（a + il）_____ cinema!

Spaghetti alla carbonara（senza panna!）
（Foto di Ryōko Yamashita）

これも覚えておきましょう！

部分冠詞 — Articolo partitivo

前置詞「di」の定冠詞との結合形は「部分冠詞」(Articolo partitivo) という役割も果たします。

単数形は数えられないモノ（液体，粉物，大きな分類など）の「ある程度の量」，そして複数形は数えられるモノ（人，物など）の「ある程度の数」を表します（英語の「some」に当たります）。

冠詞の選びかたは定冠詞と同じです。

数えられないモノ		数えられるモノ	
del sale	いくらかの塩	**dei** ragazzi	何人かの青年たち
dello spumante	いくらかの発泡ワイン	**dei** libri	何冊かの本
della verdura	いくらかの野菜	**degli** amici	何人かの友人
dell'olio	いくらかの油	**delle** scarpe	何足かの靴

Esercizio 5: 正しい部分冠詞を入れて，文を完成させてください。

1) Allora, Marcello, oggi devi comprare ________ pane, __________ spaghetti, _________ latte, ___________ zucchero, ________ uova e ________ prosciutto. Non dimenticare niente!
2) Ragazzi, sto malissimo... ieri ho bevuto _______ vino, ________ birra, ________ spumante, e alla fine della serata anche ________ amaro... Mi gira la testa...
3) A Ferrara ho conosciuto __________ ragazze fantastiche! Insieme abbiamo visitato _______ musei e fatto _________ passeggiate lunghissime.

代名小詞その① 場所を表す「ci」

「andare」や「venire」を使う際，場所（目的地）を表す補語を繰り返さず，文をコンパクトにするために，補語をしばしば「ci」（英語の「there」と同じ役割を持つ）と入れ替えます。ただし，「ci」は原則として，活用された動詞の前に置きます。

8

△ Domani c'è il Carnevale di Venezia! Andiamo **al Carnevale di Venezia**?（不自然）
○ Domani c'è il Carnevale di Venezia! **Ci** andiamo?

Esercizio 6: 次の文の補語を場所の「ci」と入れ替えて，書き直してください。
1）Andiamo al mercato in bicicletta! ________________
2）Stasera non vengo alla festa. ________________
3）Andate al Palio di Siena quest'anno? ________________
4）Oggi vado a scuola presto. ________________
5）Non siete a casa adesso? ________________
6）Venite a mangiare un gelato? ________________

場所を表すこの「ci」は口語も文語もイタリア語で頻繁に現れるので，早い段階からその用法を覚えましょう。

Il cielo di Ferrara sotto un portico

移動，存在の動詞と主な前置詞との合わせ方（まとめ）

動詞	前置詞	補語	例文
essere andare stare venire arrivare tornare など	**a**	都市名：Milano, Roma, Osaka 不定詞：mangiare（～しに行く） 特定の名詞：casa, scuola, teatro	Andiamo **a** Milano! Andate **a** mangiare una pizza? Mamma, sono **a** casa!
	al	場所（il が付く男性名詞）：parco, mare, mercato	Ragazzi, andiamo **al** mare? Mamma, sono **al** mercato!
	allo	場所（lo が付く男性名詞）：stadio	Venite con noi **allo** stadio?
	all'	場所（母音で始まる）：ospedale	Vado **all'**ospedale in taxi!
	in	国名：Italia, Giappone, Russia… 乗り物：macchina, treno, aereo… 場所（女性名詞）：banca, pizzeria…	Finalmente sono **in** Italia! Venite a scuola **in** treno? Sono **in** banca, torno subito!
	da	人名：Daniele, Anna（～の家に）	Siamo tutti qui **da** Daniele!
	dal (**dall'**)	場所（職業）：dentista, notaio, avvocato（母音で始まる時は dall'）	Vado **dal** dentista! Siamo qui **dall'**avvocato.

Esercizio 7: 上の表を見て，補語に合わせてふさわしい前置詞を選んでください。

1）L'anno scorso siamo stati _______ Brasile, ______ San Paolo: è una città immensa!

2）Mamma! Oggi non vado ______ scuola!! Vado ______ parco _____ giocare con gli amici!

3）Vado ______ farmacia _____ comprare le medicine, poi torno _______ ospedale.

4）Ciao, Marina! Andiamo ______ cinema insieme? Ti porto ______ moto, se vuoi!

5）Stasera andiamo tutti ______ Anna: facciamo una grande festa!

6）-Cara, vado _______ medico! -Ci vai ______ macchina o ______ bicicletta?

7）-Arriviamo _____ Roma questa sera! Così andiamo ______ mangiare una bella carbonara!

8）-Oggi vado _______ stadio _____ vedere il derby Roma-Lazio! Non vedo l'ora!

8.3 不規則動詞 2　Verbi irregolari 2

不規則動詞「dire」(言う，伝える) と「dare」(渡す，あげる) は以下のとおりに活用されます。

主語 (人称代名詞)	DIRE (英：to say, to tell)	DARE (英：to give)
io	**dico**	**do**
tu	**dici**	**dai**
lui/lei/Lei	**dice**	**dà**
noi	**diciamo**	**diamo**
voi/Voi	**dite**	**date**
loro/Loro	**dicono**	**danno**

用例：**DIRE** 1) **意見を求める・述べる**　Antonio, tu che cosa **dici**?
アントニオさん，君はどう思う (言う) ？
Io **dico** che così va bene.
私はこれでいいと思う (言う)。

2) **直接話法**　La mamma **dice** a Luca: "Non fare lo stupido!".
ママはルカに「バカなまねをするな」と言う。

3) **間接話法**　La mamma **dice** a Luca di non fare lo stupido.
ママはルカにバカなまねをしないように言う。

DARE 1) **(もの) を (人) にあげる，渡す**　Simone **dà** un fiore a Claudia.
シモーネはクラウディアに花をあげる。

2) **(もの) を (人) にする**　Carlo **dà** un bacio a Elena. E Elena **dà** un ceffone a Carlo.
カルロはエレナにキスをする。そしてエレナはカルロにビンタする。

3) **〜に面する**　La stanza **dà** sul mare: è molto silenziosa.
部屋は海に面しているのでとても静かだ。

Esercizio 8: dire と dare を正しく活用させ文を完成させてください。

1) Non (tu - dire)__________ niente a Mario?
2) Andiamo al cinema, voi che ne (dire)________?
3) Ragazzi, (voi - dare)___________ una mano alla mamma, per favore?
4) Io (dire) __________ che Stefano sbaglia a lasciare la sua ragazza.

5) La camera (dare) _________ sulla strada: è molto rumorosa.
6) Il fumo (dare) _______ fastidio a mia moglie. Puoi spegnere la sigaretta?
7) Stefano e Gino (dire) __________ sempre un sacco di bugie.
8) Se non la smetti ti (io - dare) _________ uno schiaffo!

8.4 不規則動詞 3　Verbi irregolari 3

今まで学んだのは最も頻繁に使われている不規則動詞ですが，直接法現在形では，不規則動詞はほかにも多くあります。ここでさらに不規則動詞の活用を勉強しましょう。

主語	**bere** (飲む)	**riuscire** (成功する)	**morire** (死ぬ)	**tenere** (持つ)	**salire** (上る/乗る)	**rimanere** (残る)
io	bevo	riesco	muoio	tengo	salgo	rimango
tu	bevi	riesci	muori	tieni	sali	rimani
lui/lei/Lei	beve	riesce	muore	tiene	sale	rimane
noi	beviamo	riusciamo	moriamo	teniamo	saliamo	rimaniamo
voi	bevete	riuscite	morite	tenete	salite	rimanete
loro/Loro	bevono	riescono	muoiono	tengono	salgono	rimangono

主語	**scegliere** (選ぶ)	**sedere** (座る)	**spegnere** (消す)	**〜 porre** (置く)	**〜 trarre** (引く)	**〜 durre** (導く)
io	scelgo	siedo	spengo	〜 pongo	〜 traggo	〜 duco
tu	scegli	siedi	spegni	〜 poni	〜 trai	〜 duci
lui/lei/Lei	sceglie	siede	spegne	〜 pone	〜 trae	〜 duce
noi	scegliamo	sediamo	spegniamo	〜 poniamo	〜 traiamo	〜 duciamo
voi	scegliete	sedete	spegnete	〜 ponete	〜 traete	〜 ducete
loro/Loro	scelgono	siedono	spengono	〜 pongono	〜 traggono	〜 ducono

*「-rre」で終わる動詞は本来「〜 ere」動詞です。

① 現代イタリア語の「porre」はラテン語の「ponere」から来て，「置く」という意味です。英語で「～ pose」になります。

proporre　（提案する）
supporre　（推測する）
comporre　（組み立てる）
disporre　（配置する）

②「trarre」はラテン語で「traere」，「tragere」から来て，「引く」（現代イタリア語の tirare と同じ）という意味です。英語で「～ tract」になります。

contrarre　（縮める）
ritrarre　（肖像を描く）
attrarre　（ひきつける）
sottrarre　（取り去る）

③「durre」はラテン語で「ducere」から来て，「導く」という意味です。英語で「～ duce」，または「～ duct」になります。現代イタリア語で「ducere」は動詞として単独で使われませんが，この形で終わる動詞は多く存在しています。

produrre　（生産する）
ridurre　（小さくする）
tradurre　（翻訳する）
condurre　（案内する）

Esercizio 9: 次の不規則動詞を活用させて，文を完成させてください。

1) Se（tu - bere）__________ il mercurio,（tu - morire）__________!
2) Oggi non（io - riuscire）__________ a tornare a casa, quindi（io - rimanere）__________ qui.
3) Ragazzi,（voi - spegnere）____________ la TV, per favore? Non ne posso più...!
4) Allora, io（sedere）__________ accanto a Maria, e voi（sedere）___________ dietro di noi.
5) Adamo（scegliere）___________ sempre ragazze belle ma capricciose con cui uscire.
6) Io non（salire）_________ più in auto con Simona, altrimenti（io - morire）________ di paura!
7) Loro（tradurre） ____________ la Divina Commedia in giapponese! Che bravi!
8) Il direttore（proporre）___________ ai suoi impiegati un nuovo contratto.
9) Gli italiani（produrre）___________ alta moda, belle auto e cibo delizioso!
10) Quella ragazza non è bella, ma ha fascino e（lei - attrarre）___________ tanti uomini!

8

8.5 副詞・副詞句2 Avverbi 2

頻度を表す副詞

副詞・副詞句	意味	用例
動詞＋ **sempre**［always］	必ず，いつも	La domenica vado **sempre** allo stadio.
spesso［often］	よく，しばしば	In estate viaggio **spesso.**
qualche volta［sometimes］	時々	**Qualche volta** andiamo al cinema.
raramente［rarely］	滅多に…（ない）	**Raramente** guido la macchina.
non ＋動詞＋ **mai**［never］	決して…ない	**Non** compro **mai** il vino.

場所を表す副詞

副詞・副詞句	意味	用例
qui（**qua**）［here］	ここに	1）Io dormo **qui**. 2）Andiamo **qua** a mangiare.
lì（**là**）［there］	そこに，あそこに	1）Marco è **lì**. 2）**Là** in fondo c'è un bagno.
su［up］	上に	Venite **su**!
giù［down］	下に	Andate **giù**!
via［away］	どこかに	1）Andiamo **via**. 2）Luigi va **via** alle 9.

その他の副詞

副詞・副詞句	意味	用例
quasi［almost］	ほぼ	Quella penna costa **quasi** 1000 euro!
forse［maybe］	多分	**Forse** stasera ho un impegno...
così［so; thus］	こう・そう	1）Dai! Non fare **così**! 2）Un pesce grande **così**!
ecco［here］	ほら，なるほど	1）**Ecco** la chiave. 2）Ah, **ecco**! Ora capisco.

Esercizio 10: 次の副詞から適切なものを選んで，文を完成させてください。

spesso, mai, qui, via, qui, quasi, forse, così, ecco

1）-_________ il passaporto, signore. Metta una firma ________. -Va bene __________?

2）-Stefano, vai__________ in palestra? -No, non ci vado _________.

3）-Carla! Ti amo!! Vieni ________!! Non scappare _______!

4）-Sono _________ le 8:00. ________ Claudio ormai non viene più...

CD-I 31

L'italiano e l'ironia ― イタリア語と皮肉

イタリア語で話す時，相手の声のイントネーションや顔の表情に注目しましょう。同じ表現でも，相手のことばに皮肉がこもっていたりします…。勘違いしないようにしましょう。

普通に話す時	皮肉的に言う時
Che bel disegno! Bravo, Franco! 綺麗な絵だな，フランコ君，上手！	Ma bravo! Guarda che pasticcio! こら！ 滅茶苦茶だぞ！
Quel ragazzo è davvero bello! あの男子は本当にかっこいいね！	Ehi, bello... non toccarmi, eh! おい，お前，触るなよ！
Buonanotte e sogni d'oro! おやすみ，素敵な夢を！	Sì, vabbe'... buonanotte... はいはい，わかった，話にならん…

Firenze - Veduta dal campanile di Giotto

補助動詞／数詞と時間
I verbi servili / Numeri e ore

会話—DIALOGO
一緒に行きたいですか？　Volete venire con me?

9-a　Un invito tra amici

会話文（●＝招待者，△，◇＝友人）	入れ替える部分
● Ciao, ragazzi! Ho tre biglietti per il cinema.	→ ● 1) il teatro 2) l'opera 3) lo stadio
Volete venire con me sabato sera?	→ ● 1) martedì 2) domenica 3) domani
△ Va bene, io vengo volentieri!	→ △ 1) sono libero 2) ci sto 3) vengo
◇ Sabato sera? Accidenti... non posso.	→ ◇ 1) martedì 2) domenica 3) domani
Devo andare al mare con la mia ragazza.	→ ◇ 1) in montagna 2) a Milano 3) al lago
● Mi dispiace...	
△ Allora, dove e a che ora ci vediamo?	
● Facciamo alle sette e mezza a casa mia.	→ ● 1) otto 2) sei 3) nove e dieci
△ Benissimo!	

9-b　Invitare un ragazzo/una ragazza a uscire

会話文（△＝ Daniela,　●＝ Massimo）	入れ替える部分
● Pronto? Ciao, sono Massimo.	→ ● 1) Yuriko 2) Tomoki
△ Oh, Massimo! Che sorpresa!	→ △ 1) Yuriko 2) Tomoki
● Senti, Daniela, sei libera mercoledì?	→ ● 1) Sergio, sei libero 2) Anna, sei libera
△ Sì, perché?	
● Voglio uscire con te! Che ne dici?	
△ Va bene. Dove andiamo?	→ △（だめなら）Ahahahah! No. Ciao!（終）
● Andiamo a fare un giro in macchina!	→ ● 1) allo zoo 2) al luna park
△ Buona idea! A mercoledì, allora!	→ △ 1) Ok, volentieri! 2) Wow! Che bello!

Parole ed espressioni utili（意味は辞書で調べてください。）	
il biglietto	Volentieri!
il cinema	Accidenti!
il teatro	Che sorpresa!
l'opera	Benissimo!
lo stadio	Buona idea!
al mare	Wow!
in montagna	Che bello!
al lago	Va bene.
allo zoo	insieme
al luna park	un giro
a casa mia	in macchina

9

Invitare qualcuno: 人を招待するための表現

-Sei libero? / -Sei libera? -Hai tempo?	**Accettare**（承諾する）: -Sì, certo!
	Rifiutare（断る）: -No, mi dispiace.
-Vuoi venire con me（a ＋場所）? -Ti va（di ＋不定詞）? -Hai voglia（di ＋不定詞）? -Che ne dici（di ＋不定詞）?	**Accettare**（承諾する）: -Va bene, volentieri! / -Sì, certo!
	Rifiutare（断る）: -No, grazie. / -No, mi dispiace.

Al telefono

重要な不規則動詞の中で，「補助動詞」（Verbi servili）と呼ばれる4つの動詞があります。この4つの動詞は「volere」（～したい），「dovere」（～しなければならない），「potere」（～できる［許可・可能性］），そして「sapere」（～できる［能力］）です。この4つの動詞の主な特徴は，その活用形を他の動詞（不定詞）の前に置くことが多いということです。

補助動詞（不定詞）	補助動詞（活用形）	不定詞（原形）	補語	意味
volere	（io）**voglio**	andare	al mare.	私は海へ行きたいです。
dovere	（io）**devo**	fare	i compiti.	私は宿題をしなければなりません。
potere	（io）**posso**	fumare	una sigaretta?	私は煙草を吸ってもいいですか？
sapere	（io）**so**	guidare	la macchina.	私は車を運転することができます。

この4つの動詞は日常的に極めて頻繁に用いるので，覚えるとかなり表現力が上がります。

9.1 補助動詞とその用法1 Verbi servili e loro usi 1

まずは「volere」，「dovere」の活用と用法を学びます。

主語（人称代名詞）	VOLERE（英：to want）	DOVERE（英：to have to, must）
io	**voglio（vorrei）***	**devo**
tu	**vuoi**	**devi**
lui/lei/Lei	**vuole**	**deve**
noi	**vogliamo**	**dobbiamo**
voi/Voi	**volete**	**dovete**
loro/Loro	**vogliono**	**devono**

*注文などの場合，1人称を「vorrei」にした方が良いです。詳しくは第20課を見てください。

VOLERE の用例：

① 願望・意欲・注文を表す時（～したい）

Voglio andare in America!　アメリカへ行きたい！

Mamma! **Voglio** mangiare un gelato!　ママ！アイス食べたい！

Vorrei bere un caffè.　コーヒーが飲みたいのですが…

Filippo non **vuole** uscire.　フィリッポは出かけたがらない。

② **何かを勧める時，誰かを誘うとき（～したいですか？）**

Vuoi bere un caffè?　君，コーヒー飲みたい？

Volete mangiare questo dolce?　君たちはこのデザートが食べたいですか？

Lisa, **vuoi** uscire con me?　リーザさん，僕と一緒に出かける？

③ **「volere」は単独で使うこともよくあります（「～が欲しい」という意味で）。**

Mamma! **Voglio** un gelato!　ママ，ジェラートが欲しい！

Vorrei un caffè.　コーヒーが欲しいんですが…

E tu **vuoi** un caffè?　君はコーヒー要る？

9

DOVERE の用例：

① **義務を表す・課す時（～しなければならない）**

Oggi **devo** lavorare, non ho tempo.　今日は働かなければならない，時間がない。

Antonio, **devi** pulire la tua stanza!　アントニオ，部屋のそうじをしなきゃ！

Domani **dobbiamo** andare a Tokyo.　明日，私たちは東京へ行かなきゃ。

Dovete studiare di più, ragazzi.　君たち，もっと勉強しなきゃ。

② **（否定文で）何かを禁じる時（～してはいけない）**

Non **devi** fumare, Simone!　シモーネさん，たばこを吸っちゃいけないよ！

Non **dovete** attraversare la strada con il rosso.　赤で道を渡っちゃいけない。

ただし，文脈によって，（～しなくてもいいよ）という意味をとる。

Non **dovete** fare tutti gli esercizi. Solo il n.5 e il n.6.

練習問題は全部やらなくていい。5番と6番だけ。

Esercizio 1:「volere」,「dovere」を正しく活用させ，文を完成させてください。

1) -Bruno (volere)_________ comprare una Ferrari. Ma (dovere)_________ lavorare sodo!
2) Ho mal di denti... (dovere)_________ andare dal dentista. Ma non (volere) __________!
3) -Paola, (volere)_________ uscire con me?　-No, mi dispiace, (dovere)_________ studiare...
4) -Ragazzi, (volere)_________ rimanere qui a pranzo?　-Sì, volentieri!
5) Mamma!! (Io - volere)__________ tornare a casa!!
6) Ehi, Salvatore! Tu non (dovere)__________ rubare i soldi ai ragazzini, capito?
7) Ragazzi, voi non (dovere) ___________ parlare durante la lezione. È chiaro?
8) Buongiorno. (io –volere) ___________ un caffè, per favore.

9) Giovanni, (dovere)________ provare assolutamente questo dolce! È fantastico!
10) Ehi, voi! Non (dovere) __________ entrare qui! (volere)____________ morire?

9.2 補助動詞とその用法 2 Verbi servili e loro usi 2

つづいては「potere」,「sapere」の活用と用法を学びましょう。

主語(人称代名詞)	POTERE(英:can, to be allowed)	SAPERE(英:to be able, can)
io	**posso**	**so**
tu	**puoi**	**sai**
lui/lei/Lei	**può**	**sa**
noi	**possiamo**	**sappiamo**
voi/Voi	**potete**	**sapete**
loro/Loro	**possono**	**sanno**

***この2つの動詞の使い分けに十分注意してください!**

POTEREの用例:

① (1人称で疑問文の場合) 許可を得る (~することが出来ますか?)

Posso entrare? 入ってもいい? **Possiamo** parlare? (私たちが) 話してもいい?

Posso andare in bagno? トイレへ行っていい?

Possiamo fumare? (私たちが) タバコを吸っていい?

② (2人称, 敬称のLeiで, 疑問文の場合) 何かを依頼する (~してもらえますか?)

Scusa, **puoi** aprire la porta? すみません, ドアを開けてくれる?

Scusi, (Lei) **può** aspettare un momento? すみません, ちょっと待っていただけますか?

Scusa, **puoi** spegnere la sigaretta? すみません, タバコを消してくれる?

Signori, **potete** uscire da questa parte, per favore?
(あなたたちが) こちらから出ていただけますか?

③ 許可・可能性があって, 何かをすることができる (~できる)

Qui **puoi** fumare. ここでタバコを吸ってもいいよ。

Non abbiamo il passaporto, quindi non **possiamo** viaggiare.
私たちはパスポートを持っていないから, 旅行できない。

Non ho soldi, e non **posso** andare in vacanza. お金がなくて, バカンスに行けない。

Non **possiamo** uscire, dobbiamo lavorare. 外出できない, 働かなきゃ。

SAPERE の用例：

① 能力（身についていること）を表す（～できる）

Anna **sa** cucinare molto bene. アンナはとても上手に料理ができる。

Daniela, **sai** sciare? ダニエーラさん，君はスキーできる？

Loro non **sanno** guidare. 彼らは運転できない。

So guidare, ma in Giappone non posso perché non ho la patente giapponese.
運転はできるが，日本の免許を持っていないから，日本ではできません。

② 単独で「知る」という意味になる。

-Anna! **Sai** che Tiziana e Lucio si sposano? -Non **so** niente.
-アンナさん！ ティツィアーナとルーチョが結婚するって知ってる？ -(私は)何も知りません。

Sapete il nostro indirizzo? 君たちは私たちの住所を知っているの？

Esercizio 2:「potere」,「sapere」を正しく活用させて文を完成させてください。

1) Ragazzi, oggi io non (potere)__________ venire alle 8. Voi (potere)__________ aspettarmi?
2) Luigi è il figlio del capo, lui (potere)_________ fare tutto quello che vuole!
3) Laura non (sapere)_______ giocare a tennis… Ma (noi - potere)__________ chiamare Rita!
4) Ragazzi, (potere)________ abbassare il volume della televisione, per favore?
5) Noi (sapere)________ parlare l'inglese molto bene, se vuoi (potere)________ aiutarti!
6) Amedeo non (sapere)________ niente, di sicuro non (potere)________ essere d'aiuto.
7) Noi non (sapere) ___________ la verità. (Potere)_________ solo immaginarla.
8) Questa mano (potere)__________ essere di ferro o (potere)___________ essere una piuma.

Esercizio 3: 動詞を活用させ，質問を答えに結び付けてください。

1) Michele, (tu - volere)___________ un caffé? a) No, oggi non lavora.
2) Anna, (tu - sapere) ____________ guidare? b) Perché sei ancora un bambino.
3) Antonio (dovere)___________ lavorare oggi? c) No, neanche un uovo sodo.
4) Ehi, perché non (io - potere)_________ entrare? d) No, grazie, siamo a dieta.
5) Quando (voi - dovere)___________ partire? e) Sì, ma senza zucchero.
6) Loro (sapere)___________ cucinare? f) No, ragazzi, voi state a casa.
7) E noi? Non (potere) ___________ venire? g) Sì, ma non ho la patente...
8) (Voi - volere)________ ancora un po' di pasta? h) Domani mattina alle otto.

Volere:

△ Io **voglio** un caffè. といった形で依頼をすれば，大変失礼です。上から目線に聞こえ，相手を怒らせる可能性が高いです。王様ですらこの言い方をしません！

◎ Io **vorrei** un caffè, per favore. と言った方が丁寧で，相手が喜びます。

Potere/sapere:

△ Io **posso** sciare molto bene. 不自然です。能力の場合，「sapere」を使いましょう。

◎ Io **so** sciare molto bene.

Per non sbagliare!
ここだけは間違えるな！

Sapere/conoscere:

× Io **so** Gianni.　　正しくは

◎ Io **conosco** Gianni.　（詳しくは第 12 課を参照）

Meglio essere sempre gentili con commessi e camerieri...!
Ma l'accento su "fa" non ci vuole!
Insegnate l'italiano agli italiani che ne hanno bisogno! ☻

9.3 10以上の数詞・時間の表現 Numeri, ore e date

ここで11から10000までの数詞も覚えておきましょう。

CD-I 34

9

I numeri da 11 a 10000

11 UNDICI	12 DODICI	13 TREDICI	14 QUATTORDICI	15 QUINDICI
16 SEDICI	17 DICIASSETTE	18 DICIOTTO	19 DICIANNOVE	20 VENTI
21 VENTUNO	22 VENTIDUE	23 VENTITRÉ	24 VENTIQUATTRO	25 VENTICINQUE
26 VENTISEI	27 VENTISETTE	28 VENTOTTO	29 VENTINOVE	30 TRENTA
40 QUARANTA	50 CINQUANTA	60 SESSANTA	70 SETTANTA	80 OTTANTA
90 NOVANTA	100 CENTO	400 QUATTROCENTO	500 CINQUECENTO	900 NOVECENTO
1000 MILLE	1100 MILLECENTO	2000 DUEMILA	10000 DIECIMILA	0 ZERO

＊数は頻繁に使うものです。年齢，物の値段，時間や日にちを述べるときなどに使います。
＊11以上の序数は最後の母音を省き，「-esimo」を付ける。例：sedicesimo, centounesimo など。

年齢	-Quanti anni hai?	-Ho **quarantadue** anni.
値段	-Quanto costa quel vestito?	-**Trecento** euro e **dieci** centesimi.
時間	-Che ore sono?	-Le **undici** e **trenta**.
誕生日	-Quand'è il tuo compleanno?	-Il **diciannove** luglio.
生年月日	-Quando nasce Luigi Pirandello?	-Il **28** giugno **1867**.
電話番号	-Qual è il tuo numero di telefono?	-Allora: è **0535 – 98074**

Esercizio 4: 次の数詞を文字で書いてください。

1) 28 ________　2) 39 ________　3) 78 ________
4) 81 ________　5) 113 ________　6) 199 ________
7) 256 ________　8) 781 ________　9) 1861 ________

a）今，何時ですか？　Che ora è? / Che ore sono?

時間は，何時・何分（大体5分刻み）で述べる。

時（le ore）		分（i minuti）
Sono le（2 – 11）［2–11時］ È l'una［1時］ È mezzogiorno［昼12時］ È mezzanotte［夜12時］	e（+） （足す）	5, 10, 15, 20...55（数で言う）
		un quarto（15分）◔
		mezza（30分）◑
	meno（-） （引く）	5, 10, 20（数で言う）
		un quarto（15分）

Sono **le undici e un quarto**.　11時15分です。

Sono **le tre e mezza**.　3時半です。

＊「meno」（引く）を使う場合，時間に1を足すことを忘れないようにしましょう。

例：　2時55分です→　Sono le <u>tre</u> meno cinque.

午前（4-11時）	午後（12-18時）	夕方（16-22時）	深夜（22-4時）
（del）mattino	**（del）pomeriggio**	**（di）sera**	**（di）notte**

Sono le cinque **del mattino**. / le due **del pomeriggio**.

Sono le sette **di sera**. / le tre **di notte**.

Esercizio 5: 今，何時ですか？ 文字で書いてください。

1）1:15 ______________　2）3:35 ______________

3）5:30 ______________　4）9:40 ______________

5）11:50 ______________　6）12:10am ______________

7）4:45 ______________　8）12:15pm ______________

b）何時に＋動詞　A che ora...?

「何時に…？」と正確な時間を聞かれる際，数で答え，「un quarto」，「mezza」などのアバウトな表現は使いません。

Alle（2-24）/ **All'**una **A** mezzogiorno / **A** mezzanotte	e（+）	1-59（数で言う）

-**A** che ora parte il treno?　-**Alle** quindici e trentadue.

-電車は何時に出発しますか？　-15時32分です。

Esercizio 6: 質問に答えてください。

1) A che ora parte l'aereo? (17:35) ______________________________

2) A che ora inizia il film? (20:30) ______________________________

3) A che ora finisce la lezione? (17:50) ______________________________

4) A che ora arriva Giacomo? (9:30) ______________________________

5) A che ora passa la metropolitana? (13:22) ______________________________

6) A che ora viene l'autobus? (7:33) ______________________________

c) 今日は何日ですか？ Che giorno è oggi?

CD-I 35

	曜日	日	月		年
Oggi è	lunedì（月） martedì（火） mercoledì（水） giovedì（木） venerdì（金） sabato（土） domenica（日）	(il) primo (l') otto (l') undici (il) 1, 8, 11 以外 (曜日を使う場合, 冠詞は不要)	gennaio（1） febbraio（2） marzo（3） aprile（4） maggio（5） giugno（6）	luglio（7） agosto（8） settembre（9） ottobre（10） novembre（11） dicembre（12）	20... (duemila...)

-Che giorno è oggi? -Oggi è **martedì 22 giugno 2021**.

-Oggi è **il 20 giugno**. / -Oggi è **martedì**.

（例外） -Oggi è **il primo dicembre** / **l'8 giugno** / **l'11 aprile**.

-Quand'è il tuo compleanno? -Il mio compleanno è **il 19 luglio**.

あなたの誕生日はいつですか？→ ______________________________

Tanti auguri a te! ♪

Esercizio 7: イタリアの主な祭日・祝日を日付に繋げてください。

1) Natale	a) il due giugno
2) Capodanno	b) il primo novembre
3) Epifania	c) il primo maggio
4) Pasqua	d) il venticinque dicembre
5) Festa della Liberazione	e) il due novembre
6) Festa dei Lavoratori	f) il quindici agosto
7) Festa della Repubblica	g) una domenica tra marzo e aprile
8) Ferragosto	h) il venticinque aprile
9) Ognissanti	i) il sei gennaio
10) Commemorazione dei defunti	l) il primo gennaio

I numeri romani — ローマ数字

イタリアやヨーロッパで観光したりすると，ローマ数字を目にすることが頻繁にあるので，しっかりと覚えておく必要があります。特に1から20までは頻繁に表れます。序数として使うことが多いです。

原則：右に数を付けると足す（2から3まで，6から8までなど）。左に数を付けると引く（4, 9, 40, 90など）。規則性が高いので，簡単に覚えられます。

1 I	2 II	3 III	4 IV	**5 V**
6 VI	7 VII	8 VIII	9 IX	**10 X**
11 XI	12 XII	13 XIII	14 XIV	15 XV
16 XVI	17 XVII	18 XVIII	19 XIX	20 XX
21 XXI	22 XXII	23 XXIII	24 XXIV	25 XXV
26 XXVI	27 XXVII	28XXVIII	29 XXIX	30 XXX
40 XL	**50 L**	60 LX	70 LXX	80 LXXX
90 XC	**100 C**	400 CD	**500 D**	900 CM
1000 M	1100 MC	2000 MM		

Esercizio 8: 次の数をアラビア数字に直してください。

1) VII ____________ 2) IX ____________ 3) XIV ____________
4) XVII____________ 5) XXIX____________ 6) XLII ____________
7) LXIV ____________ 8) LXXX ____________ 9) CLIX ____________
10) CCCXC__________ 11) DCVII__________ 12) MCMI __________

Esercizio 9: 次の数をローマ数字に直してください。

1) 6________ 2) 18 __________ 3) 33 __________ 4) 48 __________
5) 97 ________ 6) 186 ________ 7) 480 ________ 8) 723 ________
9) 1986 ________ 10) 2049 ________

Siena - Piazza del Campo

直接・間接補語代名詞とその結合形
I pronomi diretti, indiretti e combinati

会話 — DIALOGO
彼女に何をプレゼントしようか？　Che cosa le regaliamo?

10-a　Un regalo

会話文（●= Massimo,　△= Daniela）	入れ替える部分
● Domani è il compleanno di Monica!	→ ● 1) Tomohiro　2) Yukari
Che cosa le regaliamo?	→ ● 1) gli　2) le
△ Una cintura?	→ △ 1) Un cappello　2) Una sciarpa
● No, non la mette...	→ ● 1) lo　2) la
△ Allora un paio di orecchini!	→ △ 1) occhiali da sole　2) ciabatte
● No, non li porta!	→ ● 1) li　2) le
△ Ecco! Questa borsa!	→ △ 1) cintura　2) collana
● Sì! Questa le piace sicuramente!	→ ● 1) gli　2) le

10-b　Una gita in macchina

会話文（●= Massimo,　△= Daniela）	入れ替える部分
● Daniela, ti piace la montagna?	→ ● 1) il mare　2) il lago
△ Certo che mi piace!	
● Bene, allora ti porto a Cortina!	→ ● 1) a Amalfi　2) a Como
△ Fantastico! Ci vai spesso?	→ △ 1) Magnifico!　2) Splendido!
● Ci vado ogni anno in vacanza.	
△ Davvero? Ma hai una casa lì?	→ △ 1) un appartamento　2) una villa
● Sì, te la mostro!	→ ● 1) te lo　2) te la

Parole ed espressioni utili（意味は辞書で調べてください）	
il compleanno	la vacanza
regalare	Fantastico!
mettere	Magnifico!
portare（1）　　　　/（2）	Splendido!
piacere	Davvero?
mostrare	l'appartamento
sicuramente	la villa

Accessori — アクセサリー　（意味を辞書で調べて書きましょう）			
il cappello ＿＿＿＿	la cintura ＿＿＿＿	gli occhiali（da sole） ＿＿＿＿	le ciabatte ＿＿＿＿
il portafogli ＿＿＿＿	la borsa ＿＿＿＿	gli orecchini ＿＿＿＿	le scarpe ＿＿＿＿
l'orologio ＿＿＿＿	la sciarpa ＿＿＿＿	gli stivali ＿＿＿＿	le calze ＿＿＿＿
il braccialetto ＿＿＿＿	la collana ＿＿＿＿	i sandali ＿＿＿＿	i guanti ＿＿＿＿

Amalfi vista dal mare

代名詞は個人名，人や物などを表す名詞の代りに利用する品詞です。第２課で学んだ主語を表す人称代名詞の次に，「補語代名詞」が頻繁に利用されます。
補語代名詞を利用する理由は２つあります。

① 同じ名詞を何度も使い，文章をくどくする繰り返しを避けるため。
② 文章を短くして，自然で無駄のない，分かりやすいものにするため。

補語代名詞は「直接補語代名詞」，そして「間接補語代名詞」という２種類に分けられます。補語代名詞は，第８課で学んだ代名小詞「ci」のように，原則として，活用された動詞の直前に置きます。

Io　私は	compro　買う	la bicicletta rossa.　赤い自転車を

ここで，「la bicicletta rossa」という補語（単数の女性名詞＋形容詞）を「la」という「箱」（代名詞）に入れると，次のようになります。

Io　私は	la　　それを	compro domani.　明日買う

このように，文はかなり短くなります。
ただし，動詞が不定詞の場合（第９課で学んだ補助動詞を用いる場合など）は，代名詞は不定詞の語尾に付けることもできます。

Io	voglio invitare	Claudia.	私はクラウディアを招待したい。
Io	la	voglio invitare	私は彼女を招待したい。
Io	voglio invitarla.	←（原形の最後の語尾が落ちることに注意。）	私は彼女を招待したい。

否定文の場合，代名詞は「non」と動詞の間に入れます。

Io	non compro	la bicicletta rossa.	私は赤い自転車を買わない。
Io	non la	compro.	私はそれを買わない。

10.1 直接補語代名詞　Pronomi diretti

直接補語代名詞は，通常，他動詞の直接補語（人・モノ）を表す名詞などの代わりに使います（〜を）。まず，人称代名詞が補語になった場合は，次の通りになります。

私を	君を	彼・彼女を あなたを	私たちを	君たちを あなた方を	彼・彼女らを
me	**te**	**lui / lei** **Lei**	**noi**	**voi** **Voi**	**loro**

10

以上は代名詞の「**強勢形**」（アクセントを持つので，イタリア語では「forma tonica」）と呼ばれています。強勢形は動詞の後ろに置き，me, te を除けば，主語として使う人称代名詞と同じです。ただし，この形は，人である補語を強調してハイライトしたい場合のみに使います。

Francesca, io amo **te**!　フランチェスカ，私が愛しているのは**君**［**の方**］だ！
Ragazzi, io accompagno **voi**.　私が連れて行くのは**君たち**［**だけ**］だよ。

こういった場合，話者が対象である補語だけじゃなくて，別の者（たち）も意識しています。ただし，強勢形の直前に前置詞があれば，「強勢」のニュアンスを失います。

Carmelo, vieni con **noi**!　カルメーロさん，**私たち**と一緒に来てください！

この「強勢形」よりも頻繁に利用されているのは「**非強勢形**」です。アクセントを持たないので，イタリア語では「forma atona」と呼ばれています。

人である補語を指す場合は，全ての人称に当てはまる代名詞があります。

私を	君を	彼・彼女を あなたを	私たちを	君たちを あなたたちを	彼・彼女らを
mi	**ti**	**lo / la** **La**	**ci**	**vi** **Vi**	**li / le**

この「非強勢形」は活用された**動詞の前**に置きます（ただし，不定詞，命令法，ジェルンディオなどがあれば，動詞の語尾に付けることも可能です）。上述の例を書き換えると：

Francesca, io **ti** amo!　フランチェスカ，私は**君を**愛している！
Ragazzi, io **vi** accompagno.　私が**君たちを**連れて行くよ。

モノである補語を指す場合（それを～，それらを～，つまり英語の「it」，「them」）は，3人称のみに当てはまる代名詞があります。

補語がモノの場合	男性名詞	女性名詞
単数形	**lo**	**la**
複数形	**li**	**le**

例えば，代名詞となるモノが
男性・単数の場合：Che bell'**orologio**! **Lo** voglio!　いい時計だな！（それが）欲しいな！
女性・単数の場合：Che bella **macchina**! **La** voglio!　いい車だな！（それが）欲しいな！
男性・複数の場合：Che bei **guanti**! **Li** voglio!　いい手袋だな！（それらが）欲しいな！
女性・複数の場合：Che belle **scarpe**! **Le** voglio!　いい靴だな！（それらが）欲しいな！

① **直接・間接補語代名詞の主語と補語は必ず違うモノであるため，一致させません。**
×　-Maria, (io) **mi** accompagno alla stazione.
◎　-Maria, (io) **ti** accompagno alla stazione.
主語と一致する補語は**再帰代名詞**（第11課を参照）が表すもののみです。

② **補語代名詞は絶対に主語として使いません（これはよくある間違いです）。**
×　-A Roma c'è il Colosseo. ~~Lo~~ **è** molto bello.
◎　-A Roma c'è il Colosseo. **È** molto bello.
主語を省略したい場合は，省くだけで結構です。

直接補語代名詞の用例：

代名詞を使わない（または強勢形の）文	直接補語代名詞を使った文
Antonio, ma tu ami **me**? (o lei?)	Antonio, **mi** ami?
Marina, io amo **te**!! (e non amo lei.)	Marina, **ti** amo!!
Accompagno **Gigi** alla stazione.	**Lo** accompagno alla stazione.
Porto **la moto** dal meccanico.	**La** porto dal meccanico.
Signore, io scelgo **Lei** per questo lavoro.	Signore, **La** scelgo per questo lavoro.
Chiamate **noi**? (e non altri?)	**Ci** chiamate?
Certo, chiamiamo **voi**. (e nessun altro.)	Certo, **vi** chiamiamo.
Compro **i maglioni, le camicie e la cravatta.**	**Li** compro.
Accompagno **Sara e Lucia** al cinema.	**Le** accompagno al cinema.
Non so **quanto costi questo gelato.**	Non **lo** so.（この場合，「lo」は節全体の繰り返しを避けるために用います。）

＊入れ替える名詞が**すべて女性名詞でなければ**，「le」にはなりません。

Esercizio 1: 適切な直接補語代名詞を入れて文を完成させてください。

1）Non compriamo la birra oggi. ________ compriamo domani.

2）Fabio, ______ accompagni all’ospedale, per favore? Non sto bene...

3）Lucia, è inutile. Io non _____ amo più... Puoi lasciar_____ in pace, per favore?

4）Ciro! Vieni qui! Se _____ prendo, _____ ammazzo!!

5）Marco, puoi fare i miei compiti? Se ______ fai, ti do un bacio! Dai! _____ prego!

6）-Ragazzi, ______ chiamo stasera, va bene? -Sì, ma puoi chiamar_____ dopo le 8:00?

7）La mia ragazza ha visto un bel vestito e ______ vuole comprare subito. Milletrecento euro.

8）Sabrina, Michela, io ______ amo da morire, tutte e due. Come posso fare? Sono disperato.

9）Signore, _______ accompagno io. Ecco il suo cappotto, ____ prenda pure.

10）-Le arance ______ prendo io e il vino _____ prendi tu. I panini ______ prepariamo insieme.

10

代名小詞その② モノの部分を表す「ne」

「lo」,「la」,「li」,「le」という代名詞はモノの全体を指す一方で，代名小詞の「ne」はあるモノの一部分を指します。「ne」は「di＋名詞（全体)」を含みます。

C'è una torta.（ケーキがあります。）

1）Mangio tutta la torta. → La mangio tutta.（それを全部食べます。）

この場合，代名詞「la」は「la torta」，ケーキ全体を指す。

Mangio **una fetta di torta**. → **Ne** mangio **una fetta.**（**その一切れを食べます。**）

代名小詞「ne」は「di torta」，ケーキの一部

2）Ho **tre caramelle**. → **Ne** mangio **una**. **Ne** mangio **due.**

この場合は，3粒の飴のうち，1粒か2粒食べる場合，「ne」を使います。

3粒とも食べるなら → **Le** mangio tutte. （le = le tre caramelle）

Esercizio 2: lo, la, li, le, ne の中から適切なものを入れて文を完成させてください。

1）-Signora, quanto prosciutto vuole? -____ vorrei due etti.
2）-Signorina, il salame ____ vuole intero? -No, ____ vorrei solo mezzo.
3）-Antonio! Come sei sciupato! C'è la pasta qui. ____ vuoi ancora un po'?
4）-Serena, i cannoli siciliani _____ mangi? -Sì, ma ____ mangio solo uno.
5）-Quanti involtini vuoi? -____ mangio solo due.
6）-Un'altra birra ____ bevi? -Sì, però ____ bevo una piccola.
7）-Hai chiuso le finestre? -Sì, _____ ho chiuse tutte.
8）-Ragazzi, avete fatto i compiti? -Sì, _____ abbiamo fatti tutti.
9）-Quanti anni hai? -_____ ho diciotto.
10）-Quanti fratelli hai? -_____ ho due.

10.2 間接補語代名詞　Pronomi indiretti

間接補語代名詞はまず，dire や dare，そしてこれらに類似する動詞（chiedere, regalare など）の際に利用します。なぜなら，これらの動詞の補語の一つは必ず「生きているモノ」だからです。つまり，物事を「聞く」，「受ける」，「もらう」ことができる人間や動物です。

これらの代名詞は，前置詞「a」と結び付けられ，（「誰」に～）を意味します。

間接補語代名詞にも強勢形があり，強勢形を用いる場合，前置詞「a」も現れます。

私に	君に	彼・彼女に あなたに	私たちに	君たちに あなたたちに	彼・彼女らに
a me	**a te**	**a lui / a lei** **a Lei**	**a noi**	**a voi** **a Voi**	**a loro**

用例：　Io do un regalo a **te**!　私はプレゼントを君［**の方**］にあげるんだよ！
　　　　Io dico una cosa a **voi**.　私はそれを**君たち**［**だけ**］に伝えるよ。

この場合も話者が他の者（たち）を意識している場合のみ使います。ただし，間接補語代名詞にも，非強勢形があります。その形は以下の通りとなります。

私に	君に	彼・彼女に あなたに	私たちに	君たちに あなたたちに	彼・彼女らに
mi	**ti**	**gli / le** **Le**	**ci**	**vi** **Vi**	**gli**

用例：　Io **ti** do un regalo!　私は**君に**プレゼントをあげるんだよ！
　　　　Io **vi** dico una cosa.　私は**君たちに**ある事を伝えるよ。

イタリア語では，間接補語代名詞の非強勢形が強勢形よりも頻繁に使われています。以下に様々な例文を挙げましょう。

間接補語代名詞の用例：

代名詞を使わない（または強勢形の）文	間接補語代名詞を使った文
Ciao, Gigi! Che cosa vuoi dire **a me**?	Ciao, Gigi! Che cosa **mi** vuoi dire?
Sergio, adesso dico tutto solo **a te**.	Sergio, adesso **ti** dico tutto.
Forse regalo una cravatta **a mio padre**.	Forse **gli** regalo una cravatta.
Forse compro un libro **a mia madre**.	Forse **le** compro un libro.
Signore, devo dare **a Lei** la chiave.	Signore, devo dar**Le** la chiave.
Stasera portiamo la pizza **a Marco e Sara**?	Stasera **gli** portiamo la pizza? （または Stasera portiamo **loro** la pizza?）

また，piacere, dispiacere, sembrare, servire などの動詞もしばしば間接補語と結びつきます。これらの動詞は主に３人称（単数か複数）で使います。

piacere などの特別な動詞	
代名詞を使わない（または強勢形の）文	間接補語代名詞を使った文
A me piace il caffè espresso.	**Mi** piace il caffè espresso.
A noi dispiace, ma dobbiamo tornare a casa.	**Ci** dispiace, ma dobbiamo tornare a casa.
A te questo vestito sembra bello?	Questo vestito **ti** sembra bello?
A Tommaso/Linda non piacciono i cani.	Non **gli/le** piacciono i cani.
A voi serve la chiave?	**Vi** serve la chiave?

頻繁に使う動詞 piacere の用法：

間接補語代名詞（強制形）	動詞（主に3人称）	主語（好かれるもの）
mi (**=a me**) **ti** (**=a te**) **gli/le/Le** (**=a lui/a lei/a Lei**)	**piace**	il vino rosso. la musica rock. Monica Bellucci.
ci (**=a noi**) **vi** (**=a voi**) **gli** (**=a loro**)	**piacciono**	gli spaghetti. i cani. Aldo, Giovanni e Giacomo.

＊否定文：A me non piace/non piacciono ...
Non mi piace/piacciono ...

Esercizio 3: 質問と答えを繋げてください。

1) Non ti piace il tartufo?
2) Carla, quali dolci ci porti stasera?
3) Che cosa dici a Marcella?
4) A Anna e Rita serve la macchina?
5) Mi dai una sigaretta, per favore?
6) Posso chiederti un favore?
7) A Barbara piacciono i funghi?
8) Che cosa regali a Mauro?

a) Le dico di venire più tardi.
b) No, non gli serve.
c) Gli regalo un DVD.
d) No, per niente! Lo odio!
e) Vi porto il tiramisù e la panna cotta.
f) Mi dispiace ma non fumo...
g) Certo, per te faccio qualsiasi cosa.
h) Sì, le piacciono soprattutto i porcini.

Esercizio 4: 間接補語代名詞を用いて，文を書き直してください。

1) Io do uno schiaffo a te. ________________
2) Martina regala una sciarpa al suo ragazzo. ________________
3) A Giuseppe piace bere lo spritz. ________________
4) A Diana non piacciono le rose. ________________
5) A me dispiace, ma vado via. ________________
6) A voi servono questi soldi? ________________
7) Devi dire a Mara che non ci sono. ________________
8) Puoi dare a Luigi il mio indirizzo? ________________
9) A noi l'arte non interessa. ________________
10) Potete dire la verità a me? ________________

Un famoso aperitivo alcolico italiano: lo spritz

10.3 補語代名詞の結合形 Pronomi combinati

特に dire や dare など，聞き手や受取人を前提とする文（誰々に何々を～［言う・あげる］）において，動詞の２つの補語（間接・直接補語）が同時に代名詞化されて用いられる場合，以下のように<間接補語＋直接補語>の語順で結合形を作ります。

間接＼直接	lo	la	li	le	ne
mi	**me lo**	**me la**	**me li**	**me le**	**me ne**
ti	**te lo**	**te la**	**te li**	**te le**	**te ne**
gli/le/Le	**glielo**	**gliela**	**glieli**	**gliele**	**gliene**
ci	**ce lo**	**ce la**	**ce li**	**ce le**	**ce ne**
vi/Vi	**ve lo**	**ve la**	**ve li**	**ve le**	**ve ne**
gli（loro）	**glielo**	**gliela**	**glieli**	**gliele**	**gliene**

用例：

強勢形文	代名詞の結合形を使った文	
Diamo **il regalo a Claudia**?	**Glielo** diamo**?**	彼女にそれをあげる？
Chiedo **i soldi a te?**	**Te li** chiedo?	君にそれらを求める？
Io compro **le caramelle a voi.**	**Ve le** compro.	君たちにそれらを買ってあげる。
Io do una fetta **di torta a te.**	**Te ne** do una fetta.	君にそれの一切をあげる。
Comprate **la pizzetta a noi**?	**Ce la** comprate?	私たちにそれを買ってくれる？

＊動詞が不定詞の場合は，代名詞は全部語尾に付けることもできます。

Puoi dare **la penna a me**?	**Me la** puoi dare? / Puoi dar**mela**? 私にそれをくれますか？
Dovete portare **i soldi a lui**.	**Glieli** dovete portare. / Dovete portar**glieli**. 彼にそれらを持って行かなきゃいけない。

Esercizio 5: 代名詞の結合形を用いて文を書き直してください。

1) Do il mio dizionario a Maria. ______________________________
2) Compro questo souvenir a te. ______________________________
3) Posso dare io i soldi a Marcella. ______________________________
4) Io posso prestare la penna a voi. ______________________________
5) Devo dire a Simona che non vengo. ______________________________
6) Porto due bottiglie di vino a te.______________________________
7) A te do solo una fetta di torta.______________________________
8) Non vuoi dare un bacio a me? ______________________________

La mattina sui tetti di Roma

言語をさかのぼる②
Le radici della lingua ②

【カタカナ語】(ローマ字)	イタリア語(意味)	由来の説明
①【インテリ】(英：intelligent)	intelligente(賢い)	ラテン語で intel(間に,中に)+ ligere(読む—現代のイタリア語で leggere),つまり「間を読む者」から来ています。最も賢い者は「行間を読める」者です!
②【カメラ】(英：camera)(写真機)	camera(部屋)	現代イタリア語では,「camera」は「部屋」を意味する。それが英語の「chamber」に当たります。英語の「camera」,日本語の「カメラ」はラテン語の「camera obscura」(暗室)から由来しています。
③【ポリシー】(英：policy)	politica など(政策)	古代ギリシャ語で「polis」は「都市」,「都市国家」を意味し,ラテン語に輸入され,欧州各地に広められたため,「都市」及び「政治」にかかわる英語,そしてイタリア語の単語に「poli-」という要素が頻繁に現れます(例：polizia → police, politica → politics, cosmopolita → cosmopolitan など)。地名にもよく現れます(例：Napoli, Monopoli, Indianapolis...)。

Pompei - Calco in gesso di figura umana

Il panettone - un dolce natalizio

10

LEZIONE 11 再帰動詞・相互動詞・代名動詞

Verbi riflessivi, reciproci e pronominali

会話 — DIALOGO
まだ起きないの？　Ma non ti alzi?

11-a　La mamma è sempre la mamma...

会話文（● = Mamma,　△ = Fabio）	入れ替える部分
● Fabio! Ma non ti alzi? Sono le nove e mezza!	→ ● 1）ti svegli　2）ti fai il bagno
△ Mamma... ma dai! Ancora cinque minuti...	→ △ 1）ti prego!　2）per favore!
● Forza, c'è la colazione in tavola!	→ ● 1）il pranzo　2）la cena
△ Ma mi fa male la testa!	→ △ 1）pancia　2）schiena
● Poi ti do la medicina.	
△ Va bene, ora mi alzo!	→ △ 1）mi sveglio　2）mi faccio il bagno
● Ma sei in pigiama! Non ti vesti?	→ ● 1）ti cambi　2）ti vergogni
△ Certo, ma'...	

11-b　Ah... l'amore...

会話文（● = Federico,　△ = Aldo）	入れ替える部分
● Aldo, sai che Ugo e Serena si amano?	→ ● 1）si sposano　2）si fidanzano
△ No! Davvero?	→ △ 1）Scherzi?　2）Sul serio?
● Eh, sì. Devi vederli: si baciano sempre.	→ ● 1）si amano da morire 2）si vogliono bene
△ Ah... L'amore...	
● Ma tanto fra poco si lasciano!	→ ● 1）si separano　2）si mollano
△ Perché?	
● Perché in realtà Serena ama me! :)	

Parole ed espressioni utili	
Ma dai! Ti prego!　勘弁してよ！ Per favore!	la colazione　朝食 il pranzo　昼食 la cena　夕食
Mamma!（Ma'!）　ママ！（おかん！）	il pigiama　パジャマ
Certo...　もちろん…	invece　それに反して，ところが
No!　まさか！	fra poco　もうすぐ
Davvero?　本当に？	in realtà　実は，実際のところ
Tanto...　どうせ…，どっちにしろ…	Sul serio?　マジで？

11

Verbi riflessivi, reciproci e pronominali（意味は辞書で調べてください。）	
alzarsi	vergognarsi
svegliarsi	amarsi
farsi il bagno	odiarsi
farsi la doccia	sposarsi
farsi la barba	fidanzarsi
truccarsi	volersi bene
pettinarsi	baciarsi
lavarsi le mani	lasciarsi
lavarsi il viso	separarsi
lavarsi i denti	mollarsi
cambiarsi	scherzare

Le parti del corpo — 体の部分（意味は辞書で調べてください。）			
la testa	i capelli	i denti	il petto（il seno）
gli occhi	la fronte	le spalle	la schiena
il naso	la nuca	le braccia	la pancia
la bocca	le guance	le mani	le gambe
le orecchie	il collo	le dita	i piedi

11.1 再帰動詞 Verbi riflessivi

イタリア語では，自動詞と他動詞の他に，「再帰動詞」という種類の動詞があります。再帰動詞のもとになるのは**他動詞のみ**で，その補語は他のものではなく，**主語自身です**。つまり，再帰動詞を利用する時は，**主語と補語は一致する**のです。主語と一致する補語（つまり，主語自身）を表すものは**再帰代名詞**と呼ばれます。

自動詞　Io **vado a** Milano.　私はミラノへ行きます。
この場合，主語は補語（ミラノ）に直接的な影響を与えません。

他動詞　Io **lavo** la macchina.　私は車を洗います。
この場合，主語は，他のものである補語（車）に直接的な影響を与えます。

再帰動詞　Io **mi lavo**.　私は自分の体を洗います。
この場合，主語（io）と補語（再帰代名詞 mi）は一致します。主語が起こす動作（lavare）は，他のものにではなく，主語に「帰って」きます。

再帰動詞「lavar**si**」（自分の体を洗う）の活用表は次のとおりです。

主語	再帰代名詞（補語）	もとになる動詞「lavare」（洗う）の通常の活用
io	**mi**	lavo
tu	**ti**	lavi
lui/lei/Lei	**si**	lava
noi	**ci**	laviamo
voi	**vi**	lavate
loro	**si**	lavano

＊再帰動詞の不定詞は（-arsi,-ersi,-irsi）で終わり，「si」は再帰代名詞です。

基本的に，動作の対象が主語（動作主）の体なので，日常生活でよく使います。

alzarsi［起きる］　Io **mi alzo** alle 7:00.　私は7時に起きます。
Martino **si alza** a mezzogiorno.　マルティーノは昼12時に起きる。
Voi **vi alzate** presto.　君たちは早く起きる。

farsi［自分にする］　Io **mi faccio** la doccia.　私はシャワーを浴びる。
Tu **ti fai** il bagno.　君はお風呂に入る。
Loro **si fanno** il bidè.　彼らはビデをする。

mettersi［身に着ける］ Io **mi metto** la maglia. 私はシャツを着る。
Anna **si mette** la gonna. アンナはスカートをはく。
Voi **vi mettete** le scarpe. 君たちは靴をはく。

chiamarsi［名乗る］ Come **ti chiami**? （君の）お名前は何ですか？
Io **mi chiamo** Franco. 私はフランコです。
Lui **si chiama** Sergio. 彼はセルジョ（という名前）です。

togliersi［脱ぐ］ Io **mi tolgo** il cappello. 私は帽子を脱ぐ。
Voi **vi togliete** le scarpe. 君たちは靴を脱ぐ。
Loro **si tolgono** la giacca. 彼らはジャケットを脱ぐ。

11

再帰代名詞はつまり，主語自身を表すものなので，必ず主語とセットになっています（io mi, tu ti ...）。

＊補助動詞＋不定詞の場合，再帰代名詞は補助動詞の前に置くか，不定詞の語尾に付けます。

Io mi devo alzare presto.	Io devo alzarmi presto.

Esercizio 1: 再帰動詞を活用させて文を完成させてください。

1）Aldo è pigrissimo, lui（alzarsi）____ _______ sempre all'una e non（lavarsi）____ _______ mai.

2）Marzia（truccarsi）____ ________ troppo, la sua faccia sembra un quadro di Picasso!

3）Giovanni（mettersi）____ _______ gli occhiali da sole e（darsi）_____ _______ tante arie.

4）-Ragazzi, come（chiamarsi）______ ________? -（Noi chiamarsi）_____ ________ Teo e Luca.

5）-Cosa!?（tu volere farsi）__________ ________ un tatuaggio? Ma lascia perdere!

6）-Quando Alberto（ubriacarsi）_______ ___________, lui（mettersi）_____ ________ a piangere.

7）-La bambina non（addormentarsi）______ ____________... Come posso fare?

8）-Sergio, fa freddo, se non（mettersi）_____ ______ il cappotto,（tu - ammalarsi）____ _________!

9）-Domani c'è il Carnevale,（noi dovere mettersi）____________ _____________ i costumi!

10）-Maura（asciugarsi）_____ ___________ i capelli con il fon.

Esercizio 2: 質問と答えを繋げてください。

1) Che cosa mi metto oggi?
2) Ragazzi, a che ora vi alzate domani?
3) Come si chiamano quelle due belle ragazze?
4) Perché Marco si mangia sempre le unghie?
5) Perché Franco si ubriaca?
6) Signore, vuole mettersi il cappotto?
7) Perché Anna non si sveglia?

a) No, grazie, ho caldo.
b) Perché è nervoso.
c) Puoi metterti questo bel vestito rosso.
d) Alle sei e mezza.
e) Marta e Simona.
f) Perché è pigra.
g) Perché vuole dimenticare il passato.

11.2 相互動詞 Verbi reciproci

再帰代名詞を利用し，再帰動詞と同じ形で活用するが，単数の人称では論理的に成り立たない，複数の人称のみで活用される動詞があります。「～し合う」という要素を含み「相互動詞」と呼ばれます。基本的には，1人でできない動作を表す動詞（amarsi ＝愛し合う，baciarsi ＝キスし合う，picchiarsi ＝殴り合う，abbracciarsi ＝抱き合う，vedersi ＝会うなど）です。

主語	再帰代名詞	もととなる動詞「baciare」の通常の活用
~~io~~	~~**mi**~~	~~bacio~~
~~tu~~	~~**ti**~~	~~baci~~
~~lui/lei/Lei~~	~~**si**~~	~~bacia~~
noi	**ci**	baciamo
voi	**vi**	baciate
loro	**si**	baciano

もちろん，「io mi bacio」（私は自分自身とキスをする）という表現は文法的に間違ってはいませんが，論理的におかしいですね…。

用例： Tiziana e Pietro **si baciano**. (baciarsi) ティツィアーナとピエトロはキスしている。
Noi **ci amiamo**. (amarsi) 私たちは愛し合っている。
Alberto e Luca **si picchiano**. (picchiarsi) アルベルトとルカは殴り合っている。
Anita e Teresa **si abbracciano**. (abbracciarsi) アニータとテレーザは抱き合う。

再帰動詞の中で，複数人称が主語になると，相互動詞となる動詞もあります。
用例：**Mi vedo** allo specchio.　私は鏡で自分の姿を見ている。
　　　Ci vediamo domani!（vedersi）　また明日（会いましょう）！

Esercizio 3: 次の再帰動詞・相互動詞を正しく活用させて，文を完成させてください。

Un incontro

Io e una ragazza americana che（chiamarsi）_____ _________ Sarah（scambiarsi）______ ___________ e-mail da cinque anni.（Raccontarsi）______ ___________ a vicenda tutto ciò che riguarda la nostra vita, il nostro lavoro, i nostri sogni. E il nostro sogno più grande è questo: un giorno（noi volere incontrarsi）____________ _______________. Ecco, finalmente quel giorno è arrivato! Stasera io e Sarah（vedersi）_____ ____________ alla stazione di Roma.（Darsi）______ ____________ appuntamento davanti alla libreria. Non vedo l'ora di incontrarla!

Qualche ora più tardi, alla stazione di Roma, da lontano, vediamo un ragazzo.（Lui avvicinarsi）______ _____________ a una bella donna alta e bionda. I due（guardarsi）_____ __________ un attimo,（salutarsi）______ ___________ sorridendo e（darsi）________ ____________ la mano. Poi vanno verso l'uscita, e（perdersi）________ ____________ nella notte.

11.3　代名動詞　Verbi pronominali

「代名動詞」は代名詞とセットになっている動詞です。その形は再帰動詞と全く同じですが，動詞から代名詞を外すと，たいてい動詞は成り立たないか，動詞の意味が変わります。つまり，代名動詞は代名詞があってこそ成立する，代名詞に「依存」する動詞です。再帰動詞の場合と異なり，主語自体が補語になっているわけではありません。

用例：　Alberto, ma non **ti vergogni** a stare in giardino in mutande?
　　　　アルベルトさん，君はパンツで庭にいるのが恥ずかしくないか？
　　　　（vergognarsi - 恥じ入る）
　　　　Quando Anna è nervosa, **si arrabbia** subito!
　　　　アンナはいらいらしている時，すぐに怒る！（arrabbiarsi - 怒る）

Ok, Martina, **mi arrendo**! È vero, sono uscito con Lisa ieri.
マルティーナよ，そうなんだ！ お手上げだ！ 昨日はリーザと一緒に出かけた。
(arrendersi - 降伏する)
Ecco, lo sapevo! Ora di te non **mi fido** più!
やはりそうだったか!? お前のことはもう信用できない。(fidarsi - 信用する)

Esercizio 4: 代名動詞を正しく活用して，文を完成させてください。
1) Il signor Kim (arrabbiarsi) ______ __________ molto se gli dici che è ingrassato.
2) Ehi, ragazzi, ma non (vergognarsi)______ ___________ a mangiare con la bocca aperta?
3) I miei amici non (fidarsi)______ __________ più di me perché gli ho detto tante bugie.
4) Serena è davvero debole di salute: (ammalarsi)______ __________ subito...
5) Antonio! (io - meravigliarsi)_____ ___________ di te! Picchiare i bambini più piccoli...
6) Ma siete sicuri? E se poi (voi - pentirsi)______ ____________ di questa decisione?
7) Matteo e Maria (godersi) _______ ___________ le vacanze. Beati loro!

11.4 再帰・直接補語代名詞の結合形 Forme combinate

再帰代名詞も，間接補語代名詞と同じく，直接補語代名詞（3人称：lo, la, li, le），そして代名小詞のneと結合することがあります。形は以下の表のとおりになります。

再帰＼直接	lo	la	li	le	ne
mi	**me lo**	**me la**	**me li**	**me le**	**me ne**
ti	**te lo**	**te la**	**te li**	**te le**	**te ne**
si	**se lo**	**se la**	**se li**	**se le**	**se ne**
ci	**ce lo**	**ce la**	**ce li**	**ce le**	**ce ne**
vi	**ve lo**	**ve la**	**ve li**	**ve le**	**ve ne**
si	**se lo**	**se la**	**se li**	**se le**	**se ne**

＊代名小詞「ne」は「di＋名詞」または「da＋名詞」。
＊不定詞の場合，代名詞は合わせて語尾につきます（例：metterselo）。

用例： Oggi voglio mettermi **il vestito rosso**. Anzi, no, me **lo** metto domani.
今日は赤い服を着よう！ いや，やはりやめた。明日それを着るわ。
(me = 再帰代名詞の「mi」, lo =「il vestito rosso」)

-Franco non si fa **la doccia**? -No, se **la** fa domani.
-フランコはシャワーしないの？ -そうだ，明日（それを）浴びるよ。
(se = 再帰代名詞の「si」，la =「la doccia」)

＊これらの結合形によって，イディオムのように使われる代名動詞もあります。

Basta! Sono stanco. **Me ne vado**! もういいわ！ 疲れた。帰る！
(andarsene - ある場から去る)
Dai, Gino, perché **te la prendi**? Io scherzo, eh!
ほら，ジーノさん，何でそんなに怒る？ 冗談だよ！ (prendersela - 根に持つ)
Puoi dirgli quello che vuoi, loro **se ne fregano**! 君は言いたいことを言えばいいよ，あいつらは無視するだろうけどな！ (fregarsene - 無視する)

11

＊一応，イタリア語のどの他動詞にも再帰代名詞をつけることができます。再帰動詞の役割を持たない動詞なら，再帰代名詞をつけることによって，「独り占めして楽しむ」というニュアンスが付きます。

再帰代名詞なし	再帰代名詞をつけた場合
Io mangio una torta. 私はケーキを食べます。	Io **mi** mangio una torta. 私はケーキを**独り占めして**食べます。
Lui guarda un bel film. 彼はいい映画を観ます。	Lui **si** guarda un bel film. 彼は**一人で楽しみながら**いい映画を観ます。

Esercizio 5: 質問と答えを繋げてください。

1) Vuoi un po' di caramelle?
2) Perché te ne vai?
3) Non vi ricordate chi sono io?
4) Chi vuole bersi una bella birra?
5) Chi si mette il vestito nuovo?
6) Ragazzi, quando vi fate il bagno?
7) Come si chiama il cugino di Rita?
8) Quando ci portano la macchina?
9) Marino, ma tu porti gli occhiali?

a) Ce lo facciamo domani.
b) No, proprio non ce lo ricordiamo.
c) Sì, ma me li metto solo quando guido.
d) Perché non ti amo più.
e) Sì, grazie. Me ne mangio due o tre.
f) Io! Io! Me la bevo subito! Bella fresca!
g) Forse ce la portano domani.
h) Se lo mette Martina.
i) Massimo, penso, ma non me lo ricordo.

Esercizio 6: 代名詞を使って，文を書き直してください。

1) In inverno mi metto sempre la sciarpa. ______________________

2) Io non mi ricordo la sua faccia. ______________________

3) Io mi mangio questi spaghetti! ______________________

4) Marco si dimentica di prendere l'ombrello. ______________________

5) Gennaro si mangia lo stipendio al lotto. ______________________

6) Voi vi mettete quei cappelli? ______________________

7) Ci compriamo quella bella moto! ______________________

8) Loro si mangiano sempre le unghie. ______________________

Esercizio 7: 動詞を正しく活用させ，また代名詞も付けて文を完成させてください。

1) Michele (dimenticarsi) ______ ____________ sempre di lavar_____ i denti.

2) Questo panino (mangiarselo) ______ ______ ____________ io! (essere) ______ buonissimo!

3) Dai! Come fai a non svegliar_____ mai? (Tu dovere farsi) ________ _________ la doccia!

4) Camillo e Rita (amarsi) ______ ________, e (sposarsi) ______ __________ fra tre mesi.

5) Ehi, voi! La festa (essere) ______ finita, perché non (andarsene) _____ ______ _________?

6) Maurizio (avere) _____ 20 anni, ma (comportarsi) ____ ___________ come un bambino.

Piacere などの動詞を使うときに，再帰代名詞は間接補語代名詞の代わりに使えません！！（よくある間違いです）。

× -~~Si piace~~ il vino.（主語と補語は一致する）

◎ -**Gli piace** il vino.

Lui si piace! 彼は自分自身が好きです→

Da sapere assolutamente!!
絶対に覚えましょう

CD-I 40

主な接続詞— Le principali congiunzioni

接続詞	用例
e　そして［and］	Amo viaggiare, leggere libri **e** ascoltare musica.
anche　も［also］	**Anche** Luigi viene alla festa.
inoltre　さらに［besides］	Non ho più un soldo. **Inoltre** ho l'influenza.
né...né　…も…もない［neither...nor］	Non so **né** leggere **né** scrivere.
ma　しかし［but］	Federico è ricco, **ma** non è felice.
però　だけど［but］（主に口語）	Federico è ricco, **però** non è felice.
tuttavia　しかしながら［but］	Federico è ricco, **tuttavia** non è felice.
anzi　逆に［on the contrary］	No, non sono arrabbiato. **Anzi**, sono contento!
o　または［or］	Preferisci la carne **o** il pesce?
oppure　または［or］	Preferisci la carne **oppure** il pesce?
ovvero　即ち［that is / or］	Ecco il dottor Robecchi, **ovvero** il mio capo.
allora　それで［then］	E **allora**? Che cosa significa?
quindi　だから［therefore］	Sono italiano, **quindi** amo il calcio.
perciò　だから［therefore］	Sono italiano, **perciò** amo il calcio.
siccome　〜から［as; since］	**Siccome** sono italiano, amo il calcio.
perché　なぜなら…からだ［because］	Amo il calcio **perché** sono italiano.

Esercizio 8: 正しい接続詞を選んで，文を完成させてください。

1) Questo quadro non è molto bello. _______, è una vera crosta!
［Anzi / Ovvero / Siccome］

2) La madre di Luigi è simpatica, ______ parla troppo. ［perciò / però / oppure］

3) Io porto il vino, la birra _____ i dolci! ［né / anche / e］

4) __________ non ho soldi, non posso sposarmi. ［Perché / Siccome / Quindi］

5) Non ho la patente, __________ non posso guidare la macchina.
［quindi / siccome / perché］

6) Non so che ore sono __________ non ho l'orologio. ［perciò / quindi / perché］

7) Non bevo _______ birra né vino. ［ma / e / né ］

8) Martina è molto carina, ___________ è simpaticissima! ［inoltre / tuttavia / ovvero］

9) Questa è Annarita, ___________ la mia migliore amica. ［anche / ovvero / inoltre］

I gesti italiani 4 — イタリアのジェスチャー4

1) **Niente.**（無理です！） 人差し指と親指をLの形にして，手首を回します。 「あかんでぇ～！」(Niente da fare!) 「ないよ。」(Non c'è.) 「売り切れだ」(È finito.) 否定と欠如を表すしぐさです。	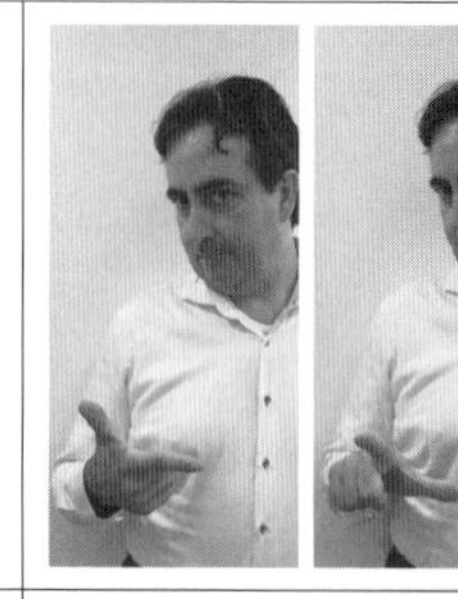
2) **Andare**（行く，帰る） 左手の手のひらを地面に向けて，右手を縦にして左手の下に動かせます。 「帰れ！」Vai via! 「逃げよう！」Scappiamo! 行くことと逃げることを表す合図のようなしぐさです。	 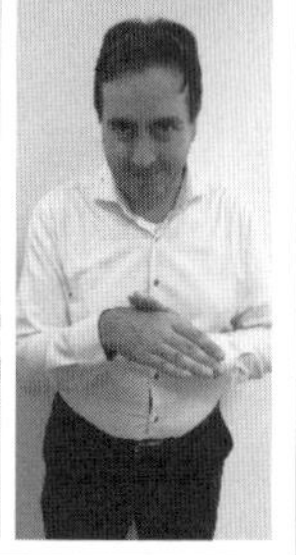
3) **Fantastico!**（素晴らしい！） 片手の指先を合わせて，口に持っていってキスをします。 「すばらしい！」Fantastico! 「最高！」Ottimo! 「旨すぎる！」Squisito! 特に美味しいものを食べた後にします。	 
4) **Stringi!**（手短に！） 片手，または両手の拳を握って，何かを絞るようなしぐさをします。 「話を絞ろうよ！」Stringi! 「手短に！」Sii breve! 長話，いつまでたっても終わらないスピーチをする人に対する合図です。	 

Parma - Tagliatelle al ragù con una spolverata di parmigiano

第2部・ステップアップとまとめ

RIPASSO E APPROFONDIMENTO - Parte II

CD-I 41

読解 — LETTURA E COMPRENSIONE
妻は鬼嫁　Mia moglie è un demonio!

Mi chiamo Giorgio, e voglio parlarvi di mia moglie. I miei amici sposati hanno tutti mogli carine e adorabili, ma la mia, che si chiama Marisa, è proprio un demonio! Ora ve la descrivo: ha i capelli rossi e corti, è bassa e tracagnotta, pelosa e leggermente baffuta; il suo viso somiglia un po' a quello di Mike Tyson. La mattina fa colazione con gli spaghetti aglio, olio e peperoncino e con una bottiglia di vino: alle undici è già ubriaca e si addormenta sul divano. Pazzesco! Mi fa lavare i pavimenti, stirare, cucinare; in pratica io sono il suo schiavo! E devo riuscire a fare tutto prima di andare al lavoro, altrimenti si arrabbia e mi lancia in testa quei suoi zoccolacci di legno: ha una mira infallibile, riesce a colpirmi anche a cento metri di distanza. La casa è sua, ed è lontanissima dalla ditta dove lavoro: in più lei mi fa usare solo la bicicletta, perché dice che devo dimagrire (anche se peso 40 chili). Per questo ci metto due ore per arrivare in ufficio! Devo portarle a casa i soldi puntualmente, altrimenti diventa una furia e non riesco più a calmarla! Con il mio stipendio la sera va a giocare a bingo, e se perde, mi picchia. Se poi torno a casa tardi mi aspetta con il mattarello dietro la porta, e mi fa dire per filo e per segno dove sono stato e con chi. Se non posso o non voglio rispondere, mi manda all'ospedale. Non so proprio perché, ma io in fondo in fondo le voglio bene e non la lascerò mai!

質問 — DOMANDE:

1) Che aspetto ha la moglie di Giorgio?

2) Che cosa beve a colazione?

3) Che cosa fa fare la moglie a Giorgio?

4) Se Marisa si arrabbia, che cosa fa a Giorgio?

5) Come va al lavoro Giorgio?

6) Quanto tempo ci mette Giorgio ad arrivare in ufficio?

7) Marisa come spende lo stipendio di suo marito?

8) Che cosa pensa Giorgio di Marisa?

12

Parole ed espressioni utili（意味は辞書で調べてください。）	
la moglie	carino/a
il marito	adorabile
il divano	tracagnotto/a
lo schiavo	peloso/a
gli zoccoli（gli zoccolacci）	baffuto/a
la mira	somigliare（a ～）
la ditta	addormentarsi
lo stipendio	dimagrire
il bingo	diventare una furia
l'ospedale	in fondo
per filo e per segno	volere bene（a ～）

12.1 「fare」を使った使役形 Causativo con “fare”

使役形（～させる）は助動詞「fare」の直説法現在（活用形），そして使役形にしたい動詞の不定詞（「-are」か，「-ere」か「-ire」で終わるもの）を合わせます。

助動詞（fare）の活用形	動詞の不定詞（原形）		
io faccio **tu fai** **lui/lei fa** **noi facciamo** **voi fate** **loro fanno**	① **-are** mangi**are** f**are**	② **-ere** rid**ere** piang**ere**	③ **-ire** apr**ire** cap**ire** など…

用例：Io ti **faccio mangiare** il sushi.　私は君に寿司を食べさせる。
Lui **fa ridere** i bambini.　彼は子供たちを笑わせる。
Noi **facciamo capire** la lezione ai ragazzi.　私たちは少年たちに授業を理解させる。

Esercizio 1: 使役形（fare ＋不定詞）を用いて文を完成させてください。

1）-La mia ragazza mi（comprare）______ ________ tanti vestiti che poi non mette mai.
2）-Oggi（io - guidare）______ __________ la macchina a Sara, che deve imparare.
3）-Domani（noi - bere）________ ____________ tanto vino ai nostri compagni!
4）-A voi i maestri non（pulire）________ ____________ l’aula della scuola?
5）-La mamma ogni giorno ci（mettere）________ ____________ in ordine la nostra stanza.
6）-Gino, perché（tu - piangere）_______ sempre ___________ la tua sorellina?
7）-Mio padre ogni giorno（mangiare）________ ___________ a mio fratello i peperoni.
8）-Mia suocera mi（pagare）_______ __________ sempre il conto al ristorante.

＊使役形は「lasciare」という動詞でもできます。その意味は「～させておく」となります。
用例：　**Lascia** stare.　ほっとけ。 **Lascia**mi mangiare.　食べさせてくれ。
Lasciate parlare lei!　彼女に話させて！

12.2 動詞の使い分け Uso di alcuni verbi

a)「**potere**」と「**riuscire**」

「成功する」という意味では，「potere」よりも「riuscire」（英：to succeed）という動詞を使った方がふさわしいです。不規則動詞ですが，その変化パターンは「uscire」と同じで，その後には「a」という前置詞が来ます。

1）Non **posso** risolvere questo problema.	（時間・手段不足で）この問題を解決できない。
2）Non **riesco a** risolvere questo problema.	（能力・知識不足で）この問題を解決できない。

b)「**sapere**」と「**conoscere**」

「知る」という意味で，「sapere」のほかに，「conoscere」という規則動詞があります。

12

動詞	補語	例文
sapere	情報（抽象的なモノ） che＋従属節（ある情報） l'indirizzo, il numero di telefono など…	-**Sai** che Isabella ha l'influenza? -**Sapete** che Mauro va in Italia? -**Sai** il mio indirizzo e-mail?
conoscere	人，地名，モノなど（物理的なモノ） Antonio, Osaka, questo libro など…	-**Conosci** Antonio? -**Conoscete** Roma? -**Conoscete** questo film?

Esercizio 2: 動詞（riuscire, potere, sapere, conoscere）を選んで，活用させ，文を完成させてください。

1）Andrea non ____________ a telefonare a Gianni. Il telefono è sempre occupato…
2）Ma tu ___________ Sandra? Quella ragazza che _____ parlare sei lingue!
3）Ssssshhhh!! Voi non _____________ parlare a voce alta qui in biblioteca!
4）Non（io）_____________ mai a parlare con Veronica perché è troppo bella!
5）Ragazzi, voi _______________ quel ristorante? _________ a che ora apre?
6）Se（voi）__________________ a passare l'esame, il papà vi compra il motorino!

12.3 動詞「volerci」と「metterci」 Verbi “volerci” e “metterci”

a）「**volerci**」（要する，かかる）

動詞「volere」と代名小詞 ci はセットになって「volerci」という頻繁に使われる表現になります。この動詞の主語はたいてい 3 人称（一般的にかかる時間，必要であるモノ）なので，1，2 人称で使うことは極めて稀です。つまり，使い方は「c'è」，「ci sono」に似ています。まず，かかる時間を述べるために使うことができます。

ci vuole ＋単数	Da Roma a Milano ci vuole un'ora in aereo. ローマからミラノまで飛行機で 1 時間かかります。
ci vogliono ＋複数	Da qui a casa mia ci vogliono cinque minuti a piedi. ここから私の家まで徒歩で 5 分かかります。

＊時間の単位は何であれ，1 なら単数，2 以上なら複数になります。

しかし，他の使い方もあります。

Per aprire quella porta **ci vuole** la chiave.　あのドアを開けるには鍵が要ります。

Per l'iscrizione **ci vogliono** duemila euro.　入学のために 2000 ユーロかかります。

Esercizio 3:「ci vuole」または「ci vogliono」で文を完成させてください。

1）Per fare l'insegnante ＿＿＿＿＿＿ tanta pazienza! E ＿＿＿＿＿＿＿ anche molte risorse!

2）Per la gravidanza ＿＿＿＿＿＿ 9 mesi. Ma in Giappone ＿＿＿＿＿＿＿ 10 mesi, sembra...

3）Per arrivare a parlare bene l'italiano ＿＿＿＿＿＿ almeno un anno di soggiorno in Italia.

4）Per aggiustare la moto ＿＿＿＿＿＿＿ duemila euro! E ＿＿＿＿＿＿ un mese! Accidenti!

5）＿＿＿＿＿＿ un sacco di tempo per fare amicizia con Giuseppe, ma ne vale la pena!

6）Per Natale senz'altro ＿＿＿＿＿＿＿ l'albero! E ＿＿＿＿＿＿＿ tanti regali!

7）Per Pasqua invece ＿＿＿＿＿＿＿ le uova di cioccolata e la colomba.

8）Dal Giappone all'Italia ＿＿＿＿＿＿＿ circa 11 o 12 ore di volo.

b)「metterci」（時間をかける）

一般論を述べる際に使う「volerci」と違って，「metterci」（時間をかける）は主語自身に限り，個人によって異なる事態を表現しますので，3人称だけでなく，1，2人称活用もしばしば利用されます。動詞「mettere」は規則動詞で，普通に活用させます。

Normalmente, da Milano a Torino in macchina ci vuole un'ora e mezza, ma **io**, con la mia Ferrari, **ci metto** solo un'ora.

普段，ミラノからトリノまでは車で1時間半かかりますが，フェラーリを持っている僕は1時間しかかからないよ。

Matteo è un bravo cuoco, **lui ci mette** un attimo a preparare la cena.

マッテオは優れた料理人です。彼なら一瞬で晩御飯を作ってくれるよ。

Esercizio 4:「volerci」または「metterci」の正しい活用形で文を完成させてください。

1) Da casa mia a Bologna, normalmente in treno ______________ circa 40 minuti.
   Da casa mia a Bologna di solito io in moto ____________ circa un'ora.
2) Io per andare alla stazione a piedi ______________ 10 minuti.
   Mio figlio, che ha solo 6 anni, invece, _____________ 20 minuti.
3) Per andare a Tokyo da Osaka di solito ____________ circa un'ora in aereo.
   Con il superespresso invece io _____________ quasi tre ore.
4) Mia moglie per lavarsi, vestirsi e truccarsi _____________ due ore...
   Io ___________ solo 10 minuti. E se le dico di sbrigarsi, addirittura si arrabbia!

Siena - Campagne toscane

12.4 形容詞形成の接尾辞 Suffissi che formano aggettivi

動詞・名詞に以下の接尾辞を付けると，形容詞を作ることができます。

接尾辞：	意味：	例：
動詞＋ -bile	可～，～できる［英：-ble］	1) mangiabile 2) apribile
名詞＋ -ale, -are	～な，～的な［英：-al, -ar］	1) naturale 2) regolare
名詞＋ -ano, -iano, -ese, -ino	～人，～の［出身地など］［英：an, -ian, -ese, -ine］	1) americano 2) giapponese 3) italiano 4) filippino
名詞＋ -esco	～に似た，～的な［英：-esque］	1) pazzesco 2) grottesco
名詞（または動詞）＋ -evole	可～，要～［英：-ble］	1) girevole 2) lodevole
名詞＋ -oso	～豊か，～が多い［英：-ous］	1) meraviglioso 2) famoso
名詞＋ -uto	～を備えた［英：-y］	1) forzuto 2) baffuto

＊これ以外にも，他のパターンがあります。

Esercizio 5: 次の形容詞から，元の名詞・動詞を推測してください。

1) francese ________ 2) postale ________ 3) favorevole ________
4) peloso ________ 5) stabile ________ 6) argentino ________
7) dantesco ________ 8) occhialuto ________ 9) nuvoloso ________
10) panciuto ________ 11) normale ________ 12) solare ________
13) amabile ________ 14) gigantesco ________ 15) coreano ________
16) goloso ________ 17) cortese ________ 18) finale ________
19) piacevole ________ 20) mafioso ________

12.5 まとめの練習問題 Esercizi di riepilogo

Esercizio 6: 次の規則・不規則動詞を活用させ，文を完成させてください。

1) Tommaso (parlare) ________ troppo, non (stare) ________ mai zitto!
2) Noi al karaoke (cantare) ________ sempre canzoni italiane. Ma (essere) ________ stonati…
3) -Carlo, (tu - prendere) ________ un caffè? -No, grazie, altrimenti non (dormire) ________.
4) Roberto e Anna (leggere) ________ molti libri e (finire) ________ la tesi di laurea.

5) Il fine settimana io (giocare) __________ a calcio e (correre) ___________ al parco.

6) Oggi (pagare) _________ io, domani (pagare) __________ tu, dopodomani (pagare)________ lei.

7) Antonio (cercare) ________ lavoro da un anno, ma non (trovare) __________ mai niente.

8) -Maurizio, oggi che cosa (tu - fare) _________ ? -Oggi (io - partire) __________ per Roma.

9) Antonio (amare) _________ Sandra, ma Sandra (avere)_________ già il ragazzo. Peccato…

10) -Perché (tu - ridere) __________? -Perché Martino (fare)__________ delle facce strane!

11) La nonna di Simone (vedere)_________ i fantasmi, ma non (avere)________ paura di loro.

12) -Ragazzi, (voi - mangiare)__________ un panino? -Sì, volentieri! Anche due!

13) Allora, (voi - preferire) ___________ il sushi o la pizza?

14) Gli americani (mettere) ____________ l'ananas sulla pizza! Che orrore!

Esercizio 7: 次の語を正しい順番に並び替えて文を完成させてください。。

1) vuole / ma / studiare / al / venire / Marco / non può / deve / Carnevale / perché

____

2) lavorare / cucinare / cuoco / bene, / Dario /molto / può / sa / come

____

3) andare / soldi / Marta / non può / vuole / Giappone / perché / in / ma / non ha

____

4) vuoi / mi dispiace, / -Giuseppe, / con noi? / -No, / al cinema / venire / non posso.

____

12

Esercizio 8: 自分のこととして次の質問に答えてください。

1) Dove abiti? ______________________________

2) Che cosa studi? ______________________________

3) Che cosa fai nel tempo libero? ______________________________

____

4) Quale piatto preferisci? ______________________________

5) Come stai oggi? ______________________________

6) Che cosa fai domani? ______________________________

Esercizio 9: 質問と答えを繋げてください。

1) Antonio, puoi portare i libri a Maria?
2) A Lino piacciono i film dell'orrore?
3) Ragazzi, volete un caffè?
4) Volete anche un po' di torta?
5) Signora, quanto prosciutto vuole?
6) Che cosa regaliamo a Matteo?
7) Mi restituisci i soldi che ti ho prestato?
8) Nicola, mi accompagni alla stazione?
9) Mamma, ci compri il gelato?

a) Ne prendo due etti.
b) Possiamo regalargli un videogioco!
c) Certo, te li porto domani!
d) Certo, glieli porto subito.
e) No, adesso no. Ve lo compro dopo!
f) Certo, gli piacciono un sacco!
g) Va bene, ti accompagno.
h) No, grazie, lo abbiamo già bevuto.
i) Sì, ma ne mangiamo solo una fetta.

Esercizio 10: 適切な代名詞（直接・間接・結合形）を入れて，文章を完成させてください。

La bella Simona

Non riesco a dormire... Simona, la mia ragazza, sempre più spesso (mi/ti/la) ____ dice che non (ti/mi/gli) ____ ama più, e che vuole lasciar (la/ti/mi)____. Ma perché (me lo/te lo/ve lo)_____ _____ dice? Io (li/la/le)_____ amo ancora, (glieli/glielo/gliela) __________ dico ogni giorno, (le/gli/ci)_____ faccio tanti regali, (la/le/gli) _____ porto a fare shopping, (le/la/lo) _____ abbraccio, (la/gli/le) ____ bacio... Forse io (ti/gli/la)_____ amo troppo, ma cosa ci posso fare? Vorrei aver (li/gli/la)____ qui con me, ora... Non resisto. Magari (la/le/vi)_____ mando un messaggio. Anzi, (le/mi/la) ____ chiamo! Ma se poi non (le/mi/gli) ____ risponde...?

......<Pronto? Simona? Sono io, Carlo, il tuo ragazzo!>

......<Pronto. Ex ragazzo, vuoi dire. Io sono Ugo. Adesso Simona ama (mi/me/io)!>

Esercizio 11: 自分の一日について，イタリア語で語ってください。

Esercizio 12: 自分の友達，または好きな人についてイタリア語で語ってください。

12

Modena - Un bel piatto di tortellini in brodo di cappone

第 3 部　直説法のその他の時制

PARTE III – L'INDICATIVO -ALTRI TEMPI

直説法近過去

Il passato prossimo

会話 — DIALOGO
イタリア国内旅行　Un viaggio in Italia

会話文（◇= Giovanni,　●= Marta）	入れ替える部分
◇ Marta!	
● Ciao, Giovanni! Come va?	
◇ Bene! Ho sentito che sei stata a Modena!	→ ◇1）in Liguria　2）in Sicilia
● Sì! Sono tornata la settimana scorsa.	→ ●1）tre giorni fa　2）ieri
◇ Fantastico! E cos'hai fatto di bello?	→ ◇1）visto　2）visitato
● Ho visitato il Museo Ferrari a Maranello!	→ ●1）l'acquario di Genova 2）Taormina
◇ E hai mangiato bene?	
● Eh! Sì, benissimo! Tortellini a volontà!	→ ●1）Pesto　2）Granite e cannoli
◇ E hai fatto un giro al Duomo?	→ ◇1）al mare　2）sull'Etna?
● Naturalmente!	
◇ Ah, che invidia...!	

La granita al pistacchio

L'ossobuco con il risotto

Il culatello

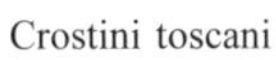

Crostini toscani

Rigatoni alla carbonara e amatriciana

13

Cose buone d'Italia イタリア各州のおいしい食べ物	
Valle d'Aosta: la fonduta	Lazio: la carbonara, la porchetta di Ariccia
Piemonte: il gianduia, i vini, gli agnolotti	Umbria: i salumi, l'olio di oliva, il tartufo
Lombardia: il risotto, la cotoletta alla milanese	Abruzzo:gli arrosticini,gli spaghetti alla chitarra
Trentino-Alto Adige: le mele, lo speck	Molise: la ventricina, i cavatelli
Friuli-Venezia Giulia: il prosciutto S.Daniele	Campania: la pizza napoletana, le sfogliatelle
Veneto: la polenta, il nero di seppia, il fegato	Puglia: le orecchiette, la burrata
Liguria: il pesto alla genovese, la focaccia	Basilicata: il caciocavallo, i bocconotti
Emilia-Romagna: i tortellini, il culatello	Calabria: il peperoncino, il salame piccante
Marche: gli strozzapreti, le olive all'ascolana	Sicilia: i cannoli, le granite, la pasta con le sarde
Toscana: i crostini, il cacciucco alla livornese	Sardegna: il pecorino, il mirto

Parole ed espressioni utili（意味は辞書で調べてください。）	
Ho sentito che...	visitare
scorso/a	il museo
prossimo/a	l'acquario
ieri	mangiare bene（male）
ieri l'altro	a volontà
fa	naturalmente
fare un giro（a ～）	che invidia!

「近過去」はイタリア語で日常的に最も使われる過去形です。現在の出来事に比較的近い，つながりのある過去の**完了した出来事や動作**を述べる際に使います。

近過去は助動詞（essere または avere の直説法現在形）と，近過去にしたい動詞の**過去分詞**からなります。まず，不定詞から過去分詞の形を導きましょう。

近過去		
助動詞 essere 又は avere	＋	過去分詞

13.1 過去分詞と助動詞 Il participio passato e gli ausiliari

近過去をはじめとするイタリア語のすべての複合時制は「**助動詞＋過去分詞**」という形をとります。ほとんどの動詞は規則的に，以下の表に従って過去分詞にすることができます。

不定詞		過去分詞	例
-are	→	**-ato**	and**are** → and**ato** / cammin**are** → cammin**ato** parl**are** → parl**ato** / port**are** → port**ato** など
-ere		**-uto**	av**ere** → av**uto** / pot**ere** → pot**uto** vol**ere** → vol**uto** / sap**ere** → sap**uto**
-ire		**-ito**	part**ire** → part**ito** / dorm**ire** → dorm**ito** fin**ire** → fin**ito** / prefer**ire** → prefer**ito**

ただし，**不規則的な過去分詞**を有する動詞（特に -ere 動詞）も多く存在します。これから学ぶ他の複合時制でも非常によく使うので必ず覚えてください。

主な不規則的な過去分詞			
aprire → **aperto**	bere → **bevuto**	chiedere → **chiesto**	chiudere → **chiuso**
correre → **corso**	dire → **detto**	essere → **stato**	fare → **fatto**
mettere → **messo**	morire → **morto**	offrire → **offerto**	perdere → **perso**
rimanere → **rimasto**	rompere → **rotto**	scrivere → **scritto**	stare → **stato**
vedere → **visto**	venire → **venuto**	vincere → **vinto**	vivere → **vissuto**

不規則動詞の中で，同じパターンで過去分詞を作る動詞のグループが見られます。

変化パターン	例
～ ggere →～ **tto** / ～ gere →～ **to**	leggere → letto, friggere → fritto / piangere → pianto
～ endere →～ **eso**	prendere → preso, scendere → sceso, accendere → acceso
～ idere →～ **iso**	decidere → deciso, ridere → riso, uccidere → ucciso
～ durre →～ **dotto**	produrre → prodotto, tradurre → tradotto, ridurre → ridotto
～ porre →～ **posto**	comporre → composto, imporre → imposto

過去分詞は近過去の動詞の中心的な部分となりますが，活用はありません。それぞれの人称に合わせて活用させる部分は助動詞（essere または avere の直説法現在形～第 4 課を参照）のみなので，多くの活用を暗記する努力は求められません。

Esercizio 1: 次の動詞の過去分詞を書いてください。

essere:	avere:	stare:	andare:
fare:	mangiare:	cantare:	sapere:
preferire:	partire:	venire:	volere:
salutare:	proteggere:	incidere:	riporre:
offendere:	vivere:	morire:	dire:
uscire:	percorrere:	ammettere:	rivedere:

13

次は助動詞の選び方に注目します。まず，essere を助動詞にする動詞は**自動詞の多く**，そして全ての**再帰・相互・代名動詞**です。一方で，**他動詞なら，essere が助動詞になることはありません**。しかし他方で，助動詞 avere が付く自動詞はあります。さて，どのような動詞に助動詞 essere が付くのかを以下の表で，動詞の意味や種類によって 5 項目に区別します。

動詞の種類	例
①「**移動**」の自動詞	andare, venire, entrare, uscire, salire, scendere… 行く，来る，入る，出る，上る，下りる…
②「**存在**」の自動詞	essere, stare, restare, rimanere… である，いる，残る…
③「**変化**」の自動詞	diventare, nascere, crescere, morire… なる，生まれる，成長する，死ぬ…
④ **再帰・相互・代名動詞**	alzarsi, amarsi, pentirsi… 起きる，愛し合う，後悔する…
⑤ **piacere 等の特殊動詞**	piacere, servire, interessare… 気に入る，必要とする，興味を持つ…

上記の項目に当てはまらない自動詞，そして**他動詞全てに，助動詞として avere をつけます。**

Esercizio 2: 以下の動詞の助動詞はどちらでしょうか。分類してください。

partire, mangiare, cantare, lavarsi, stare, fare, cambiare, piacere, dormire, ascoltare, volere, avere	
ESSERE	AVERE

13.2 助動詞が「avere」の場合 Verbi con ausiliare "avere"

助動詞として avere をとる動詞の近過去形は次のようになります。一例として，動詞「comprare」（買う）を近過去形に活用させましょう。

主語	助動詞（avere の直・現）	過去分詞（comprare）	補語
io	**ho**	**comprato**	una camicia rossa. del prosciutto. un motorino nuovo. ...
tu	**hai**		
lui/lei	**ha**		
noi	**abbiamo**		
voi	**avete**		
loro	**hanno**		

用例：

Noi **abbiamo visto** un film bellissimo. 私たちはすごくおもしろい映画を見た。

Io **ho camminato** per 5 chilometri. 私は 5 キロ歩いた。

Elisa e Mario **hanno perso** il treno. エリーザとマリオは電車に乗りそこなった。

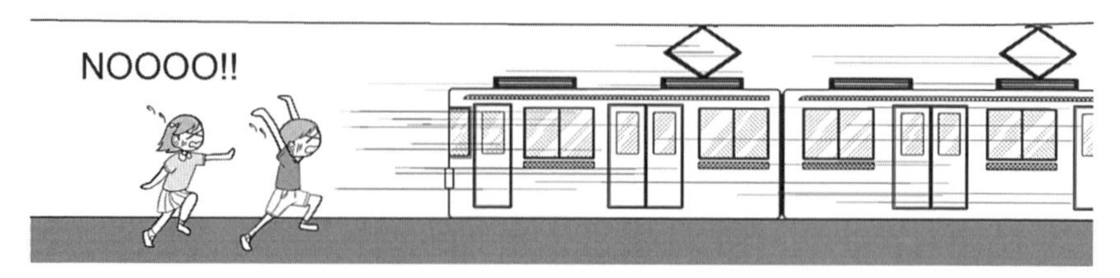

Elisa e Mario hanno perso il treno.

Esercizio 3: 動詞を近過去にして文を完成させてください。

1) Martina (spiare) _____ _________ il telefonino del suo ragazzo, e (trovare) _____ ___________ tanti messaggi da altre ragazze. Quindi lei (decidere) ______ _____________ di lasciarlo.

2) Tommaso (dire) ______ _________ di avere visto un'astronave aliena. Io non ci (credere) ______ ___________ nemmeno un attimo. Mah... forse lui (bere) _____ __________ troppo vino.

3) Tommaso e Lara (fare) _________ __________ un viaggio in Corea. (Loro - visitare) ________ ____________ Seoul e Pusan, e (mangiare) _______ __________ tanti piatti piccanti.

4) Nooo! (Io - dimenticare) _____ __________ la borsa sul treno! Ora come faccio?

5) Ieri, camminando, (io - incontrare) ______ ___________ un signore che mi (dire) _____ _________ : "Ciao, sei bellissima! Vuoi diventare famosa?". Ma io non gli (rispondere) _____ __________ perché era un tipo troppo losco.

13.3 助動詞が「essere」の場合 Verbi con ausiliare "essere"

助動詞が「essere」の場合は，近過去にする動詞は必ず自動詞（または再帰動詞）なので，**過去分詞の語尾が主語の性・数に合わせて変化します**。ここで，一例として，動詞「andare」（行く）を近過去形に活用させましょう。

主語	助動詞（essere の直・現）	過去分詞（andare）	補語
io	**sono**	**andato/-a**	a scuola. in Italia. da Gigi. ...
tu	**sei**		
lui/lei	**è**		
noi	**siamo**	**andati/-e**	
voi	**siete**		
loro	**sono**		

用例： Alberto **è andato** a Torino. アルベルトはトリーノへ行った。

Voi **siete partiti** ieri. 君たちは昨日出発しました。

Io **sono nato** il 19 luglio 1976. 僕は 1976 年 7 月 19 日に生まれた。

Laura, ieri **sei rimasta** a casa? ラウラさん，昨日は家に（ずっと）いた？

Eliana e Roberta **sono arrivate** ieri. エリアーナとロベルタは昨日着いた。

再帰・相互・代名動詞の場合も必ず助動詞には「essere」をとり，再帰代名詞は助動詞の前に置きます。再帰動詞は主語自身に「帰ってくる」ので，この場合も主語の性・数に合わせて過去分詞の語尾が変化します。

主語	再帰代名詞	助動詞（essereの直・現）	過去分詞（alzarsi）	補語
io	**mi**	**sono**	**alzato/-a**	alle 7:00. presto. tardi.　...
tu	**ti**	**sei**		
lui/lei	**si**	**è**		
noi	**ci**	**siamo**	**alzati/-e**	
voi	**vi**	**siete**		
loro	**si**	**sono**		

用例：

Anna **si è lavata** i denti stamattina.　アンナは今朝歯をみがいた。
Elsa e Lucia **si sono messe** i vestiti nuovi.　エルサとルチーアは新しい服を着た。
Voi **vi siete sbagliati**.　君たちは間違えた。
Io **mi sono persa** per strada...　私は道に迷ったんだ…
Antonio e Luisa **si sono lasciati**.　アントニオとルイーザは別れた。
Noi **ci siamo dimenticati** la borsa in macchina.　私たちはかばんを車の中に忘れた。

ここで，「piacere」などの特殊な動詞の近過去形も紹介します。

主語	間接補語代名詞	助動詞（essere）	過去分詞（piacere）
㊚　㊛ **Il film / La pizza**	**mi**	**è**	㊚/㊛ **piaciuto/-a.** （主語に合わせる）
	ti		
	gli/le/Le		
㊚　㊛ **I regali / Le torte**	**ci**	**sono**	㊚/㊛ **piaciuti/-e.** （主語に合わせる）
	vi		
	gli		

用例：

Quel libro non **mi è piaciuto** per niente.　あの本は全く気に入らなかった。
Vi sono serviti i consigli che vi ho dato?　私が君らに与えたアドバイスは役立ったか？
La borsa **è piaciuta a Maria**. (La borsa **le è piaciuta**).
マリーア（彼女）にはかばんが気に入った。
Mi è dispiaciuto farti arrabbiare.　怒らせて悪かったなぁ。

Esercizio 4: 動詞を近過去にして文を完成させてください。

1) Sara, ieri sera (io - uscire) ______ _________ con Augusto, quel ragazzo bellissimo di cui ti (io - parlare)______ ___________, (noi - andare) _________ __________ a cena e poi (io - decidere) _____ ____________ di invitarlo a casa mia. Ma lui (ubriacarsi)______ _____ _________________, e (addormentarsi)______ _____ ___________ sul mio divano. Non ci posso credere! Forse non (piacergli)________ ________ __________ la mia musica? Che delusione!

2) Mia madre, Marina, (nascere)_____ ________ a Firenze nel 1950. Lei non (studiare)______ ___________ molto, e (lavorare) _____ __________ per tutta la vita in un ufficio postale. Qualche anno fa (andare)_____ ___________ in pensione, e (cominciare)_____ _____________ a dedicarsi ai suoi hobby: il cinema e la palestra.

3) Stamattina la sveglia non (suonare) _____ ___________, e noi (alzarsi)____ ________ _________ tardissimo. Non (noi - lavarsi) _____ ________ _________ e non (fare)_________ ___________ nemmeno colazione. (Noi - vestirsi) ____ _______ __________, (noi prendere) ___________ ___________ i nostri zaini e (uscire) _________ __________ subito. (Noi - correre) _________ __________ a scuola, e (arrivare)_________ ___________ un minuto prima della campanella.

4) Ieri per la strada (venire) _______ __________ da me due poliziotti. Loro mi (chiedere) ________ _________ un documento, e io gli (dare) ______ ________ il mio passaporto. A quel punto loro (scappare)________ _____________ via. Mi (rubare) ________ _________ il passaporto!

Genova - un panorama

CD-I 43

Le onomatopee in italiano — イタリア語における擬音語

日本語と同じく，イタリア語でも擬音語が漫画，小説や詩などで広く使われます。擬音語は2種類あります。

まず，表①は音をそのまま再現する，主に漫画で使われる擬音語です。英語に似たものも，イタリア語独特のものもあります。

次に，表②は音を含む数々の動詞です。小説や詩などで，読者の想像力を膨らませ，ある場面の再現に使われることが多いです。

表①

音	イメージ
bleah	disgusto
bum (boom)	esplosione
crash	scontro o rottura
drin (driiiin)	la sveglia
din don	le campane
etcì (etciù)	starnuto
gnam	mangiare
patapum (patapunfete)	caduta rovinosa
ronf	dormire/russare
splash	cadere in acqua
toc toc	bussare alla porta
zac (zacchete)	taglio

表②

音を含む動詞	イメージ
sussurrare	parole a bassa voce
scrosciare	una forte pioggia
tintinnare	una campanellina
sospirare	un respiro lungo
borbottare	un rumore di fondo
rimbombare	l'eco di un rumore forte
ticchettare	il rumore di un orologio
ronzare	un insetto volante
picchiettare	un piccolo martello
frusciare	rumore di rami al vento
chiacchierare	discorsi leggeri
scivolare	un capitombolo

Roma - il Pantheon

直説法半過去・大過去

Imperfetto e trapassato prossimo

読解 — LETTURA E COMPRENSIONE
私のおばあちゃん,フランチェスカ　Mia nonna Francesca

Mia nonna Francesca era davvero una persona straordinaria. Se n'è andata in silenzio la notte di S. Silvestro di qualche anno fa, e mi manca tantissimo. Classe 1930, era una bella donna, mora e con gli occhi scuri, non era molto alta ma aveva un bel fisico, e soprattutto aveva un bellissimo sorriso. Amava molto noi bambini, e spesso, io e mio fratello Lucio andavamo in vacanza con lei al mare, a Rimini o nelle Marche, e ci divertivamo un sacco! Solo una volta siamo andati in montagna, a Chiaves: un piccolo paese del Piemonte, dove l'aria era pulita e l'acqua limpidissima, e facevamo lunghe passeggiate nei boschi. Se il tempo era bello dalla nostra camera si vedeva il Monte Rosa! Certo, non c'era molto da fare, ma c'erano tanti altri bambini, e lei cucinava sempre un sacco di cose per tutti! Infatti era una brava cuoca: le sue specialità erano i tortellini in brodo, la zuppa inglese, lo gnocco e la sfogliata, o "torta degli ebrei", un piatto tipico del nostro paese: Finale Emilia. Ci raccontava sempre un sacco di storie sulla sua infanzia nell'Italia fascista, sui terribili anni della seconda guerra mondiale, e sui suoi anni passati nella Milano del dopoguerra. A quarantun anni ha avuto un incidente stradale, e i dottori l'avevano già coperta con un lenzuolo: la credevano morta, ma poi si è risvegliata miracolosamente! Era davvero una "dura": fumava le sigarette senza filtro e in camera sua aveva una pistola, che ogni tanto puliva e lucidava, ma che non ha mai usato.

Non parlava nessun'altra lingua tranne l'italiano e il dialetto di Finale Emilia, e non era mai stata all'estero, ma a settant'anni suonati ha deciso di venirmi a trovare in Giappone! Ha abitato per un mese nel nostro dormitorio: cucinava qualcosa ogni giorno e cercava di comunicare con gesti e onomatopee per fare amicizia con tutti: sudamericani, cinesi, vietnamiti, americani! Quante risate!

Devo dire che mi voleva davvero bene, ed è sempre nel mio cuore.

質問 — DOMANDE:

1) Quando è nata la nonna Francesca?

____

2) Che aspetto aveva Francesca?

____

3) Dove portava in vacanza i suoi nipoti?

____

4) Quali piatti sapeva cucinare bene Francesca?

____

5) Che cosa le è successo nel 1971?

____

6) Che cosa aveva in camera sua?

____

7) Che lingue parlava?

____

8) In che modo comunicava con i ragazzi del dormitorio?

____

Parole ed espressioni utili (意味は辞書で調べてください。)	
(in) silenzio	la passeggiata
improvvisamente	il bosco
qualche	la camera
(da) allora	un sacco (di...)
mancare (a + 人)	raccontare
moro/a	l'infanzia
biondo/a	l'incidente
il fisico	la pistola
il sorriso	il dialetto
pulito/a	venire (andare) a trovare
limpido/a	fare amicizia

14.1 直説法半過去 L'imperfetto

直説法近過去は完了した出来事や動作（日本語：～をした）に使う一方で，半過去は主に**過去の出来事の背景，日課や習慣を描写し，一般的に過去で継続する展開中の動作（日本語：～をしていた）**を表すために使います。直説法では，半過去は近過去（または遠過去）と並行して使われます。まず，半過去の活用形を覚えましょう。

半過去で最も頻繁に利用される動詞はやはり「essere」です。その活用は特殊で，完全に不規則的なものなので，暗記する必要があります。

主語	ESSERE（半過去）
io	**ero**
tu	**eri**
lui/lei/Lei	**era**
noi	**eravamo**
voi/Voi	**eravate**
loro/Loro	**erano**

用例：Da bambino io **ero** timido.　子供の時，僕はシャイだった。
　　　Il tempo **era** bello.　天気は良かった。

規則動詞の活用に関して，**原形（不定詞）の語尾の最後の2文字（re）**を次のように入れ替えると，どの種類の動詞もまとめて活用できます。「essere」を除く不規則動詞に関しては，語尾変化は同じですが，**語幹が変わります**。それぞれの不規則動詞の特殊な語幹さえ覚えれば，規則動詞と同様に変化させることができます。

<table>
<tr><th>主語</th><th colspan="2">規則動詞（半過去）</th><th>主語</th><th colspan="2">主な不規則動詞（半過去）</th></tr>
<tr><td>例：</td><td colspan="2">cantare
leggere
capire</td><td>例：</td><td colspan="2">fare
dire
bere</td></tr>
<tr><td>io</td><td rowspan="6">canta-
legge-
capi-</td><td>vo</td><td>io</td><td rowspan="6">fa- → face-
di- → dice-
be- → beve-

など…</td><td>vo</td></tr>
<tr><td>tu</td><td>vi</td><td>tu</td><td>vi</td></tr>
<tr><td>lui/lei/Lei</td><td>va</td><td>lui/lei/Lei</td><td>va</td></tr>
<tr><td>noi</td><td>vamo</td><td>noi</td><td>vamo</td></tr>
<tr><td>voi/Voi</td><td>vate</td><td>voi/Voi</td><td>vate</td></tr>
<tr><td>loro/Loro</td><td>vano</td><td>loro/Loro</td><td>vano</td></tr>
</table>

用例：Mia nonna **cantava** benissimo.　私のおばあちゃんは歌がとても上手だった。

Loro da bambini **leggevano** molto.　彼らは子供のころ，たくさん（の本を）読んでいた。

Ieri **faceva** freddo.　昨日は寒かった。

半過去の主な使い方：

a）**過去の出来事の背景（天気，状態，気持ちなど）を描写して語る時。**

Ieri sono andato al mare. Il tempo **era** bellissimo, c'**erano** molti bambini e il mare **era** pulito.　昨日は海へ行った。天気はとてもよく，子供は大勢いて，海はきれいだった。

I bambini **erano** contenti: **giocavano** a pallone o **facevano** il bagno, e noi **leggevamo** libri o **prendevamo** il sole.　子供たちは喜んで，ボール遊びしたり，海水浴したりしていて，私たちは本を読んだり，日光浴をしたりしていた。

b）**過去の日課や習慣を述べる時（不特定の昔の生活を描写して語る時）。**

Da bambino **andavo** a scuola ogni giorno, e dopo la scuola **giocavo** a calcio con gli amici.
子供のころは毎日学校へ行って，放課後に友人たちとサッカーしていた。

Il fine settimana io e la mia famiglia **facevamo** una gita, e la sera spesso **cenavamo** in pizzeria.　週末は，僕と家族は遠足をしたり，晩はよくピッツァ屋で夕食を食べていた。

c）**接続詞「mentre」の後に来る過去形の動詞は必ず半過去になります（～していた間）。**

Mentre **dormivo** in treno, qualcuno mi ha rubato il portafogli.
電車で寝ている間，誰かが僕の財布を盗んだ。

Mentre i miei genitori **erano** fuori, ho invitato a casa la mia ragazza.
親が外出している間，彼女を家に誘った。

d）**進行形（stare ＋ジェルンディオ），「stare per ＋不定詞」の過去形は半過去になります。**

Stavo mangi**ando** quando è arrivato Massimo.　ごはんを食べていた間に，マッシモさんが来た。

Francesca era stanca e **stava per** addormentarsi in classe.
フランチェスカは疲れていて，授業中に寝てしまうところだった。

Esercizio 1: 次の文の動詞を半過去に活用し，各文はどの半過去の使い方（上記の a，b，c，d）に当てはまるかを考えてください。

1）Mentre（io - mangiare）__________ ho trovato un capello nel piatto.

2）Da giovane mia nonna（lavorare）__________ in un ristorante: ogni giorno（pulire）__________ la cucina e（lavare）__________ i piatti, e la sera（tornare）__________ a casa stanchissima.

3) La mia vecchia casa (essere)_______ molto grande, (avere)__________ delle grandi finestre e un bel cortile. Nel cortile (esserci) _____________ sempre tanti animali: cani, gatti, galline, ecc...

4) Ieri Stefano (stare) __________ per andarsene dalla festa proprio quando è arrivato Enzo, il suo migliore amico.

5) Ieri pomeriggio, quando ci hai chiamati, noi (essere)__________ in montagna. Il cellulare non (funzionare)___________, ma i panorami (essere)___________ splendidi e l'aria (essere)________ pulitissima.

6) La mia ex ragazza (avere) _________ davvero un brutto carattere. Lei (essere) ________ molto egoista e capricciosa, e per questo noi (litigare)___________ quasi ogni giorno. Ma a me (piacere)__________ molto, quindi alla fine (vincere) ____________ sempre lei. E il mio portafogli (essere)_________ sempre vuoto.

7) Laura! Mentre (tu - divertirsi)___ __________ in Italia, il tuo ragazzo ha trovato un'altra donna!

8) -Ehi, Giovanni! Scusa, (stare)_________ dormendo? -No, (essere)________ morto, ma tu mi hai riportato in vita! Grazie!! (イタリアのジョーク)

Esercizio 2: 次の現在形の文を半過去に直してください。

1) Luigi è un ragazzo davvero in gamba, ha molti amici e ama divertirsi con loro.

✝ ____

2) Mio nonno è simpaticissimo, beve e fuma molto, e gioca spesso a bocce con gli amici.

✝ ____

3) Mia moglie è severa, non mi lascia uscire e si arrabbia sempre con me.

✝ ____

4) Mia zia fa la cuoca, lavora in un ristorante sul mare, ama i cani ma odia i gatti.

✝ ____

Esercizio 3: 次の文の動詞を半過去にし，前半と後半を繋げてください。

1) Dante Alighieri (essere) ___________ a) le banane, ma ora le odio.
2) Da bambino mi (piacere) ___________ b) bellissimi romanzi.
3) I miei genitori (abitare) ___________ c) innamorato di una donna di nome Beatrice.
4) Mussolini (parlare) ____________ d) a Milano 20 anni fa.
5) Umberto Eco (scrivere) __________ e) per unire l'Italia.
6) Garibaldi (combattere) __________ f) sempre con grande enfasi.

14.2 近過去と半過去 Usi di passato prossimo e imperfetto

さて，過去形の文において，どのような基準に従って動詞を近過去，または半過去に活用するのかについて，次の表を見ておきましょう。

近過去	半過去
①はっきりとして，完了した出来事や動作。 例：Ieri **ho comprato** una camicia. 昨日はシャツを買った。	**①背景・状態の描写。** 例：Il tempo **era** bello e **c'era** molta gente. 天気はよく，人が大勢いた。
②動作の期間（開始・終了時点）ははっきりしている。 例：**Ho studiato** l'italiano per sei mesi. 6ヶ月間イタリア語を勉強した。 例：**Ho vissuto** in Italia dal 2011 al 2013. 2011年から2013年までイタリアに住んだ。	**②動作の期間（開始・終了時点）はぼんやりしている。** 例：In quel periodo **studiavo** l'italiano. あのころ，イタリア語を学んでたなぁ。 例：Da bambino **vivevo** in Italia. 子供のころ，イタリアで暮らしていた。
③一回のみで，はっきりと覚えている出来事。 例：Da bambino una volta **sono stato** a Roma. 子供のころに一度ローマに行ったことがある。	**③習慣・日課となって繰り返される出来事。** 例：Da bambino **andavo** spesso al mare. 子供のころ，よく海に行っていた。
④ずっと同じ状態が変わらずに完了する。 例：Quando **sono stato** in Italia **ho mangiato** bene per tutto il tempo. イタリアに行った時，ずっとおいしいご飯を食べた。	**④普段の状態・様子を描く（特に spesso, di solito などを用いる時）。** 例：In Italia di solito **mangiavo** bene. イタリアでは普段，おいしいご飯を食べていた。
⑤瞬間動詞（短期間で完了する動作など）で用いる可能性が高い。 例：**Sono uscito** e **ho spento** la luce. 外に出て，電気を消した。	**⑤継続動詞（長期間続く動作・状態を表す動詞）で用いる可能性が高い。** 例：Mentre **camminavo**, **ascoltavo** la musica. 歩きながら，音楽を聞いていた。

14

Esercizio 4: 次の文の動詞を近過去または半過去に活用させて文を完成させてください。

1) Noi (seguire) ____________________ per un anno un corso di cucina in Italia, e (divertirsi) ____________________ un sacco. Di solito (cucinare) ______________ piatti italiani, ma una volta (preparare) ______________________ il sushi! (Essere) ________ buonissimo!

2) Da bambino Tommaso (essere) ____________ molto goloso, (adorare) ___________ i dolci e i gelati, ma un giorno (mangiare) ____________________ un chilo di pasticcini e (sentirsi) ______ ________________ male, quindi sua madre lo (accompagnare) ____________________ all'ospedale.

3) -Ieri, mentre io e Giacomo (stare) __________________ parlando, (vedere)

________________ in cielo una strana luce che (muoversi) ________________ velocemente, ma non (capire) ________________ che cosa fosse. Forse (essere) ____________ una stella cadente? O (essere) ____________ un'astronave aliena?

-Una cosa è sicura: tu e Giacomo ieri sera (bere) ________________ troppa grappa!

近過去はイタリア人の頭の中では，「**強い**」**記憶**に結び付けられる時制です。完了している，思い出しやすい出来事や動作を表し，まるで**閉じたファイル**の上に張り付けられた**ラベル**のようなものです。例えば，「小学校２年生の時はヴェネツィアへ修学旅行に行きました。」(In seconda elementare **sono andato** in gita a Venezia.）というラベルの付いた記憶ファイルはほぼ努力をせずに，比較的簡単なプロセスで頭の中の古文書館から取り出す（思い出す）ことができるのです。

しかし**半過去は**その閉じたファイルの**中身，つまり時間がたつにつれて忘れられて，消えていく，「弱い」記憶（つまり出来事の背景）**にしばしば結び付けられる時制です。例えば，「小学校２年生，ヴェネツィアへ行ったときに，天気は良かった。ハトが何匹もいて，先生たちが町を案内してくれていた。」(Quando sono andato in gita a Venezia, il tempo **era** bello. C'**erano** molti piccioni, e le maestre ci **accompagnavano** in giro per la città.）人間の成長につれて年々消えていく幼児期などの遥かな記憶の背景を復活させることは相当の努力を必要とします。

14.3 直説法大過去の形と使い方　Trapassato prossimo

大過去は近過去に似た複合時制で，近過去または半過去の動作より前に発生した，完了した動作を述べる時に使います。その形は近過去と同じく，**助動詞（essere/avere）＋過去分詞**からなりますが，**助動詞は半過去**に活用されます。過去分詞の形や語尾変化，そして essere/avere の選び方は近過去と全く同じなので，第 13 課を参照。

主語	助動詞 （avere の直・半）	過去分詞 （mangiare）	主語	助動詞 （essere の直・半）	過去分詞 （venire）
io	**avevo**		io	**ero**	
tu	**avevi**		tu	**eri**	**venuto/-a**
lui/lei	**aveva**	**mangiato**	lui/lei	**era**	
noi	**avevamo**		noi	**eravamo**	
voi	**avevate**		voi	**eravate**	**venuti/-e**
loro	**avevano**		loro	**erano**	

関連性のある２つ以上の過去形の節からなる文，または関連性のある２つの過去形の文のどちらかに使うことがほとんどです。

用例：Ieri **sono arrivato** alla stazione alle 8:10, e il treno delle 8:00 **era partito**.
昨日，私は８時10分に駅に着いたが，８時の電車は出発していた。

大過去はつまり，文を述べる時点（つまり現在）から最も離れた過去の出来事を表します。

大過去は，主節を過去形にした間接話法文の従属節に頻繁に使われます。
用例：Ieri Aldo mi **ha detto** che il giorno prima **aveva lavorato**.
昨日，アルドは前日働いたと私に言いました。

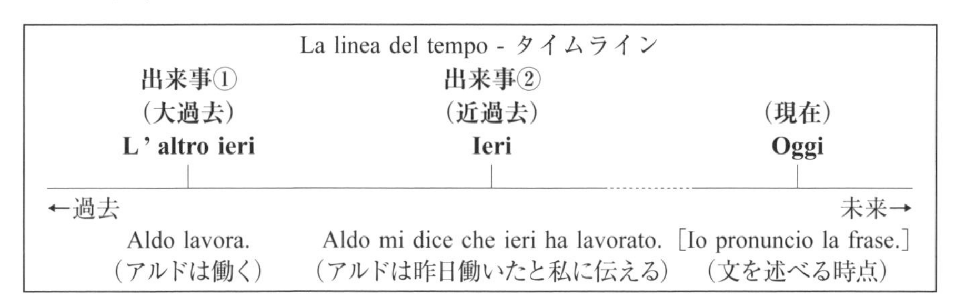

Esercizio 5: 次の文を現在・近過去から近過去・大過去にしてください。

1) Oggi faccio la spesa perché non ho trovato niente nel frigorifero.
   Ieri ______________________________

2) Oggi non partiamo perché abbiamo sbagliato a prenotare il biglietto.
   Ieri ______________________________

3) Oggi Luigi torna a casa perché è arrivato un tifone e hanno cancellato tutte le lezioni.
   Ieri ______________________________

4) Oggi voi dite a Marina che avete visto il suo ragazzo con un'altra donna?
   Ieri ______________________________

5) Stamattina vado dal medico perché ieri, dopo cena, mi sono sentito male.
   Ieri mattina __________________ perché il giorno prima, __________________

6) Oggi Martina non risponde al telefono perché abbiamo litigato.
   Ieri ______________________________

Esercizio 6: 次の動詞を大過去に活用させて文を完成させてください。

Che disastro!

Ieri sono andato al lavoro, e ho lasciato i miei bambini Rita, Dario e Sergio a casa, dicendogli di fare i bravi e di non aprire a nessuno. Ma quando la sera sono tornato ho trovato un disastro!

Prima di tutto Rita (preparare) __________ ______________ la merenda, ma (lasciare) ________ ___________ il forno acceso, rischiando di far scoppiare un incendio. Sergio e Dario (andare) ________ ______________ fuori in giardino e (lasciare) ____________ ____________ la porta aperta, quindi la casa (riempirsi)_____ ______ ____________ di zanzare. Poi Sergio e Rita, litigando, (rompere)____________ _______________ un vaso in mille pezzi e (rovesciare) ___________ ______________ la bottiglia di chinotto aperta che (io - mettere) __________ _____________ sulla tavola. Poi tutti e tre (fare)____________ _____________ il bagno nella vasca e (allagare) ____________ ______________ il bagno e tutto il corridoio! Questi bambini sono proprio un terremoto!

Esercizio 7: 次の思い出話の動詞を近過去，半過去に活用させて文を完成させてください。また，質問に答えてください。

Avventure d'infanzia

Mi chiamo Marco. Da bambini io e i miei due fratelli (abitare) ________________ in campagna e (andare)_______________ molto d'accordo; (essere) ____________ una squadra invincibile, e spesso (giocare) ________________ insieme nella nostra casa sull'albero, o (partire)______________ all'avventura con le nostre biciclette. Noi (avere) ___________ un cane che (chiamarsi) __________________ Bob ed (essere) ___________ così grosso che (noi - potere) ________________ cavalcarlo! Un pomeriggio (noi - partire)_____________________ tutti insieme in bicicletta verso una vecchia casa disabitata in mezzo alla campagna, a caccia di tesori nascosti. (Essere) ______________ una bella giornata d'estate e (fare) ______________ caldissimo. Quando (arrivare)_____________________ alla casa, io (notare) __________________ che la porta (essere) _____________ aperta, quindi (io - chiedere) _________________ ai miei fratelli se (volere)_____________ entrare insieme a me, ma loro mi (rispondere) ________________________ che (avere)_________________ troppa paura. Fifoni! Allora (io - prendere)__________________ la torcia elettrica e (entrare) __________________, mentre loro (aspettare) _________________ fuori piagnucolando. Dopo che (io - entrare)___________________ , la porta (chiudersi) _______________ dietro di me! Maledetti! (essere)________________ uno scherzo! A un certo punto (io - sentire) _________________ un rumore venire dalla cantina. Forse (essere) _____________ un mostro? Oppure (essere)_______________ un fantasma? Ma no, forse (essere) ______________ il vento, pensavo. (Avere)____________ paura, ma alla fine (decidere) ________________ di scendere. Appena (io - aprire)_________________ la porta della cantina (io - vedere)______________ qualcosa che (muoversi) _________________ sul pavimento: (essere)_____________ un grosso topo! In quel momento (io - gridare) __________________ fortissimo e (scappare)_________________ fuori urlando. Da quel giorno (io - cominciare)______________________ a odiare i topi.

14

質問 — DOMANDE:

1) Quale animale avevano i fratelli? E come si chiamava? ________________

2) Dove sono andati i tre fratelli? ________________

3) Quale scherzo hanno fatto i fratelli a Marco? ________________

4) Che cosa ha visto Marco nella cantina? ________________

◎ **Il film era bello.**　◎ **Il film è stato bello.**　映画は面白かった。

ただし，

◎ **La pizza era buona.**　× **La pizza è stata buona.**　ピッツァはおいしかった。

「おいしかった」と言いたい場合，「era buono/a」を使います。「～ è stato buono.」は不自然な言い方なので，使いません（「食べ物」は「映画」と違って，始まりと終わりがはっきりしないから）。

Pappardelle ai funghi porcini

SPECIALE

I gesti italiani 5 ── イタリアのジェスチャー５

1) **Sei matto!**（おまえはクレイジーだ！） 片手の人差し指で，こめかみをトントンと軽く叩きます。 「頭，大丈夫？」Tutto a posto? 「アホか !?」Ma sei fuori（di testa）? 「お前，いかれてるぜ！」Sei matto come un cavallo! 相手があまりにもふざけたことを言うときに使います。	
2) **Perfetto.**（完璧だ！） 人差し指，親指の指先で○を作って，左から右へ線を引くように横に動かせます。 「完璧だ！」Perfetto! 「やはり！辻褄が合ったな！」Ecco. Tutto torna. 文句なしの時と，辻褄が合った時に使います。	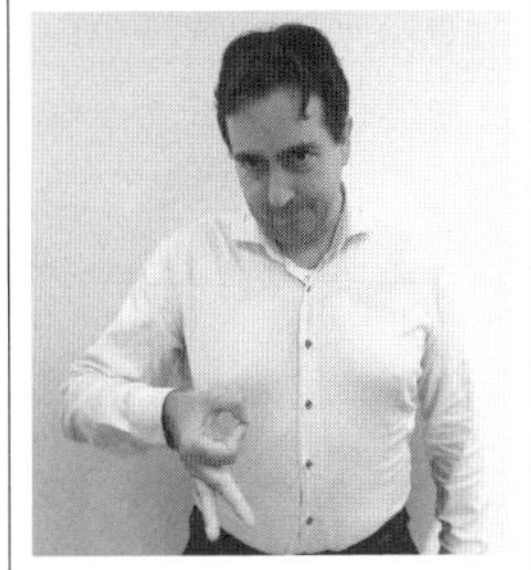
3) **Le corna**（角） 人差し指と小指を立てながら拳を握る。 「こら！」Tiè! 2つの意味があります。 1) 下に向けると，厄除け，おまじないになります。 2) 人に向けると，「Cornuto!」という罵声に等しいです。 **＊2は危険なので，むやみに使わないでください！＊**	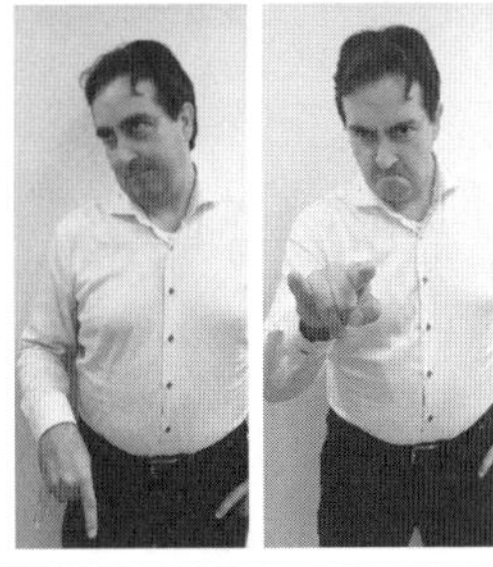
4) **Ti giuro!**（誓う！） 両手の人差し指をXに交差させて，口に持って行って二回キスをする。 「誓います！」Ti giuro! 「約束します。」Te lo prometto. 心から信じてもらいたい時に使います。	

直説法未来形・先立未来形

Futuro semplice e futuro anteriore

読解—LETTURA E COMPRENSIONE
2019年の世界　Il mondo nel 2019

Oggi, 25 ottobre 1979, proviamo ad immaginare come sarà il mondo fra quarant'anni: nel 2019!

ANNA: Secondo me le città saranno molto più grandi di oggi, con grattacieli enormi e piene di luci, e le automobili voleranno come nei film di fantascienza! L'aria sarà pulita, ci saranno schermi TV dappertutto e vivremo in case supertecnologiche. Finalmente non ci saranno più guerre, e tutti i popoli del mondo vivranno in armonia tra loro. Per me sarà un mondo davvero fantastico!
BRUNO: Ma quale mondo fantastico... Anna, tu sei troppo ottimista! Vedrai che gli Stati Uniti e l'Unione Sovietica prima o poi scateneranno una guerra nucleare, il mondo finirà, le città spariranno e i sopravvissuti saranno pochissimi. Comunque, dopo che il mondo sarà finito, piano piano la natura riprenderà possesso del pianeta, che lentamente si risveglierà: cresceranno alberi sui grattacieli distrutti e tantissimi fiori colorati sboccceranno tra le crepe del cemento.
GIGI: Mamma mia, Bruno, che tristezza! Sei troppo pessimista! Ora vi dico io come sarà il 2019. Avremo tutti un telefonino intelligentissimo, ma saremo più ignoranti: leggeremo molto meno e dimenticheremo come scrivere in italiano corretto. Tutto sarà controllato dai computer, ma spesso non sapremo come usarli, le macchine non voleranno, ma inizieranno a guidare da sole, l'Unione Sovietica non ci sarà più e l'Europa sarà unita. E per l'Italia sarà un anno di grandi cambiamenti politici.
BRUNO: Ehi, aspetta! Ma tu come fai a sapere tutto questo?
GIGI: Semplice. Io vengo dal futuro. Ci sono stato e l'ho visto con i miei occhi! Vi ci porto, se volete! Ho la macchina del tempo parcheggiata qui fuori in doppia fila.
ANNA, BRUNO: NO, grazie!

質問 — DOMANDE:

1) Secondo Anna come saranno le città nel 2019?

____

2) Chi pensa che nel 2019 ci sarà pace nel mondo?

____

3) Chi è il più pessimista dei tre?

____

4) Secondo Bruno che cosa succederà dopo che il mondo sarà finito?

____

5) Secondo Gigi quali problemi ci saranno nel 2019?

____

6) Quale dei tre ragazzi si avvicina di più alla realtà?

____

7) Che cosa succederà, secondo Gigi, in Italia nel 2019?

____

8) Perché Gigi sa tutto del 2019?

____

Parole ed espressioni utili (意味は辞書で調べてください。)	
immaginare	il cemento
volare	il futuro
scatenare	la macchina del tempo
sparire	enorme
risvegliarsi	nucleare
crescere	distrutto
dimenticare	ottimista
controllare	pessimista
il grattacielo	ignorante
la fantascienza	dappertutto
la guerra	vedere ... con i (propri) occhi

15.1 直説法未来形とその使い方　Futuro semplice

未来の出来事は直説法現在形でも表すことができる（例えば：「Domani vado a Milano.」［明日ミラノへ行きます］）にもかかわらず，直説法には未来形があります。未来形のすべての動詞（規則も不規則も）には活用の共通パターン（-rò, -rai, -rà, -remo, -rete, -ranno）があるので覚えやすいです。

a）規則動詞

まずは規則動詞から覚えておきましょう。

	-are 動詞，-ere 動詞		-ire 動詞	
主語	cant**are** prend**ere**		part**ire**	
io	cant- prend-	**erò**	part-	**irò**
tu		**erai**		**irai**
lui/lei/Lei		**erà**		**irà**
noi		**eremo**		**iremo**
voi		**erete**		**irete**
loro		**eranno**		**iranno**

つまり，-are，-ere で終わる規則動詞の活用は全く同じです。また，-ire 動詞の場合は，語尾の最初の一文字が「e」から「i」に変わりますが，ほぼ同じです。

> **注意**：「**-care**」，「**-gare**」で終わる動詞の語幹と語尾の間に「**h**」が入ります。
> cercare → cerc**h**erò, cerc**h**erai, cerc**h**erà, cerc**h**eremo, cerc**h**erete, cerc**h**eranno
> pagare → pag**h**erò, pag**h**erai, pag**h**erà, pag**h**eremo, pag**h**erete, pag**h**eranno

> **注意**：「**-ciare**」，「**-sciare**」，「**-giare**」で終わる動詞は「**-i**」を落とします。
> comin**ci**are → comincerò…
> las**ci**are → lascerò…,　man**gi**are → mangerò…

b）不規則動詞

次に不規則動詞の活用を扱います。essere，avere を含むすべての不規則動詞は2グループに分類されます。第1グループは「rò 型」とし，第2グループは「rrò 型」とします。いずれのグループに所属しても，動詞それぞれの語幹（または1人称単数の活用）さえ覚えれば，簡単に活用できます。

-rò 型			
主語	不定詞 → 語幹		語尾
io	avere → av- essere → sa- fare → fa- stare → sta- など…		rò
tu			rai
lui/lei			rà
noi			remo
voi			rete
loro			ranno

その他の「rò 型」動詞の語幹	
andare → **and-**	dare → **da-**
dovere → **dov-**	dire → **di-**
potere → **pot-**	vedere → **ved-**
sapere → **sap-**	vivere → **viv-**

-rrò 型		
主語	語幹	語尾
io	venire → ve- volere → vo- bere → be- など…	**rrò**
tu		**rrai**
lui/lei		**rrà**
noi		**rremo**
voi		**rrete**
loro		**rranno**

その他の「rrò 型」動詞の語幹	
tenere → **te-**	rimanere → **rima-**
porre → **po-**	～ durre →～ **du-**

未来形の使い方は主に2つあります。

①**未来に実現する見込みの高い出来事，予定，状態**を述べる時に利用します。この使い方では（主に時点が「Domani」などで特定される場合），ほとんどの場合，未来形の代わりに現在形を使っても構いません。

Domani **pioverà**, quindi non **partiremo**. (= Domani piove, quindi non partiamo.)
明日は雨だろう，だから私たちは出発しない。

Il 21 ottobre Tommaso **andrà** in Francia.
（来たる）10月21日に，トンマーゾはフランスへ行く（だろう）。

Quando **sarò** ricco mi comprerò una villa a Positano.
お金持ちになったら，ポジターノに別荘を買う（だろう）。

Io e Claudia un giorno **ci sposeremo** e **avremo** tanti bambini.
僕とクラウディアはいつか結婚して，たくさんの子供を生む（だろう）。

②**現在の不確実な出来事について推測・想像**する時（「多分…だろう」）に利用します。「Forse＋現在形」とほぼ同じように使います。

Oggi Alberto non è in casa. **Sarà** al bar... (= Forse è al bar...)
今日アルベルトは家にいない。バールにいるだろうな。

-Che ore sono? -Non ho l'orologio, ma **saranno** quasi le nove. (= Forse sono le nove.)
-今何時？　-時計はないけど，だいたい9時だろう。

15

Esercizio 1: 動詞を未来形に活用させて文章を完成させてください。

Il mago Gennaro

Buongiorno, Renato. Vediamo che cosa dicono le carte...
Allora, tu presto（avere）___________ un incidente, ma non（farsi）______ ________ male, per fortuna. L'anno prossimo la tua ragazza ti（lasciare）___________ e（mettersi）________ ___________ insieme a un tuo amico. Ma non ti preoccupare:（tu - fare）___________ un viaggio in India, e lì（incontrare）_______________ due sorelle gemelle. Una di loro（innamorarsi）______ _______________ di te, e in futuro ti（chiedere）_____________ di sposarla.（Voi - vivere）______________ insieme in India e（avere）______________ cinque figli. Tu（lavorare）___________ come attore e lei（diventare）_____________ una cantante.（Voi - essere）____________ tutti e due ricchi e famosi!

Esercizio 2: 動詞を未来形に活用させて，質問と答えを繋げてください。

1）Dov'è Tommaso?	a）Ne（avere）__________ una quarantina.
2）Chi è quel tipo strano?	b）Boh? Li（fare）_________ stasera.
3）Hai visto Maria? Sembra stanca...	c）Probabilmente（essere）___________ un ladro.
4）Com'è il tempo domani?	d）（essere）_____________ circa le undici.
5）Quanti anni ha Giacomo?	e）Poverina, forse（avere）__________ la febbre.
6）La tua ragazza viene stasera?	f）Purtroppo domani（piove）________ a dirotto.
7）Quando fate i compiti?	g）No, non credo che（venire）__________.
8）Che ore sono?	h）Non lo so.（essere）___________ in bagno.

Esercizio 3: 次の文を未来形に書き換えてください。

1）-Michele, dove vai domani? -Domani vado da mio nipote e gli porto un regalo.

____

2）Dopodomani partiamo per l'Italia, visitiamo Roma e Firenze e ritorniamo fra dieci giorni.

____

3）Anna e Luigi stanno a casa, cenano insieme e guardano un film in TV, poi vanno a dormire.

____

4）Domani esco con Anna, la porto al mare e la faccio divertire un sacco!

____

15.2 直説法先立未来形とその使い方　Futuro anteriore

先立未来形（前未来形）というのは，未来の複合時制です。近過去や大過去と同じく，助動詞（essere/avere）の未来形と過去分詞からなるものですので，新たな形や活用を覚える必要はありません。

主語	助動詞（avereの直・未）	過去分詞（finire）	主語	助動詞（essereの直・未）	過去分詞（andare）
io	**avrò**	**finito**	io	**sarò**	**andato/-a**
tu	**avrai**		tu	**sarai**	
lui/lei	**avrà**		lui/lei	**sarà**	
noi	**avremo**		noi	**saremo**	**andati/-e**
voi	**avrete**		voi	**sarete**	
loro	**avranno**		loro	**saranno**	

未来形と同じく，使い方が２つあります。

①２つ以上の節からなる文において，未来形で表される動作より前に**完了されるべき動作・状態**（条件）を表す。この場合，「Dopo che」，「Quando」，「Appena」などの副詞の後に使います。

Dopo che **avremo comprato** la macchina, **faremo** tanti viaggi.

私たちは車を買った後，いっぱい旅行をするだろう。

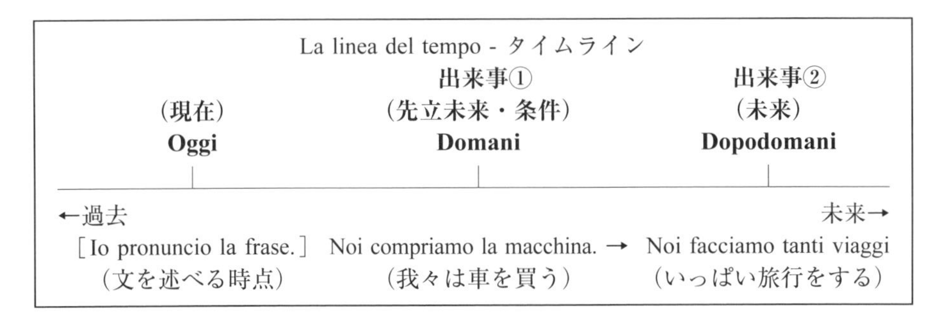

Quando mio marito **sarà tornato** a casa, faremo una bella grigliata tutti insieme!

夫が帰ってきたら，みんなで楽しいバーベキューをします！

Appena i bambini **si saranno addormentati**, ti telefonerò.

子供が寝てからすぐに君に電話をします。

②未来形と同じく，**過去の不確実な出来事について推測・想像**する時（「多分…したたろう」）に利用します（「Forse＋近過去形」とほぼ同じ使い方です）。

-Dov'è andato Franco? -Boh! **Sarà tornato** a casa.

-フランコはどこに行った？　-さぁ…（家に）帰ったかな？

-Quando sei tornato ieri sera? -Non lo so, mamma, **sarà stata** mezzanotte.

-昨日は何時に帰ってきたの？　-ママ，知らないよ，（夜の）12時だったんじゃないかな。

Esercizio 4: 次の動詞を未来・先立未来に活用させて，文を作ってください。

1）（Noi）fare la spesa - preparare la pizza.
Dopo che ______________________________

2）（Io）finire i compiti - giocare ai videogiochi.
Appena ______________________________

3）（Tu）pulire la tua stanza - potere invitare gli amici.
Quando ______________________________

4）（Voi）trovare un lavoro fisso - sposarsi.
Dopo che ______________________________

5）Matteo - andare dal barbiere - uscire con Elena.
Dopo che ______________________________

6）Susanna e Rita - leggere quei documenti - scrivere una lettera al loro capo.
Appena ______________________________

Esercizio 5: 次の動詞を未来形・先立未来形に活用させて文を完成させてください。

1）-Dove ho messo il mio cappotto? -Lo（tu - lasciare）__________ ______________ a scuola!

2）-Dopo che（tu - mangiare）__________ ____________ tutta la pasta,（tu - potere）__________ mangiare la panna cotta! Altrimenti la（mangiare）______________ io!

3）-Chi ha fatto cadere il vaso? -Che ne so,（essere）__________ ____________ il vento!

4）-Dopo che il capo vi（sgridare）__________ ______________, vi（licenziare）______________!

5）-Domani la festa non（esserci）____ __________, quindi（noi - andare）____________ al mare.

6）-Melissa piange! Che cosa le（dire）__________ ____________ suo marito? Poverina!

7）-Guarda come sono pallidi Luca e Tommaso! Che cosa gli（succedere）________ __________?

-Chissà, (loro - incontrare)__________ ____________ un fantasma! Oppure (loro - vedere) ___________ __________ l'estratto conto della carta di credito!

-La seconda che hai detto. (Essere)__________ certamente così.

Esercizio 6: 次の動詞を未来・先立未来形に活用させて文章を完成させてください。

L'ex ragazza stalker (pericolosissima!)

Marco! Amore mio! Perché sei scappato? Dove (tu - essere)_____________ ora? Forse (essere)___________ lontano, in qualche angolo del mondo, e (pensare)_____________ a me! O forse (essere) ____________ con un'altra ragazza e ti (stare)___________ divertendo insieme a lei... In ogni caso, io non ti (dimenticare) __________________ mai! Se mi hai lasciata, un motivo ci (essere)_____________! Ma io non riesco proprio a capirlo. Certo, io (essere)__________ ______________ troppo gelosa con te, ti (dire) __________ _____________ tante cose crudeli, ma ti ho sempre amato e ti (amare) _____________ sempre. Ti (cercare)_____________ , e un giorno ti (trovare)____________, noi (rimetterci)____ __________________ insieme, (sposarci) ____ ______________ e (vivere)___________ insieme per sempre. E se tu non lo (volere)___________, io ti (rapire) _____________, ti (legare)_____________ e ti (portare) _____________ via con me su un'isola deserta da dove non (tu - scappare) ______________ mai più!

Venezia - entrata dell'antico caffè "Florian"

15.3 「ci」と「ne」のその他の用法　Altri usi di “ci” e “ne”

第8，10課で代名小詞「ci」と「ne」の主な使い方（場所を表す「ci」と部分を表す「ne」）を学びました。ここでは，この2つの重要な代名小詞の他の用法を勉強しましょう。

まず，「ci」は「前置詞＋場所」以外にも，前置詞「a」，「in」，「su」，「con」に導入される様々な補語の代わりに使うことがあります。

aの場合		
pensare a～（～を考える）	Non pensiamo **alle cose tristi!**	Non **ci** pensiamo!
tenere a～（～を大切にする）	Lui tiene molto **a incontrarti.**	Lui **ci** tiene molto.
credere a～（～を信じる）	Non credo **alla tua storia.**	Non **ci** credo.
inの場合		
credere in～（～を信じる）	Credi **in Dio**?	**Ci** credi?
suの場合		
contare su　（～に頼る）	Non conto **sul suo aiuto.**	Non **ci** conto.
conの場合		
parlare con　（～と話す）	Parlo io **con il tuo capo**.	**Ci** parlo io.
uscire con（～と外出する）	Basta! Non esco più **con lui**!	Basta! Non **ci** esco più!
litigare con（～と喧嘩する）	Ho litigato ancora **con mia madre**.	**Ci** ho litigato ancora.

また，「ne」は前置詞「di」，「da」に導入される様々な補語の代わりに使うことがあります。

daの場合		
uscire da～（～から出る）	Stiamo uscendo **dal cinema** ora.	**Ne** stiamo uscendo ora.
venire da～（～から来る）	Marco viene proprio ora **da Roma**.	**Ne** viene proprio ora.
diの場合		
parlare di～（～について話す）	Non parlo mai **di calcio**.	Non **ne** parlo mai.
sapere di～（～について知る）	Non so niente **di Luca**.	Non **ne** so niente.

Esercizio 7: 次の文を「ci」または「ne」で書き直してください。

1) Nessuno parla degli scandali del nuovo governo! ____________

2) Io non credo nei fantasmi. ____________

3) Non ho voglia di parlare con mia suocera... ____________

4) Sai qualcosa dei miei soldi? ____________

5) Penso io a portare tutto il necessario per la festa! ____________

6) Io tengo molto a questo libro. ____________

7) Non uscirai vivo da quella porta! ____________

8) Conti ancora sulle sue false promesse? ____________

また，場所の「ci」は直接補語代名詞や代名小詞「ne」と結合することもあります。

1・2人称代名詞の場合（portareやaccompagnareなどの他動詞で使うことが多いです。）

直・代 + ci	結合形	例文
mi + ci（私をそこに）	**mi ci**	Aldo, **mi** porti **al mare**? → Aldo, **mi ci** porti?
ti + ci（君をそこに）	**ti ci**	Certo, **ti** porto **al mare** subito! → Certo, **ti ci** porto subito!
ci + ci（私たちをそこに）	**ci**	Mamma, **ci** accompagni **a casa**? → Mamma, **ci** accompagni?
vi + ci（君たちをそこに）	**vi ci**	Certo, **vi** accompagno **a casa**! → Certo, **vi ci** accompagno!

注意「ci ci」とは言いません。2つの「ci」が1つになります。

3人称代名詞「lo, la, li, le」,「ne」の場合（mettere, portare, trovareなどの場所を前提とした他動詞で使えます。）結合形になると「ci」は先に来て,「ce」に変化します。

ci + 直・代	結合形	例文
ci + lo（そこにそれを）	**ce lo**	Metti **lo zucchero nel caffè**? → **Ce lo** metti?
ci + la（そこにそれを）	**ce la**	Porto io **la macchina a casa**! → **Ce la** porto io!
ci + li（そこにそれらを）	**ce li**	Metti **i gamberi nella pasta**? → No, non **ce li** metto.
ci + le（そこにそれらを）	**ce le**	Ho messo io **le chiavi sul tavolo**. → **Ce le** ho messe io.
ci + ne（そこに一部を）	**ce ne**	Metto **un po' di latte nel caffè**. → **Ce ne** metto un po'.

*口語で「ce ne」は「volerci」や「metterci」とも使います。

Esercizio 8: 次の文を「ci」と3人称代名詞，「ne」の結合形で書き直して下さい。

1) Ci metto tutta la mia forza! ______________________________

2) Vi accompagno io in palestra, ragazzi! ______________________________

3) Porti tu la bambina dal dentista? ______________________________

4) Metto moltissimo vino nello spritz! ______________________________

5) Non metterai mica il ketchup sulla pizza, vero!? ______________________________

6) Ci metto due ore ad arrivare a casa. ______________________________

7) La mamma ci porta tutti al luna park! ______________________________

8) Vi accompagna Matteo al cinema? ______________________________

Panorama dell'isola di Capri

言語をさかのぼる③
Le radici della lingua ③

【カタカナ語】(ローマ字)	イタリア語(意味)	由来の説明
①【デジタル】(英：digital)	digitale(デジタル)	英語の「digit」(桁，番号)から近年イタリア語に「デジタル」という意味で再導入されたが，ラテン語にさかのぼると，「digitus」(指)という意味です。指は数を数えるために使いますから，「数」や「計算」を中心とする機械は「デジタル」と呼ばれます。 ちなみに，イタリア語では「指の」というラテン語から意味も残っています(例：impronte digitali＝指紋)。反対語は「アナログ」(analogico)です。
②【メンテナンス】(英：maintenance)	manutenzione(維持)	英語で「maintenance」はフランス語から導入された名詞(動詞：maintain)だが，イタリア語では「manutenzione」，「mantenere」(ラテン語で manu + tenere)となります。「man(u)」は「mano」(手)，「tenere」は現代イタリア語のままで，「持つ」という意味です。つまり，「メンテナンス」は，「しっかり手に持ち続けること」，「手をもって歩むこと」を意味するのです。ちなみに，イタリア語では「養う」という意味もあり，その過去分詞「mantenuto/a」は「ヒモ」という意味です。
③【ナビゲート】(英：navigate)	navigare(航海する)	イタリア語で「nave」は船という意味です。「navigare」は「船で旅する」，「航海する」という意味があります。新たな表現として使われる「ネットサーフィン」はイタリア語で「navigare su Internet」となります。

15

関係代名詞

I pronomi relativi

CD-I 46

読解 — LETTURA E COMPRENSIONE
僕とミッシェルの出逢い　Il mio incontro con Michelle

Io e Michelle stiamo insieme da venticinque anni e ci amiamo ancora moltissimo! Ora vi racconto la nostra storia. Venticinque anni fa io ero uno studente squattrinato, e vivevo a Roma, città con cui avevo un rapporto di amore-odio: stupenda ma troppo caotica. Per vivere facevo il lavapiatti in un ristorante lussuoso che si trovava vicino a Porta Pia, un po' fuori dalle zone turistiche. Il mio capo, che non era una persona molto flessibile, mi obbligava a lavorare fino a mezzanotte, ora in cui passava l'ultimo autobus per Testaccio, il quartiere dove vivevo.
Una sera, al ristorante, attraverso la porta della cucina, ho visto una ragazza giovane e carina che litigava con un uomo, probabilmente il suo fidanzato. I due avevano passato tutta la serata a discutere in francese. Tutti i camerieri erano andati via, ed eravamo rimasti solo io e il capo, quindi dovevo portare io il conto ai due "innamorati". Ma l'uomo, che si era alzato in piedi un attimo prima, era uscito dal ristorante lasciando la signorina con il conto da pagare! Erano circa trecentomila lire, proprio come la paga settimanale che il capo mi aveva appena dato!
A quel punto ho deciso di pagare io il conto per la povera signorina, che nel frattempo era scoppiata a piangere, e ho dato i soldi al capo, che mi guardava incredulo. E nel portaconto avevo infilato un piccolo fiore, preso da uno dei vasetti che si trovavano sui tavoli, e un biglietto su cui avevo scritto "Quando piangi sei bella, ma quando sorridi sei bellissima!". Mi sono fatto coraggio, e le ho portato il portaconto chiuso. Appena l'ha aperto si è asciugata le lacrime e mi ha fatto un sorriso che non dimenticherò mai. Stavo sognando a occhi aperti, ma in quell'istante ho visto passare davanti ai miei occhi l'autobus che stava andando via, e l'unica parola che sono riuscito a dire è stata: "L'autobus!". Il mio capo, che aveva visto la scena, è scoppiato a ridere, poi anche lei, e alla fine anch'io!
Quella notte Roma era bellissima: l'abbiamo attraversata tutta a piedi! Il cielo sopra di noi era pieno di stelle, e la luna piena insieme al delicato accento francese di Michelle rendeva tutto più magico. Da quella notte, per venticinque anni, non abbiamo mai smesso di amarci.

質問 — DOMANDE:

1) Quanti anni fa il protagonista ha conosciuto Michelle?

2) Che cosa faceva lui per vivere?

3) Come tornava lui dal lavoro?

4) Chi era, probabilmente, l'uomo con cui litigava la ragazza?

5) Chi ha pagato, alla fine, il conto per la ragazza?

6) Che cosa c'era scritto sul biglietto che il protagonista ha dato alla signorina?

7) Che cosa ha visto il protagonista mentre sognava ad occhi aperti?

8) Com'era Roma quella notte?

Parole ed espressioni utili（意味は辞書で調べてください。）	
stare insieme	stupendo/a
raccontare	caotico/a
vivere	lussuoso/a
obbligare	innamorato/a
litigare	unico/a
discutere	delicato/a
lasciare	il capo
scoppiare（a piangere/a ridere）	il fidanzato
farsi coraggio	il fiore
sognare（ad occhi aperti）	il biglietto
rendere（＋形容詞）	A quel punto

イタリア語ではしばしば関係代名詞を使います。その主な役割は次の2点です。

① 2つ以上の文を1つにする「要」のように働き，文全体を簡潔にまとめる。
② 単語の繰り返しを極力さけ，文全体をすっきりさせ，その質を向上させる。

ここで，イタリア語で用いる関係代名詞とその使い方に注目しましょう。

16.1 関係代名詞「che」 Pronome relativo “che”

まず，イタリア語で最も使われている関係代名詞「**che**」の使い方を紹介します。「**che**」は2つ以上の文の共通点となる要素（たいていはモノや人を表す名詞）の代わりに使うものです。共通要素がそれらの文の**主語**，または**直接補語**となる場合に「**che**」をその代わりに使います。関係代名詞の「**che**」はふつう，主語の直後に来ます。

共通点（関係要素）が**主語**となる場合：
例その1 文① **Il signore** è gentile.　　文② Il signore parla con Aldo. その男性は親切だ。　　その男性はアルドと話している。 2つの文の共通点は「Il signore」です。文①を主節にし，2つの文を「che」で結び付けると： **Il signore** che parla con Aldo è gentile. アルドと話しているその男性は親切だ。 この場合，従属節（文②）は主節に組み込まれています。
例その2 文① **Anna** è una mia amica.　　文② Anna ha 25 anni. アンナは私の友人だ。　　アンナは25才だ。 2つの文の共通点は「Anna」です。文①を主節にし，2つの文を「che」で結び付けると： **Anna**, che ha 25 anni, è una mia amica. 25才のアンナは私の友人だ。 この場合，従属節が主語に関する追加情報を含む際に用いる「,」はカッコと同じ役割を果たします。

共通点（関係要素）が**直接補語**となる場合：
例その1 文① **La macchina** è rossa.　　文② Io compro la macchina. 車は赤だ。　　私は車を買う。 2つの文の共通点は「la macchina」です。この場合，文②で直接補語になっています。 文①を主節にし，2つの文を「che」で結び付けると： **La macchina** che io compro è rossa.　私が買う車は赤だ。
例その2 文① **La borsa** è di marca.　　文② Michela usa la borsa. そのカバンはブランド品だ。　　ミケーラはそのカバンを使っている。 2つの文の共通点は「la borsa」です。この場合，文②で直接補語になっています。 文①を主節にし，2つの文を「che」で結び付けると： La borsa **che** Michela usa è di marca. ミケーラが使っているそのカバンはブランド品だ。

Esercizio 1: 以下の文を関係代名詞「che」で1つにまとめてください。

1) a) Salvatore è un ragazzo simpatico.　　b) Salvatore lavora come commesso.

____

2) a) La caramella è buonissima!　　b) Tu mi hai dato la caramella.

____

3) a) Antonio ha una Vespa grigia.　　b) Antonio è il ragazzo di Marta.

____

4) a) Matteo ama la musica metal.　　b) Matteo è pieno di tatuaggi.

____

5) a) Gli occhiali sono italiani.　　b) Io porto gli occhiali.

____

6) a) Quel film è davvero noioso.　　b) Tu stai guardando quel film.

____

7) a) La pizza è veramente buona.　　b) Loro mi hanno consigliato la pizza.

____

8) a) La signora è molto scortese.　　b) La signora abita sopra di me.

____

16.2 関係代名詞「cui」 Pronome relativo “cui”

「**cui**」も2つ以上の文の共通点となる要素（たいていはモノや人を表す名詞）の代わりに使うものですが，共通要素が**間接補語（つまり前置詞の後に来る補語）**となる場合に使います。「cui」は主に前置詞とともに使います。

前置詞＋cui	用例	説明
in cui	Questo è **un ristorante**. ＋ Io ho cenato ieri **nel ristorante**. ＝ Questo è **il ristorante in cui** ho cenato ieri. **Milano** è una città. ＋ Io sono nato **a Milano**.＝ Milano è **la città in cui** sono nato.	普段はa,inでつなぐ地名，場所。関係副詞「**dove**」と入れ替えられる。
a cui	**Quel signore** è gentile. ＋ Tu hai telefonato **a quel signore.**＝ **Quel signore a cui** hai telefonato è gentile. **Il ragazzo** è Aldo. ＋ Tu hai dato i soldi **al ragazzo.**＝ **Il ragazzo a cui** hai dato i soldi è Aldo.	目的となる人・モノ（dire, dareなど「～（人）に」となる動詞）。
di cui	Questo è **il libro**. ＋ Ti ho parlato ieri **del libro**. ＝ Questo è **il libro di cui** ti ho parlato ieri.	parlareなど，diと繋ぐ動詞。
su cui	Ecco **il tavolo**. ＋ **Sul tavolo** Maria ha messo le chiavi. Ecco **il tavolo su cui** Maria ha messo le chiavi. Leo è **un amico**. ＋ **Su questo amico** posso contare. Leo è **un amico su cui** posso contare.	物理的に「～の上に」，contare su（頼る）などの動詞。
con cui	**La ragazza** è troppo bella. ＋ Io sono uscito **con la ragazza.** **La ragazza con cui** sono uscito è troppo bella.	「と一緒に」，「と共に」
per cui	**La ditta** mi fa lavorare troppo. ＋ Io lavoro **per la ditta.** **La ditta per cui** lavoro mi fa lavorare troppo. **Il motivo** è chiaro. ＋ **Per quel motivo** io non ti amo. **Il motivo per cui** non ti amo è chiaro.	lavorareなど，perでつながる動詞，理由（il motivo per cui）。
da cui	Palermo è **una città**. ＋ **Da questa città** viene Salvatore. Palermo è **la città da cui** viene Salvatore.	venire da～（～から来る）など。
fra cui **tra cui**	Ci sono **dei ragazzi** nel gruppo. ＋ **Tra(fra) i ragazzi** c’è Aldo. Ci sono **dei ragazzi** nel gruppo, **tra（fra） cui** Aldo.	～の内，その中で，など。traもfraも同じ使い方。

Esercizio 2: 以下の文を関係代名詞「cui」で１つにまとめてください。

1）a）La ragazza si chiama Francesca. b）Io ti ho parlato della ragazza.

____

2）a）Ho molti libri interessanti. b）Tra questi libri ci sono “Seta” e “Il nome della rosa”.

____

3）a）Ieri ho rivisto quel ragazzo. b）Di quel ragazzo ero compagno di classe alle medie.

____

4）a）La città è Napoli. b）Dalla città proviene la pizza margherita.

____

5）a）Com’è l’albergo? b）Tu hai soggiornato nell’albergo.

____

6）a）La ragazza è sparita. b）Alla ragazza avevo regalato un anello di diamanti.

____

7）a）Il motivo è che odio i gatti. b）Per questo motivo non sono venuto a casa tua.

____

8）a）Questa è la nave. b）Io ho viaggiato sulla nave.

____

また，前置詞を伴わない「cui」もあります。その前に，前置詞の代わりに，**定冠詞（il, la, i, le）**をつけます。この「cui」は**所有**関係で結ばれる２つの文の共通要素を表します。

文① Quel signore è simpatico.　あの男性は感じのいい人だ。
文② **Il cane** di quel signore si chiama Bob.　あの男性が飼っている犬の名前はボブだ。
２つの文の共通点は「quel signore」（あの人）です。文②の「il cane」は彼の所有物です。所有物は男性名詞・単数形なので，冠詞は「il」となります。

Quel signore, il cui cane si chiama Bob, è simpatico.
ボブという名前の犬を飼っているあの男性は感じのいい人だ。

Esercizio 3:「che」,「前置詞＋cui」,「定冠詞＋cui」から正しい関係代名詞を選んでください。

1) Niccolò Ammaniti, (a cui/con cui/che) ha scritto molti romanzi, (con cui/tra cui/di cui) “Io non ho paura” e “Che la festa cominci”, è uno dei miei scrittori preferiti.
2) La signora (che/a cui/per cui) hai regalato il vino era contentissima!
3) I motivi (di cui/per cui/che) il capo non mi ha rinnovato il contratto sono numerosi.
4) Eccolo! È proprio il signore (a cui/con cui/di cui) Anna ha avuto un’avventura amorosa!
5) L’aereo (per cui/a cui/su cui) ho viaggiato l’anno scorso era davvero un catorcio!
6) I ragazzi (da cui/che/a cui) mi hanno picchiato abitano nello stesso palazzo (a cui/in cui/da cui) abita mio cugino, (che/di cui/a cui) è cintura nera di karate e certamente gliela farà pagare!
7) Totò, (il cui/i cui/che) genitori sono ricchissimi, è viziato e antipatico.
8) Quella signora, (il cui/i cui/la cui) sorella è una famosa cantante, è una mia collega.
9) Marika è una ragazza (da cui/a cui/la cui) piace essere al centro dell’attenzione.

Torre del castello di Ferrara

16.3 関係代名詞「chi」 Pronome relativo "chi"

「chi」という関係代名詞は文の特定の要素を指すのではなく，不特定の「La persona che」,「Le persone che」(「人」,「人たち」)の意味を持ちます。「chi」は主語として用いることが多く，いつも単数形なので，その後に来る動詞は必ず3人称単数形に活用させます。

Chi parla con la bocca piena è un maleducato. 食べ物を口に含んで話す**人**は失礼。
Chi fa tanto sport ha una vita più sana. スポーツをする**人**はより健康的な生活を送る。
Chi è ricco non è necessariamente felice. 金持ちの**人**は必ずしも幸せとは言えない。

また，関係代名詞の「chi」はしばしばことわざで使われています。

Chi fa da sé fa per tre. 自分でやる仕事は3人分の仕事(人に頼むより自分でやった方が早い)。
Chi dorme non piglia pesci. 寝る者は魚を釣れぬ(何もしなければ結果は出ない)。
Chi tardi arriva, male alloggia. 遅刻する者は良い席は取れぬ。
Chi non risica non rosica. リスクをとらない者は旨いものをかじれぬ。 など…

16

イタリア語の「chi」と英語の「who」の使い方は全く同じというわけではありません。
英語：Marco, who is my friend, is very good at soccer. をイタリア語にすると
◎ **Marco, che è un mio amico, gioca molto bene a calcio.**
× (Marco, chi è un mio amico, gioca molto bene a calcio.)
主語がはっきりした者(この場合は「Marco」)ならば，必ず「che」を使いましょう!!
これは関係代名詞を扱うときに，最も頻繁にある間違いです。

Per non sbagliare!
ここだけは間違えるな！

Esercizio 4:「chi」または「che」を入れて文を完成させてください。
1) Amo le persone _____ affrontano la vita con coraggio. Ma odio _______ si comporta da vigliacco.
2) Adoro _______ mi guarda negli occhi quando parla, e non mi fido di _______ non lo fa.
3) Non sopporto le persone ________ parlano con la bocca piena e ________ fanno rumori

mentre mangiano. Odio anche _______ mi fuma in faccia e _______ è troppo insistente.

4) Ammiro moltissimo _______ sa disegnare bene e _______ è bravo a parlare in pubblico.

Stereotipi sugli abitanti delle principali città italiane
—各都市のイタリア人をめぐるステレオタイプ

「イタリア人はみんな陽気で，うるさくて，情熱的で，歌が好きで，パスタばかり食べる」といったような偏見は日本でも普及しています。しかし，異文化を学び，理解しようとする者は，常にこのような偏見やステレオタイプと戦わなければなりません。実は，イタリア人同士の間でも，各地域や都市に対するステレオタイプが存在します。イタリアの長い歴史の中で様々な文化が生まれ，地方によって，言語，考え方，生活様式，食文化，メンタリティー，世界観が大きく異なるからです。この多様性がイタリアの魅力にもなっています。

辞書で単語を調べながら，各イタリア都市にあてはまるステレオタイプを当ててください！

Abitanti	Stereotipi
A) I genovesi（Genova）	1) Per loro il lavoro è tutto, e hanno sempre fretta.
B) I romani（Roma）	2) Grandi bevitori, ma cattivi guidatori.
C) I milanesi（Milano）	3) Avari, ma anche bravi commercianti.
D) I siciliani（Sicilia）	4) Simpaticissimi, ma pigri: non amano molto lavorare.
E) I sardi（Sardegna）	5) Sempre allegri, vivono alla giornata, passano col rosso.
F) I veneziani（Venezia）	6) Molto gelosi e legatissimi alla famiglia.
G) I napoletani（Napoli）	7) Ospitali, ma un po' testardi.

＊笑い話に出てくるただのステレオタイプに過ぎません。実際にイタリアへ行って，各都市の文化を学びましょう！

Roma - Isola Tiberina

Tartufo con panna
(specialità di Piazza Navona - Roma)

直説法遠過去・先立過去

Il passato remoto e il trapassato remoto

CD-I 47

読解 —LETTURA E COMPRENSIONE
2つの世界の英雄！ L'eroe dei due mondi!

Giuseppe Garibaldi fu un grande eroe della storia d'Italia, ed ebbe una vita molto movimentata. Nacque nel 1807 a Nizza da una famiglia di origine genovese, e diventò ben presto un buon marinaio. Simpatizzante mazziniano, partecipò nel 1834 a una rivolta in Piemonte che fallì e lo costrinse a fuggire. Nel 1836 partì per il Sudamerica, e nei dodici anni successivi, combattendo per il Rio Grande del Sud (nel Brasile meridionale) e per l'Uruguay, perfezionò le sue tecniche di combattimento e diventò un grande condottiero: per questo motivo viene chiamato "eroe dei due mondi". Nel 1838 conobbe il suo grande amore: Anita, che lo seguiva sempre, anche in guerra. Dieci anni dopo, con lo scoppio dei tumulti del 1848 e della prima guerra d'indipendenza italiana, decise di ritornare in Europa. Dopo che Mazzini ebbe occupato Roma fondando la Repubblica Romana (1849), Napoleone III mandò i suoi soldati per liberare la città e proteggere il Papa. Lì Garibaldi combatté fino all'ultimo a fianco di Mazzini, ma furono sconfitti e il loro sogno repubblicano finì. Dopo la fuga da Roma, Anita (che aveva seguito Garibaldi in Italia!) morì.
Circa dieci anni dopo, quando scoppiò la seconda guerra d'indipendenza italiana, Garibaldi tornò in azione per fare l'Italia: mentre il Piemonte (che allora si chiamava Regno di Sardegna) stava allargando i suoi territori al nord, partì in nave da Genova insieme ai Mille (circa mille uomini in camicia rossa) e arrivò in Sicilia, a Marsala, dove riuscì a convincere le popolazioni locali a ribellarsi al loro re: Francesco II di Borbone. In poco tempo Garibaldi conquistò tutta l'isola, poi passò lo stretto di Messina e, dopo che ebbe vinto altre battaglie, incontrò il Re di Sardegna: Vittorio Emanuele II, a cui cedette i territori conquistati. Fu soprattutto grazie a questa formidabile azione militare di Garibaldi che gran parte dell'Italia fu unita e il 17 marzo 1861 nacque il Regno d'Italia.

質問 — DOMANDE:

1) Dove e quando nacque Garibaldi?

2) Che cosa fece in Sudamerica?

3) Chi incontrò nel 1838?

4) Insieme a chi, e dove combattè Garibaldi nel 1849?

5) Che cosa successe dopo la sconfitta?

6) Con chi Garibaldi conquistò la Sicilia?

7) A chi cedette i territori conquistati?

Parole ed espressioni utili（意味は辞書で調べてください。）	
nascere	l'eroe
morire	il marinaio
fallire	la rivolta
fuggire	il motivo
combattere	il combattimento
occupare	la repubblica
proteggere	il regno
sconfiggere	l'isola
scoppiare	la battaglia
allargare	ben presto
convincere	fino all'ultimo
ribellarsi	formidabile
conquistare	gran parte
cedere	locale
seguire	successivo
la tecnica	movimentato
i soldati	in azione

直説法近過去は現在に比較的近い，つながりのある過去の完了した動作・状態を表す時に使いました。一方，動詞が表す動作・出来事が**遥か昔に発生し，現在とのつながりを完全に失っている**場合は，直説法遠過去を使うことがあります。

近過去（最近）	遠過去（昔）
Ieri sono stato a Venezia. 昨日はヴェネツィアに行った。	**Nel 1950 andai** a Venezia. 1950年にヴェネツィアに行った。
Giorni fa ho incontrato Fabrizio. 数日前，ファブリツィオに会った。	**Vent'anni fa incontrai** Fabrizio. 20年前にファブリツィオに会った。

遠過去は歴史教科書，詩やおとぎ話で頻繁に現れる時制です。イタリアの文学・歴史を楽しもうと思えば，遠過去をマスターせざるを得ません。

近過去と同じ役割を果たすので，それにかわって使われ，**半過去と並行して**使います。

イタリア北部では，口語では，もっぱら近過去を使い，ほとんど遠過去は使いません。一方，**トスカーナやシチリア**などの口語では逆に近過去があまり使われず，現在に近い過去の出来事に際しても主に遠過去が利用されます。

とにかく，書き言葉では，近過去と遠過去を正しく使い分けましょう。

17.1 「essere」,「avere」と規則動詞 Essere, avere e verbi regolari

まず，基本的な動詞「essere」と「avere」の遠過去活用を見ます。

主語	ESSERE（遠過去）	主語	AVERE（遠過去）
io	**fui**	io	**ebbi**
tu	**fosti**	tu	**avesti**
lui/lei/Lei	**fu**	lui/lei/Lei	**ebbe**
noi	**fummo**	noi	**avemmo**
voi/Voi	**foste**	voi/Voi	**aveste**
loro/Loro	**furono**	loro/Loro	**ebbero**

用例：Una volta io **fui** campione di sci.　昔，私はスキーのチャンピオンでした。

Noi **avemmo** molte difficoltà in guerra.　戦争中に我々には多くの困難があった。

Giulio Cesare **fu** un grande condottiero.　ユリウス・カエサルは偉大な司令官だった。

Giacomo Casanova **ebbe** molte amanti.　G. カサノヴァには多くの愛人がいた。

Fatti non **foste** a viver come bruti, ma per seguir virtute e canoscenza.

狂暴に生きざる，徳と智慧を抱きたまえ。（Dante Alighieri）

次に，規則活用は次のとおりです。

遠過去	-are 動詞		-ere 動詞		-ire 動詞	
主語	and**are**		cred**ere**		fin**ire**	
io		**ai**		**ei（etti）**		**ii**
tu		**asti**		**esti**		**isti**
lui/lei/Lei	and	**ò**	cred	**é（ette）**	fin	**ì**
noi		**ammo**		**emmo**		**immo**
voi		**aste**		**este**		**iste**
loro		**arono**		**erono（ettero）**		**irono**

＊注意＊　「-ere」動詞の規則変化の 1，3 人称単数，そして 3 人称複数は 2 つの形があります。どちらを使っても結構です。

用例：Da bambino una volta **andai** alle terme.　子供のころ，1 度温泉に行った。

Loro non **poterono** partire per la Francia.　彼らはフランスへ出発できなかった。

Quando la guerra **finì**, tutti **furono** contenti.　戦争が終わったら，皆が嬉しかった。

Esercizio 1: 遠過去に動詞を活用させ，文を完成させてください。

1）Giovanni dalle Bande Nere（essere）_______ un grande condottiero italiano del Cinquecento.

2）Giuseppe Mazzini（avere）________ una vita molto avventurosa e sofferta.

3）I lanzichenecchi, che（essere）____________ spietati mercenari al servizio dell'Imperatore Carlo V,（attaccare）_____________ Roma nel 1527 e la（saccheggiare）_________________.

4）Il Medioevo（iniziare）__________ nel 476 e（finire）___________ nel 1492.

5）Cristoforo Colombo e i suoi uomini（credere）_____________ di aver raggiunto le Indie, ma（arrivare）_________ in un continente nuovo, che poi（essere）________ chiamato "America".

6）Galileo Galilei（osservare）___________ il cielo e（scoprire）__________ i satelliti di Giove.

Esercizio 2: 遠過去に動詞を活用させ，文を完成させてください。

1）Io e Margherita（sposarsi）_____ ____________ trent'anni fa e（andare）__________ in viaggio di nozze a Parigi. L'ultima sera prima della partenza（esserci）______ _______ una grande nevicata, e il nostro aereo non（partire）____________. Quindi（passare）____________ altri tre giorni a Parigi a spese della compagnia aerea!（essere）______ una gran pacchia!

2）Nipotino mio, una volta io（essere）________ partigiano, e negli ultimi anni della guerra（combattere）_____________ e（rischiare）___________ la vita per liberare l'Italia dai nazisti.

3）Ricordo che una volta tu e Rita（uscire）__________ insieme, ma tu la（portare）____________ in una squallida taverna di periferia e lei（arrabbiarsi）______ _______________ tantissimo.

4）Da bambino una volta accesi un fiammifero, e per sbaglio（incendiare）__________ la casa. Per fortuna noi（riuscire）_____________ a sopravvivere!

17.2 他の不規則動詞の遠過去形 Altri verbi irregolari al passato remoto

「essere」と「avere」以外の不規則動詞の多くは「-ere」動詞で，それぞれの活用形が違いますが，活用パターンにはすべての不規則動詞に共通するものがあります。

①1人称単数の形は特殊で，動詞によって異なりますが，基本は3人称に同じです。ただし，1人称は「-i」，3人称は「-e」で終わります。3人称複数は3人称単数に「-ro」をつけたものです。（以下の表のパターン：△）

②2人称単数の形も特殊で動詞によって異なりますが，大抵「-esti」で終わります。1，2人称複数の基本は2人称単数に同じですが，大抵「-emmo」，「-este」で終わります。（以下の表のパターン：○）

つまり，1，2人称単数だけ覚えれば，他の人称の活用形は容易に推測できます。

以下は主に使われる動詞の活用です。

主語（パターン）	fare	prendere	dire	dare	venire（例外）
io △	feci	presi	dissi	diedi（detti）	venni
tu ○	facesti	prendesti	dicesti	desti	venisti
lui/lei △	fece	prese	disse	diede（dette）	venne
noi ○	facemmo	prendemmo	dicemmo	demmo	venimmo
voi ○	faceste	prendeste	diceste	deste	veniste
loro △	fecero	presero	dissero	diedero（dettero）	vennero

その他の不規則動詞（1，2人称単数のみ）：

bere → bevvi, bevesti...	chiedere → chiesi, chiedesti...	conoscere → conobbi, conoscesti...
correre → corsi, corresti...	decidere → decisi, decidesti...	leggere → lessi, leggesti...
mettere → misi, mettesti...	nascere → nacqui, nascesti...	perdere → persi, perdesti...
piacere → piacqui, piacesti...	rimanere → rimasi, rimanesti...	rispondere → risposi, rispondesti...
rompere → ruppi, rompesti...	sapere → seppi, sapesti...	scendere → scesi, scendesti...
scrivere → scrissi, scrivesti...	tenere → tenni, tenesti...	vedere → vidi, vedesti...
～cidere → ～cisi, ～cidesti	～durre → ～dussi, ～ducesti...	～endere → ～esi, ～esti...

17

Esercizio 3: 次の動詞を遠過去に活用させて，文を完成させてください。

1）L'imperatore romano Nerone（fare）_________ costruire la "Domus Aurea", un enorme palazzo, che（venire）_________ distrutto e dimenticato dopo che lui（morire）__________.

2）Tanti anni fa（io - leggere）__________ "Va' dove ti porta il cuore" di Susanna Tamaro, ma non mi（piacere）___________ per niente; lo（trovare）__________ piuttosto noioso.

3）Ragazzi, vi ricordate quando da bambini（rompere）____________ la finestra del vicino con il pallone e lui（venire）__________ fuori arrabbiatissimo e vi（dare）_________ un sacco di schiaffi?

4）Una volta（tu - vedere）___________ un film di Dario Argento e dalla paura non（riuscire）_____________ a dormire per tre notti. Che fifone!!

5）Io（conoscere）____________ Claudia una sera d'inverno in un pub.（Guardarsi）____ __________,（piacersi）____ _________ e（mettersi）_____ __________ insieme quasi subito.

6) Anni fa io (chiedere)__________ a una signora se fosse incinta, ma lei mi (guardare)__________ male e mi (rispondere) ____________ di no. Poi (andare) __________ via seccata. Questa (essere)________ certamente la più brutta figura che io (fare)_______ in vita mia!

Esercizio 4: 次の文を近過去から遠過去に書き直してください。

1) Alessandro Volta ha inventato la pila, e l'unità di misura "Volt" è derivata dal suo nome.

____

2) Barsanti e Matteucci hanno costruito nel 1853 un prototipo di motore a scoppio.

____

3) Marconi è stato l'inventore del telegrafo senza fili, il quale ha portato alla nascita della radio.

____

4) Antonio Meucci ha inventato il telefono, ma non è riuscito a brevettarlo per mancanza di denaro.

____

5) Enrico Fermi è nato a Roma, e ha ideato la pila atomica, ovvero il primo reattore nucleare.

____

Guglielmo Marconi Alessandro Volta Enrico Fermi Antonio Meucci

Esercizio 5: 動詞を近過去，半過去，または遠過去に活用させてください。

1) Ieri (io - sapere)______________ che Marcello, l'uomo con cui Marina (stare) ________ insieme, nel 1975 (rubare) _________ una macchina e (essere) ________ arrestato.

2) Nel 1860 Garibaldi (sbarcare)__________ a Marsala, in Sicilia, e da lì (iniziare) ___________ la conquista dell'Italia del Sud. Insieme a lui (esserci)____________ circa mille soldati, volontari che (indossare) _______________ la camicia rossa.

Garibaldi e i suoi uomini (riuscire)___________ a cacciare il Re di Napoli e (consegnare)______________ l'Italia del Sud al primo Re d'Italia: Vittorio Emanuele II.

3) Due giorni fa, un famoso scrittore italiano (visitare)____________ la nostra scuola. Durante la sua visita (fare)___________ un discorso molto interessante: (parlare)___________ di concetti profondi come la vita e la morte e (cercare)_________ di farci riflettere sulle cose importanti della vita. Inoltre (essere)_______ molto simpatico e (parlare)________ in modo chiaro.

4) Mio nonno mi (parlare)___________ spesso della sua vita negli anni in cui Mussolini (essere)________ al potere. Per lui, che (essere)_________ un bambino, quegli anni (essere)___________ un periodo spensierato, ma poi l'Italia (entrare)__________ in guerra, e tutto all'improvviso (cambiare)___________.

Alba sul mare Adriatico

17

17.3 先立過去とその使い方 Il trapassato remoto e il suo uso

主語	助動詞（avere の直・遠）	過去分詞（finire）	主語	助動詞（essere の直・遠）	過去分詞（andare）
io	**ebbi**	**finito**	io	**fui**	**andato/-a**
tu	**avesti**		tu	**fosti**	
lui/lei	**ebbe**		lui/lei	**fu**	
noi	**avemmo**		noi	**fummo**	**andati/-e**
voi	**aveste**		voi	**foste**	
loro	**ebbero**		loro	**furono**	

2つ以上の節からなる文で，主節が遠過去の際，遠過去より先に発生した出来事（動作・状態）の中心となる動詞を先立過去に活用します。基本的に，「dopo che」，「quando」，「appena」などの後に使います。

用例：Il 7 febbraio 1986, dopo che **ci fummo sposati**, partimmo per la luna di miele.
1986年2月7日に，私たちは結婚してからハネムーンに旅立った。

La linea del tempo - タイムライン

出来事1（先立過去）	**出来事2（遠過去）**	**（現在）**
Il 7 febbraio 1986 alle 10	**Il 7 febbraio 1986 alle 16**	**Oggi**

←過去　　　　　　　　　　　　　　　　　　　未来→

Noi ci sposiamo. →　Noi partiamo per la luna di miele.［Io pronuncio la frase］
（私たちが結婚する）　（私たちはハネムーンに旅立つ）　［文を述べる時点］

Esercizio 6: 次の動詞を遠過去・先立過去に活用させて，文を完成させてください。

1）Appena Andrea（uscire）____ ________, io（accendere）___________ la televisione.

2）Subito dopo che il film（iniziare）_____ _________, noi（addormentarsi）______ ______________.

3）Quando Marcello（finire）________ __________ di lavorare,（tornare）___________ a casa.

4）Dopo che io e Marcella（andare）________ __________ al parco,（incontrare）

_____________ Luca.

5) Dopo che tu e Tina (fare)__________ ________ la spesa, (cucinare)___________.

6) Dopo che loro (giocare)__________ __________ a calcio, (cambiarsi)______ ______________.

CD-I 48

I dialetti italiani — イタリアの方言

本書ではイタリアの標準語（トスカーナの書き言葉に基づいた人工的な言語）を学びますが，実はイタリア各地では数えきれないほど方言（そして言語！）があります。イタリア統一時でも，今でも，ピエモンテの人とシチリアの人がそれぞれの方言で話したら，お互いの言っていることが全く わからないと言えるぐらい異なります。その違いを実感するには，ここで，北から南へいくつかの州の方言で言うかなりディープなことわざや言い回しを聞きましょう！

Piemonte: Scapa travai che mi rivu! (Scappa, lavoro, che io sto arrivando!)
仕事よ，逃げろ！　俺がいつか追いかけるから！

Lombardia: Va' a ciapà i ratt! Te capì? (Vai a catturare topi! Hai capito?)
消え失せろよ，な？（ねずみでもつかまえに行け！　わかったか？）

Veneto: 'Ndemo vanti che 'l sol magna 'e ore. (Andiamo avanti, che il sole mangia le ore.)
早くしよう，太陽が時間を蝕んでしまうから。（時間がない時に言う。）

Friuli-Venezia Giulia: Le' inutil insegna' al mus, si piart timp. In plui si infastidis la bestie...
(È inutile insegnare all'asino, si perde tempo e in più lo si infastidisce.)
ロバ（愚か者）に教えても，時間を無駄にして，ロバを苛立たせるだけだ。

Emilia-Romagna: Quànd la mòrt la vîn, an gh'è brisa ùss c'al tîn.
(Quando la morte viene, non c'è uscio che tenga.)
死が訪れる時は，どんな頑丈な扉でも止められない。

Toscana: Senza lilleri un si lallera. (Senza soldi non si può fare nulla.)
お金がなければ何も始まらない。

Lazio: Me sta a venì 'na cecagna! (Mi sta venendo un forte attacco di sonno.)
非常に眠たい。

17

Abruzzo: Rid, rid ca mamm ha fatt li gniucc! (Ridi, ridi, che la mamma ha fatto gli gnocchi!)
何笑ってるか，馬鹿！（意味もなく笑う人に対して言う。）

Campania: Tutt quant vonn o cocc ammunnat e buon.
(Tutti vogliono il cocco sbucciato e buono.)
全ての人が新鮮で殻のないココナッツを欲しがる（皆がいいものを欲しがるのが当たり前）。

Puglia: A ghett d' mest Ieng'l reid e chieng, ca vol u mareng.
(La gatta del signor Angelo ride e piange perché vuole l'arancia.)
アンジェロさんの雌猫は蜜柑が欲しいから笑ったり泣いたりする（意味不明）。

Calabria: Si a fatica era bona, l'ordinava u medicu.
(Se il lavoro facesse bene, lo prescriverebbe il medico.)
たとえ仕事が体に良いものだとしたら，医者が処方するものだろう。（仕事しない方がいい。）

Sicilia: Acqua, cunsigghiu e sali a cu n'addumanna 'n ci nni dari.
(Acqua, consiglio e sale, a chi non ne chiede, non gliene dare.)
水，助言と塩は，求めない者には与えるな。（他人の世話は自分からしない方がいい。）

Sardegna: Centu concas centu berrittas (Cento teste per cento cappelli)
百人の頭に百の（それぞれ違った）帽子。（サルデーニャの人は個人主義で頑固だ。）

ちなみに，Friuli や Sardegna の言葉は「方言」ではなく，「言語」として扱われます。

また，「明日は彼女と一緒に出かける」というシンプルな文は地方によってどのように変わるかを見ていきましょう。

Italiano standard（標準語）:「Domani esco con la mia ragazza.」
Veneto:「Doman vao fora con la me butela.」
Emiliano:「Adman a vag fora con la me 'mbrosa.」
Romano:「Domani esco caa pischella mia.」
Pugliese:「Cré ée'ssí c'a tzzeita mà.」
Siciliano:「Rumani nesciu ca zita.」

また，それぞれの都市，そしてそれぞれの村が特有の方言やバリエーションを持ちますので，イタリア方言の総数は把握し難いです。これもイタリアの多様性の1つです。

［Facebook グループ「Italiani in Giappone」のイタリア人の皆さんに心から感謝申し上げます。］

Orvieto - il Duomo

17

LEZIONE 18 第3部・ステップアップとまとめ

RIPASSO E APPROFONDIMENTO – Parte III

読解 — LETTURA E COMPRENSIONE
とんでもない夢…　Un sogno stranissimo

Sono Marco, e vorrei raccontarvi un sogno che feci da ragazzo. Un sogno stranissimo...
Ero a Venezia. Era pomeriggio, nevicava, e la città era tutta bianca. Ero andato a giocare al casinò, e avevo vinto molti soldi, che dovevo ritirare da una macchinetta nell'entrata. Ma subito dopo aver infilato il mio biglietto nella macchinetta, è scattato un allarme e una guardia è arrivata di corsa da me. La guardia, che era vestita di nero e portava gli occhiali da sole, mi ha chiesto: "Signore, che cosa sta facendo?", poi ha controllato il biglietto, e mi ha detto: "Il biglietto non è valido, signore!".
In un impeto di rabbia (avevo vinto tantissimi soldi!) gli ho dato un pugno in faccia con tutta la mia forza. I suoi occhiali sono volati sul pavimento, ma lui era ancora in piedi: non gli avevo fatto niente! Sembrava fatto di metallo! In quel momento i suoi occhi sono diventati rossi: era un androide! Un robot dall'aspetto umano! Mi ha preso per la camicia e mi ha gettato verso l'alto contro una grossa finestra a mosaico, il cui vetro si è rotto in mille pezzi all'impatto con il mio corpo. Ero sul tetto del casinò, e per fortuna ero ancora tutto intero. Mi sono alzato in piedi e ho notato che il mio corpo era pervaso da una forza incredibile! Forse anche io ero un androide? Un attimo dopo mi sono voltato e ho guardato verso la finestra rotta. L'androide-guardia stava volando verso di me per prendermi! Dovevo scappare. Sono saltato su un tetto vicino, e poi su un altro più basso. Saltavo come un gatto, e non provavo alcun dolore, anzi, mi sentivo più forte. Il mio inseguitore era ancora dietro di me. A un certo punto, con un grande salto, mi sono lanciato sulla Strada Nuova innevata e ho continuato a correre. C'erano altri androidi dagli occhi rossi che sbucavano improvvisamente dalle calli laterali e provavano a bloccarmi, ma io ero diventato fortissimo, e con pugni e calci d'acciaio li distruggevo tutti: pim, pum, pam! Che bella sensazione! Ero invincibile, più nessuno ormai poteva fermarmi!
Ecco, questo è ciò che succede a vedere troppi film di fantascienza...

質問 — DOMANDE:

1) Com'era il tempo a Venezia nel sogno?

______

2) Che cosa doveva ritirare Marco dalla macchinetta?

______

3) Come era vestita la guardia?

______

4) Che cos'era in realtà la guardia?

______

5) Che cos'ha fatto l'androide a Marco?

______

6) Perché Marco doveva scappare?

______

7) Che cosa facevano gli altri androidi dagli occhi rossi?

______

8) Che cosa faceva Marco agli androidi?

______

9) Come era diventato Marco?

______

10) Perché Marco ha fatto questo sogno?

______

Parole ed espressioni utili（意味は辞書で調べてください。）	
il sogno	con tutta la (mia) forza
il casinò	di metallo
la macchinetta	l'androide
l'allarme	il mosaico
la guardia	in mille pezzi
di corsa	A un certo punto
la rabbia	improvvisamente
pervadere	sbucare
voltarsi	bloccare
scappare	distruggere
saltare	succedere

18.1 過去形と補助動詞 I verbi servili al passato

第9課で学んだ補助動詞（volere, potere, dovere, sapere）を含む文を近過去にする場合，助動詞（essere/avere）は補助動詞ではなく，その後に来る動詞（不定詞）を見て決めます。

	直説法現在形	直説法近過去
essereが付く場合：	Io **voglio** andare a Milano	Io sono **voluto** andare a Milano.
avereが付く場合：	Io **devo** studiare molto.	Io ho **dovuto** studiare molto.

また，補助動詞（**potere, volere, dovere**）がある場合，近過去にするか半過去にするかによって，文の意味が変わってきます。

近過去：Ieri **ho voluto** offrire la cena.
昨日，晩御飯を奢りたくて，奢った。

半過去：Ieri **volevo** offrire la cena, **ma** Mario non mi ha lasciato pagare.
昨日，晩御飯を奢りたかったが，マリオが私にお金を払わせなかった。

つまり，物事が思い通りにいった，または無事に完了した場合，近過去を使いますが，思い通りにいかなかった，無事に完了できなかった場合は半過去を使います。

ちなみに，動詞**sapere**（ある事を知る）を半過去で使うと，「ずっと前から知っていた」という意味になります。近過去で使うと，「知るようになった」，「～に聞いた」という意味になります。

半過去：-Lo **sapevi** che ero sposato? -Certo che lo **sapevo**!
-僕が結婚しているのを知っていたか？ -もちろん知っていたよ！

近過去：**Ho saputo** che Tommaso parte per l'Italia!
トッマーゾがイタリアへ行くということを知った！

動詞**conoscere**（ある物を知る）を半過去で使うと，「亡くなった人を知っていた」という意味になります。近過去で使うと，「ある人と知り合った」という意味になります。

半過去：-A proposito, **conoscevi** Matteo? -Sì, era un bravo ragazzo...
-ところで，マッテオを知っていたか？ -ええ，いい子だったね…

近過去：Ieri al pub **ho conosciuto** Anna, una ragazza splendida e dolcissima!
昨日パブでアンナと知り合った。彼女はきれいで優しい女の子だ！

Esercizio 1: 動詞を近過去，または半過去に活用させてください。

1) (Sapere) ______________ proprio adesso che Teresa aspetta un bambino! Che bello!
2) Ragazzi, voi (conoscere) ______________ mio nonno? Era davvero simpaticissimo!
3) Martino (conoscere) ______________________ Sandra all'università.
4) Non (potere) ___________________ venire alla festa perché sono stato impegnato tutto il giorno.
5) Ieri tu (dovere) ____________ andare dal dentista, ma non ci sei andato. Perché?
6) Antonio, io non (volere) _____________ offenderti, ma tu mi hai fatto arrabbiare!
7) Siccome i miei suoceri non hanno pagato il conto, alla fine (dovere) ____________ pagarlo io!
8) (Tu - sapere) _____________ che Marino era campione di boxe? Io non lo (sapere) ____________!

Esercizio 2: 意味に注意して，次の文を過去形（近過去，または半過去）で書き直して下さい。

1) Voglio andare in America, ma non ho soldi...
Da giovane ____
2) Ora conosco Giulia.
Fino a ieri non ____
3) Oggi voglio mangiare una pizza!
Ieri ____
4) Oggi voglio uscire con gli amici, ma non posso perché devo studiare.
Ieri ____
5) So da ieri che tu fra qualche giorno parti per il Giappone.
Ieri ____

18

18.2 近過去と補語代名詞 Passato e pronomi

直接・間接補語代名詞やその結合形（第10課を参照），そしてciとne（第7，10，15課を参照）の代名小詞は，再帰代名詞のように，すべて助動詞の前に置きます。直接補語代名詞の3人称（lo, la, li, le）が助動詞avereの前にくると，次のようになります。

代名詞を使わない場合	代名詞を使う場合	説明
Ieri ho comprato il libro. la borsa. i biscotti. le penne.	Ieri l'ho comprato. Ieri l'ho comprata. Ieri li ho comprati. Ieri le ho comprate.	補語が単数の場合，代名詞のloとlaの母音が落ちて，アポストロフォになります。Glielo, gliela も同じです。

＊ふつう，「avere」が助動詞の近過去では，主語の性・数に応じて過去分詞の語尾が変わることはありません。しかし，直接補語代名詞が助動詞「avere」の前に来た場合は，過去分詞の語尾が補語代名詞に合わせて変化するので注意が必要です。

Esercizio 3: 代名詞を使って質問に答えてください。

1）Hai portato i pasticcini? -Sì, ______ ________ ______________!
2）Hai comprato il vino? -Sì, ______ ________ ______________!
3）Hai spento la televisione? -Sì, ______ ________ ______________!
4）Hai chiuso le finestre? -Sì, ______ ________ ______________!
5）Hai preso il telefonino? -Sì, ______ ________ ______________!
6）Hai dato il libro a Nino? -Sì, _______________ ________ ______________!
7）Hai chiesto le chiavi a Lea? -Sì, _______________ ________ ______________!
8）Ti ho dato il resto? -Sì, ______ ______ ___________ ____________!
9）Mi hai dato i soldi? -Sì, ______ ______ ___________ ____________!
10）Ci avete scritto la lettera? -Sì, ______ ______ ___________ ____________!

18.3 関係代名詞「quale」 Pronome relativo "quale"

とりわけ書き言葉や長文で，2つの文の共通点（関係要素）を明示するために，語形変化のない「che」と「cui」の代わりに，「定冠詞＋quale」を使います。定冠詞によって，関係代名詞が指す名詞の性と数がわかり，混乱が避けられます。名詞が複数形でしたら「quale」が「quali」となります。したがって，次のような形で使われます。

男性・単数	女性・単数	男性・複数	女性・複数
il quale	**la quale**	**i quali**	**le quali**

これらの形はそのまま「che」と「cui」に入れ替えることができます。「cui」の場合，前置詞と定冠詞が結合することがあります（第8課を参照）。

che/cui	Martino, **che** ha 11 anni, è bravissimo a disegnare.
il/la quale	Martino, **il quale** ha 11 anni, è bravissimo a disegnare.

che/cui	Mia figlia, **a cui** dico sempre di non bere alcolici, si è ubriacata.
il/la quale	Mia figlia, **alla quale** dico sempre di non bere alcolici, si è ubriacata.

che/cui	Gli studenti con **cui** ho lezione oggi sono molto allegri e simpatici.
i/le quali	Gli studenti con **i quali** ho lezione oggi sono molto allegri e simpatici.

che/cui	Le amiche giapponesi **di cui** ti ho parlato, arrivano a Roma domani.
i/le quali	Le amiche giapponesi **delle quali** ti ho parlato, arrivano a Roma domani.

Esercizio 4: 関係代名詞「che」，「cui」を「定冠詞＋ quale」に入れ替えて，文を書き直してください。

1) Anna, con cui sono uscito ieri sera, ha lasciato il ragazzo che l'aveva tradita.

2) Carlo e Gino hanno comprato un drone che si è rotto dopo cinque minuti.

3) A Parma ho ritrovato il ristorante in cui avevo mangiato tanti anni fa!

4) Nell'enoteca in cui sono andato oggi ho comprato un vino che ti piacerà certamente!

5) Il motivo per cui non voglio uscire con Sergio è questo: lui non si lava mai!

6) I ragazzi con cui uscite sempre sono dei figli di papà che non fanno nulla tutto il giorno.

7) Le amiche di Lucia, che sono delle gran pettegole, sanno già delle cose di cui ti ho parlato.

18.4 その他の接頭辞・接尾辞1 Altri prefissi e suffissi 1

イタリア語の語彙を学ぶにあたって，それらを形成する要素，つまり接頭辞と接尾辞を早い段階で覚えると，単語力が急激に上達します。英語などの勉強のためにもなります。さて，ここではまず接頭辞を学びましょう。

接頭辞	意味	例（辞書で調べましょう）
super-, sopra-, sovra-	超，上(に)，～を越え	supermercato / soprannaturale / sovrano
sub-, sotto-, so-	下（に）	subacqueo / sottoposto / sostrato
anti-	反～	antipatico / anticomunista / antitesi
ri-, re-	再～	richiamare / rivedere / reagire
ante-, anti-, pre- pro-	前～，予～，前に	antenato / anticipare / predire / proseguire
bi-, bis-	二～，二回	bicicletta / bisunto / bilancia
emi-, semi-	半～	emisfero / emicrania / semifreddo
iper-	を越える，より上	ipermercato / ipertensione / iperspazio
ipo-	を下回る，より下	ipocrita / ipocentro / ipotensione
pos-, po-, post-	～の後に	poscritto / pomeriggio / posticipare
a-, an-	無～，不～，	apatia / anarchia / analgesico
in-, im-, ir-,	中に～，不～，無～	incredibile / impossibile / irraggiungibile
e-, es-, s-	外に，外す，とる	evirare / esporre / svestire
tras-, trans-, tra-	向こう側に～	trasloco / transazione / trapelare
intra-, intro-	内面に～，中に～	intravedere / introverso / introduzione
dis-	非～，不～，	disumano / disonore / disilludere

次に，第6課，第12課に続いて接尾辞を学びましょう。

接尾辞	意味	例（辞書で調べましょう）
-ante, -ista, -iere, -tore	～をする者（～家）	cantante / batterista / portiere / battitore
-ista	～主義者，～ファン	comunista / fascista / interista / romanista
-ia, -ria (-eria)	～屋	farmacia / trattoria / sartoria / gelateria
-aio	～屋さん（～主）	fioraio / macellaio / fornaio / carbonaio
-ezza, -ità, -anza, -età, -eria, -ismo, -itudine	～性，～さ（性質）	grandezza / santità / importanza / serietà spavalderia / cinismo / magnitudine

-enza, -mento, -ione, -aggio, -ura	～すること（動作）	scadenza / partenza / tradimento / riflessione lavaggio / sondaggio / lettura / tessitura
-izzare, -ficare	～化する	martirizzare / automatizzare / personificare

Esercizio 5: 上の表を見て，次の単語の意味を推測して，その後，辞書で確認してください。

1）prevedere	2）trasportare	3）distrarre
4）rileggere	5）iperattivo	6）biscotto
7）estrarre	8）trasmettere	9）postmoderno
10）ipotesi	11）proporre	12）analfabeta
13）santificare	14）parlamento	15）bellezza
16）milanista	17）birreria	18）bravura

18.5 まとめの練習問題 Esercizi di riepilogo

Esercizio 6: 次の文に正しい関係代名詞を入れてください（che/chi/cui/quale/quali）。

1）_______ va piano va sano e va lontano.　　2）Ecco i bambini di ______ ti parlavo.

3）Amo _______ regala fiori!

4）Marcello, _______ è un pantofolaio, non esce mai di casa.

5）Giovanna e Lucia, alle ________ ho regalato i miei libri, non mi hanno nemmeno ringraziato.

6）Le persone _______ non salutano mai sono in genere poco affidabili.

7）_______ ha un tatuaggio o si tinge i capelli non è necessariamente una cattiva persona.

8）Il ragazzo al ________ ho dichiarato il mio amore è già fidanzato! Che peccato!

9）_______ si loda s'imbroda.

10）Ho tanti film, tra _______ “Amarcord” e “Amici miei”.

Esercizio 7: 次の語を正しい順番に並び替えて文を完成させてください。

1）simpaticissimi, / i miei / di classe. / che / ragazzi, / sono / compagni / Quei / sono

____

2）Rosanna, / tu avevi / ho conosciuto / a cui / di uscire. / chiesto / la ragazza / Ieri

____

18

3) ti ha / Il motivo / non vuole / è chiaro: / per cui / parlare / Federica / non / con te! / chiamato

____

4) in cui / dei robot / prendermi! / Ieri notte / volevano / ho fatto / ero inseguito da / che / un sogno

____

5) ieri / console / Il signore / il nuovo / al quale / in Giappone. / hai telefonato / è / d'Italia

____

Esercizio 8: 次のおとぎ話の動詞を遠過去，先立過去，半過去に活用してください。

Il principe superbo

(Esserci)_______________ una volta un principe malvagio e arrogante che (volere) _____________ conquistare il mondo. I suoi soldati (distruggere) _______________ i villaggi, (uccidere) _______________ persone innocenti e (portare)_______________ via tutte le loro ricchezze.
Un giorno il principe (volere)_______________ conquistare tutti i regni vicini al suo. E dopo che (conquistare)_________ ______________ il mondo, (decidere)___________ di sfidare Dio. Per fare questo, (costruire)______________ una grande nave volante. La nave (essere)_________ trainata da diecimila aquile, e (avere)_________ migliaia di cannoni. Dopo che il principe (partire)_____ ___________ per il regno dei cieli con la sua nave, Dio gli (mandare)__________ uno dei suoi angeli. Il principe (sparare) __________ tantissimi colpi, ma l'angelo (essere)_________ invincibile.
Con un fulmine, l'angelo (colpire)________ la nave, la quale (precipitare)___________.
Ma il principe non (morire)_______________, e dopo che (riprendersi)_____ _____ __________, (fare)___________ costruire tante altre navi volanti, ancora più grandi. Mentre il principe (stare)_________ per ripartire verso il cielo, Dio (mandare) __________ sulla Terra una zanzara, che (pungere)__________ il principe in un orecchio e su tutto il corpo. Il dolore (essere)________ terribile, al punto che il principe (togliersi)_____ _________ l'armatura e i vestiti. In quel momento, tutti i suoi uomini (iniziare)____________ a ridere e a prendere in giro il principe superbo che (volere) ___________ conquistare l'universo, ma che (farsi)____ _________ sconfiggere da una sola, piccola zanzara.

(adattato liberamente dalla favola di H.C. Andersen)

Esercizio 9: 未来形を使って，2050 年の世界について，イタリア語で語ってください。

Esercizio 10: 好きな歴史上の人物について遠過去を使って，イタリア語で語ってください。

Esercizio 11: 近過去，半過去であなたが寝ながら見た夢をイタリア語で語ってください。

I gesti italiani 6 — イタリアのジェスチャー 6

1) **Disaccordo**（不仲） 両手の人差し指の指先を合わせます。 「2人は仲が悪い！」Non vanno d'accordo. 「犬猿の仲だ！」Sono come cane e gatto. 仲が悪い者同士を指す合図のようなしぐさです。	
2) **Accordo**（仲良し） 両手の人差し指を横に合わせます。 「2人は仲良しだ！」Vanno d'accordo! 「2人はラブラブだ！」Si vogliono bene! 仲のいい2人を指す合図のようなしぐさです。	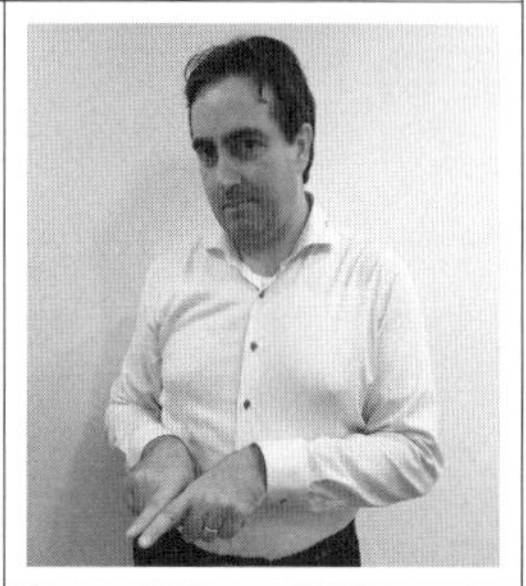
3) **Noia / Fretta**（うんざり・急ぎ） 両手の掌を上に向けて，おなかの前で上と下に早く動かせます。 「退屈だな！」Che noia! Che barba! 「もう，早くしようよ！」Dai, su, facciamo presto! うんざりしているときや急ぐ時に使うしぐさです。	
4) **Rubare**（盗む） 開いた片手の指を扇子のようにして，小指から拳をしめます。 「そいつは泥棒だ！」È un ladro! 「盗まれるぞ！」Te lo rubano! スリや泥棒を見た時に，相手に使う合図です。	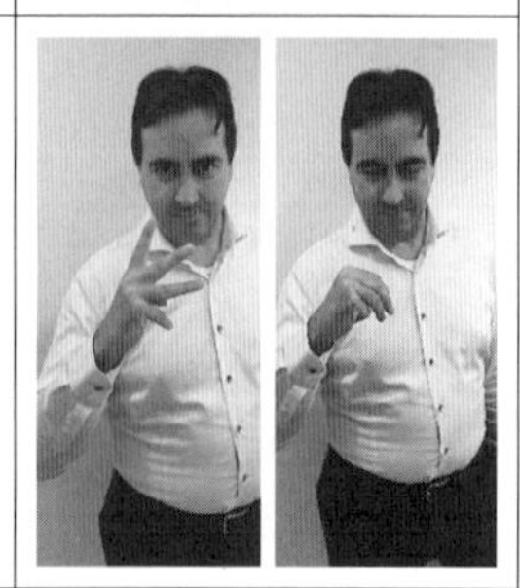

第４部　条件法と接続法

PARTE IV – CONDIZIONALE E CONGIUNTIVO

受動態

Le forme passive

CD-II 01

読解 — LETTURA E COMPRENSIONE
外来語に付く冠詞　Gli articoli sulle parole straniere

Quali articoli vanno messi davanti ai sostantivi stranieri? Prima o poi chiunque viene assalito da questo dubbio: sia gli studenti che gli insegnanti di italiano, e naturalmente anche gli italiani stessi! Normalmente molti sostantivi stranieri vengono considerati maschili, ad esempio: il computer, il bar, lo yogurt, ecc...; ma a volte sono considerati femminili se esiste un termine italiano al femminile con un significato simile alla parola straniera, ad esempio si dice: "la mail" (femminile come "la lettera"), oppure "la supercar" (femminile come "la macchina").
Questi sostantivi, comunque, ormai fanno ufficialmente parte della lingua italiana.
Tuttavia, quando qualche italiano si trova in un paese straniero e parla in italiano con altri italiani, è spesso costretto ad affrontare un problema: come classificare i sostantivi stranieri che ancora non sono stati registrati dalla lingua italiana e che non appaiono sul dizionario? La risposta è semplice. Ognuno fa a modo suo! Per esempio, tra gli italiani che abitano in Giappone a volte qualcuno dice "la soba" (femminile e singolare perché finisce per "-a") oppure c'è chi dice "i soba", maschile e plurale perché relativo a qualcosa di simile a "gli spaghetti". Oppure "il ramen" (al maschile singolare, inteso come piatto) o "i ramen" (anche questo maschile plurale come "gli spaghetti".). Alcuni italiani addirittura litigano per queste cose! La lingua italiana, insieme alla cucina, alla politica e al calcio, naturalmente, è un argomento "caldo" per gli italiani! Ma alla fine nessuno è convinto, ognuno ha ragione (è molto importante per molti italiani avere SEMPRE ragione!) e ogni avversario ha torto, e mentre il dibattito va avanti, tutti continuano a mettere l'articolo che vogliono...

質問 — DOMANDE:

1) Quale dubbio assale gli studenti, gli insegnanti di italiano e gli italiani stessi?

____

2) Come vengono considerati di solito, in italiano, i sostantivi stranieri?

____

3) I sostantivi "mail" e "supercar" sono maschili o femminili?

____

4) Quale problema linguistico affrontano gli italiani all'estero?

____

5) Secondo te è più corretto dire "la soba" o "i soba"?

____

6) Secondo te è più corretto dire "il ramen" o "i ramen"?

____

7) Quali sono gli argomenti di discussione più "caldi" per gli italiani?

____

Parole ed espressioni utili（意味は辞書で調べてください。）	
l'articolo	esistere
il sostantivo	continuare
la lingua	fare parte（di...）
il termine	trovarsi（in / a...）
il significato	apparire
il problema	convincere
la politica	avere ragione
il calcio	avere torto
l'argomento	normalmente
il dibattito	fare a modo proprio
assalire	intendere come
classificare	naturalmente
registrare	simile（a...）

19.1 受動態の文 La frase passiva

まず，受動態（受け身）の文は**他動詞**でしか作ることができません。

能動態の文（frase attiva）において，主語は他動詞が表す動作主と一致し，補語はその動作の影響を受けます。

主語 （動作を起こす者）	他動詞 （動作）	直接補語 （動作の影響を受けるモノ）
Antonio	**mangia**	la pizza.
アントニオはピッツァを食べる。		

ただし，受動態の文においては，能動態の文の直接補語（受け身となるモノ）が主語となります。動詞は過去分詞にし，「**essere**」または「**venire**」という助動詞の活用形をつけます。

最後に，「da」を使って，補語（動作主）を繋げます。

主語 （動作の影響を受けるモノ）	助動詞＋過去分詞 （動作・受身）	補語 （da ＋動作を起こす者）
La pizza	**è mangiata** **viene mangiata**	da Antonio.
ピッツァはアントニオに食べられる。 注意：受動態の文でも，過去分詞の語尾を主語の性・数に合わせます。		

ただし，注意すべき点は２つあります。

① 助動詞「essere」と「venire」の使い分けとニュアンス

「essere」は状態（動作の結果）を表すことが多く，どの法・時制でも問題なく使えます。

ただし，助動詞として「venire」を使う場合，動作は展開中でまだ完了していないというニュアンスになるため，近過去，大過去，先立未来などの複合時制の場合は使えません。

例えば，「picchiare」（殴る）という動詞を使うと：

時制	能動態：	受動態：
現在	Stefano picchia Mario.	○ Mario **è** picchiato da Stefano. ◎ Mario **viene** picchiato da Stefano.
近過去	Stefano ha picchiato Mario.	◎ Mario **è** stato picchiato da Stefano. × ~~Mario è venuto picchiato da Stefano.~~
半過去	Stefano picchiava Mario.	○ Mario **era** picchiato da Stefano. ◎ Mario **veniva** picchiato da Stefano.
大過去	Stefano aveva picchiato Mario.	◎ Mario **era** stato picchiato da Stefano. × ~~Mario era venuto picchiato da Stefano.~~
未来	Stefano picchierà Mario.	○ Mario **sarà** picchiato da Stefano. ◎ Mario **verrà** picchiato da Stefano.
先立未来	Stefano avrà picchiato Mario.	◎ Mario **sarà** stato picchiato da Stefano. × ~~Mario sarà venuto picchiato da Stefano.~~
遠過去	Stefano picchiò Mario.	○ Mario **fu** picchiato da Stefano. ◎ Mario **venne** picchiato da Stefano.

② 動作主が不明または確定されない場合，あるいは重要ではない場合，「da + 動作を起こす者」を省くことが多いです。

能動態	受動態
Qualcuno **ha rotto** la finestra. 誰かが窓を割った。	La finestra **è stata rotta**（da qualcuno）. 窓は割られた（誰かに）。
Hanno rubato i soldi di Marta. 誰か（彼ら）がマルタのお金を盗んだ。	I soldi di Marta **sono stati rubati**（da qualcuno）. マルタのお金は盗まれた（誰かに）。
C'è chi **mangia** la pizza con le posate. フォークとナイフでピッツァを食べる人もいる。	La pizza **viene mangiata** con le posate（da qualcuno）. ピッツァはフォークとナイフで（誰かに）食べられる。

Esercizio 1: 次の文を受動態に書き換えてください。時制に注意してください。

1）Federico accompagna Martina a scuola. → Martina ____________

2）Aldo ama Francesca. → Francesca ____________

3）Luigi ha tradito Federica. → Federica ____________

4）Umberto salutò Pippo. → Pippo ____________

5）Mio fratello spesso mi disturbava. → Io ____________

6）Voi laverete i piatti! → I piatti ____________

7) Tu hai chiamato Gino e Simona. → Gino e Simona ______

8) Il gatto mi ha graffiato. → Io ______

9) Hanno derubato Michele. → ______

10) Qualcuno ha preso il mio ombrello. → ______

Esercizio 2: 次の受動態の文を能動態にしてください。

1) Daniele fu chiamato da Anna. → Anna ______

2) A Sergio è stata rubata la macchina. → (Loro) ______

3) Tommaso viene baciato da Silvia. → Silvia ______

4) Laura è stata lasciata da Vittorio. → Vittorio ______

5) Tu venivi preso in giro dagli altri bambini.
→ Gli altri bambini ______

6) In Trentino il tedesco è parlato da molti. → Molti ______

7) La cena sarà offerta dal nostro capo. → Il nostro capo ______

8) Il posto di Luca verrà preso da Giovanni. → Giovanni ______

9) La vite fu inventata da Leonardo da Vinci.
→ Leonardo da Vinci ______

10) Finale Emilia è stata distrutta dal terremoto.
→ Il terremoto ______

Esercizio 3: 次の文を可能な限り，「venire」を用いて書き直してください。

1) Da bambino Ugo era chiamato da tutti “Ciccio”. ______

2) Sei stato scelto per la borsa di studio! Bravo! ______

3) Il telescopio fu perfezionato da Galileo Galilei. ______

4) Il campionato quest’anno sarà vinto dal Napoli. ______

5) L’Italia è stata eliminata dai Mondiali. ______

6) I miei fratelli erano trattati meglio di me. ______

7) Carlo è stato arrestato per spaccio di droga. ______

8) Il computer è usato da tutti al giorno d’oggi. ______

9) Da giovane ero spesso ingannato dalle ragazze. ______

10) La vetrina è stata rotta da qualche vandalo. ______

Da sapere assolutamente!!
絶対に覚えましょう

CD-II 02

不定代名詞　**I pronomi indefiniti**
（ほとんどが不変で，主語になれば３人称扱いです。）

Qualcuno　誰か	C'è **qualcuno** alla porta. Chi sarà?
Nessuno　誰も…ない	In ufficio non c'è **nessuno**. **Nessuno** vuole lavorare di domenica.
Uno/-a　ある１人の人	Michele! C'è **uno** con gli occhiali che ti cerca. Chi è?
Altro/-i　他のモノ・事／人	Signora, le serve **altro**? / Dove sono gli **altri**?
Qualcosa　何か	Vorrei mangiare **qualcosa**. / C'è **qualcosa** che non va.
Nulla/Niente　何も…ない	Non ho fatto **nulla** oggi. / **Niente** è meglio di una pizza!
Ciascuno/Ognuno　それぞれ	Una fetta per **ciascuno**. / **Ognuno** ha i suoi problemi.
Chiunque　誰でも	Questo esame può superarlo **chiunque**!

Esercizio 4: 以上の不定代名詞を用いて文を完成させてください。
1) -Paolo, hai comprato __________ ? -No, non ho comprato__________.
2) Sei stato bocciato, eh! __________ ha quel che si merita! Non hai mai studiato __________!
3) __________ riuscirà a finire questo lavoro per le 5:00 potrà tornare a casa.
4) C'è ______________ che vuole uscire con noi stasera? Oltre a Carlo, nessun __________?
5) Ieri ho visto _________ che andava in giro con un coccodrillo al guinzaglio! Roba da matti.

19

19.2　「andare」を使った受動態の文　Passivo con "andare"

受動態の文で，助動詞を「andare」としたものもあります。ただし，この助動詞を使うと，「～されなければならない」,「～されるべきだ」（英：「must be ～」,「should be ～」）という意味になります。「andare ＋過去分詞」は「dovere essere ＋過去分詞」と同じ役割を果たします。

例えば："La Strada" è un film che **va visto**. = "La Strada" è un film che **deve essere** visto.
『道』は見るべき映画だ。
La pizza **va cotta** nel forno a legna. = La pizza **deve essere** cotta nel forno a legna.
ピッツァは薪窯で焼かれるべきだ。
Le donne **vanno rispettate e amate**. = Le donne **devono essere** rispettate e amate.
女性は敬われ，愛されるべきだ。

＊＊＊注意点＊＊＊

①「andare」は「venire」と同じく，近過去，先立未来などの完了時制の受動態では使えません。

◎ Le scatole **vanno messe** qui.　× ~~Le scatole **sono andate messe** qui~~.

②「andare」は一般論を述べる際に使うことが多いので，基本的に 3 人称のみになります。

③ 一般論なので，動作主は定まらず，能動態にすると，「Tutti」などになります。

"La Strada" è un film che **va visto** (**da tutti**). → **Tutti** devono vedere il film "La Strada".

Esercizio 5: 次の文を「andare」を用いて書き換えてください。

1) La carbonara non deve essere fatta con la panna!__________________

2) Le tasse devono essere pagate assolutamente.__________________

3) Le ragazze non devono essere maltrattate.__________________

4) Gli amici non devono essere sfruttati.__________________

5) I vicini di casa devono essere salutati.__________________

6) Sul pesce non deve essere messo il formaggio.__________________

7) La pizza deve essere mangiata con le mani.__________________

8) Il *ramen* deve essere mangiato con il risucchio.__________________

9) Il *sushi* non deve essere mangiato con la forchetta.__________________

10) Gli animali devono essere amati.__________________

19.3 受動態の「si」 Il "si" passivante

イタリア語で一般論を述べる文において，しばしば受動態の「si」が使われます。形は以下のとおりです。

si ＋ **動詞（3 人称単数）** または **動詞（3 人称複数）**
In Giappone **si beve** <u>il *sake*</u>. (= In Giappone **viene bevuto** il *sake*.) 日本で日本酒が（人々によって）飲まれる。 ↕（下線部は主語） In Italia **si bevono** <u>molti vini</u>. (= In Italia **vengono bevuti** molti vini.) イタリアで多種のワインが（人々によって）飲まれる。

＊＊＊注意点＊＊＊

① この「si」を用いた受動態では，動作主（受動態の文で，da の後に来るモノ）は不定で，絶対に特定されません。動作主が明らかだった場合は，「si」は使えません。

② 受動態の「si」はすべての時制で使えますが，複合時制なら，助動詞は必ず「essere」となります。

Esercizio 6: 次の受動態の文を可能な限り，「si」で書き換えてください。

1) In Italia sono parlati numerosi dialetti.______________________________

2) In Giappone viene prodotto il *sakè*.______________________________

3) La pasta fresca viene fatta con tante uova.______________________________

4) Gli italiani sono amati dai giapponesi.______________________________

5) A Natale vengono fatti tanti regali.______________________________

6) È stato fatto un grande passo avanti.______________________________

7) I Galli furono conquistati dai Romani.______________________________

8) Per i bambini vengono fatti molti sacrifici.______________________________

Repubblica di San Marino - un panorama

SPECIALE

I gesti italiani 7 — イタリアのジェスチャー7

1) **Aspetta!**（ちょっと待て！） 手のひらを前に構えて，軽く前・後ろに動かします。 「ちょっと待ってね！」Aspetta un po'. 「ちょっと落ち着くんだよ！」Senti, ciccio, adesso ti calmi. このジェスチャーは人に待つように伝えるための合図です。また，人を落ち着くように促す時に使います。	
2) **La paura**（恐怖） 片手の指先を合わせて，手を「巾着」にしてから，再び指先を開いて，この動作を繰り返します。 「怖いでしょ～？」Hai paura, eh! 「怖がりだな！」Che fifone! 主に怖がる，勇気のない人に対して使います。	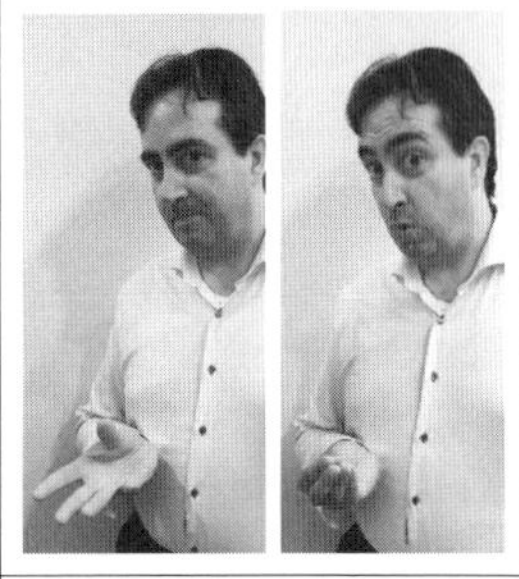
3) **Occhiolino**（ウインク） 一瞬片目を閉じてウインクをする。 「冗談だぞ！」Sto scherzando, eh! 「君の味方だぞ！」Sono dalla tua parte! イヤらしい意味合いはなく，単に相手に言っていることは冗談だと伝えるための合図です。また，こっそりと誰かにすると，その人の味方だと伝えることが可能です。	
4) **Ma va' là!**（失せろ！） 片手の指を伸ばして，腕を素早く下から上にあげる。 「とっとと失せろ！」Ma va' a quel paese! 「ふざけるな！」Ma vedi di andartene! これは人やモノにうんざりした時に使います。このジェスチャーにはしばしば parolaccia が伴いますが，むやみに言うのはやめたほうがいいです。友達同士ならふざけて使えます。	

条件法
Il condizionale

CD-II 03

読解 — LETTURA E COMPRENSIONE
引き出しの中の夢　I sogni nel cassetto

FEDERICO: Ragazzi, quali sono i vostri sogni nel cassetto? Sentiamo!
CHIARA: Mi piacerebbe viaggiare, viaggiare il più possibile. Visiterei tutta l'Asia e il Sudamerica. Ma non viaggerei in aereo: sarebbe troppo comodo! Prenderei un sacco a pelo e una tenda, e partirei in macchina! Certo, potrebbe essere un po' pericoloso, ma certamente sarebbe un'avventura fantastica!
ALBERTO: Ma se non hai neanche la patente! Poi ci vogliono tanti soldi... A proposito, ho giocato alla lotteria! Non so ancora se ho vinto o no, ma vincerò! E con i soldi certamente comprerei una Lamborghini nuova fiammante e passerei davanti al bar per far morire d'invidia gli amici! Poi andrei fuori dalla discoteca e rimorchierei un sacco di ragazze! Hahahaha!
ANNA: Rimorchiare tu? Con quella pancia? Ma per piacere... Poi secondo me tu sei troppo egoista e materiale, e vorresti fare quelle cose solo per fare invidia agli altri. A me non interessa molto di quello che pensano gli altri. A me basta il mio fidanzato! Mi ritirerei con lui su un'isoletta dove costruirei una piccola casa in cui vivere tranquillamente, lontano dal caos della città. La mattina lavoreremmo nell'orto, e il pomeriggio leggeremmo i nostri libri preferiti. La sera guarderemmo qualche film abbracciati sul divano.
FEDERICO: Che noia... Lui ti lascerebbe di sicuro! Sentite qui, invece: a me piacerebbe diventare medico! Cercherei di salvare la vita a tantissima gente, guadagnerei tanti soldi e andrei in Africa, dove salverei tanti bambini da malattie mortali e dove aprirei tante scuole per loro!
ANNA: Certo, ma prima ti devi laureare, eh...! Tra il dire e il fare c'è di mezzo il mare!

質問 — DOMANDE:

1) Quale dei quattro ragazzi è studente universitario?

2) Come viaggerebbe Chiara?

3) Per quali motivi Alberto comprerebbe una Lamborghini?

4) Che cosa farebbe Anna sull'isoletta?

5) Perché Federico vorrebbe diventare medico?

6) Quale dei quattro ragazzi è il più egoista?

7) Chi è, invece, il più altruista?

Parole ed espressioni utili（意味は辞書で調べてください。）	
il cassetto	far morire（di invidia）
il sacco a pelo	ritirarsi
la tenda	bastare
l'avventura	costruire
la patente	salvare
la lotteria	guadagnare
l'invidia	laurearsi
il caos	pericoloso
l'orto	egoista
il divano	materiale
la malattia	mortale
viaggiare	A proposito
vincere	Tra il dire e il fare c'è di mezzo il mare

ここまで学んできた直説法の動詞は基本的に「現実」の世界のあらゆる出来事や状態を表すものです。ここで学ぶ条件法は基本的に「夢」の世界，つまりまだ実現されていない人間の意図を描くものです。条件法の時制は現在・過去（複合条件法）のみです。

20.1 条件法現在（単純条件法） Condizionale presente

規則動詞

条件法現在（または単純条件法，イタリア語では「Condizionale semplice」）の活用（規則も不規則も）は全般的に未来形と同じパターンに従います。まず，規則変化を覚えましょう。-are，-ere で終わる規則動詞の活用は同じです。

<table>
<tr><td></td><td colspan="2">-are 動詞，-ere 動詞</td><td colspan="2">-ire 動詞</td></tr>
<tr><td>主語</td><td colspan="2">cantare
prendere</td><td colspan="2">partire</td></tr>
<tr><td>io</td><td rowspan="6">cant
prend</td><td>erei</td><td rowspan="6">part</td><td>irei</td></tr>
<tr><td>tu</td><td>eresti</td><td>iresti</td></tr>
<tr><td>lui/lei/Lei</td><td>erebbe</td><td>irebbe</td></tr>
<tr><td>noi</td><td>eremmo</td><td>iremmo</td></tr>
<tr><td>voi</td><td>ereste</td><td>ireste</td></tr>
<tr><td>loro</td><td>erebbero</td><td>irebbero</td></tr>
</table>

用例：Io ora **ordinerei** una pizza.　ピッツァを注文する気になったな。
Al posto tuo, io **partirei** subito.　私が君の立場なら，今すぐに出発していたな。
Ma tu **usciresti** con Luca?　君なら，ルカと出かけたい？

注意：「**-care**」，「**-gare**」で終わる動詞の語幹と語尾の間に「**h**」が入ります。
cercare→cerc**h**erei, cerc**h**eresti, cerc**h**erebbe, cerc**h**eremmo, cerc**h**ereste, cerc**h**erebbero
pagare→pag**h**erei, pag**h**eresti, pag**h**erebbe, pag**h**eremmo, pag**h**ereste, pag**h**erebbero

注意：「**-ciare**」，「**-sciare**」，「**-giare**」で終わる動詞は「**-i**」を落とします。
comincia̲re → comincerei…
lasciare → lascerei…
mangiare → mangerei…

不規則動詞

また，未来形と同じく，essere，avere を含むすべての不規則動詞は２グループに分類されます。第１グループは「rei 型」とし，第２グループは「rrei 型」とします。いずれのグループに所属しても，動詞それぞれの語幹（または１人称単数の活用）さえ覚えれば，簡単に活用できます。この２グループの分け方も未来形と全く同じパターンに従います。

-rei 型

主語	不定詞 → 語幹	語尾
io	avere → **av-** essere → **sa-** fare → **fa-** stare → **sta-** など…	**rei**
tu		**resti**
lui/lei		**rebbe**
noi		**remmo**
voi		**reste**
loro		**rebbero**

その他の「rei 型」動詞の語幹	
andare → **and-**	dare → **da-**
dovere → **dov-**	dire → **di-**
potere → **pot-**	vedere → **ved-**
sapere → **sap-**	vivere → **viv-**

-rrei 型

主語	不定詞 → 語幹	語尾
io	venire → **ve-** volere → **vo-** bere → **be-** など…	**rrei**
tu		**rresti**
lui/lei		**rrebbe**
noi		**rremmo**
voi		**rreste**
loro		**rrebbero**

その他の「rrei 型」動詞の語幹	
tenere → **te-**	rimanere → **rima-**
porre → **po-**	～ durre →～ **du-**

用例：Ci **sarebbe** un problema…　問題があるのですが…
Potresti aprire la porta?　ドアを開けてくれますか？
Vorrei un caffè.　コーヒーが飲みたいのですが…

条件法現在（単純条件法）の用法は以下のとおりです。

説明	用例
① **願をかける，意図を表す**（ただし，未来形よりは実現の確率が低い）	a) **Mi piacerebbe** uscire con Claudia. クラウディアとデートができたらいいなぁ！ b) **Andrei** in Italia, ma non ho soldi. イタリアへは行きたいけど，お金がない。
② **アドバイス・助言をする**（「もし私があなたなら…」という仮定を元に）	a) Al posto tuo io **sposerei** subito Francesca! 私が君なら，すぐにフランチェスカと結婚するだろう。 b) Al tuo posto io **aprirei** un ristorante in Giappone. 私が君なら，日本でレストランを開業するだろう。

③ **表現を和らげる**（特に potere,volere などを使う依頼），直説法の代わり。	a）**Vorrei** un caffè, per cortesia.（Voglio は失礼） コーヒーを一杯下さい。 b）Scusi, **potrebbe** spegnere la sigaretta? すみません，タバコを消していただけますか？
④ **不確かで未確認の情報（噂）**を報じる（「〜だそうです」，「〜らしい」）。	a）I terroristi **sarebbero** ancora dentro l'aereo. テロリストたちはまだ飛行機の中にいるらしい。 b）Hai sentito? Il boss **sarebbe** vicino all'arresto! 聞いた？ ボスは逮捕寸前だそうだ！

＊条件法現在は第 2 タイプの仮定文でも使います（第 22 課を参照）。

Esercizio 1: 動詞を条件法現在に活用させ，上述の用法①〜④のいずれかを述べてください。

1）Hai sentito la novità? Valeria（essere）____________ incinta! Ma il padre chi（essere）___________?
2）Scusate, ragazzi,（voi - potere）_____________ abbassare la voce, per cortesia?
3）Noi（comprare）_____________ un castello e lo（trasformare）________________ in un albergo!
4）Hai il raffreddore! Al posto tuo io（prendere）__________ un'aspirina e（andare）________ a letto!
5）（Noi - volere）__________ dormire in una camera con vista mare.（Essere）_________ possibile?
6）Aldo（uscire）_____________ con qualsiasi ragazza, grassa o magra, alta o bassa, non importa!
7）A quanto pare, la figlia del direttore（volere）___________ divorziare... Ma sarà vero?
8）Stefania ti ha lasciato? Al posto tuo io（cercare）______________ subito un'altra ragazza!

Esercizio 2: 条件法を使って，それぞれの人に相応しい助言をしてみてください。

1）Ho un caldo da morire!	a）Io al posto tuo（andare）__________ dal dentista!
2）Mamma mia, che fame!	b）Al posto tuo io lo（cercare）__________ al canile!
3）Aiuto! Mi hanno rubato la borsa!	c）Al posto tuo io（fare）_________ ginnastica.
4）Mi sono innamorato di Simona...	d）Se fossi in te io（mangiare）__________ una pizza!
5）Ho mal di denti!	e）Al posto tuo io（bere）_______ un chinotto ghiacciato!
6）Leo mi ha tradita...	f）Se fossi in te io（chiamare）___________ la polizia.
7）Il mio cane è scappato di casa...	g）Se fossi in te io lo（lasciare）___________ subito!
8）Vorrei dimagrire!	h）Al tuo posto io glielo（dire）________ al più presto!

Esercizio 3: 次の文を条件法で書き直して，より丁寧にしましょう。

1）Puoi chiudere la finestra? Ho freddo... ____________________

2）Ragazzi, voi dovete dormire a quest'ora. ____________________

3）Voglio conoscere Luisa! Me la presenti? ____________________

4）Mi scusi, ho da fare... Può richiamarmi? ____________________

5）Vogliamo farLe una proposta interessante. ____________________

6）Come volete il gelato? Me lo dite, per favore? ____________________

7）-Chi sono quei signori? -Non so... ____________________

8）-Signora, mi sa dire dov'è la stazione? ____________________

9）Scusi, professore, ho una domanda... ____________________

10）Non potete parlare a voce più bassa? ____________________

20.2 条件法過去（複合条件法） Condizionale passato

条件法過去（または複合条件法，イタリア語では「Condizionale composto」）の活用は直説法近過去などと同様の複合時制なので，「essere」，「avere」の条件法現在を助動詞にして，それに過去分詞を合わせます。活用などは直説法の複合時制と全く同じパターンで変化します。

<table>
<tr><th>主語</th><th>助動詞
(avere の条・現)</th><th>過去分詞
(finire)</th><th>主語</th><th>助動詞
(essere の条・現)</th><th>過去分詞
(andare)</th></tr>
<tr><td>io</td><td>avrei</td><td rowspan="6">finito</td><td>io</td><td>sarei</td><td rowspan="3">andato/-a</td></tr>
<tr><td>tu</td><td>avresti</td><td>tu</td><td>saresti</td></tr>
<tr><td>lui/lei</td><td>avrebbe</td><td>lui/lei</td><td>sarebbe</td></tr>
<tr><td>noi</td><td>avremmo</td><td>noi</td><td>saremmo</td><td rowspan="3">andati/-e</td></tr>
<tr><td>voi</td><td>avreste</td><td>voi</td><td>sareste</td></tr>
<tr><td>loro</td><td>avrebbero</td><td>loro</td><td>sarebbero</td></tr>
</table>

条件法過去は基本的に実現しなかった夢や願いなど，取り返しのつかない状況を表すため，「悔しさ」を表すために用いることが多いのですが，他にも用法があります。

説明	用例
① **後戻りができない，実現できなくなった状況**（叶わなかった夢・願い）	a) Io **avrei sposato** Francesca, ma lei non mi amava. 僕はフランチェスカと結婚したかったけど，彼女は僕を愛していなかった。 b) Da giovane **sarei andato** in Italia, ma non avevo soldi. 若いころ，イタリアへ行きたかったけど，お金がなかった。
② **不確かで未確認の情報**（うわさ）**にもとづいた完了した出来事を報じる**（「～したそうです」）。	a) Il ladro **avrebbe rubato** solo 500 euro. 泥棒はたった500ユーロしか盗まなかったそうだ。 b) Secondo Monica, Antonio **avrebbe lasciato** Marta. モニカによると，アントニオはマルタを振ったそうだ。
③ **過去の時点から見た未来**（主節の動詞が現在なら，従属節で動詞が未来形になる状況が，主節の動詞が過去に移された際に用います）（第22課も参照）	a)（今日）Oggi Michele dice che pioverà. 今日ミケーレは（これから）雨が降るだろうと言っている。 →（昨日）Ieri Michele diceva che **sarebbe piovuto**. 昨日ミケーレは（その後）雨が降るだろうと言っていた。 b)（今日）Sono sicuro che Mario ti telefonerà. マリオが君に（これから）電話するだろうと私は確信している。 →（昨日）Ero sicuro che Mario ti **avrebbe telefonato**. マリオが君に（あれから）電話するだろうと私は確信していた。

*条件法過去は第3タイプの仮定文でも使います（第22課を参照）。

Esercizio 4: 動詞を条件法過去に活用し，正しい文の結末と繋げてください。

（実現しなかった予定＝条件法過去）　（現実＝直説法）

1) Noi (uscire)________ ________ con voi,
2) Giuseppe (dovere)________ ________ telefonarmi,
3) Mi (piacere)________ ________ diventare medico,
4) Io (sposare)________ ________ Daniela,
5) Loro (andare)________ ________ in Giappone,
6) Sergio (invitare)________ ________ anche Lino,
7) Voi (venire)________ ________ con noi,
8) Tu (essere)________ ________ ucciso,

a) ma sono diventato un ballerino.
b) ma non c'era posto per voi in auto
c) ma io ti ho salvato la vita!
d) ma non avevano soldi...
e) ma si è dimenticato.
f) ma lei mi ha lasciato ieri.
g) ma abbiamo preso l'influenza.
h) ma lui ha rifiutato.

Esercizio 5: 主節の動詞を過去形にして，全文を書き直してください。

1)（Oggi）Antonio dice che verrà con noi al karaoke.
Ieri________________________, ma poi non si è visto.

2) Io credo che quel politico cambierà l'Italia.
Qualche anno fa________________________, ma poi ho cambiato idea.

3) Tu mi prometti che non racconterai più bugie.
Ieri ______________________________, ma anche quella era una bugia.
4) I miei amici dicono che mi aspetteranno.
Ieri ______________________________, ma poi sono partiti senza di me.
5) Valeria mi promette che mi amerà per sempre.
Ieri ______________________________, ma oggi già baciava Mimmo.
6) Siamo sicuri che la polizia ci arresterà.
L'anno scorso ______________________________, ma siamo ancora liberi!

Esercizio 6: 適切な動詞を選んでください。

L'attesa

Non ho mai visto un cielo così blu come quello di oggi. Nessuna nuvola sopra di me. Proprio adesso (sono / sarei) in chiesa, perché (deciderei / ho deciso) di sposare l'uomo della mia vita. È un ragazzo alto, bellissimo, dall'aria sfuggente e misteriosa che (avrei incontrato / ho incontrato) su un aereo esattamente un anno fa. Due mesi fa lui mi (ha promesso / prometterebbe) che proprio oggi, l'11 giugno, mi (avrebbe sposata / sposerà), che mi (porterebbe / avrebbe portata) in viaggio di nozze a Cuba e che mi (avrebbe fatta / sarebbe fatto) felice. E non (ha mai voluto / sarebbe mai voluto) parlarmi del suo lavoro. Ma che importa? Ero sicura che i miei genitori non (sono / sarebbero stati) contenti della mia scelta; quei due sono molto all'antica e (avrebbero preferito / sarebbero preferiti) vedermi con un insipido medico o un noioso avvocato, quindi loro ancora non (sanno / saprebbero) niente del mio matrimonio, e, naturalmente, oggi non (sarebbero / sono) qui.
Ma sono già le undici, e lui non (arriverebbe / arriva). Gli (sarà successo / sarebbe successo) qualcosa? Lui di solito (sarebbe / è) puntualissimo, non (si sognerebbe / si avrebbe sognato) mai di arrivare in ritardo proprio oggi.
Le undici e cinque, e lui ancora non (si vede / si vedrebbe). Gli telefono, ma non (risponderebbe / risponde). (Andrei / Vado) a cercarlo dappertutto, ma intrappolata in questo bellissimo abito bianco non posso muovermi da qui.
Le undici e dieci, una leggera folata di vento (entra / entrerebbe) dal portone della chiesa e mi accarezza il velo. Lui (dovrebbe / dovrà) essere qui con me ora. Ma non c'è. Noi (dovremo / dovremmo) giurarci amore eterno. (Vorrei / Vorrò) baciarlo, abbracciarlo, ma non c'è.
Questi pochi minuti (mi sembrano / sembravano) ore interminabili. L'imbarazzo del prete e dei pochi invitati è ormai evidente. Ormai so già che lui non (verrà / verrebbe), ma la mia dignità, mista a un filo di speranza, mi aiuta a trattenere le lacrime.

Intanto, cinquemila metri più in alto, un aereo sorvolava la chiesa, lasciando una scia sottile come una lama di rasoio che tagliava in due il blu profondo del cielo. Lei mai (sarebbe immaginata / avrebbe immaginato) che dentro quell'aereo c'era lui. E la ragazza seduta al suo fianco era già caduta nella sua trappola.

Arriverà?

言語をさかのぼる④
Le radici della lingua ④

【カタカナ語】(ローマ字)	イタリア語(意味)	由来の説明
①【サラリーマン】(英：salary から)	salario(給料)	イタリア語の「sale」，そしてラテン語の「sal」(塩) に由来しています。実は古代ローマの役人や兵隊が給料として穀物，ワイン，油，そして特に塩をもらっていました。時代が変わっても，単語から「塩」は消えませんでした。
②【カッパ】(ポ：capa)	cappa(袖なしの上着)	この単語は英語経由ではなく，ポルトガル語で日本語に入ったのです。ラテン語の「capere」かアラビア語の「koeba」(マント)，またはトルコ語の「kapak」(覆うもの) に由来していると言われています。イタリア語では「cappa」は今時めったに聞かない単語ですが，「cappotto」，「cappello」，そして「cappuccio」，「cappuccino」はその変化です。ちなみに，飲む「cappuccino」は見た目がカプチン修道士の衣装と同じ色をしているため，そのように呼ばれています。
③【サプライズ】(英：surprise)	sorpresa(驚き)	イタリア語の「sorprendere」の過去分詞である「sorpreso」(ラテン語で言うと「superprehensus」) を名詞化したものです。接頭辞「sor-」(上に，上から) と「prendere」(とる，捕まえる) という二つの要素からなります。獲物を空から狙う鷹のように，上から捕まえる，「不意打ち」をして相手を驚かせるという意味があります。

SPECIALE

CD-II 04

Barzellette e freddure italiane ― イタリアのジョークとダジャレ

イタリア人は時々，お互いにジョーク（Barzelletta）を語り始めます。イタリアのジョークは何も考えずに聞くと，あまり面白くないものです。ジョークを面白くするのはやはり巧みな語り手です。しかし，聞いている人もジョークを理解する努力を少ししなければなりません。その努力なしで，笑いの花は咲きません。語り手がどこがおもしろいかを説明しなければならなくなったときは，もう手遅れです。絶対に笑えません。落語と少し似ています。さて，ここで典型的なイタリアのジョークを紹介します。日本人読者のあなたがすぐに笑えば，前世はイタリア人だったかもしれません。

ジョークの主人公はしばしば恋人（夫や妻）です。

1） Gigi dice: «A mia moglie hanno rubato la carta di credito!».
Allora il suo amico Pino gli risponde: «Ma non sei andato alla polizia a fare denuncia?»
E allora Gigi risponde: «No, perché il ladro spende meno!»

また，イタリアの憲兵（カラビニエーリ）についてのジョークもあります！

2） Un carabiniere dice a un altro carabiniere: «Antonio, la vuoi una birra?»
E l'altro carabiniere gli risponde: «Sono astemio.»
Allora il primo carabiniere gli chiede: «Astemio, la vuoi una birra?»

ジョーク(Barzelletta)以外にも，日本のおやじギャグに似たダジャレ(freddura)もあります。これは申し訳ないほど面白くありませんが，相手に「freddo」（寒さ）を感じさせるものです。

3） -Ma perché in Indonesia continuano a tagliare gli alberi se hanno Giacarta?
4） -Qual è l'uccello più veloce? -A! Qui! Là!
5） -Un uomo entra in un caffè. Splash!
6） -Cosa fanno otto cani in mezzo al mare? -Un canotto!
7） -Non cercare di cambiare un uomo. Accettalo così com'è!
8） -Qual è il paese più lungo? -L'Ungheria.

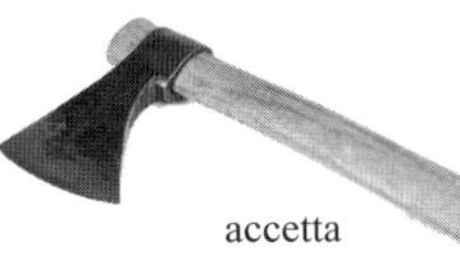
accetta

やはり，笑うのは無理ですね。しかし言葉の遊びを理解しようと楽しんでみてください！

接続法（現在・過去）

Il congiuntivo (presente e passato)

CD-II 05

読解 — LETTURA E COMPRENSIONE
社会人デビュー！　Primo giorno di lavoro!

Mi chiamo Tomoya, finalmente mi sono laureato all'Università di Osaka, e oggi comincio a lavorare come agente pubblicitario. Penso che il mio ufficio sia proprio un bell'ambiente: è pieno di finestre, luminosissimo e molto grande. Nonostante sia solo al sesto piano, dalla mia scrivania si vede un panorama stupendo! Per lavorare ho un computer nuovissimo, sembra che il mio capo l'abbia comprato apposta per me, e ogni giorno, alle undici e alle tre del pomeriggio c'è perfino la pausa caffè! Ho solo quindici giorni di ferie estive, ma spero che siano abbastanza per andare al mare o per fare qualche piccolo viaggio all'estero. E lo stipendio è ottimo! Un'ora fa ho incontrato per la prima volta i colleghi: sembrano davvero simpatici. C'è Kengo, un tipo alto, pallido e occhialuto che se non ricordo male penso che venga dall'Hokkaido, c'è Manami, una giovane ragazza paffuta e sorridente che, a giudicare dal suo comportamento un po' infantile, immagino sia venuta a lavorare qui da poco tempo, c'è Takayuki, un tipo con i capelli tinti di biondo e dall'aria misteriosa, che non si capisce mai cosa pensi, ma soprattutto c'è Yoko, la mia vicina di scrivania: una ragazza carinissima! È abbastanza alta, con i capelli a caschetto neri e un paio di occhiali dalla montatura rossa. Ha occhi grandi ed espressivi e un sorriso da favola! Ma proprio non riesco a capire quanti anni abbia. Avrà il ragazzo? Chissà... Ripensandoci, non credo di avere mai visto ragazze così carine all'università! Spero che un giorno si innamori di me...!
Fra poco incontreremo anche il nostro capo, il signor Watanabe, che, a giudicare da quello che mi hanno detto i colleghi immagino che sia una persona flessibile e comprensiva; spero solo che non ci faccia lavorare troppo! Tutto sommato per ora penso di essere contento, sebbene il lavoro che mi aspetta non sia facile...

(Continua nella lezione 22)

質問 — DOMANDE:

1) Che lavoro fa Tomoya?

2) Com'è il suo ufficio?

3) A che ora è la pausa caffè?

4) Come si chiamano i suoi colleghi?

5) Chi, secondo Tomoya, lavora in quella ditta da poco?

6) Che cosa pensa Tomoya di Takayuki?

7) Com'è Yoko?

8) Che cosa spera Tomoya su Yoko e sul suo capo?

Parole ed espressioni utili（意味は辞書で調べてください。）	
cominciare（a ＋不定詞）	luminoso
(a) giudicare（da ＋名詞）	stupendo
immaginare	misterioso
l'agente pubblicitario	espressivo
l'ambiente	flessibile
la pausa	nonostante
le ferie	perfino
lo stipendio	apposta
i colleghi	da favola
il tipo	(avere) l'aria（＋形容詞）
il comportamento	tutto sommato

接続法は，直説法の客観的な「現実」の世界とはまた異なる主観的な「思想」の世界を表すために使います。つまり，客観的でまぎれもない，絶対的な事実ではなく，あくまで個人的で主観的な推測，意見，考慮，または噂を表すために使います。動詞はたいてい接続詞（主に「che」）に導入されるから，「接続法」と呼ばれます。

まぎれもない現実（直説法）：La macchina **è** rossa.　車は赤です。
（車が目の前にあり，誰が見ても赤だ。）
個人的な推測（接続法）：Penso **che** la macchina **sia** rossa.　車は赤だと思います。
（車が見られないが，何かの根拠に基づき赤だと推測する。）

接続法の仕組みは直説法のものと似ていますが，直説法とは異なり時制は4つ（現在，過去，半過去，大過去）しかありません。まず，現在と過去，そしてこの2つの時制の一致を学びます。

21.1　接続法現在　Congiuntivo presente

接続法現在の活用は比較的簡単に覚えることができます。接続法の元となるのは直説法なので，規則動詞・不規則動詞の区別そして特殊な形（-isc 型）などは直説法と同じです。以下の共通パターンを覚えれば，覚えやすいです。

① すべての動詞の1，2，3人称単数の活用は1つだけの活用形で共通です。
② すべての動詞の1人称複数（noi）は直説法と同じ（-iamo）です。
③ すべての動詞の2人称複数（voi）は（-iate）で終わります。
④ すべての動詞の3人称複数（loro）は1，2，3人称単数の活用形に「-no」をつけたものです。

つまり，それぞれの動詞の1，2，3人称単数の形さえ覚えれば，他の活用は簡単に推測できます。

では，まず「essere」，「avere」の活用は以下のとおりです。

主語	ESSERE（不定詞）	主語	AVERE（不定詞）
(che) io	**sia**	(che) io	**abbia**
(che) tu		(che) tu	
(che) lui/lei/Lei		(che) lui/lei/Lei	
(che) noi	**siamo**	(che) noi	**abbiamo**
(che) voi/Voi	**siate**	(che) voi/Voi	**abbiate**
(che) loro/Loro	**siano**	(che) loro/Loro	**abbiano**

用例：Penso che tu **sia** simpatico.　君は感じのいい人だと（僕は）思う。

Non credo che Tommaso **abbia** la ragazza.

トンマーゾに彼女がいるとは（私は）思わない。

注意：接続法の場合，1，2，3人称単数は同じ形なので主語を省きません。

さて，規則動詞の接続法現在の活用は以下のとおりになります。「-ere」動詞と「-ire」動詞の語尾変化は同じです。

接続法現在	-are 動詞		-ere 動詞		-ire 動詞①		-ire 動詞②	
主語	cant**are**		prend**ere**		apr**ire**		fin**ire**	
(che) io	cant	**i**	prend	**a**	apr	**a**	fin	**isca**
(che) tu								
(che) lui/lei/Lei								
(che) noi		**iamo**		**iamo**		**iamo**		**iamo**
(che) voi		**iate**		**iate**		**iate**		**iate**
(che) loro		**ino**		**ano**		**ano**		**iscano**

注意：「**-iare**」で終わる動詞の「i」は重複するため，1つ省きます（例：studiare⇒studi, studiamo, studiate, studino）。また，「**-care**」，「**-gare**」で終わる動詞の場合，音を調整するために「h」を語幹と語尾の間に付けます（例：cercare⇒cerchi, cerchiamo, cerchiate, cerchino）。

用例：　Pensate davvero che Luisa **canti** bene? Secondo me è stonatissima!

本当にルイーザは歌が上手いと君たちは思っているのか？　僕からすると，彼女は超音痴なのに！

Voglio che voi non **prendiate** quei soldi!　君たちがそのお金を取らないで欲しい。

Spero che la lezione **finisca** presto... non ne posso più!

授業が早く終わることを願う…もうやってられない。

21

そして，主な不規則動詞の 1，2，3 人称単数の形は以下のとおりです。

fare → **faccia**	stare → **stia**	dire → **dica**	dare → **dia**
andare → **vada**	venire → **venga**	uscire → **esca**	volere → **voglia**
potere → **possa**	dovere → **debba**	sapere → **sappia**	bere → **beva**
piacere → **piaccia**	rimanere → **rimanga**	morire → **muoia**	～durre → **～duca**

Esercizio 1: 次の規則動詞を接続法現在に活用させ，文を正しく繋げてください。

1）Non credo che Lucia（prendere）__________
2）Voglio che i miei figli（leggere）__________
3）Penso che Claudia（guidare）__________
4）Immagino che loro due（partire）__________
5）Penso che Anna e Lucia（portare）__________
6）Voglio davvero che voi（vincere）__________
7）Non credo che mio padre（capire）__________
8）Penso che loro（cercare）__________

a）come una pazza!
b）questo portafoglio.
c）la metropolitana per venire qui oggi.
d）lo spumante e il panettone.
e）libri, e non solo fumetti!
f）domani per il viaggio di nozze.
g）la partita. Ve lo meritate!
h）che mi sono innamorato di Marco...

Esercizio 2: 次の不規則動詞を接続法現在に活用させてください。

1）Penso che Anna（essere）________ uno schianto con quel vestitino!
2）Noi crediamo che Francesco e Mara non（avere）__________ molti soldi...
3）Loro vogliono che io（fare）__________ questo lavoro per domani, ma non ce la farò mai!
4）Credo che Lorenzo（avere）__________ l'influenza e che（stare）_________ a casa oggi.
5）Suppongo che voi non（venire）__________ con noi.
6）Non credo che ad Anna（piacere）____________ i dolci...
7）Spero che mio marito Stefano（uscire）__________ di casa al più presto... Non lo sopporto più!
8）Ragazzi, penso che voi（dovere）____________ studiare di più...
9）Immagino che tu（andare）__________ al mare anche quest'anno...
10）Voglio che Massimo mi（dire）__________ che mi ama! Non me lo dice mai!

21.2 接続法過去　Congiuntivo passato

接続法過去は直説法の近過去に当たります。複合時制なので，「essere」，「avere」の接続法現在を助動詞にして，過去分詞と合わせます。他の複合時制と全く同じパターンで変化します。

<table>
<tr><th>主語</th><th>助動詞
（avere の接・現）</th><th>過去分詞
（finire）</th><th>主語</th><th>助動詞
（essere の接・現）</th><th>過去分詞
（andare）</th></tr>
<tr><td>io</td><td rowspan="3">abbia</td><td rowspan="6">finito</td><td>io</td><td rowspan="3">sia</td><td rowspan="3">andato/-a</td></tr>
<tr><td>tu</td><td>tu</td></tr>
<tr><td>lui/lei</td><td>lui/lei</td></tr>
<tr><td>noi</td><td>abbiamo</td><td>noi</td><td>siamo</td><td rowspan="3">andati/-e</td></tr>
<tr><td>voi</td><td>abbiate</td><td>voi</td><td>siate</td></tr>
<tr><td>loro</td><td>abbiano</td><td>loro</td><td>siano</td></tr>
</table>

接続法過去は過去に完了した出来事について，現在において推測する時に使います。

用例：Penso che Anna **sia andata** a comprare i regali per i bambini.
アンナは子供たちのためのプレゼントを買いに行ったと思う。
Credo che loro **abbiano finito** i soldi.　彼らはお金を切らしてしまったと思う。
Non credo che Federico **si sia sposato**.　フェデリーコが結婚したと私は思いません。

Esercizio 3: 次の動詞を接続法過去にし，文を正しく繋げてください。

1）Io credo che Garibaldi（essere）_____ ________
2）Pensiamo che loro（avere）________ __________
3）Non credo che tu（fare）_________ _________
4）Paolo crede che io（rubare）________ _________
5）Credo che Ugo e Mara（lasciarsi）_____ ______ _______
6）Immagino che voi（vedere）_________ _______
7）Penso che i ladri（venire）________ ________
8）Penso che tu（bere）_________ ___________
9）Loro credono che noi（perdere）_________ _________
10）Credo che Francesco（diventare） _______ _________

a）perché lei lo tradiva.
b）un professore universitario.
c）questa partita. Ma si sbagliano.
d）un grande eroe.
e）una gran bella figura...
f）un po' troppo whisky...
g）i soldi della tombola.
h）dei problemi con i vicini.
i）ieri notte a rubare in casa mia.
l）quel film: è famosissimo.

21.3 時制の一致1 Concordanze: presente e passato

接続法が主に使われるのは「che」に導入される従属節です。主節と従属節の時制を必ず一致させる必要があります。主節の動詞が直説法現在，または未来なら，従属節の動詞は**直説法未来形**（接続法に未来形はない），**接続法現在**（または「stare」を使った現在進行形），あるいは**接続法過去**（主節の動作以前に完了した出来事の場合）となります。

<table>
<tr><th>主節</th><th>従属節</th><th>説明 ［文を述べる状況］</th></tr>
<tr><td rowspan="3">Io penso che
(Io penserò che)</td><td>pioverà.
domani piova.
［主節より後に起こる予定のこと］</td><td>雨が降るだろうと思います。（直・未）
明日，雨が降ると思います。（接・現）
［天気予報・空模様などを見て推測］</td></tr>
<tr><td>adesso piova.
adesso stia piovendo.
［主節と同時に起こっていること］</td><td>今，雨が降っていると思います。（接・現）
今，雨が降っていると思います。（進行形）
［外で傘をさしている人などを見て推測］</td></tr>
<tr><td>ieri sia piovuto.
［主節より前に起こったこと］</td><td>昨日，雨が降ったと思います。（接・過）
［地面が濡れているのを見て推測］</td></tr>
</table>

Esercizio 4: 動詞を接続法現在または過去に活用させて文章を完成させてください。

Chiacchiere di paese

In paese dicono che Anna l'anno scorso (avere)__________________ un bambino dal suo ragazzo. Ma sembra che il suo ragazzo, che ha solo vent'anni, (decidere) __________________ di abbandonarla! Per questo si vocifera che Mario, il padre di Anna, furioso, (prendere) __________________ il fucile e (andare)______________ a discutere con i genitori del ragazzo, e sembra che (riuscire) ________________ a convincerli a far sposare il loro figlio ad Anna.
Ora, dopo il matrimonio, pare che tutti e tre (vivere)______________ insieme e che (volersi)______________________ bene; e benché il ragazzo (essere)______________ molto giovane, sembra che ora (lavorare)________________ seriamente ogni giorno nel negozio di alimentari del padre di Anna. Si dice che il ragazzo e il suocero (fare) ______________________ pace, e che ora (andare)_______________ molto d'accordo!

21.4 接続法の用法　Usi del congiuntivo

接続法には様々な用法があります。以下では主なものを紹介します。

①	主観的な意見・考え	Credo che Francesca **sia** una ragazza bellissima e simpatica.
②	根拠のある主観的な推測	Siccome Mario ieri stava male, penso che oggi non **venga**.
③	噂や不確かな情報	Si dice che Simona **aspetti** un bambino!
④	可能性（È possibile che...）	È possibile che Marcello mi **abbia tradita**!
⑤	希望（sperare）	Spero che Babbo Natale mi **porti** un bel regalo!
⑥	意図（volere, preferire）	Voglio che tu non **faccia** lo stupido!
⑦	助言（È meglio che...）	È meglio che voi non **veniate**, siete troppo piccoli.
⑧	気持ち（Sono felice che...）	Sono felice che voi **siate** miei studenti.

接続法を使う場合	接続法を使わない場合
疑問の余地がある時 Non sono sicuro che lui **abbia** preso i soldi. 私は彼がお金を盗ったと確実には言えない。	疑問の余地がない時（直説法） Sono sicuro che lui **ha** preso i soldi. 私は彼がお金を盗ったことを確信している。
主節と従属節の主語が違う時 Penso che Anna **sia** una persona onesta. アンナが誠実な人だと私は思う。	主節と従属節の主語が同じ時（di +不定詞） Penso di **essere** una persona onesta. 自分は誠実な人だと（自分で）思う。

Esercizio 5: 次の文の動詞を直説法（現在），条件法（現在），または接続法（現在）で活用させてください。

Gli italiani e il congiuntivo

Si dice che negli ultimi anni molti italiani (stare)___________ abbandonando l'uso del congiuntivo. Sembra inoltre che questa tendenza (essere)__________ particolarmente diffusa tra i giovani. Sempre più spesso, nelle trasmissioni televisive e in rete, molti ragazzi (evitare)____________ di usare il congiuntivo, e quando lo (usare)__________ è possibile che lo (sbagliare)____________. Il fatto di sbagliare clamorosamente un congiuntivo durante una conversazione (potere)___________ far rabbrividire la persona che (trovarsi)_____________ davanti a noi. Per esempio, davanti a una *gaffe* del genere anche il ragazzo o la ragazza dei nostri sogni (sparire)_______________ subito dopo il primo appuntamento. (Essere)_____________ davvero imbarazzante. Si (pensare) _________ che la paura di sbagliare e di trovarsi in imbarazzo (essere)_________ il motivo principale di questa "congiuntivofobia" che (colpire)______________ le nuove

21

generazioni. Ma è possibile anche che gli italiani di oggi (preferire)_____________ usare sempre l'indicativo per mostrarsi più sicuri e decisi, e (considerare)____________ _____ il congiuntivo un indicatore di debolezza e indecisione.

また，接続法は以下のような特殊な表現に導かれる節でも使います。

①	nonostante, sebbene, benché ～にもかかわらず…	**Nonostante** Ciro **sia** di Napoli, odia la pizza. **Benché** loro **siano** ricchi, non sembrano felici.
②	a patto che, a condizione che ～という条件で…	Io vengo, **a patto che** non ci **sia** quello sbruffone di Arturo! Ti compro il motorino **a condizione che** tu **venga** promosso!
③	chiunque, qualunque, など ［～ unque］～にしろ，…	**Chiunque** tu **sia**, io non ho paura di te! Vieni avanti! Ugo è un imbranato. **Qualunque** cosa **faccia**, la sbaglia.
④	affinché, perché ～するように…	Uso il computer **affinché** voi **possiate** capire meglio. Ti ho dato questa bottiglia di vino **perché** tu la **beva**.
⑤	a meno che (non)... 万一（～ない）限り…	**A meno che** non **cada** un meteorite, incontrerò Stefania.
⑥	prima che... ～する前に…	**Prima che** tu **parta**, voglio vederti per l'ultima volta!

Esercizio 6: 次の表現を正しく選んで，文を完成させてください。

nonostante / affinché / a meno che / prima che / chiunque / dovunque / qualunque / comunque

1) Ti seguirò ________________ tu vada!
2) Marco dovrebbe arrivare in tempo, __________________ non ci sia traffico...
3) _________________ Martina sia una ragazza fantastica, non ha il ragazzo.
4) Ecco, ti do una cartina ______________ tu non ti perda!
5) Federica si innamora di _______________ mostri interesse per lei!
6) Non la sposare! Dammi retta, lasciala ________________ sia troppo tardi!!
7) ________________ vadano le cose, noi saremo sempre amici.
8) ________________ sia il risultato, non ci lamenteremo!

主に口語で接続法を使わずに自分の意見を言ったり，相手の意見を求めたりするために，「secondo ＋人称代名詞」という非常に便利な表現があります。
例：Secondo me Francesca è molto carina.　僕からすると，フランチェスカはとてもかわいい。
　　Secondo te chi vincerà?　君の意見では，勝つのは誰なの？

CD-II 06

Gli indovinelli italiani — イタリア語のなぞなぞ

次のイタリア語のなぞなぞの答えを以下の表から選んでください。

例：Vola ma non ha le piume; ha le ali ma non canta. Che cos'è? L'aereo!

1) Non ha braccia e non ha gambe, ma corre e salta. Che cos'è? ________

2) Sa tante cose ma non sa parlare, ha tante ali ma non sa volare. Che cos'è? ________

3) Più la tiri e più diventa corta. Che cos'è? ________

4) È buonissima, ma tutti la scartano. Che cos'è? ________

5) Sta in casa con il bel tempo ed esce quando piove. Che cos'è? ________

6) Si spoglia quando fa freddo. Che cos'è? ________

7) Ha i denti ma non morde, se lo usi devi toglierti il cappello. Che cos'è? ________

8) Lo mangiate sempre rotto, che sia crudo o che sia cotto. Che cos'è? ________

9) È tuo, ma lo usano sempre gli altri. Che cos'è? ________

10) Lo pianti ma non cresce. Che cos'è? ________

11) Quando balla, cade sempre. Che cos'è? ________

12) Nelle acque bollenti, entrano bastoni ed escono serpenti. Che cosa sono? ________

a) l'uovo b) il pettine c) la sigaretta d) la palla e) gli spaghetti f) l'albero
g) il chiodo h) il libro i) la caramella l) il nome m) il dente n) l'ombrello

Polignano a Mare (provincia di Bari) - Spiaggia di Lama Monachile (Cala Porto)

21

接続法（半過去・大過去）

Il congiuntivo (imperfetto e trapassato)

CD-II 07

読解 — LETTURA E COMPRENSIONE
がっかりだぁ!!　Che delusione!!

DUE ANNI DOPO...
Sono ancora io, Tomoya. Sono passati ormai due anni da quando ho iniziato a lavorare in questo ufficio. E devo dire che per me è stata una grande delusione! Basta, non ce la faccio più: ora mi sfogo. Prima di tutto, all'inizio non pensavo che il mio capo fosse una persona così rigida e tradizionalista; e poi si approfittava di me: più lavoravo, più lui mi faceva lavorare! Ieri, ad esempio, sono tornato a casa a mezzanotte! Sinceramente non credevo che arrivasse fino a questo punto! Poi pensavo che mi lasciasse prendere un po' di ferie l'estate scorsa, ma mi ha costretto a rimanere qui in ufficio nei giorni più caldi di agosto! Accidenti... Per non parlare dei colleghi: a Kengo dava fastidio la luce (ho sempre pensato che fosse un vampiro!), quindi teneva sempre chiuse le tende veneziane. E io che pensavo di godermi il panorama... ma niente da fare! Manami, nonostante fosse una brava ragazza, era gelosissima di me, e non voleva assolutamente che io parlassi con Yoko, con cui sembrava che avesse litigato: quelle due non andavano affatto d'accordo! Takayuki, il biondo, invece, nonostante io all'inizio lo considerassi un tipo bizzarro, era davvero un bravo ragazzo: mi aiutava spesso con il lavoro ed era sempre il primo a difendermi quando sbagliavo, ma ha lasciato la ditta due mesi fa dopo una lite furibonda con il capo.
Ma veniamo al punto dolente: Yoko! Sei mesi fa ci siamo messi insieme di nascosto (per evitare che Manami si arrabbiasse...) ; per un po' ci siamo divertiti, ma poi ho scoperto un po' di cose... oltre a me frequentava almeno altri tre ragazzi (tra cui anche Takayuki!)... Mamma mia! Nonostante sembrasse un angelo, in realtà era un diavolo! Chi lo avrebbe immaginato? Io la amavo davvero! Che delusione!! Ma per fortuna ho trovato un nuovo lavoro! Comincio fra un mese, e non vedo l'ora!

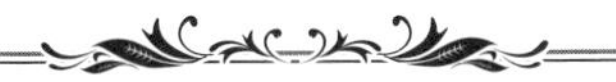

質問 — DOMANDE:

1) Quanto tempo è passato da quando Tomoya ha iniziato a lavorare?

2) Com'era in realtà il capo?

3) Che cos'ha fatto Tomoya ad agosto dell'anno prima?

4) Perché Tomoya pensava che Kengo fosse un vampiro?

5) Che cosa faceva Takayuki per Tomoya?

6) Perché, secondo te, Manami non voleva che Tomoya parlasse con Yoko?

7) Qual era il vero volto di Yoko?

Parole ed espressioni utili（意味は辞書で調べてください。）	
la delusione	andare d'accordo
la luce	sembrare
le tende	difendere
il vampiro	sbagliare
il punto	scoprire
l'angelo	frequentare
il diavolo	bizzarro
(non) farcela (più)	dover dire che...
sfogarsi	in realtà
lasciare	niente da fare!
costringere	di nascosto
dare fastidio (a + 人)	per fortuna
godersi	non vedere l'ora

22

22.1 接続法半過去　Congiuntivo imperfetto

接続法半過去の活用パターンは直説法半過去（第14課を参照）に類似しています。まず，形を覚えましょう。動詞「essere」は不規則動詞で，この時制で最も使われる動詞の1つなので，その形をしっかりと覚える必要があります。

主語	ESSERE（接・半過去）
io	**fossi**
tu	
lui/lei/Lei	**fosse**
noi	**fossimo**
voi/Voi	**foste**
loro/Loro	**fossero**

一方で，規則動詞の活用に関しては，原形（不定詞）の語尾の最後の2文字（re）を次のように入れ替えると，どの種類の動詞もまとめて活用できます。他方で，「essere」を除く不規則動詞に関しては，語尾変化は規則動詞と同じですが，語幹が特殊です。

主語	**規則動詞**（接・半）		主語	主な**不規則動詞**（接・半）	
例：	cantare avere capire		例：	fare bere dire	
io	canta- ave- capi-	**ssi**	io	fa- → face- be- → beve- di- → dice- など…	**ssi**
tu			tu		
lui/lei/Lei		**sse**	lui/lei/Lei		**sse**
noi		**ssimo**	noi		**ssimo**
voi/Voi		**ste**	voi/Voi		**ste**
loro/Loro		**ssero**	loro/Loro		**ssero**

＊接続法半過去のすべての動詞に共通する活用パターンは次のとおりです。
① 1，2人称単数は同じ（-ssi）です。
② 3人称単数は（-sse）となり，3人称複数は（-sse）に（-ro）を追加します。

基本的に，接続法半過去は**主節の動詞が過去時制**の時に用います。

用例：　**Pensavo** che Fabio **fosse** un gentiluomo, invece è un cafone.
ファビオはジェントルマンだと思っていたけど，実際は粗野だ。
Credevo che i tuoi fratelli **venissero** al matrimonio, ma non li ho visti.
君の兄弟たちが結婚式に来る（だろう）と思っていたが，見かけなかった。

接続法半過去は主に「～と思っていたのに…」，「～してほしかったのに…」など，一般的に「失望」，「幻滅」や「叶わなかった願望」を表すときに使います。
ただし，**主節の動詞が条件法**の場合も使えます。

用例：　**Vorrei** che tu mi **regalassi** dei fiori, ma non mi regali mai nulla.
君が私に花をプレゼントして欲しいんだけど，いつも何もプレゼントしてくれないね。

この場合は，現在も将来も「叶う可能性の低い願望」などを表すために使います。いずれにしても，実現から遠い，現実の世界とのかかわりが薄い出来事を表します。
接続法で表す「思っていること」，または「想像していること」は，直説法で表す「明らかになった現実」，「明かされた事実」との衝突によって，成り立たなくなってしまい，半過去になります。以下の表を見ましょう。

接続法現在（～だと思う）→	（だけど実は…）→	**接続法半過去（だと思っていた）**
Penso che Fabio sia gentile.	Fabio è un cafone.	**Pensavo** che Fabio **fosse** gentile...
Credo che Marta sia bella.	L’ho vista senza trucco.	**Credevo** che Marta **fosse** bella...
接続法現在（～て欲しい）→	（だけど実は…）→	**接続法半過去（～て欲しかった）**
Voglio che tu mi porti dei fiori.	Non hai portato nulla.	**Volevo** che tu mi **portassi** dei fiori.
Desidero che tu venga.	Tu non sei venuto.	**Desideravo** che tu **venissi**.

更に，「Magari」＋接続法半過去で願望・夢を表すこともできます。

用例：　Magari **potessi** andare in Italia!　イタリアへ行けたらいいのになぁ！

Esercizio 1: 動詞を接続法半過去に活用させ，後に続く部分と正しく繋げてください。

1) Pensavo che casa tua (essere)___________ a) una sorpresa, invece niente...
2) Non credevamo che loro (potere)__________ b) ma poi siete diventati artisti di strada.
3) Credevo che Marta mi (volere)__________ bene, c) in centro, invece è in campagna...
4) Volevo che voi (diventare)__________ avvocati, d) essere così crudeli con noi.
5) Mi aspettavo che tu mi (fare)__________ e) invece mi ha tradito con quel tamarro.
6) Pensavo che quei ragazzi (andare)__________ f) un bell'anello di diamanti!
7) Pensavamo che (piovere)__________, g) a ballare, invece sono tornati a casa.
8) Desideravo che lui mi (comprare)__________ h) invece nevica!

Esercizio 2: 次の文の動詞を接続法半過去に活用させ，文を完成させてください。

Magari! (～だったらいいのになぁ！)

1) Magari la mia ragazza (essere)__________ alta, mora e con gli occhi chiari, e (avere)________ un bel fisico e un carattere dolce e premuroso...!
2) Magari i miei genitori mi (comprare)__________ sempre i miei giocattoli preferiti...!
3) Magari mio marito mi (fare)__________ una sorpresa e mi (portare)__________ a fare un viaggio!
4) Magari i miei figli mi (venire)__________ a trovare...
5) Magari il mio capo mi (lasciare)__________ andare in vacanza per dieci giorni!
6) Magari il mio professore mi (dire)__________ che sarò promosso!
7) Magari io (vincere)____________ al lotto...!
8) Magari noi (potere)___________ comprare una casa nuova!

22.2 接続法大過去 Congiuntivo trapassato

接続法大過去は直説法の大過去に当たります。複合時制なので，「essere」，「avere」の接続法半過去を助動詞にして，過去分詞と合わせます。他の複合時制と全く同じパターンで助動詞を選びます。

<table>
<tr><th>主語</th><th>助動詞
（avere の接・半）</th><th>過去分詞
（finire）</th><th>主語</th><th>助動詞
（essere の接・半）</th><th>過去分詞
（andare）</th></tr>
<tr><td>io</td><td rowspan="2">avessi</td><td rowspan="6">finito</td><td>io</td><td rowspan="2">fossi</td><td rowspan="3">andato/-a</td></tr>
<tr><td>tu</td><td>tu</td></tr>
<tr><td>lui/lei</td><td>avesse</td><td>lui/lei</td><td>fosse</td></tr>
<tr><td>noi</td><td>avessimo</td><td>noi</td><td>fossimo</td><td rowspan="3">andati/-e</td></tr>
<tr><td>voi</td><td>aveste</td><td>voi</td><td>foste</td></tr>
<tr><td>loro</td><td>avessero</td><td>loro</td><td>fossero</td></tr>
</table>

接続法大過去も半過去と同様に，**主節の動詞が過去時制**の時に用います。主に「〜と思っていたのに…」，「〜と思っていたが…」などと「失望感」を表す際に使いますが，接続法大過去にする動詞が表す動作は完了しています。

Pensavo che i bambini **avessero finito** i compiti... (invece no).
子供たちは宿題を終えたと思っていたけど…（そうじゃない）

Credevo che Franco **fosse tornato** a casa... (invece non c'è).
フランコは家に帰ったと思っていたが…（いない）

Esercizio 3: 次の動詞を接続法大過去に活用させて，文を完成させてください。

1) Credevo che Federico (partire)________ ________ ieri, invece parte oggi.
2) Non sapevo che i miei insegnanti (andare)________ ________ in pensione...
3) Nonostante loro (bere)________ ________ moltissimo, non erano ubriachi.
4) Ero convinto che Fabio e Martina (sposarsi)______ ________ ________, invece no!
5) Ero sicuro che lui da giovane (essere)________ ________ in Italia per un anno.
6) Non credevo che loro (vincere)________ ________ così tanti soldi.
7) Credevo che la luce l' (spegnere)________ ________ tu! Invece è accesa.
8) Nonostante voi ieri (mangiare)________ ________ moltissimo, avevate ancora fame.

22.3 時制の一致2 Concordanze: imperfetto e trapassato

過去形でも，現在形と同じように，主節と従属節の時制を必ず一致させる必要があります。主節の動詞が**直説法の過去時制の1つ**，または**条件法の現在・過去**なら，従属節の動詞は**条件法過去**（つまり過去の中の未来），**接続法半過去**（または「stare」を使った進行形），あるいは**接続法大過去**（主節の動作以前に完了した出来事の場合）となります（21.3の表を同時に参考にするとわかりやすいです）。

<table>
<tr><th>主節</th><th>従属節</th><th>説明 ［文を述べる状況］</th></tr>
<tr><td rowspan="3">Ieri...
Io pensavo che
Ho pensato che
Pensai che
(Penserei che)
(Avrei pensato che)</td><td>oggi sarebbe piovuto.
oggi piovesse.
［主節より後に起こった事］</td><td>今日雨が降るだろうと思っていた。（条・過）
今日雨が降るだろうと思っていた。（接・半）
［前日に見た天気予報が当たらなかった場合］</td></tr>
<tr><td>ieri piovesse.
ieri stesse piovendo.
［主節と同時に起こっている事］</td><td>昨日，雨が降っていると思っていた。（接・半）
昨日，雨が降っていると思っていた。（進行形）
［雨だと推測していたが，結局は雨じゃなかった］</td></tr>
<tr><td>ieri fosse piovuto.
［主節より前に起こった事］</td><td>昨日，雨が降ったと思っていた。（接・大）
［地面が濡れているのを見たが，雨じゃなかった］</td></tr>
</table>

では，接続法の全ての時制の一致を以下の表でまとめましょう。

<table>
<tr><th colspan="5">接続法・時制の一致一覧表</th></tr>
<tr><th>主節</th><th>従属節</th><th></th><th>主節</th><th>従属節</th></tr>
<tr><td>• 直説法現在（未来）</td><td>①直説法未来
接続法現在
②接続法現在（進行形）
③接続法過去</td><td>⇒</td><td>• 直説法の過去形
• 条件法</td><td>①条件法過去（過去未来）
接続法半過去
②接続法半過去（進行形）
③接続法大過去</td></tr>
</table>

Esercizio 4: 動詞を接続法現在・過去，半過去・大過去，条件法過去に活用してください。

1) Credevo che Franco ieri (venire)________________ a scuola, ma ho saputo che è rimasto a casa.

2) Penso che tu (fare)________________ troppi errori, e che tu (dovere)__________

studiare di più.

3) Non sapevo che loro (vincere)________________ al lotto! Che bella notizia!!

4) Ero convinto che voi oggi (venire)________________ con la macchina, ma siete venuti in treno!

5) Le previsioni del tempo avevano detto che oggi (nevicare)________________, ma sta piovendo!

6) Loro pensano che noi ieri (bere)________________ troppo, ma non eravamo ubriachi.

7) Tu pensavi che io (dimenticarsi)______________ di te, ma mi sono ricordato!!

8) Vorrei che voi (essere) _________ più gentili con me, e che mi (aiutare)_________ a lavorare.

22.4 仮定文 Periodo ipotetico

仮定文はたいてい「Se...」(もし…)で始まり，以下の3グループに分かれます。

グループ	時制	例
① 現実性 (Realtà)	直(現＋現) 直(未＋未)	Se **piove** non **esco**. 雨が降ったら，出かけない。 Se **pioverà**, non **uscirò**. 雨が降ったら，出かけない(だろう)。
② 可能性 (Possibilità)	接(半)＋条(現)	Se **avessi** i soldi, **andrei** in Italia. お金さえあれば，イタリアに行くぞ。
③ 不可能性 (Impossibilità)	接(大)＋条(過)	Se **avessi avuto** i soldi, **sarei andato** in Italia. (あの時)お金があったら，イタリアへ行っていたのに…

グループ① 「現実性」の仮定文

満たされやすい条件と実現する可能性の高い意図からなるものです。「現実」に近いため，従属節に直説法を用います。

グループ② 「可能性」の仮定文

①に比べて満たされにくい条件と実現する可能性が低い意図からなるものです。意図が実現しにくいため，従属節に条件法を用います。

グループ③ 「不可能性」の仮定文

もはや満たされることがない条件と実現がもはや不可能な意図からなるものです。すべての動詞が完了形です。つまり，もはや後戻りができない，取り返しのつかない状況や非現実的な考えを表すために使います。

Esercizio 5: 次の動詞を適切に活用させ，後に続く部分と正しく繋げて，仮定文を完成させてください。また，それぞれが上記の①～③のどれに当たるか，仮定文グループを述べてください。

1) Se tu (studiare) _____________ un po’	a) parteciperreste alle Olimpiadi!
2) Se io non (conoscere)_____________ tua madre,	b) io passerei quell’esame.
3) Se voi non (diventare)________________ medici,	c) vi piacerà senza dubbio!
4) Se (tu - chiamare)___________ Mario,	d) noi non ci saremmo mai incontrati!
5) Se loro mi (aiutare)______________,	e) saresti il primo della classe!
6) Se voi (vincere)______________ quella partita,	f) che lavoro avreste fatto?
7) Se la vostra macchina non (fermarsi)____________,	g) tu non saresti mai nato.
8) Se (voi leggere)_________________ quel libro,	h) viene di sicuro!

Civita di Bagnoregio - il paese che muore

CD-II 08

Gli scioglilingua italiani — イタリア語の早口ことば

日本語と同じように，イタリア語にも早口ことばがあります。

イタリアでは，早口ことばはTVやラジオのアナウンサーになるための訓練の一環として使われています。以下の早口ことばをできるだけ早口で，かまずに言いましょう！ さて，全レベルをクリアできる強者はいるのでしょうか？

ぜひCDも聞いてくださいね。

LIVELLO 1: Facile - TRE TIGRI　3匹の虎
"Tre tigri contro tre tigri"

LIVELLO 2: Medio - LA CAPRA E LA PANCA　山羊とベンチ
"Sopra la panca la capra campa, sotto la panca la capra crepa"

LIVELLO 3: Difficile - TRENTATRÉ TRENTINI　33人のトレント人
"Trentatré trentini entrarono a Trento
tutti e trentatré trotterellando"

LIVELLO 4: Difficilissimo - IL CONIGLIO　うさぎ
"Se il coniglio gli agli ti piglia, levagli
gli agli e tagliagli gli artigli!"

LIVELLO 5: Infernale - L'ARCIVESCOVO DI COSTANTINOPOLI
コンスタンチノープルの大司教
"Se l'arcivescovo di Costantinopoli
si disarcivescoviscostantinopolizzasse,
vi disarcivescoviscostantinopolizzereste voi
come si è disarcivescoviscostantinopolizzato
l'Arcivescovo di Costantinopoli?"

Sopra la panca, la capra campa…

LEZIONE 23

比較級と最上級

I comparativi e i superlativi

CD-II 09

読解 — LETTURA E COMPRENSIONE
男子の品定め　Ragazzi a confronto

LAURA: Senti, Anna, ma secondo te chi è il ragazzo più bello e interessante del nostro corso?
ANNA: Laura, dovresti saperlo! Per me il più bello è certamente Arturo! È altissimo, muscoloso e ha un sorriso bellissimo! È proprio il mio tipo. E poi è un ragazzo d'oro, è sempre gentilissimo con tutti e di sicuro è più intelligente di molti altri nostri compagni. Forse è il ragazzo più bello della scuola, anzi, per me è il più bello del mondo!
LAURA: Sì, non è male, ma io credo che Filippo sia più bello di lui. Sarà perché a me piacciono i ragazzi biondi e con gli occhi azzurri... È sexy da morire, e si veste sempre come un modello!
ANNA: Certo, ma secondo me ha un brutto carattere... Suo padre è un grosso imprenditore, ed è il più ricco del paese. Per questo si dà tante arie e crede di essere il più fico di tutti. Poi è viziatissimo, vuole sempre avere il telefonino più nuovo e lo scooter più veloce... ma poi nello studio è uno dei peggiori della classe, e rischia la bocciatura!
LAURA: Poi anche Beppe mi intriga... è più carino che bello, ma di sicuro è uno dei ragazzi più simpatici e divertenti che io abbia mai incontrato!
ANNA: Su questo sono d'accordo! Ma con Arturo non c'è paragone. Siamo su due pianeti diversi!
LAURA: E Tommaso? Che ne pensi di lui?
ANNA: Senti, lasciamo perdere... Preferirei ingoiare un rospo piuttosto che uscire con lui!
LAURA: Come mai?
ANNA: È un bel ragazzo, ma è noiosissimo... parla sempre e solo di calcio e videogiochi! E a me niente interessa meno di queste cose.
LAURA: Ho capito, tu hai solo Arturo in testa... comunque sei troppo schizzinosa, cara mia...

質問 — DOMANDE:

1) Chi è il ragazzo più bello della scuola secondo Anna?

____

2) Che aspetto ha invece Filippo?

____

3) Secondo Anna quali difetti ha Filippo?

____

4) Chi sono i due ragazzi preferiti di Laura?

____

5) Per quale motivo ad Anna non piace Tommaso?

____

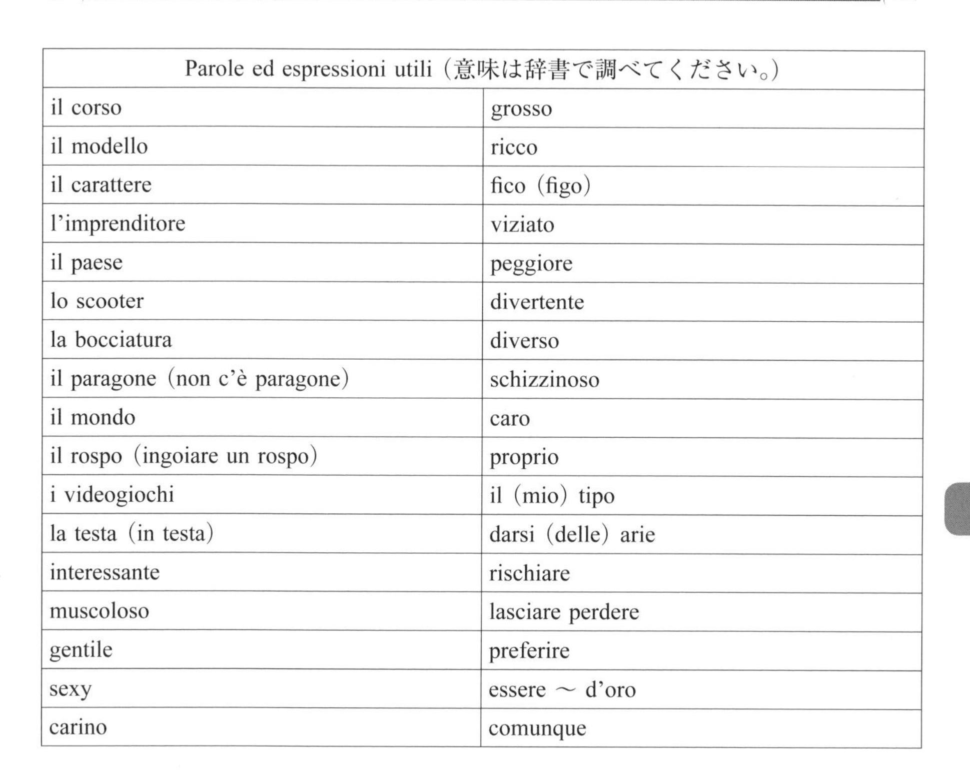

Parole ed espressioni utili（意味は辞書で調べてください。）	
il corso	grosso
il modello	ricco
il carattere	fico（figo）
l'imprenditore	viziato
il paese	peggiore
lo scooter	divertente
la bocciatura	diverso
il paragone（non c'è paragone）	schizzinoso
il mondo	caro
il rospo（ingoiare un rospo）	proprio
i videogiochi	il（mio）tipo
la testa（in testa）	darsi（delle）arie
interessante	rischiare
muscoloso	lasciare perdere
gentile	preferire
sexy	essere 〜 d'oro
carino	comunque

23.1 比較級　I comparativi

Federico è più alto di Luciano.

イタリア語の比較級は優等（maggioranza），劣等（minoranza），同等（uguaglianza）という3種類に分かれます。さて，ここで，比較対象を種類別に分けて，比較級を紹介しましょう。

まず，2つ（または2つ以上）の比較対象が名詞（人名，国名，都市名などを含む）または代名詞（指示代名詞，所有代名詞，人称代名詞）の場合は，以下のとおりとなります。

① 優等比較（比較対象 A,B が名詞・代名詞の場合）

比較対象 A	動詞	più	形容詞	di＋比較対象 B	
Federico	è	**più**	alto	di Luciano.	フェデリーコはルチャーノより背が高い。
I cani	sono	**più**	fedeli	dei gatti.	犬は猫より忠実だ。
Milano	è	**più**	grande	di Bologna.	ミラノはボローニャより大きい。
Tu	sei	**più**	bravo	di me.	君は私より優れている。

＊この場合，主語である比較対象 A が優等な立場に置かれます。
＊形容詞の語尾は比較対象 A の性・数に合わせます。
＊前置詞「di」は，比較対象 B に定冠詞が付く場合，結合形になります（第8課を参照）。

② 劣等比較

比較対象 A	動詞	meno	形容詞	di＋比較対象 B	
Anna	è	**meno**	bella	di Chiara.	アンナはキアーラより美しくはない。
Il tennis	è	**meno**	popolare	del calcio.	テニスはサッカーほど人気はない。
Il Giappone	è	**meno**	grande	della Cina.	日本は中国ほど大きくない。
Voi	siete	**meno**	alti	di me.	君たちは僕より背が低い。

＊この場合，主語である比較対象 A が劣等な立場に置かれます。
＊形容詞の語尾は相変わらず，主語に合わせます。

③ 同等比較

比較対象 A	動詞	(tanto)	形容詞	come / quanto ＋比較対象 B	
Carlo	è		bravo	come Dario.	カルロはダーリオと同じく優秀だ。
Io	sono	**(tanto)**	alto	quanto te.	私は君と同じくらい背が高い。
Questo cane	è		nero	come quello.	この犬はそれと同じく黒だ。
La mia casa	è	**(tanto)**	grande	quanto la tua	私の家は君のと同じくらい大きい。

＊この場合，比較対象 A と B は同等の立場です。
＊形容詞の語尾は相変わらず，主語に合わせます。
＊一方で，「come」（英語で「as」）はたいてい，比較対象の様子・素質を比べる時に使います。
＊他方で，「(tanto)...quanto」（英語で「as much as」）は「come」とほぼ同じ意味ですが，比較対象の数量的要素（高さ，大きさなどの測れるもの）を比較する時に使うと，より自然です。

Esercizio 1: 下線部に più，meno，come，quanto のいずれかを入れて，文を完成してください。

1）Il Monte Bianco（4810 metri）è ________ alto del monte Fuji（3776 metri）.
2）Il Colosseo（72-80 d.C）è ________ antico del Partenone（447-438 a.C）.
3）Mimmo（180 cm.）è alto _______ Luca（180 cm.）, ma entrambi sono ______ alti di Ugo（172 cm.）. Ugo ha i capelli biondi _______ me.
4）L'Italia è molto _______ piccola della Cina, ma è ______ grande del Belgio.
5）Io, che ho 42 anni, sono ________ vecchio di voi che ne avete 18.
6）Marco pesa 85 chili, proprio ________ me. Ma lui è ______ basso di me, e sembra _____ grosso.

Esercizio 2: 次の要素を使って，冠詞，語尾にも注意しながら比較級の文を作ってください。

1）Federico / simpatico / Gianni（同等）________________________________.
2）I gatti / piccolo / i cani（優等）________________________________.
3）Osaka / grande / Tokyo（劣等）________________________________.
4）Questo caffè / buono / il tuo（優等）________________________________.
5）La pizza / buono / la focaccia（優等）________________________________.
6）Il treno / veloce / l'aereo（劣等）________________________________.
7）La mia ragazza / bello / un angelo!（同等）________________________________!
8）L'Italia / caro / il Giappone（劣等）________________________________.
9）La mia casa / vecchio / la tua（同等）________________________________.

また，比較対象が**形容詞，動詞（不定詞），副詞，前置詞付きの名詞，名詞の数量**になると，優等・劣等比較文に表れる「di」は「che」に変わります。

「che」を使う場合		
1）形容詞	a）（優等）	Katia è più larga che alta!
	b）（劣等）	Questo dolce è meno buono che bello.
2）動詞（不定詞）	a）（優等）	Correre è più faticoso che camminare.
	b）（劣等）	Studiare è meno divertente che leggere fumetti.
3）副詞	a）（優等）	Per me è più comodo qui che là.
	b）（劣等）	È meno consigliabile venire oggi che domani.
4）前置詞付きの名詞	a）（優等）	Lo faccio più per te che per lei.
	b）（劣等）	Io farei questo regalo più a Marta che a Debora.
5）名詞の数量	a）（優等）	In Italia oggi ci sono più vecchi che bambini.
	b）（劣等）	In quel bar ci sono meno clienti che camerieri!

Esercizio 3: di，di＋定冠詞，che のいずれかを入れて，文を完成させてください。

1）In questa scuola ci sono più bambini bravi ______ cattivi.

2）Martina ama molto più sciare _______ nuotare. Invece a me l' estate piace più _______ inverno.

3）Alberto ha meno soldi _____ Luigi, ma Luigi certamente è più antipatico ______ Alberto.

4）I miei amici sono più numerosi ______ tuoi. E a loro piace di più uscire ______ restare a casa.

5）Gino è più bravo ______ me a scuola. Ma è più studioso _______ intelligente.

6）Nel mondo ci sono più donne _____ uomini, si dice.

7）Gli spaghetti sono più buoni ______ fusilli, secondo me.

8）Io piaccio più a mia suocera ______ a mia moglie!

23.2 相対最上級・絶対最上級　I superlativi

「相対最上級」(Superlativo relativo）は，**あるカテゴリー・環境・範囲の中で，**あるモノの相対的な優位性を表すために使います。「相対最上級」の文の構造は以下のとおりになります。

主語＋動詞 (最優秀なモノ)	il/la/i/le (＋名詞) (カテゴリー)	più/meno＋ 形容詞 (特徴)	di/tra/in/da＋ (定冠詞)＋名詞 (環境・範囲)	
Simona è	**la** ragazza	più carin**a**	della scuola.	シモーナは学校で一番かわいい子だ。
Il Molise è	**la** regione	più piccol**a**	d'Italia.	モリーゼ州はイタリアで最も小さい州だ。
Mio marito è	**l'** uomo	meno alt**o**	tra i suoi amici.	私の夫は彼の友人たちの中では一番背が低い人だ。
Questi sono	**i** film	più amat**i**	dagli italiani.	これらはイタリア人に最も愛される映画だ。

*モノの特徴を表す形容詞の語尾（性・数）はカテゴリーの冠詞の性・数に合わせます。
*前置詞 di/in/da は定冠詞が後に来る場合，これと結合します。tra は結合しません。

カテゴリーの名詞が不要な時に，省くことができます。

主語＋動詞	il/la/i/le（＋名詞）	più/meno ＋形容詞	di/tra/in/da＋（冠詞）＋環境･範囲
Il Chianti è	**il**（~~vino~~）	più famos**o**	tra i vini italiani.
Stefania è	**la**（~~ragazza~~）	meno brav**a**	della classe.
I miei cani sono	**i**（~~cani~~）	più bell**i**	del quartiere.

Esercizio 4: 次の要素を用いて文を作ってください。動詞の活用や形容詞の語尾変化にも気を付けましょう。

1）Michela / essere / la ragazza / più / bello / di / l'università.

____

2）Il sushi / essere / il piatto giapponese / più / apprezzato / in / il mondo.

____

3）"O Sole Mio" / essere / la / più / famosa / tra / le canzoni italiane.

____

4）Questi / essere / gli amici / più / caro / di / la mia gioventù.

____

5）Sandra e Martina / essere / le impiegate / meno / bravo / di / la ditta.

____

6）Giacomo / essere / il poliziotto / più / pigro / di / il quartiere.

____

カテゴリーの名詞の前に定冠詞（il/la/i/le）を付ける場合は，優位性のあるモノ（主語）は「1位」，つまり「最も優れた1つのモノ」になります。ただし，名詞の前に（uno dei/uno degli/una delle）を置く場合，優位性のあるモノ（主語）は必ずしも「1位」ではなく，「最も優れたモノの1つ」になります。dei/degli/delle に合わせて，形容詞も複数になります。

主語＋動詞	uno/a＋dei/degli/delle（＋名詞）	più/meno＋形容詞	di/tra/in＋（冠詞）＋環境・範囲	
Roma è	**una delle** città	più belle	del mondo.	ローマは世界で最も美しい町の一つだ。
Il tiramisù è	**uno dei** dolci italiani	più famosi	in Giappone.	ティラミスは日本で最も有名なイタリア菓子の一つだ。

Esercizio 5: 文の前半と後半を繋げてください。

1）“Il nome della rosa” è certamente
2）La pizza è
3）Penso che “Santa Lucia” sia
4）Sofia Loren fu una delle
5）Il prezzemolo è una delle
6）Il prosecco è uno dei
7）La “Monna Lisa” di Leonardo è
8）Guglielmo Marconi fu uno dei

a）uno dei più misteriosi dipinti del Rinascimento.
b）più importanti inventori d’Italia.
c）uno dei romanzi italiani più belli e intriganti.
d）vini frizzanti italiani più famosi nel mondo.
e）una delle canzoni italiane più cantate in Giappone.
f）attrici italiane più belle e famose del mondo.
g）uno dei piatti italiani più diffusi nel mondo.
h）erbe più usate nella cucina italiana.

また，「絶対最上級」（Superlativo assoluto）があります。ある環境・範囲を意識した「相対最上級」と異なり，「絶対最上級」はあるモノの絶対的な優位性を述べるために使います。

「絶対最上級」は形容詞の最後の文字の代わりに「-issimo」（とても，非常に）を付けることでできます。

形容詞（例）	絶対最上級	用例
bell**o**	bell**issimo**	-Questo film è bell**issimo**!　この映画は最高だ！ -Quelle ragazze sono bell**issime**!　あの娘たちはすごくきれい！
grand**e**	grand**issimo**	-Quella casa è grand**issima**!　あの家はとても大きい！ -Quei palazzi sono grand**issimi**!　あのビルはすごく大きい！

*「-issimo」のついた形容詞の語尾は「-o/-a/-i/-e」と変化します。
*「-issimo」は副詞にも付けることができます。その場合，語尾変化はありません。
*「-issimo」を付けることができない形容詞もあるので注意が必要です。

例：enorme, terribile, fantastico, eterno, splendido, meraviglioso, orrendo, stupendo など…

Esercizio 6: 次の形容詞を，可能な場合は絶対最上級に直してください。

1) Francesca è (bello) ____________ e anche (intelligente) ____________________ !
2) Aiuto! C'è un serpente (grosso) ________________ e (lungo) ________________ qui!
3) Marco è (ricco) ________________, vive in una casa (stupendo) ________________ e ha tre macchine, tutte (veloce) ________________! Beato lui!
4) Fausto invece è (povero) ________________, vive in una baracca (sporco) ________________ e ha soltanto una bicicletta (vecchio) ________________! Povero lui!
5) La mia ex ragazza era (viziato) ________________: voleva sempre andare in ristoranti (elegante) ______________________ e pretendeva regali (caro) ____________________!
6) Tokyo è una città (grande) ________________ e (fantastico) ____________________, ma davvero (costoso) ________________ e (popolato) ____________________!

Venezia - Palazzo Ducale e Piazza S.Marco

23

23.3 比較に使う特殊な形容詞と副詞　Forme speciali

以下の形容詞は，比較級と最上級にすると，通常の形以外にも，特殊な形を持ちます。

形容詞	比較級	相対最上級	絶対最上級
buono →	**migliore** (=più buono)	**il miglior(e)** (=il più buono)	**ottimo** (=buonissimo)
cattivo →	**peggiore** (=più cattivo)	**il peggior(e)** (=il più cattivo)	**pessimo** (=cattivissimo)
grande →	**maggiore** (=più grande)	**il maggior(e)** (=il più grande)	**massimo** (=grandissimo)
piccolo →	**minore** (=più piccolo)	**il minor(e)** (=il più piccolo)	**minimo** (=piccolissimo)
alto →	**superiore** (=più alto)	(**il superiore**) (=il più alto)	**supremo** (=altissimo)
basso →	**inferiore** (=più basso)	(**l'inferiore**) (=il più basso)	**infimo** (=bassissimo)

また，副詞の「bene」と「male」に「più」を付けると誤りなので注意。その代わりに，「meglio」と「peggio」という特殊な形があります。

副詞	誤った形	正しい形	用例
bene	× ~~più bene~~ (di/che...)	○ meglio di...（口語） ◎ meglio che...	-Modena **è meglio di** Bologna! モデナはボローニャより良い！ -Prevenire **è meglio che** curare. 予防することは治療することより良いことだ。
male	× ~~più male~~ (di/che...)	○ peggio di...（口語） ◎ peggio che...	-Quando mangi **sei peggio di** un maiale! お前は食べる時は豚よりひどいよ！ -Tossire **è peggio che** sudare. 咳をすることは汗をかくことより悪いことだ。

Esercizio 7: 正しい形容詞または副詞を選んでください。

1) Mia sorella (minore / migliore / infima) fa la hostess per una grande compagnia aerea americana.
2) Il Lambrusco è decisamente (maggiore / migliore / supremo) del Brachetto.
3) L'inquilino del piano (minore / più basso / inferiore) si lamenta sempre di tutto.
4) Queste linguine al granchio sono (migliori / ottime / maggiori). Chi le ha fatte?
5) Il caffè di questo bar è (minimo / minore / pessimo). Sembra di bere acqua sporca.
6) Dante Alighieri fu (il maggior / il pessimo / l'ottimo) poeta della sua epoca.
7) Mussolini era il capo (massimo / maggiore / supremo) delle forze armate italiane.
8) Questo è un filmaccio trash di (inferiore / infimo / peggiore) livello. Ma è divertentissimo.

9) Non riesco ad immaginare una situazione (peggio / minore / peggiore).

10) Fidarsi è (bene / buono / ottimo), non fidarsi è (meglio / migliore / ottimo)

SPECIALE

CD-II 10

23

I neologismi italiani e il mondo di Internet — イタリア語の新語・造語とネットの世界

21世紀に入ってから，インターネットとソーシャルネットワーキングサービス（SNS）の普及はイタリア語にも大きな変化をもたらしました。イタリア人とネットを楽しむ場合はきっと役に立つでしょう。

Verbi	動詞	Sostantivi	名詞
navigare	ネットサーフィンする	il post	（SNSへの）投稿
cliccare	クリックする	il selfie	自画撮り
scaricare	ダウンロードする	l'hashtag	ハッシュタグ
caricare	アップロードする	la gif	ジフ（動く画像）
postare	（SNSへの）投稿をする	il meme	ミーム
trollare	いたずら目的で妨害する	il flame	（トピックの）炎上
bannare	グループから追い出す	il webete	ネット馬鹿
bloccare	SNSでブロックする	lo spoiler	ネタばらし
taggare	タグ付けする	il wi-fi	無線のネット接続
twittare	つぶやく	il mi piace	いいね
photoshoppare	写真を修整する		
spoilerare	ネタばらしをする		

＊辞書にまだ登録されていない語彙もあります。

(Si ringrazia Yohei Himejima per l'ispirazione e i suggerimenti)

第４部・ステップアップとまとめ

RIPASSO E APPROFONDIMENTO - Parte IV

CD-II 11

読解 ―― LETTURA E COMPRENSIONE
イタリアの食をめぐる慣習　Abitudini culinarie italiane

L'Italia è piena di tradizioni, abitudini e regole non scritte che condizionano molto la vita dei suoi abitanti. Per fare alcuni esempi delle abitudini più comuni, per Natale si fa l'albero, si mangia il panettone (o il pandoro - esiste una diatriba tra Milano e Verona!) e si gioca a tombola. A San Silvestro, l'ultimo giorno dell'anno, si mangia lo zampone con le lenticchie (simboli di salute e ricchezza) e si aspetta la mezzanotte con lo spumante per festeggiare il nuovo anno, mentre a Pasqua si aprono le uova di cioccolato, buonissime e piene di sorprese (a volte un po' deludenti...) per grandi e piccini. Per Carnevale, che cade di solito nel mese di febbraio, ci si traveste con un costume o con una maschera e si mangiano le frittelle.

Queste tradizioni sono molto sentite da tutti gli italiani perché sono legate a festività religiose. Tuttavia, nella vita quotidiana ogni regione (e ogni città) ha le sue abitudini locali, che gli abitanti di altre zone generalmente non conoscono e considerano "strane". In Emilia-Romagna e nelle zone vicine al Po, ad esempio, si mette un po' di vino rosso nel brodo dei tortellini, a Napoli si può gustare la pizza "a portafoglio", piegata in quattro e mangiata rigorosamente con le mani, e in Sicilia si può fare colazione con una granita!

Infine, gli italiani seguono alcune regole non scritte che spesso li differenziano dagli stranieri: in Italia, infatti, non si beve mai il cappuccino dopo le 11 del mattino (si beve solo il caffè), con la pizza non si ordina mai il vino, ma solo la birra (o la coca cola, se piace), e dopo mangiato si rimane a tavola a lungo per chiacchierare, magari davanti a un caffè (espresso, non americano!), una grappa o un amaro. A proposito, in Italia non esiste più la pena di morte, ma molti italiani la darebbero a chi mette la panna nella carbonara! ☺

質問 — DOMANDE:

1) Che cosa condiziona la vita degli italiani?

2) Che cosa si fa in Italia per Natale?

3) Che cosa si fa per Carnevale?

4) Quale abitudine è diffusa in Emilia-Romagna e nelle zone vicine al Po?

5) Che cosa significa mangiare la pizza "a portafoglio"?

6) Che cosa gli italiani non fanno mai dopo le undici del mattino?

7) Che cosa fanno gli italiani dopo mangiato?

Parole ed espressioni utili（意味は辞書で調べてください。）	
la tradizione	l'amaro
l'abitudine	la pena di morte
la regola	la panna
il panettone	festeggiare
il pandoro	cadere（nel mese di...）
la tombola	travestirsi
lo zampone	gustare
le lenticchie	piegare
il costume	a volte
la maschera	generalmente
il brodo	infine
il portafoglio	infatti
la grappa	magari

24.1 非人称の「si」と受動態の「si」 Il "si" impersonale e passivante

非人称の「si」は受動態の「si」（第19課）とほぼ同じ場合（一般論を述べる場合）に使います。ただし，非人称の場合，主語は特定されず（「一般的に人々は…」），動詞はたいてい自動詞で，その後に前置詞が来たり，補語がなかったりすることが多いです。非人称の場合，動詞は3人称単数にのみ活用します。

si　＋　動詞（3人称単数）
In estate **si** va al mare o in montagna. (In estate **la gente** va al mare o in montagna.) 夏，人々は海か山に行く。
In inverno **si** sta a casa o **si** va a sciare. (In inverno **la gente** sta a casa o va a sciare.) 冬，人々は家にいるか，スキーに行くかだ。
In quel ristorante **si** mangia benissimo. (In quel ristorante **la gente** mangia benissimo.) あのレストランでは人々はおいしい料理を食べることができる。

つまり「si」=「la gente」（人々）の代わりに入ります。

再帰動詞，相互動詞，代名動詞の場合も非人称の「si」が使えます。ただし，非人称の「si」と3人称の再帰代名詞の「si」との区別をつけるために，非人称の「si」を「ci」に変化させます。したがって，形は次のとおりになります。

ci si　＋　動詞（3人称単数）
Per Carnevale **ci si** mette una maschera. (Per Carnevale **la gente** si mette una maschera.) カーニバルの時は（人々は）仮面をつける。
In Italia **ci si** sposa sempre più tardi. (In Italia **la gente** si sposa sempre più tardi.) イタリアで，人々は徐々に結婚するのが遅くなっている。
Dopo Natale **ci si** pente dei grandi banchetti. (Dopo Natale **la gente** si pente dei grandi banchetti.) クリスマスが過ぎたあと，人々は大宴会を後悔する。

Esercizio 1:「si」（または「ci si」）＋動詞の3人称（単数か複数）を入れて，文を完成させ，それぞれの「si」が非人称か受動態かを述べてください。

1) All'Acquario di Genova (potere)__________ vedere migliaia di specie di creature marine.
2) Alle terme di solito (andare)__________ per un po' di relax.
3) In Italia ogni tanto (baciarsi)__________ in pubblico, ma in Giappone quasi mai.
4) I cannelloni spesso (cucinare)__________ con la ricotta e gli spinaci.

5) Nei giorni di festa in genere (dormire) ________________ di più.

6) In Giappone sul treno (parlare) __________________ di meno rispetto agli altri paesi.

7) Per spostarsi (usare) _____________ la macchina, ma in centro (andare) __________ a piedi.

8) In Italia di solito tra città vicine (odiarsi) ________________ molto!

9) Per venire in Giappone generalmente (prendere) _______________ l'aereo.

10) In biblioteca (dovere) ____________ fare silenzio.

24.2 接続法・時制の一致についての補足 Altre concordanze del congiuntivo

主節が直説法現在の場合でも，従属節が接続法半過去になることがあります。

主節	従属節	説明 ［文を述べる状況］
Penso che	ieri lei **avesse** paura.	昨日，彼女は怖がっていたと（今）思う。 ［気持ち，気分などの場合］
	ieri al mare **facesse** caldo.	昨日，海辺は暑かったと（今）思う。 ［天気の描写］
	Mario anni fa **studiasse** l'inglese.	マリオは昔，英語を勉強していたと（今）思う。 ［過去の生活・習慣などの描写］

Esercizio 2: 次の文を主節の時制は変えずに，従属節だけ過去形にしてください。

1) -Pensiamo che tu sia un fifone! →

-Pensiamo che da bambino ______________________________

2) -Credo che Mario vada al mare. →

-Credo che Mario da bambino ______________________________

3) -Immagino che da voi il tempo sia bello. →

-Immagino che ieri da voi ______________________________

4) -Non credo che loro abbiano l'influenza. →

-Non credo che la settimana scorsa ______________________________

24.3 その他の接頭辞・接尾辞 2 Altri prefissi e suffissi 2

イタリア語（そして英語など）の語彙をより効率的に覚え，その意味を深く理解するには，主な「接頭辞」(prefisso) と「接尾辞」(suffisso) の意味を頭の片隅に入れておくべきです。第6課，第12課，そして第18課で動詞や名詞などを「変身」させる接頭辞と接尾辞を学びましたが，ここでは，ラテン語源とギリシャ語源のその他の接頭辞，接尾辞を学びましょう。実際，これらの語彙の形成要素を覚えれば覚えるほど，特に難解な医学用語や科学用語などに出会ったとき，辞書を使わずに済むことが多くなります。目からうろこです！ 試してください。

ラテン語源の要素（接頭辞，接尾辞）

-ambi-	二～，両～	ambiguo / ambivalente / entrambi（ambo）
audi(o)-	聴くこと，聴～	audiovisivo / auditorio（udire）
-cida	～を殺す，～を切る	omicida / pesticida / fratricida（uccidere）
-digit-	指の，数の	digitale / digitare / prestidigitazione（dito）
-dotto	～を導く	viadotto / condotto（～ durre）
equi-	同等の，等しい	equivalente / equinozio（uguale）
-fero, -orio	～をもたらす	pestifero / Lucifero / provvisorio
-fico	～を作る，生産する	magnifico / prolifico（fare）
-forme	～という形をする	informe / multiforme / conforme（forma）
-fugo	逃げる，～を逃がす	insettifugo / ignifugo / profugo（fuga, fuggire）
-iere , -iera	～入れ（容器）	paniere / caffettiera / teiera / zuccheriera
maxi-	大～，大きい	maxiprocesso / maxischermo（massimo）
mini-	少～，小さい	minigonna / mini （minimo）
multi-	多～，多くの～	multiforme / multifunzione / multi（molto）
onni-	全～，何でも	onnipresente / onnisciente（ogni）
quadri-	四～，四重の	quadrifoglio / quadrilatero（quattro）
-radio-	半径，線	radiografia / irradiare（raggio）
retro-	後ろ	retrogrado / retrocedere（dietro）
semi-	半～	semisfera / semidio
tri-	三～，三重の	triciclo / triangolo（tre）
-voro	～を食べる，～食	carnivoro / erbivoro（vorace）

Esercizio 3: 上の表を見て，次の語彙の意味を推測し，その後，辞書で確認してください。

1）multicolore	2）fruttiera	3）fiammifero
4）insetticida	5）onnivoro	6）trifoglio
7）deforme	8）acquedotto	9）semifreddo
10）equità	11）audizione	12）centrifugo
13）minifilm	14）benefico	15）equidistante

ギリシャ語源の要素（接頭辞，接尾辞）

aero-	空気，空～	aeroplano / aeroporto / aerobica
-àntropo-	人類，人間，人～	filantropo / antropologo / licantropo
-arca / -archìa	支配者，支配，指導	monarca / monarchia
auto-	自動，自ら，自～	automobile / automatico / autocarro
biblio-	図書，図書の	biblioteca / bibliofilo
-bio-	生命，生～	biologia / biografia
-ciclo-	回転，車輪，回～	ciclone / triciclo / enciclica
-cosmo-	世界，宇宙	cosmopolita / cosmologia / microcosmo
-crate / -crazìa	権力者，権力	burocrate / aristocrazia
crono-	時間の，時～	cronometro / cronico / cronologico
deca-	十～，十重	decametro / decalogo / decagono
demo- / -demìa	民～，国民	democrazia / epidemia / pandemia
eco-	環境（の）～	ecologia / economia / ecografia
epi-	上に，近くに，	epigrafe / epicentro / epidemia
emo- / emato-	血～，血液の	emofilia / emorragia / ematocrito
esa-	六～，六重	esagono / esavalente
-fago- / -fagìa	～を食べる者，～食	esofago / fagocitare / antropofagia
-filo- / -filìa	～を好む者，愛，友	filosofia / esterofilia / idrofilo
-fobo / -fobìa	～を恐れる者，恐怖	omofobo / fotofobia / idrofobo
-fono- / -fonìa	音，音声の	telefono / sinfonia / polifonia
foto-	光，光の	fotografia / fotogramma / fotosintesi
gastro-	腹の，胃～，胃の	gastronomia / gastroscopia
-geno-	生，～を生む	genocidio / genesi / patogeno
geo-	地，地球の，	geologia / geotermia
-gono	角，隅	esagono / pentagono / ottagono
-grafo- / -grafìa	書くモノ，書くこと	grafomania / fotografo / calligrafia
-gramma-	書かれたモノ，書	programma / grammatica / elettrocardiogramma
idro-	水～，水の	idrante / idrogetto
ippo-	馬～，馬の	ippodromo / ippica / ippopotamo
-ite	～炎（病気），炎症	gastrite / polmonite / bronchite
-logo- / -logìa	学者，話す者，～学	tuttologo / logopedia / biologia
macro- / mega(lo)-	巨～，大～	macroscopico / megalomane / megaditta
-mane / -manìa	～狂，マニア	monomania / piromane / megalomania
-metro-	～計，はかること	termometro / metrica / tassametro
micro-	微～，小～	microbio / microscopio

mono-	単〜，単一	monogamo / monocromo / monotono
neo-	新〜，新しい	neolaureato / neofita / neofascista
-nomo / -nomìa	〜法，〜学（学者）	astronomo / gastronomia / autonomo
-ònimo	〜名，名前	anonimo / sinonimo / omonimo
omo-	同一，同〜	omosessuale / omogeneo / omologare
-osi	状態，病気，〜病	nevrosi / psicosi / artrosi
-patìa	〜感，〜痛，〜病	simpatia / cardiopatia
pato-	痛〜，病〜	patogeno / patologia
ped-	子供，小児	pediatra / pedagogia / pedofilo
-pedìa	教育	enciclopedia / logopedia
penta-	五，五重	pentagono / pentastellato
piro-	火，火の	pirografo / piroscafo
-podo-	足，足の	podologo / podista / podalico
poli-	多〜，多数の	polifonia / poliglotta
pseudo-	偽〜	pseudo-scienziato / pseudo-medico
psico-	精神の，心の	psicopatico / psicologia / psicosi
-scopìa / -scopio	観察すること（物）	telescopio / microscopio / gastroscopia
sin-（sim-）	同時に，共に，	sinfonia / simpatia / sintonia / simmetria
-teca	箱，宝箱，〜館	biblioteca / discoteca / pinacoteca
tecno-	技術（の）〜	tecnologia / tecnocrazia / tecnico
tele-	遠〜，遠い	telefono / telegrafo / televisione
teo-	神〜，神の	teologia / teocrazia
termo-	熱，温度，温〜	termostato / termocoperta
topo-	場所，地名（の）	topico / topografia / toponomastica

Esercizio 4: 上の表だけを見て，次の語彙の意味を推測し，その後，辞書で確認してください。

1）telescopio	2）bibliografia	3）microbiologia
4）termometro	5）toponimo	6）omofobia
7）democrazia	8）pentagramma	9）microcosmo
10）piromane	11）idrogeno	12）psicologo
13）emofobia	14）poligono	15）psicopatico
16）ippofilo	17）monologo	18）geografia
19）gastrite	20）simbiosi	21）antropofagia

24.4 まとめの練習問題 Esercizi di riepilogo

Esercizio 5: 次の文の動詞を直説法現在形に活用させてください。

1) Allo zoo si (potere)___________ vedere le giraffe, gli elefanti, le tigri e i cammelli.
2) Al Consolato d'Italia si (fare)___________ domanda per il visto di soggiorno.
3) Per ottenere il visto di studio si (dovere)_____________ consegnare molti documenti.
4) Di solito in Giappone si (rispettare)______________ i genitori.
5) Ad Aosta si (parlare)____________ l'italiano e il francese.
6) A Modena si (mangiare)___________ ottimi tortellini e si (bere)________ il Lambrusco.

Esercizio 6: 次の要素を正しい順番に並び替えて，文を完成させてください。

1) intero / lotteria / Se / in Europa! / viaggerei / vincessi / un anno / alla / per

____

2) nonostante / Quel / molto caro, / signora. / è stato / una ricca / da / quadro, / fosse / comprato

____

3) con / la pasta / la forchetta / Mangiare / è / il sushi / mangiare / come / con le bacchette.

____

4) sia / della / così. / Carlo / Lisa / per me / il ragazzo / scuola, / più / pensa / non è / che / bello / ma

____

5) abbia / pensa / di biscotti. / dato fuoco / vecchia / qualche / fabbrica / Si / piromane / che / alla

____

24

Esercizio 7: ストーリーを読んで，正しい動詞を選んでください。

Autobus 1059

Quel giorno, come sempre, (sono uscito / fossi uscito) di casa per andare al lavoro. (Avessi preso / Ho preso) il treno e l'autobus 1059 come ogni giorno. Ma quel giorno, le strade che l'autobus percorreva mi (sembrerebbero / sembravano) diverse. Eppure ero sicuro che l'autobus (fosse / sarebbe) quello giusto. Luoghi sconosciuti, strade sconosciute, che mi (facevano / facessero) affiorare mille pensieri nella mente. Pensavo che l'autista (si fosse sbagliato / si sia sbagliato), oppure pensavo (di essere / che fossi) in un sogno. Nonostante l'autobus (sia / fosse) pieno, c'era silenzio. Un silenzio surreale. La studentessa liceale seduta di fianco a me (ascoltasse / ascoltava) la musica con le cuffie ad occhi chiusi, e mi sembrava che (dormiva / dormisse), mentre la signora alla mia sinistra leggeva un libro su cui mi sembrava non (fosse scritto / fossi scritto) nulla. Non avevo idea di che cosa (stesse succedendo / sia successo), ma era tutto molto strano. A un certo punto mi sono accorto che l'autobus (correva / corresse) lungo strade di campagna, i palazzi grigi e le insegne colorate della città (erano spariti / fossero spariti), per lasciare il posto a sterminati campi di grano punteggiati di papaveri rossi, e al cielo più blu che io (avrei mai visto / avessi mai visto). Avevo la sensazione che quell'autobus mi (starebbe / stesse) portando lontano dalla vecchia vita, che non aveva più alcun senso e di cui mi ero già dimenticato, per condurmi in un mondo nuovo ma familiare, caldo e piacevole. A un certo momento l'autobus si (fosse fermato / è fermato). Sul cartello della fermata era scritto il mio nome. Sono sceso. E ho capito tutto. Era il mio nuovo mondo, quello che i vivi, di solito, chiamano "paradiso".

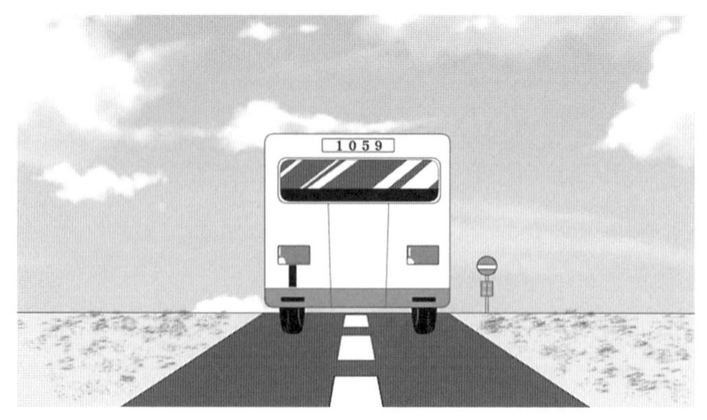

L'autobus 1059

SPECIALE

Una poesia italiana — イタリアの詩

CD-II 12

ここで，イタリア・ロマン主義の大家であるジャコモ・レオパルディ（Giacomo Leopardi, 1798-1837）の「無限」という詩を紹介しましょう。この中にはロマン主義のすべてが凝縮されています。CDを聞いて，そのリズムとイタリア語の音の美しさを感じましょう。

イタリア語原文	日本語訳
L'infinito **(Giacomo Leopardi)**	***無限*** **(G・レオパルディ)**
Sempre caro mi fu quest'ermo colle,	*つねに心親しくあったこの孤独の丘は，*
E questa siepe, che da tanta parte	*そしてこの垣根は，大方の*
Dell'ultimo orizzonte il guardo esclude.	*最後の地平を視野から拒んでしまうのに。*
Ma sedendo e mirando, interminati	*けれども腰を下ろして目を凝らしつつ，尽きない*
Spazi di là da quella, e sovrumani	*あの彼方に空間を，人知を超えた*
Silenzi, e profondissima quiete	*沈黙を，限りなく深い静寂を*
Io nel pensier mi fingo; ove per poco	*わが思念のうちに象ってみる，すると危うく，*
Il cor non si spaura. E come il vento	*わが心は怯えかける，そのとき嵐のごとくに*
Odo stormir tra queste piante, io quello	*この葉裏を返して渡りゆく物音，あの*
Infinito silenzio a questa voce	*無限の沈黙をわたしはこの声に*
Vo comparando: e mi sovvien l'eterno(1),*	*擬えてしまう。そのとき甦ってくる，永遠が，*
E le morte stagioni, e la presente	*死んでしまった数々の季節が，たったいまの*
E viva, e il suon di lei(2). Così tra questa*	*生きている季節が，彼女の吐息が。かくてこの*
Immensità s'annega il pensier mio:	*無限の波間にわが思念は溺れてゆき，*
E il naufragar m'è dolce in questo mare.	*この海に難破することこそわが喜びなり。*

＊「l'eterno」（永遠）は「死」のことである。

＊「il suon di lei」（彼女）は今の（生きている）「季節の音」のことである。

（G・レオパルディ『カンティ』，河島英昭訳『筑摩世界文学大系 88 名詩集』，註は本書の著者によるものです。写真は Wikimedia Commons より）

第5部　その他の法

PARTE V – ALTRI MODI

命令法

L'imperativo

CD-II 13

読解 — LETTURA E COMPRENSIONE
2通の奇妙な手紙　Due strane lettere

25-a

> Caro Binnu,
> Come va la vita? Spero che tu stia bene. Io ora sono in prigione, mi hanno arrestato, ma sto bene, quindi non preoccuparti! Tu piuttosto, mi raccomando, cerca di non fare la mia stessa fine! Cambia casa, va' a vivere nella casa di campagna di mio cugino e nasconditi nella cantina. E non uscire mai, per nessun motivo! Nascondi bene i documenti e i soldi. Tagliati i baffi e i capelli, togliti gli occhiali e mettiti le lenti a contatto, così la polizia non ti riconoscerà! Ah, dimenticavo: per andare a casa di mio cugino, non usare la macchina: è troppo pericoloso! Vacci in bicicletta, seguendo strade secondarie, e quando arrivi dagli un po' di soldi per il disturbo. Usa solo bigliettini di carta come questo per comunicare con i ragazzi di Cosa Nostra. Abbi cura di te, e fa' il bravo, mi raccomando!
>
> Un abbraccio da zio Totò
> (P.S.: il capo dei capi sono sempre io!)

CD-II 14

25-b

> Egr. Dott. Bianchini,
> Come sta? La ringrazio per aver affittato il castello del conte De Bernardis. Vorrei darLe qualche consiglio sulla manutenzione. Innanzitutto tenga ben curato il giardino interno, e di notte non si dimentichi di chiudere i portoni esterni. E non usi la doccia del secondo piano perché non funziona. Poi non fumi, e apra le finestre quando cucina, altrimenti il vapore e l'olio rovinano gli affreschi. Per carità: La prego di non salire mai sulla torre di nord-est, perché è pericolante e potrebbe crollare da un momento all'altro. Di notte potrà sentire qualche rumore o qualche voce, ma stia tranquillo: è solo il fantasma del conte. È una gran brava persona; lo lasci fare e non abbia paura. In caso di problemi, mi contatti pure.
> Cordiali saluti,　　G.M. Catalan Belmonte, agente immobiliare

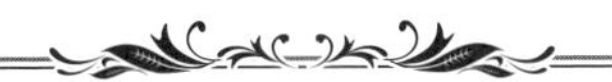

質問 — DOMANDE:

1) Dove si trova zio Totò?

___

2) Dove consiglia a Binnu di nascondersi?

___

3) Perché Binnu non deve usare la macchina?

___

4) Che lavoro fanno, secondo te, Zio Totò e Binnu?

___

5) Che cosa deve fare il dottor Bianchini al castello?

___

6) Che cosa, invece, non deve fare?

___

7) Chi fa rumori di notte?

___

Parole ed espressioni utili（意味は辞書で調べてください。）	
la prigione	la torre
la cantina	il rumore
i documenti	la voce
i soldi	il fantasma
i baffi	il conte
le lenti（a contatto）	arrestare
la polizia	riconoscere
Cosa Nostra	funzionare
il castello	rovinare
il giardino	（stare）tranquillo
il portone	in caso di...
la doccia	mi raccomando（raccomandarsi）
gli affreschi	da un momento all'altro

イタリア語の命令法は，親しい人や部下，年下の人などに命令・助言を下したり，親しくない人や目上の人，年上の人に丁寧な依頼・助言をしたりする場合に使います。使い方によって区分すると，命令法は**直接的命令法**，**間接的命令法**になります。

① **直接的命令法（Imperativo diretto）** ＊上から命令・助言を下す（tu, noi, voi が対象）	相手は子供，年下，部下など
② **間接的命令法（Imperativo indiretto）** ＊丁寧な依頼・助言（Lei/Loro が対象）	相手は客，目上の人，年上など

＊注意点＊

① 命令法に時制はありません。

② 1 人称単数の活用は存在しません。

③ 命令は 3 人称にしないため，3 人称は丁寧な「Lei」，「Loro」しか使いません。

④「Loro」の活用は丁寧すぎて，あまり使いません。「Voi」で十分です。

25.1 命令法の規則動詞 Verbi regolari all'imperativo

まず，命令法の規則動詞の活用形をまとめて覚えておきましょう。

命令去	-are 動詞		-ere 動詞		-ire 動詞①		-ire 動詞②	
主語	cant**are**		prend**ere**		apr**ire**		fin**ire**	
io	cant	（なし）	prend	（なし）	apr	（なし）	fin	（なし）
tu（直）		**a**		**i**		**i**		**isci**
Lei（間）		**i**		**a**		**a**		**isca**
noi（直）		**iamo**		**iamo**		**iamo**		**iamo**
voi（直）		**ate**		**ete**		**ite**		**ite**
Loro（間）		**ino**		**ano**		**ano**		**iscano**

この活用表からわかるとおり，命令法の活用形は，tu, noi, voi を対象とする直接命令法の場合は直説法現在，そして Lei, Loro を対象とする間接命令法の場合は接続法現在に酷似しています。ただし，「-are」動詞の 2 人称だけが「-a」で終わり，直説法の活用と異なるので注意しなければなりません。以下に例を挙げましょう。

また，「-ire」動詞の「-isc」型になる動詞も直説法現在と接続法現在と同じものです。

（直接命令法）	（間接命令法）
Scusa, Michele, posso farti una domanda? あのね，ミケーレ，1つきいていい？	**Scusi**, signore, posso farLe una domanda? すみません，1つ質問してもよろしいですか？
Ragazzi, **prendete** un altro po' di torta! みんな，もう少しケーキを食べて！	Signori, **prendete**（**prendano**）un altro po' di torta! みなさま，どうぞ，ケーキをもう少しお召し上がり下さい。
Marcello, **senti**, ti va di uscire? マルチェッロさん，あのね，出かけない？	Signora, **senta**, ha tempo ora? すみません，今，お時間ございますか？
Mauro, **finisci** di lavare i piatti! マウロさん，皿を早く洗い終えなさい！	Signore, **finisca** pure di mangiare. どうぞ最後までごゆっくりとお召し上り下さい。

Esercizio 1: 動詞を命令法に正しく活用させて，文をつなげてください。

1）-Carletto,（mangiare）____________
2）-Signore,（entrare）__________ pure,
3）-Ragazzi,（correre）____________ a casa,
4）-Oggi（noi - finire）_____________
5）-Paolo,（leggere）____________
6）-Signori,（aprire）_____________ pure
7）-Antonio,（scusare）______________,
8）-（scusare）_____________, signora.

a）quel lavoro!
b）le finestre, non si preoccupino!
c）tutta la pappa!
d）ti disturbo?
e）Vorrei chiederLe una cosa.
f）fra poco pioverà!
g）il ristorante è aperto.
h）questo libro! È davvero avvincente!

否定文の際，2人称単数のみは不定詞になります（日本語：〜するな！）。他の活用は変わりません。

平叙文	否定文
(tu)**Apri** quella porta! あのドアを開けなさい！	**Non aprire** quella porta! あのドアを開けるな！
(Lei)**Apra** quella porta, per favore. あのドアを開けて下さい。	**Non apra** quella porta, per favore. あのドアを開けないで下さい。
(noi)**Apriamo** quella porta! あのドアを開けよう！	**Non apriamo** quella porta! あのドアを開けないでおこう。
(voi)**Aprite** quella porta! （君たちが）あのドアを開けて！（開けなさい！）	**Non aprite** quella porta! （君たちは）あのドアを開けないで！（開けるな！）
(Loro)**Aprano** quella porta, per favore. （あなたたちが）あのドアを開けて下さい。	**Non aprano** quella porta, per favore. （あなたたちは）あのドアを開けないで下さい。

Esercizio 2: 命令法が平叙文なら否定文に，否定文なら平叙文に書き直してください。

1) Caro, porta via la spazzatura! ______________________
2) Ragazzi, non leggete quel libro. ______________________
3) Signora, scriva il Suo nome qui. ______________________
4) Fedro, non correre! ______________________
5) Anna, pulisci il bagno! ______________________
6) Oggi non dormiamo! ______________________
7) Signor Rossi, guardi qui. ______________________
8) Elisa, non spegnere la luce! ______________________
9) Ehi, voi! Entrate qui! ______________________

25.2 命令法の不規則動詞 Verbi irregolari all'imperativo

ここで，不規則動詞を以下の表でまとめましょう。まず，「essere」，「avere」，「sapere」の活用形を見ておきましょう。これらの動詞の場合，2人称（tu, voi）は完全に直説法の形と異なることが特徴として挙げられます。

主語	ESSERE	AVERE	SAPERE
io	（なし）	（なし）	（なし）
tu（直）	**sii**	**abbi**	**sappi**
Lei（間）	**sia**	**abbia**	**sappia**
noi（直）	**siamo**	**abbiamo**	**sappiamo**
voi/Voi（直）	**siate**	**abbiate**	**sappiate**
Loro（間）	**siano**	**abbiano**	**sappiano**

直接命令法	間接命令法
Marcello, **sii** gentile con i tuoi fratelli! マルチェッロさん，兄弟にやさしくして！	Signore, **sia** gentile, spenga quella sigaretta. お願いですから，そのタバコを消して下さい。
Ragazzi, **abbiate** pazienza. みんな，ちょっと辛抱しなさい。	Signori, **abbiate**（**abbiano**）pazienza. みなさま，もう少しご辛抱願います。
Sara, **sappi** che ti voglio bene! サラちゃん，言っておくけど，君を愛しているよ！	Signore, **sappia** che lunedì siamo chiusi. 月曜日は定休日です。ご了承下さい。

次に，最も使われる不規則動詞を挙げます。

主語	FARE	STARE	ANDARE	DARE	DIRE
io	（なし）	（なし）	（なし）	（なし）	（なし）
tu（直）	**fai(fa')**	**stai(sta')**	**vai(va')**	**dai(da')**	**di'**
Lei（間）	**faccia**	**stia**	**vada**	**dia**	**dica**
noi（直）	**facciamo**	**stiamo**	**andiamo**	**diamo**	**diciamo**
voi/Voi（直）	**fate**	**state**	**andate**	**date**	**dite**
Loro（間）	**facciano**	**stiano**	**vadano**	**diano**	**dicano**

不規則動詞も，否定文の際，2人称単数のみ不定詞になります。他の活用は変わりません。

平叙文	否定文
(tu) **Sii** buono con lei! 彼女にやさしくしろ！	**Non essere** cattivo con lei! 彼女にイヤな態度をとるな！
(tu) **Abbi** fiducia!　自信を持て！	**Non avere** paura!　怖がるな！
(tu) **Va'** via, ti prego!　お願い，帰れ！	**Non andare** via, ti prego!　帰るな，お願い！

Esercizio 3: 左の発言に対して適切なアドバイスを選んでください。また，動詞を命令法（tu/voi）に活用させてください。

1) Abbiamo una fame da lupi!
2) Non riesco a trovare la ragazza...
3) Il nostro computer non funziona.
4) Giovanni mi ha lasciata!
5) Abbiamo sonno...
6) La mia casa è piena di scarafaggi!
7) Vorrei dimagrire...
8) Piove e non ho l'ombrello...
9) Ho la febbre.
10) Non riusciamo a finire la tesi.

a) (comprare) __________ un buon insetticida!
b) (chiedere) __________ aiuto al professore!
c) (prendere) __________ questo! Io ne ho due.
d) (fare) __________ un po' di ginnastica!
e) (andare) __________ subito dal medico!
f) (avere) __________ più fiducia in te stesso!
g) (bere) __________ un bel caffè doppio!
h) Non (essere) __________ triste! Pazienza!
i) (chiamare) __________ il tecnico!
l) (andare) __________ al ristorante!

Esercizio 4: 動詞を命令法（Lei/Loro）に活用させて，文を完成させてください。

1）Senta, signorina, (andare) __________ fuori a fumare! Non (essere) __________ maleducata.
2）Signore, La prego, non (parcheggiare) __________ qui. È vietato.
3）Signori, (dare) __________ il biglietto alla cassiera, per cortesia.
4）Signora, (dire) __________ pure. La ascolto.
5）Prego, signori, (entrare) __________ pure, non (avere) __________ paura del cane!
6）Signorina, (stare) __________ tranquilla e (aspettare) __________, per favore. Ci vuole tempo.
7）Signore, (sapere) __________ che noi La aspettiamo! (venire) __________ pure quando vuole!
8）Dottore, (avere) __________ pazienza. Stiamo arrivando.

Esercizio 5: Tu に対する直接命令法（平叙文または否定文）を入れて，文を完成させてください。

Si fa o non si fa?

In Italia	In Giappone
(Fare) __________ rumore quando mangi! È segno di grande maleducazione.	(Togliere) __________ sempre le scarpe prima di entrare in casa!
(Portare) __________ sempre un piccolo regalo quando vai a casa di qualcuno!	(Dire) __________ “Itadakimasu” prima di mangiare.
(Evitare) __________ di dire troppe parolacce. Per una parola di troppo puoi finire nei guai!	(Piantare) __________ mai i bastoncini nel riso! Porta sfortuna.
(Dire) __________ “Buona fortuna!” prima di un esame! Si dice “In bocca al lupo!”.	Quando preghi in un santuario shintoista (battere) __________ le mani due volte!
(Stare) __________ attento ai borseggiatori quando sei nei luoghi turistici e c’è tanta gente!	(Fare) __________ attenzione alle moltissime biciclette che sfrecciano sui marciapiedi!
(Ricordare) __________ sempre di timbrare il biglietto quando viaggi in treno o in autobus.	(Parlare) __________ troppo di politica, religione o sesso; sono argomenti tabù!

25.3 命令法と補語代名詞 Imperativo e pronomi

直接命令法（tu, noi, voi）の場合，第 10，11 課で学んだ**直接・間接補語代名詞，代名詞の結合形，再帰代名詞**，そして第 8，10，15 課で学んだ「**ci**」と「**ne**」

の代名小詞は原則として，すべて**活用形の語尾**に付けます。

代名詞を語尾に置いた方が，命令は命令らしく聞こえます。アクセント（表内の下線部）に注意！以下は代名詞・代名小詞が規則動詞につく場合です。

代名詞の種類	tu	noi	voi
直接（mi, ti, lo/la, ci, vi, li/le）	Porta**mi** a casa.	Portiamo**li** a casa.	Portate**la** a casa.
間接（mi, ti, gli/le, ci, vi, gli）	Rispondi**gli**!	Rispondiamo**le**!	Rispondete**le**!
間接＋直接（結合形）	Regala**melo**!	Regaliamo**glieli**!	Regalate**cela**!
再帰（mi, ti, si, ci, vi, si）	Alza**ti**!	Alziamo**ci**!	Alzate**vi**!
ci（a ＋名詞），場所など	Pensa**ci** tu!	Pensiamo**ci** noi!	Pensate**ci** voi!
ne（di, da ＋名詞），部分など	Prendi**ne** uno!	Prendiamo**ne** uno!	Prendete**ne** uno!

＊＊＊代名詞のすべての形・結合形などに関しては，第 10，11 課を参照してください。＊＊＊

用例：　Ragazzi, **Marta** ha sonno. Portate**la** a casa!
みんな，マルタさんは眠い。彼女を家につれていけ。
Io non voglio più parlare con **Marisa**. Rispondete**le** voi!
もう僕はマリーザとは話したくない。君たちが彼女に答えなさい。
Wow, che **bell'orologio**! Regala**melo**!
お！　あの時計，いいね！　（それを私に）プレゼントして！
Ragazzi, forza! Alzate**vi**, lavate**vi**, vestite**vi** e fate colazione!
みんな，早く！　起きて，体を洗って，服を着て，朝食を食べなさい！
Renato, **alla macchina** pensa**ci** tu! Io non so guidare.
レナートさん，車のことは君にまかせる！　僕は運転できない。
Alberto, vuoi **un cioccolatino**? Avanti, prendi**ne** uno! Non fare complimenti!
アルベルトさん，チョコ１個いる？　どうぞ，１個とって！　遠慮するな！

Esercizio 6: 下線部の名詞を代名詞に直し，命令文を完成させてください。

1）-Fabio, devi portare le bambine a scuola.　-No, dai, Marisa, accompagna_____ tu!
2）-Hai voglia di raccontare una favola ai bambini? -No, dai, Marisa, racconta__________ tu!
3）-Fabio, potresti preparare la cena? -No, ti, prego, Marisa! Prepara_____ tu, che sei più brava!
4）-Fabio, puoi pulire il bagno? -No, cara, non ho tempo... Pensa_____ tu!
5）-Fabio, vai a comprare il prosciutto? Compra______ due etti. -No, cara, compra______ tu!
6）-Adesso BASTA, Fabio!!! Alza_____ da quel divano, e basta con quel telefonino, butta_____ via!
7）-Cara! Il mio telefonino!! Lascia____! No, il martello no! Ti prego, non romper_____! CRACK!

25

ただし，25.2 に挙げた５つの不規則動詞（fare, stare, andare, dare, dire）の命令法に代名詞をつけると，**2 人称単数（tu）**の場合，原則として（「gli」を除いて），代名詞の**最初の子音が二重**になります。

動詞	直接	間接	間接＋直接	再帰	場所の ci	部分の ne
fa'	fallo/falla...	fagli/falle...	faglielo...	fatti	facci	fanne
sta'	stallo/stalla...	stagli/stalle...	―――	―――	stacci	stanne
va'	vallo/valla...	vagli/valle...	vaglielo...	―――	vacci	vanne
da'	dallo/dalla...	dagli/dalle...	daglielo...	datti	―――	danne
di'	dillo/dilla...	digli/dille...	diglielo...	―――	―――	dinne

＊代名詞のすべての形・結合形などに関しては，第 10，11 課を参照してください。＊

用例： Per il mio compleanno, fa**mmi** un bel regalo!!（fa' ＋ a me）
私の誕生日に（私に）いいプレゼントして!!

Ama la tua ragazza! Sta**lle** vicino!（sta' ＋ a lei）
君の彼女を愛せ！（彼女の）そばにいて（あげて）くれ！

Aldo, Federica è arrivata! Va**lla** a prendere, per favore!（va' + lei）
アルドさん，フェデリーカが着いたよ！（彼女を）迎えに行って下さい。

Ehi, quella è la mia penna! Da**mmela**!（dare ＋ a me ＋ la penna）
おい，それは俺のペンだ！（それを俺に）返せ！

-Mamma, lo dici tu al papà che ho la febbre? -No, di**glielo** tu!（dire + a lui + lo）
-ママ，僕が熱だとパパに伝えてくれる？　-いいえ，君が(それを彼に)言いなさい！

なお，（noi, voi）の場合は**規則動詞と同じ**です。

Esercizio 7: 規則・不規則動詞の命令法に正しい代名詞をつけてください。

1）-Io devo sapere il tuo nome! Forza,（tu - dire/a me/il tuo nome）______________!
2）-Quello è il nostro pallone! Avanti,（voi - ridare/a noi/il pallone）______________!
3）-Perché oggi non vuoi andare a scuola? Dai,（tu - andare/a scuola）______________, forza!
4）-Quanto prosciutto compriamo?（voi - comprare/di prosciutto）______________ 200 grammi.
5）-Carmelo, ti amo da morire! Ti prego,（tu - stare/a me）______________ sempre vicino!
6）-Mia moglie vuole una Ferrari... -Beh, sei ricco!（tu - regalare/a lei/una Ferrari）______________!
7）-Ragazzi!（voi - fare/a voi）______________ una doccia! Siete tutti sudati!
8）-Ciro deve partire subito! Forza,（noi - dare/a Ciro）______________ un passaggio!

9) -In quel ristorante si mangia benissimo, ragazzi! (voi - andare/in quel ristorante) ______________!

10) -Ho finito l'acqua... (tu - dare/a me/di acqua) ________________ un po' della tua!

また，否定の直接命令法の場合は2つの可能性があります。代名詞を動詞の後ろに付けることも，前に置くことも可能です。

用例： **Non farlo!** (**=Non lo fare!**) È pericoloso! そんなことをするな！危ない！
Quei funghi sono velenosi. **Non mangiateli!** (**=Non li mangiate!**)
あれは毒キノコだ。（それらを）食べるな！
Ragazzi, è un segreto! **Non diteglielo!** (**=Non glielo dite!**)
みんな，これは秘密だよ！ 彼に（そのこと）を言うな！

Esercizio 8: 次の文を否定文（代名詞の位置はどちらでもよい）にしてください。

1) Quel libro è davvero fantastico! Leggilo! → Quel libro è davvero noioso! __________________.
2) Non è un segreto. Diglielo pure. → È un segreto! ________________________ assolutamente!
3) È un posto bellissimo! Andateci! → È un posto orribile, ______________________ mai!!
4) Lo voglio! Dammelo!! → Non lo voglio, ________________________!
5) Mettiti il cappello! Ti sta bene! → ___________________ il cappello, ti sta malissimo!
6) Questo vino è ottimo! Compratelo! → Questo vino fa schifo... ____________________!

間接命令法（Lei, Loro）に関しては，命令ではなく，丁寧な依頼・助言なので，すべての代名詞は語尾に付けることなく，直説法などと同じく，必ず動詞の活用形の前に置きます。

用例： Prego, signore, **si accomodi**! どうぞ，おくつろぎ下さい。
Signori, **mi dicano** pure. どうぞ，おっしゃって下さい。
Signora, **mi dia** pure il cappotto. どうぞ私にコートを下さい。
Signore, **La prego**, non **lo faccia**. すみません，お願いですから，おやめ下さい。

Esercizio 9: 動詞を命令法に活用させ，代名詞を正しく入れて文を完成させてください。

1) Signore, (scusare / me)_____ __________. (Lei / dare / a me)_____ ________ il resto.

2) Signora, non (preoccuparsi)_____ ___________! (Lei / fidarsi)______ __________ di noi!

3) Signori, ecco il tavolo. Prego, (Loro - accomodarsi)______ __________________.

4) Signore, (Lei / dire / a me)______ _________. Che cosa posso fare per Lei?

5) La prego, signore, non (Lei fare / me)______ ___________ arrabbiare!

6) Signorina, (Lei / portare / a noi) _________ ____________ il conto, per favore!

Risposta: “Crepi il lupo!”

【カタカナ語】（ローマ字）	イタリア語（意味）	由来の説明
①【アラーム】（英：alarm）	allarme（警報）	日本語でも英語でもわかりませんが，ロマンス諸語，そしてイタリア語で，この単語は冠詞付き前置詞「all'」と名詞「arme」（武器）から明らかに構成されています。「All'arme」，または「All'armi」という表現は「武器を手に！」という意味で，敵が攻めて来た時に叫ぶ警報の声です。
②【キャンパス】（英：campus）	campus（大学の敷地）	ラテン語の「campus」（野原）からそのまま現代英語，イタリア語，日本語に導入された単語ですが，その意味は「大学の敷地」です。現代イタリア語で「campo」はラテン語と同じく，「野原」を意味します。英語の「camp」にも近いです。ちなみに，日本語の「キャンペーン」も「campus」に由来します。英語の「campaign」，イタリア語の「campagna」は「広大な野原で行われる（軍事的）遠征」そして「それを目的とするあらゆる準備と軍事的行為」を意味します。何らかを目的とする，日本語で言う「キャンペーン」は，この意味に由来しています。
③【ブラボー】（英：bravo）	bravo（偉い）	コンサートなどでよく耳にするこの単語は，現代イタリア語で「上手な」，「偉い」を意味する形容詞です。ただし，その由来はラテン語の「pravus」で，その意味が「あくどい」，「邪な」，「たちが悪い」と正反対です！　ただし，あくどい者でもしばしば「勇気」を持ちます。この特徴こそがこの単語の意味の劇的な変化をもたらしたと言われています。英語の「brave」（勇敢な）という形容詞はこの変化の証拠であると言えます。

不定法：ジェルンディオ・分詞・不定詞

Modi indefiniti: Gerundio, participio e infinito

読解 — LETTURA E COMPRENSIONE
エスカレーター　Scale mobili

20 novembre 1986, ore 18:45 - Tokyo. Stazione Kokutetsu di Akihabara.
Stanco, con la borsa in mano, il *salaryman* Tōru Nakatani, 41 anni, divorziato, viene spinto fuori dal treno della linea Chūō, quasi travolto dall'esplosione umana che segue l'apertura delle porte. Cammina quasi per inerzia, spinto dagli altri passeggeri e dalla forza dell'abitudine, come tutti i giorni, al rientro dal lavoro. Il lavoro che fa non ci interessa. Sappiamo che lui deve cambiare treno tre volte per raggiungere casa sua. Non ci interessa nemmeno sapere dove abita. Ma sappiamo che abita da solo. Sempre in piedi, appeso alle maniglie del treno. Tutti i giorni, per sempre. Sappiamo che tre anni fa, al municipio, ha timbrato il modulo per il divorzio. Ora ricorda soltanto vagamente i lineamenti di Aya, la donna che aveva sposato dieci anni fa, e che un giorno, all'improvviso, se n'era andata. I misteriosi meccanismi della mente ne stavano cancellando il ricordo e perfino il volto. Frammenti di ricordi, anni, giorni e momenti ormai scoloriti, come vecchie foto. Camminando verso la lunga scala mobile in salita che conduce ai cancelletti d'uscita, Nakatani ricorda. Ma questa volta sono ricordi nitidissimi, pieni di colore. Estate. Agosto. Secondo anno di università. Le zanzare. L'afa. Una sigaretta accesa. I fuochi d'artificio lungo il fiume Kamo, a Kyoto. La notte. La folla. I colori degli *yukata*. Una granita. Un bacio freschissimo. Le sue mani. Lei. Natsumi! Bellezza d'estate!

Sale sul primo gradino della scala mobile, e si ferma, appoggiandosi stancamente con il gomito sul corrimano di gomma nera. Alza lo sguardo. Erano passati ventun anni da quella notte. In quel momento la vede. Non era un'allucinazione. Lì, a pochi metri, ferma sulla scala mobile in discesa, c'era lei, la protagonista di quel fugace ricordo. Bellissima, come lo era quella sera d'agosto. Non era cambiata quasi per niente. Il trucco fine e leggero, i capelli neri, leggermente mossi, un po' più lunghi di quando era ragazza. Un cappottino marrone, sobrio ed elegante. Lo sguardo fisso, la mente assorta in qualche pensiero. Chissà. Forse anche lei stava pensando a lui, e quel pensiero incrociato aveva realizzato l'assurda coincidenza. Ma no, era impossibile. Probabilmente lei stava pensando alle mille cose che riempivano la sua vita, certo. Anche se né il povero Nakatani né noi possiamo sapere a cosa pensasse davvero. Sappiamo invece che per il nostro *salaryman* il resto del mondo è sparito. In quell'attimo ci sono solo lui, lei, una scala mobile in salita e una in discesa, e tutto attorno il nulla. Lui si è accorto di lei, la fissa incredulo. Ma lei non sembra essersi accorta di lui. Nessuna espressione trapela dal suo viso. La sua scala scende. Eccola. Si fa sempre più vicina. Mille pensieri, mille dubbi. Forse è sposata? Forse no? Forse ha figli? Forse no? È felice? Nakatani per un attimo pensa: forse no. E un istante dopo se ne vergogna. Dopotutto, comunque, era convinto di essere l'unico uomo che l'avesse amata davvero.

Sono alla stessa altezza. Si incrociano. Nakatani si illude di sentire il profumo di lei, vicinissima, la mano candida sulla cinghia nera del corrimano. Nessun anello. Forse lei lo sta guardando con la coda dell'occhio. Forse si è accorta di lui. O forse no. Lui ha un brivido. Vorrebbe sorriderle. Vorrebbe dirle che la ama. Vorrebbe allungare la mano sulla sua, chiamarla, urlare il suo nome.

"Natsumi!" grida il suo cuore. E un istante dopo lei si trova dietro di lui, in discesa. Il nostro eroe vorrebbe voltarsi per ammirarla un'ultima volta. Ma qualcosa glielo impedisce. La paura di non poter incrociare il suo sguardo? Il rimorso di aver trascorso una lunga parte della sua vita senza di lei? La consapevolezza di averla persa? Lei forse non lo ha visto. O lo ha visto ma non lo ha riconosciuto. O forse ha fatto finta di non vederlo. Chi lo sa. Ma a un certo punto la scala mobile finisce.

FINALE

Nakatani non se ne accorge, inciampa e cade a terra. Le persone dietro di lui lo schivano, alcuni lo guardano di striscio, con disprezzo, credendolo ubriaco, e continuando a camminare con indifferenza. Cerca subito di ricomporsi, e dopo aver raccolto la borsa e sistemato gli occhiali, finalmente trova il coraggio di guardare giù. Ma non la vede. Era sparita.

Quasi come se non fosse mai esistita.

質問 — DOMANDE:

1) Come si chiamano i due protagonisti di questa storia?

2) Chi è Aya?

3) Dove si incontrano Tōru e Natsumi?

4) Com'era Natsumi dopo ventun anni?

5) Toru riesce a parlare con Natsumi sulla scala mobile?

6) Che cosa succede a Tōru quando la scala mobile finisce?

7) Secondo te Natsumi era reale o era un fantasma? Perché?

8) Il finale è un po' triste... prova a scrivere tu un lieto fine per il povero Tōru!

Parole ed espressioni utili（意味は辞書で調べてください。）	
i passeggeri	ricordare
il modulo	cancellare
il divorzio	pensare（a ＋人，モノ）
la mente	sparire
il volto	accorgersi（di 〜）
i ricordi	vergognarsi（di 〜）
i momenti	voltarsi
la scala mobile	impedire
i cancelletti	riconoscere
la folla	inciampare
l'allucinazione	cadere
il pensiero	raccogliere
la coincidenza	stanco
il resto（del mondo）	felice
il nulla	triste
il profumo	scolorito
l'anello	fine
la coda（dell'occhio）	sobrio
il brivido	assurdo
l'istante	assorto
lo sguardo	candido
il rimorso	vagamente
l'indifferenza	attorno
il coraggio	forse
divorziare	probabilmente
spingere	fare finta（di ＋不定詞）
cambiare（treno）	di striscio
appendere	con disprezzo
timbrare	come se（＋接続法）

「不定法」と呼ばれるのはジェルンディオ（Gerundio），分詞（Participio），そして不定詞（Infinito）です。これらの法の主な特徴は，直説法などのような，主語に合わせて変化する活用形がないということです。したがって，暗記するところが非常に少ないです。時制はありますが，現在と過去のみです。

不定法の主な役割は文章を簡略化することなので，不定法の様々な用法をマスターすれば，回りくどい表現や無駄に長い語句，そして思い浮かばない活用形を簡潔にしてまとめることができるので，非常にすっきりします。

ジェルンディオ	Siccome sono stanco, vado a dormire. → **Essendo** stanco, vado a dormire. 疲れているから，寝ます。
現在分詞	（La persona）che canta →（Il）**cantante**　歌う者（歌手）
不定詞過去	Dopo che avrò fatto la spesa, partirò. → Dopo **aver（e）** fatto la spesa, partirò. 買い物をしてから出発する。

26.1　ジェルンディオとその用法　Il gerundio e i suoi usi

ジェルンディオが日常的に最も使われているのが第6課などで学んだ「進行形」（stareの活用形＋ジェルンディオ）です。さて，ここでジェルンディオ（現在，過去）の形およびその他の使い方を学びましょう。

ジェルンディオ（現在）

-are	→	**-ando**	mangiare → mangi**ando**
-ere	→	**-endo**	prendere → prend**endo**
-ire			partire → part**endo**

ただし不規則動詞もあります。
fare → facendo　/　**bere → bevendo**　/　**dire → dicendo**

ジェルンディオ（過去）

助動詞 essendo / avendo （選び方は近過去などの複合時制と同じ）	＋動詞（過去分詞）

用例：　**Essendo stato** in Italia per un anno, parlo l’italiano.
イタリアに一年間行ったから，イタリア語が話せる。

ジェルンディオの様々な用法

用法	例：直接法などを使った場合	ジェルンディオを使った場合
①同時性 (mentre の代わり)	Mentre cammino, ascolto la musica. Mentre mangiavo, guardavo la TV.	**Camminando**, ascolto la musica. 歩きながら，音楽を聞いている。 **Mangiando**, guardavo la TV. 食べながら，テレビを見ていた。
②理由 (siccome 等の代わり)	Siccome non ho tempo, non vengo. Ho lavorato, quindi sono stanco.	Non **avendo** tempo, non vengo. 時間がないから，来ない。 **Avendo** lavorato, sono stanco. 働いたから，疲れた。
③自然な結果 (〜すると〜になる)	Se mangi troppo, ingrassi. Se si beve troppo, ci si ubriaca.	**Mangiando** troppo, ingrassi. 食べすぎると太るよ。 **Bevendo** troppo, ci si ubriaca. 飲みすぎると（人々は）酔う。
④方法 (「どの様に」を説明)	Passo la sera a ballare e a cantare. A ridere e a scherzare si vive bene.	Passo la sera **ballando** e **cantando**. 踊ったり歌ったりして夜をすごす。 **Ridendo** e **scherzando** si vive bene. 笑ったり冗談を言ったりしたら，いい生活がおくれる。
⑤譲歩文 (Pur 付き) (〜にもかかわらず)	Anche se ho fame, non mangio. Nonostante io sia morto, parlo.	Pur **avendo** fame, non mangio. おなかが空いていても食べない。 Pur **essendo** morto, parlo. 死んでいても，話している。

＊ジェルンディオ過去は主に②の場合に使います。
＊代名詞があれば，ジェルンディオ現在の語尾に付けます。
例：Vedi questa chiave? **Se la usi** potrai aprire quella porta.
→ Vedi questa chiave? **Usandola** potrai aprire quella porta.
この鍵ね，（これを）使ったらあのドアを開けられる。

Esercizio 1: 次の動詞をジェルンディオ現在，そして過去に活用してください。

動詞	現在	過去
1) camminare		
2) parlare		
3) fare		
4) essere		
5) scrivere		
6) bere		

7) dire		
8) capire		
9) finire		
10) salire		

Esercizio 2: 次の文をジェルンディオ現在，または過去で書き直してください。また，各文にジェルンディオの使い方を区別する上の表の①から⑤までの番号を付けてください。

1) Se non prenderai le medicine, non guarirai.

____________________ ____番

2) Mentre studio mi mangio mezzo chilo di gelato al caffè.

____________________ ____番

3) Ho passato tutta la giornata a fare le pulizie e a stirare.

____________________ ____番

4) Nonostante Antonio abbia la ragazza, esce con Martina!

____________________ ____番

5) Siccome ha molti soldi, Laura non ha bisogno di lavorare.

____________________ ____番

6) Anche se piove, c'è il sole.

____________________ ____番

7) Marzia guida la macchina mentre mangia e guarda il telefonino.

____________________ ____番

8) Ho finito il credito, quindi non posso telefonare.

____________________ ____番

9) Se non dai l'acqua ai fiori, li farai appassire.

____________________ ____番

26.2 分詞とその用法 Il participio e i suoi usi

「-ante」,「-ente」で終わる形容詞と名詞は，様々な動詞の現在分詞に当たります。基本的に，能動的な意味があります。また，過去分詞は動詞の複合形や受動態で頻繁に使いますが，様々な動詞の過去分詞に当たる形容詞（そして稀に名詞）も少なくありません。これらは「-ato」,「-uto」,「-ito」で終わることが多く，受動的な意味があります。

動詞（不定詞）	現在分詞 形容詞・名詞 ［英：-ing］	過去分詞 形容詞・名詞 ［英：-ed］
cantare 歌う	cantante （英：singing）	cantato （英：sung）
scrivere 書く	scrivente （英：writing）	scritto （英：written）
divertire 楽しませる	divertente （英：amusing）	divertito （英：amused）
interessare 興味をそそる	interessante （英：interesting）	interessato （英：interested）
parlare 話す	parlante （英：talking）	parlato （英：talked）

Esercizio 3: 次の動詞の現在分詞・過去分詞を書いてください。

動詞	現在分詞	過去分詞
1) portare →		
2) contare →		
3) seccare →		
4) correre →		
5) bollire →		

分詞はジェルンディオと同じく，直説法の代わりに使った場合，文を簡略化する役割も果たすことがあります。

用法	直接法などを使った場合	現在分詞を使った場合
che ＋直・現３人称の代わり	Il grillo **che parla** I mocciosi **che urlano**	Il grillo **parlante** 話すコオロギ I mocciosi **urlanti** 叫ぶガキども

過去分詞は２節からなる文で，より早い時間に起こった出来事に使えます。２つの出来事が発生した順番をはっきりさせる働きがあります（直説法を使う場合，Dopo che ～を使います）。

用法	直接法などを使った場合	過去分詞を使った場合
Dopo che ＋動詞の複合形の代わり	**Dopo che avremo fatto** i compiti, usciremo. **Dopo che fummo tornati** a casa, ci riposammo.	**Fatti** i compiti, usciremo. （私たちが）宿題が終わったら，出かける。 **Tornati** a casa, ci riposammo. （私たちが）家に着いた後，休んだ。

＊他動詞の場合，過去分詞の語尾補語の性・数に合わせて変化させます。
　ただし，自動詞の場合，主語に合わせます。
＊代名詞があれば，過去分詞の語尾に付けます。

Esercizio 4: 次の文を現在分詞または過去分詞で書き直してください。

1）Chi è quella ragazza che sorride?

2）Dopo che il film è finito, siamo tornati a casa.

3）Dopo che ebbi salutato Marta, mi incamminai verso il treno.

4）Questo è un film che diverte!

5）Sono salito su un cargo che batte bandiera liberiana.

Hotel di lusso sul Canal Grande - Venezia

26.3 不定詞とその用法　L'infinito e i suoi usi

不定詞は動詞の原形で，その現在形は補助動詞，動詞＋前置詞（a, di）の後，命令法の否定文などと広く使われています。そのほかに存在する用法をいくつかここで紹介します。

用法	例
①感嘆文で（～のに！）	E **pensare** che io ti ho aiutato!　お前を助けてやったのに！
②疑問文で	Che **dire**?　何と言ったらいいか？
③動詞を名詞化	(Il) **bere** troppo fa male alla salute. 飲み過ぎは健康を損なう。
④指示（レシピなど），命令をする時（～すること）	**Tagliare** i pomodori a cubetti.　トマトをダイスに切ること。 **Correre! Scattare!** Forza!　走れ！　ダッシュ！　早く！

＊代名詞があった場合は，不定詞の語尾に付けます。

不定詞（過去）

活用しない助動詞 essere / aver(e) （選び方は近過去などの複合時制と同じ） （avere の e が省かれることが多い）	＋動詞（過去分詞）

不定詞過去は，2節からなる文で，より早い時間に起こった出来事に使えます。2つの出来事が発生した順番をはっきりさせる働きがあります。

用例：

不定詞	Dopo **aver mangiato**, faccio un pisolino.	ご飯を食べてから，うたた寝をする。
直説法	Dopo che ho mangiato, faccio un pisolino.	
不定詞	Dopo **essere partito**, mi dimenticherò di te.	出発してから，君のことを忘れるだろう。
直説法	Dopo che sarò partito, mi dimenticherò di te.	

また，ある出来事の原因（この場合も，結果より早い時間に起こっていること）を述べる時にも使えます。

用例：

不定詞	Ti ringrazio per **avermi accompagnato** a casa.	家に送ってくれてありがとう。
直説法	Ti ringrazio perché mi hai accompagnato a casa.	

Esercizio 5: 不定詞を使って，文を書き直してください。

1) Se si fuma troppo, fa male!

2) Fai bollire la pasta, e quando è pronta, scolala.

3) Dopo che ho mangiato le ostriche in quel ristorante, sono stato male.

4) Mi sono lussato una spalla perché ho nuotato con il mare troppo mosso.

5) Svegliatevi, pelandroni! Non poltrite! Avanti!

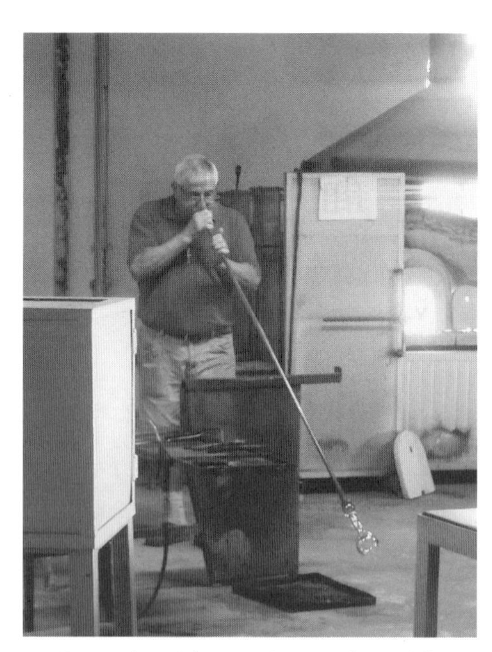

Lavorazione del vetro a Murano（Venezia）

CD-II 19

Una ricetta italiana — イタリア料理のレシピ

ここで，日本でも簡単に手に入る材料を使って，シンプルだけど非常においしいシチリア料理のレシピを紹介しましょう。

SPAGHETTI CON RICCI DI MARE ALLA PALERMITANA
（パレルモ風 ウニのスパゲッティ）

Ingredienti（per 4 persone）		
Spaghetti（o linguine）: 500 g.	Ricci di mare crudi: 100 g.	Aglio: 2 spicchi
Prezzemolo（italiano）	Olio di oliva: 100ml.	Sale e pepe

1）Preparazione della salsa ai ricci di mare.
Prendete un pentolino e metteteci l'olio di oliva. Pelate bene i due spicchi d'aglio, e metteteli a rosolare nell'olio a fuoco medio. Quando gli spicchi d'aglio saranno dorati, toglieteli dall'olio e buttateli via. Dopo questa operazione, mettete 1/3（circa 30-35 grammi）dei ricci di mare（non tutti, attenzione!）nell'olio caldo, aggiungete un pizzico di sale e pepe e mescolate per circa due o tre minuti, poi spegnete il fuoco.

2）Preparazione della pasta.
Mettete l'acqua fredda in una pentola abbastanza grande. Non dimenticate di metterci un pugno di sale grosso. Accendete il fuoco e fatela bollire. Quando l'acqua bollirà, aggiungete gli spaghetti（meglio se di Gragnano!）, e fateli cuocere al dente. Mentre la pasta si cuoce, tritate il prezzemolo. Prima che la pasta sia pronta, mettete tre cucchiai di acqua della pasta nell'olio.
Prendete una terrina abbastanza grande da contenere tutta la pasta. Se non l'avete, usate la pentola. Quando la pasta sarà cotta, scolatela, e mettetela nella terrina（o rimettetela nella pentola）, aggiungendo l'olio con i ricci di mare cotti. A questo punto aggiungete i ricci di mare crudi（65-70 grammi）e il prezzemolo tritato, mescolate bene e servite. Buon appetito!

直接話法・間接話法

Discorso diretto e discorso indiretto

CD-II 20

読解 — LETTURA E COMPRENSIONE
マカロニXファイル　X-FILES all'italiana

FILE 104: Testimonianza di Renzo Rossi, 58 anni, operaio di Scortichino (provincia di Ferrara)
"Ecco quello che mi è successo: qui in paese nessuno mi crede, ma sarei pronto a giurare su tutto ciò che ho di caro che quello che sto per raccontarvi è la verità. Guidavo la mia macchina per una strada di campagna; ero un po' stanco quella sera perché avevo lavorato tutto il giorno, e stavo ascoltando la radio. Naturalmente non avevo bevuto nemmeno un goccio di vino, ma a un certo punto ho sentito uno strano ronzio, come se un insetto gigantesco stesse volando proprio sopra la mia macchina. Mi sono accorto che l'autoradio non funzionava più, e che l'auto non rispondeva ai miei comandi! Un istante dopo ho visto sopra di me una fortissima luce arancione, e, vi giuro, la mia macchina si era alzata dalla strada di almeno un metro! Stavo volando! Ma non riuscivo a controllarla: il volante era sempre bloccato, e i pedali non servivano a nulla. La macchina, con me dentro, naturalmente, è uscita di strada e ha cominciato a volare e a volteggiare sopra i campi di grano vicini: su e giù, sinistra e destra; mi sembrava di essere su una giostra! E girava sempre più veloce, con quel ronzio e quella luce abbagliante. A un certo punto devo essere svenuto, e quando mi sono risvegliato la macchina era ferma proprio davanti a casa mia! Nè io nè la macchina avevamo un graffio, era tutto normale. Due giorni dopo, però, sono andato al bar come ogni mattina, e ho visto il giornale locale. Non credevo ai miei occhi! Sulla prima pagina c'era un articolo che parlava di un fatto misterioso successo nella provincia di Ferrara, proprio in questa zona, con foto aeree di campi di grano pieni di bellissimi disegni: cerchi, triangoli, quadrati, simboli dalle geometrie perfette! E io sono assolutamente convinto che qualcuno, probabilmente non di questo mondo, abbia usato la mia macchina come "pennello" per disegnarli! Per me è stata davvero un'esperienza incredibile, ma a dire il vero ora ho un po' paura a guidare in campagna la sera..."

質問 — DOMANDE:

1）Che cosa stava facendo il signor Rossi quella sera?

2）A che cosa somigliava il suono che il signor Rossi ha sentito?

3）Di che cosa si è accorto poi il signor Rossi?

4）Dove gli sembrava di essere quando la macchina volteggiava sui campi?

5）Dove si trovava il signor Rossi al risveglio?

6）Che cosa c'era scritto sul giornale?

7）Di che cosa è convinto il signor Rossi?

Parole ed espressioni utili（意味は辞書で調べてください。）	
la testimonianza	succedere
la provincia	giurare
la verità	guidare
la campagna	funzionare
la radio（l'autoradio）	rispondere
il volante	controllare
i pedali	svenire
il giornale	essere convinto（di / che）
l'articolo	gigantesco
la zona	abbagliante
il grano	almeno
il pennello	assolutamente
l'esperienza	a dire il vero

まず，直接話法と間接話法との相違点を明らかにしましょう。

直接話法は話す者が述べる言葉をそのまま，カッコ内に入れて，報告するために使うものです。直接話法の場合，カッコ内の文は全く文脈（主節）の影響を受けません。

ただし，間接話法に話法転換すると，話す者が述べる言葉を文脈（主節）に合わせる必要性が生じます。つまり，話す者が述べる言葉に含まれる代名詞，形容詞，場所と時間の副詞・副詞句，そして動詞の時制・法などが主節の影響を受けるため，主節の主語（たいていは lui/loro――つまり３人称）の観点，いる場所や時間などに合わせて変化します。また，間接話法はコロン，カッコを使わず，「dire」などの動詞の後に置く「che」（「～という」），または「di」（「～のようにいう」）に導入されます。さて，ここで話法転換の一例を挙げましょう。

主節が現在形の場合：

直接話法	例：Stefano dice: “**Domani vado** al cinema con il **mio** amico Pietro”. ステーファノは言う「明日は友人のピエトロと一緒に映画館に行く」。
↕	↕
間接話法	例：Stefano dice **che** domani **va** al cinema con il **suo** amico Pietro. ステーファノは明日，友人のピエトロと一緒に映画館に行くという。

主節が過去形の場合

直接話法	例：Stefano ha detto: “**Domani vado** al cinema con il **mio** amico Pietro”. ステーファノは言った「明日は友人のピエトロと一緒に映画館に行く」。
↕	↕
間接話法	例：Stefano ha detto **che** il giorno dopo **andava** al cinema con il **suo** amico Pietro. ステーファノは翌日，友人のピエトロと一緒に映画館に行くと言った。

27.1 話法転換――主節が現在形の場合 Discorso indiretto con frase principale al presente

まず，主節の時制が現在である場合，動詞の人称を１人称から３人称へ変化させる必要があります。しかし時制の変化が不要のため，比較的簡単です。とりあえず，話法転換があった時に発生する代名詞，形容詞，副詞などの変化を挙げましょう。

変換要素	直接話法（1 人称）		間接話法（3 人称）
人称代名詞	**io（me）/ tu（te）** **noi / voi**	⇔	**lui/lei** **loro**
直接補語代名詞	**mi / ti** **ci / vi**		**lo/la** **li/le**
間接補語代名詞	**mi / ti** **ci / vi**		**gli/le** **gli**
再帰代名詞	**mi / ti** **ci / vi**		**si** **si**
所有形容詞 **所有代名詞**	**（il）mio / tuo** **（il）nostro / vostro**		**（il）suo** **il loro**
場所を表す副詞	**qui/qua**		**lì/là**
命令法の動詞	**命令法**		**di +不定詞**

（命令法の場合は，「di」は「che」の代わりに入りますので注意しましょう。）

変換要素	直接話法（1 人称）	間接話法（3 人称）
1）人称代名詞	Mauro dice: “**Io esco.**” Lina e Ugo dicono:“**Noi usciamo.**”	Mauro dice che（**lui**）**esce**. Lina e Ugo dicono che（**loro**）**escono**.
2）直接補語代名詞	Mauro dice: “Aldo **mi** chiama.” Lina e Ada dicono: “Aldo **ci** chiama.”	Mauro dice che Aldo **lo** chiama. Lina e Ada dicono che Aldo **le** chiama.
3）間接補語代名詞	Ada dice: “Il sushi **mi** piace.” Ada e Ugo dicono:“Il sushi **ci** piace!”.	Mauro dice che il sushi **le** piace. Ada e Ugo dicono che il sushi **gli** piace.
4）再帰代名詞	Ada dice: “**Mi** alzo subito.” Ada e Ugo dicono: “**Ci** alziamo subito.”	Ada dice che **si** alza subito. Ada e Ugo dicono che **si** alzano subito!”
5）所有詞	Ada dice: “**Il mio** cane è carino.” Loro dicono: “**Il nostro** cane è carino.”	Ada dice che **il suo** cane è carino. Loro dicono che **il loro** cane è carino.
6）場所を表す副詞	Lui mi dice: “Sono **qui**!” Loro mi dicono: “Siamo **qua**!”	Lui mi dice che è **lì**. Loro mi dicono che sono **là**.
7）命令法	La mamma mi dice: “**Mangia tutto!**” I nonni mi dicono: “**Mangia tutto!**”	La mamma mi dice **di mangiare tutto.** I nonni mi dicono **di mangiare tutto.**

Esercizio 1: 次の文を直接話法から間接話法に転換させ，書き直しましょう。

1) Fabio dice: “Non voglio uscire con mia sorella!”

____

2) Anna e Rita dicono: “Questa sera ci accompagna qui Massimo.”

____

3) Alberto mi dice: “Non disturbarmi!”

____

4) Sergio e Franca dicono: “Ci amiamo da morire!”

____

5) Stefano dice: “Il film non mi piace per niente.”

____

6) Gianni e Franca ci dicono: “Uscite con la nostra macchina.”

____

Tranquille strade di campagna

Esercizio 2: 読解の文を1人称から3人称に変換させてください。時制は変えません。

27.2 話法の転換――主節が過去形の場合 Discorso indiretto con frase principale al passato

話法の転換をするときに主節が過去形（過去ならどの法・時制でもいい）なら，人称だけでなく，時制も変わります。また，指示形容詞や時間を表す副詞も変化します。以下の表でこれらの変化を可能な限り，表でまとめましょう（その他の可能性は多く存在します）。

A）時制の変化

直接話法（1 人称）		間接話法（3 人称）
直説法現在，半過去		**直接法半過去**
Lui ha detto: “**Guardo** la TV.”		Lui ha detto che **guardava** la TV.
Lui ha detto: “**Guardavo** la TV.”		Lui ha detto che **guardava** la TV.
直説法近過去，遠過去，大過去		**直説法大過去**
Lui ha detto: “**Ho guardato** la TV.”		Lui ha detto che **aveva guardato** la TV.
Lui ha detto: “**Guardai** la TV.”		Lui ha detto che **aveva guardato** la TV.
Lui ha detto: “**Avevo guardato** la TV.”	⇔	Lui ha detto che **aveva guardato** la TV.
直説法未来，条件法現在，過去		**条件法過去**
Lui ha detto: “**Guarderò** la TV.”		Lui ha detto che **avrebbe guardato** la TV.
Lui ha detto: “**Guarderei** la TV.”		Lui ha detto che **avrebbe guardato** la TV.
Lui ha detto: “**Avrei guardato** la TV.”		Lui ha detto che **avrebbe guardato** la TV.
接続法現在，接続法半過去		**接続法半過去**
Lui ha detto: “Penso che **piova.**”		Lui ha detto che pensava che **piovesse**.
Lui ha detto: “Pensavo che **piovesse.**”		Lui ha detto che pensava che **piovesse**.

B）指示形容詞・代名詞，時間の表現の変化

直接話法（1 人称）		間接話法（3 人称）
questo　これ		**quello**　それ
Lui ha detto: “Questo è il mio cane.”		Lui ha detto che **quello** era il suo cane.
domani　明日		**il giorno dopo**　翌日
Lui disse: “Domani uscirò.”		Lui disse che **il giorno dopo** sarebbe uscito.
oggi　今日	⇔	**quel giorno**　その日
Lei diceva: “Oggi fa caldo.”		Lei diceva che **quel giorno** faceva caldo.
ieri　昨日		**il giorno prima**　前日
Loro dissero: “Ieri siamo usciti.”		Loro dissero che **il giorno prima** erano usciti.
fa　～前（現時点より）		**prima**　その時点より前
Lei disse: “Venni qui due anni fa.”		Lei disse che era andata lì due anni **prima**.

（動詞「venire」は「andare」に変わることもあります。）

Esercizio 3: 次の文を間接話法で書き直してください。

1) Dissi a Federica: "Da oggi non ti amo più!"

____

2) Stefano mi aveva detto: "Verrò sicuramente domani!"

____

3) Mio zio un giorno mi disse: "Due anni fa ho comprato la bara per il mio funerale!"

____

4) Mario ha detto: "Penso che Anna, la mia ragazza, sia davvero in gamba!"

____

5) Stefania disse: "Non credo che questo sia il mio cane!"

____

6) Ieri Debora ha perso l'aereo delle sette, e ha detto: "Pensavo che partisse alle otto!"

____

Esercizio 4: 指示に従って次の文を直接話法で書き直してください。

1) Gianni mi aveva detto che non sarebbe uscito.
Gianni mi aveva detto: "______________________________" (直説法未来)

2) Federica ha detto a Giacomo che non pensava di trovarlo lì.
Federica gli ha detto: "______________________________" (直説法半過去)

3) Antonio diceva che quel giorno non aveva tempo.
Antonio diceva: "______________________________" (直説法現在)

4) Gino aveva detto che la sua ragazza non avrebbe mai spiato il suo telefonino.
Gino aveva detto: "______________________________" (条件法現在)

27.3 疑問文の場合 Discorso indiretto con frase interrogativa

カッコ内の内容が質問で，その前に来る動詞が「chiedere」（尋ねる，訊く）またはその同義語なら，話法転換は次のように行います。

ちなみに，質問に疑問詞がなければ，話の内容が「che」（〜とのこと）の代わりに「se」（〜かどうか）に導入されます。逆に，疑問詞があれば，話の内容が「che」の代わりにその疑問詞に導入されます。文末の疑問符はもちろん消えます。

C）主節が現在形の場合

直接話法（1 人称）		間接話法（3 人称）
直説法現在		**接続法現在（直説法現在も可とされる）**
Lui mi chiede: “Anna guarda la TV?”	⇔	Lui mi chiede **se** Anna guarda la TV. ○
		Lui mi chiede **se** Anna **guardi** la TV. ◎
Lui mi chiede:“Quanti anni ha Eva?”		Lui mi chiede **quanti** anni ha Eva. ○
		Lui mi chiede **quanti** anni **abbia** Eva. ◎

D）主節が過去形の場合

直接話法（1 人称）		間接話法（3 人称）
直説法現在		**接続法半過去**
Ha chiesto: “Carlo **è** italiano?”		Ha chiesto se Carlo **fosse** italiano.
Ha chiesto: “Che cosa **stanno** facendo?”		Ha chiesto che cosa **stessero** facendo.
直説法半過去		**接続法半過去**
Ha chiesto: “Anna **era** in Italia?”	⇔	Ha chiesto se Anna **fosse** in Italia.
Ha chiesto: “Dov’**era** Anna?”		Ha chiesto dove **fosse** Anna.
直説法ーその他の過去形		**接続法大過去**
Ha chiesto: “Anna **è stata** in Italia?”		Ha chiesto se Anna **fosse stata** in Italia.
Ha chiesto: “Dov’**è andata** Anna?”		Ha chiesto dove **fosse andata** Anna.
（他法パターンは平叙文と同じです。）		（表 A を参照してください。）

Esercizio 5: 次の文を正しいもの（che, se, quando, dove, di）で完成させてください。

1）Avevamo detto a Mario ______ non lasciare fuori la bicicletta, ma lui non ci ha ascoltato.

2）Ho chiesto a Marta _______ avesse intenzione di tornare a casa oppure no.

3）Marco dice ________ lui qui non ci vuole più abitare.

4）Ho detto a Stefania ______ lasciare quel fannullone di Marco: è meglio perderlo che trovarlo.

5）La polizia ci ha detto ______ i ladri sono entrati dal balcone.

6）Il generale ci ha ordinato _______ attaccare!

7）Non vi avevo detto ___________ si fa l’esame? Si fa mercoledì prossimo!

8）Avevo chiesto a Maurizio ___________ fosse quel quadro, ma lui non se lo ricorda più...

Esercizio 6: 次の文を直接話法から間接話法にして書き直してください。

1) Avevo chiesto a Martina: “Chi ti ha rubato la borsa?”

____

2) Adelmo chiede a Giuseppe: “Quali sport fai?”

____

3) Stefania ha domandato a Yoko: “Ma tu hai mai mangiato la liquirizia?”

____

4) Galileo si chiedeva: “Ma davvero il sole gira intorno alla terra, o è il contrario?”

____

5) Ho chiesto a Marina: “Che cosa ci fai qui?”

____

Un cabaret di pasticcini: sfogliatelle, cannoli, bignè, pasticcini ricoperti al cioccolato.

Il burocratese ― 官僚語

イタリアの辞書では，1979年から「burocratese」（官僚語）という新語が現れました。「Burocratese」は官僚，警察や行政機関などが公式の記録や通告に使う難解な言葉や表現を指すものです。一例として，以下に，ある人による警察への口頭供述（①）と，それを警察官が「burocratese」で書きなおした公式の記録（②）を挙げます。両者を比べましょう。

① 口頭供述（一般語）	② 警察官が書いた公式な記録（官僚語）
'Stamattina presto andavo in cantina ad accendere la stufa e ho trovato tutti quei fiaschi di vino dietro la cassa del carbone. Ne ho preso uno per bermelo a cena. Non ne sapevo niente che la bottiglieria di sopra era stata scassinata'.	'Il sottoscritto essendosi recato nelle prime ore antimeridiane nei locali dello scantinato per eseguire l'avviamento dell'impianto termico, dichiara d'essere casualmente incorso nel ritrovamento di un quantitativo di prodotti vinicoli, situati in posizione retrostante al recipiente adibito al contenimento del combustibile, e di aver effettuato l'asportazione di uno dei detti articoli nell'intento di consumarlo durante il pasto pomeridiano, non essendo a conoscenza dell'avvenuta effrazione dell'esercizio soprastante'.

[da Italo Calvino, "L'antilingua", in "Il Giorno", 3 febbraio 1965]

「Burocratese」の文では，「人間らしい」日常生活に使われる語彙や表現を拒絶して，非人称で冷たくて，「法律らしい」回りくどい表現や一般人にとって理解し難い稀で古臭い同義語，ジェルンディオや不定法を多用します。現在のイタリアでも，「burocratese」に出会うことが頻繁にあります。以下の表の官僚語の意味を想像し，一般語に線で繋げてください。

① 官僚語	② 一般語
1）Titolo di viaggio	1）Bicicletta
2）Velocipede	2）Multa
3）Deiezione	3）Palestra
4）Palazzetto dello sport	4）Spiaggia
5）Sanzione amministrativa	5）Biglietto
6）Zona di balneazione	6）Cacca

Esempi di burocratese

最終のチャレンジ

La sfida finale

CD-II 22

LETTURA
サルデーニャの少年鼓手　Il tamburino sardo

ここで，19 世紀のイタリアの小説家・児童文学者エドモンド・デ・アミーチス（Edmondo De Amicis, 1846–1908）による不朽の名作『クオーレ』（1886 年）から抜粋された小話「サルデーニャの少年鼓手」を紹介します。19 世紀末のイタリアの学校や子供，そしてその周りの世界を描く『クオーレ』という作品には，統一されたイタリア各地の子供の優しさ，勇気と愛国心を語った「今月の小話」（Racconto mensile）が 9 つ含まれています。その中で，最も知名度の高いものは「母を訪ねて三千里」ですが，ここで紹介する「サルデーニャの少年鼓手」も非常に感動的で，印象的な結末を誇るストーリーです。その舞台は 1848 年のイタリア第一次独立戦争で，その主人公はサルデーニャ出身の少年です。丘の上の家にこもり，敵であるオーストリア兵に囲まれたサルデーニャ王国の部隊が絶望的に戦っている中，その部隊の隊長がその黒い眼の輝く少年に 1 つの任務を与えます…さて，少年はこの任務を果たすことができるでしょうか？

19 世紀末に書かれたものなので，ある単語の綴りや表現に時代を感じます。当初，本書の著者はこれらの表現を現代イタリア語により近いものに変えようとしましたが，変えてしまうと，何かが失われてしまうことに気づき，最終的に原文をそのままに残しました。

ここまで来たら，今まで学んできたイタリア語，身に着けた文法，そして覚えた表現で，あなたの中にいるイタリア人の幼い子供は，このストーリーの主人公の少年と同じぐらい成長しているはずです。勇気を出して，付録の語彙リスト，そして辞書を武器にして，一緒に最後まで戦ってあげてください。

今回，質問や練習問題はありません。CD を聞きながら，気軽にストーリーを楽しんでください。

IL TAMBURINO SARDO

(Racconto mensile)

[tratto da "CUORE" di Edmondo De Amicis]

Nella prima giornata della battaglia di Custoza, il 24 luglio del 1848, una sessantina di soldati d'un reggimento di fanteria del nostro esercito, mandati sopra un'altura a occupare una casa solitaria, si trovarono improvvisamente assaliti da due compagnie di soldati austriaci, che tempestandoli di fucilate da varie parti, appena diedero loro il tempo di rifugiarsi nella casa e di sbarrare precipitosamente le porte, dopo aver lasciato alcuni morti e feriti pei campi. Sbarrate le porte, i nostri accorsero a furia alle finestre del pian terreno e del primo piano, e cominciarono a fare un fuoco fitto sopra gli assalitori, i quali, avvicinandosi a grado a grado, disposti in forma di semicerchio, rispondevano vigorosamente. Ai sessanta soldati italiani comandavano due uffiziali subalterni e un capitano, un vecchio alto, secco e austero, coi capelli e i baffi bianchi; e c'era con essi un tamburino sardo, un ragazzo di poco più di quattordici anni, che ne dimostrava dodici scarsi, piccolo, di viso bruno olivastro, con due occhietti neri e profondi, che scintillavano. Il capitano, da una stanza del primo piano, dirigeva la difesa, lanciando dei comandi che parean colpi di pistola, e non si vedeva sulla sua faccia ferrea nessun segno di commozione. Il tamburino, un po' pallido, ma saldo sulle gambe, salito sopra un tavolino, allungava il collo, trattenendosi alla parete, per guardar fuori dalle finestre; e vedeva a traverso al fumo, pei campi, le divise bianche degli Austriaci, che venivano avanti lentamente. La casa era posta sulla sommità d'una china ripida, e non aveva dalla parte della china che un solo finestrino alto, rispondente in una stanza a tetto; perciò gli Austriaci non minacciavan la casa da quella parte, e la china era sgombra: il fuoco non batteva che la facciata e i due fianchi.

Ma era un fuoco d'inferno, una grandine di palle di piombo che di fuori screpolava i muri e sbriciolava i tegoli, e dentro fracassava soffitti, mobili, imposte, battenti, buttando per aria scheggie di legno e nuvoli di calcinacci e frantumi di stoviglie e di vetri, sibilando, rimbalzando, schiantando ogni cosa con un fragore da fendere il cranio. Di tratto in tratto uno dei soldati che tiravan dalle finestre stramazzava indietro sul pavimento ed era trascinato in disparte. Alcuni barcollavano di stanza in stanza, premendosi le mani sopra le ferite. Nella cucina c'era già un morto, con la fronte spaccata. Il semicerchio dei nemici si stringeva.

A un certo punto fu visto il capitano, fino allora impassibile, fare un segno d'inquietudine, e uscir a grandi passi dalla stanza, seguito da un sergente. Dopo tre minuti ritornò di corsa il sergente e chiamò il tamburino, facendogli cenno che lo seguisse. Il ragazzo lo seguì correndo su per una scala di legno ed entrò con lui in una soffitta nuda, dove vide il capitano, che scriveva con una matita sopra un foglio, appoggiandosi al finestrino, e ai suoi piedi, sul pavimento, c'era una corda da pozzo.

Il capitano ripiegò il foglio e disse bruscamente, fissando negli occhi al ragazzo le sue pupille grigie e fredde, davanti a cui tutti i soldati tremavano: - Tamburino!

Il tamburino si mise la mano alla visiera.

Il capitano disse: -Tu hai del fegato.

Gli occhi del ragazzo lampeggiarono.

-Sì, signor capitano, -rispose.

-Guarda laggiù, -disse il capitano, spingendolo al finestrino, -nel piano, vicino alle case di Villafranca, dove c'è un luccichìo di baionette. Là ci sono i nostri, immobili. Tu prendi questo biglietto, t'afferri alla corda, scendi dal finestrino, divori la china, pigli pei campi, arrivi fra i nostri, e dai il biglietto al primo ufficiale che vedi. Butta via il cinturino e lo zaino.

Il tamburino si levò il cinturino e lo zaino, e si mise il biglietto nella tasca del petto; il sergente gettò fuori la corda e ne tenne afferrato con due mani l'uno dei capi; il capitano aiutò il ragazzo a passare per il finestrino, con la schiena rivolta verso la campagna.

-Bada, -gli disse, -la salvezza del distaccamento è nel tuo coraggio e nelle tue gambe.

-Si fidi di me, signor capitano -rispose il tamburino, spenzolandosi fuori.

-Cùrvati nella discesa, -disse ancora il capitano, afferrando la corda insieme al sergente.

-Non dubiti.

-Dio t'aiuti.

In pochi momenti il tamburino fu a terra; il sergente tirò su la corda e disparve; il capitano s'affacciò impetuosamente al finestrino, e vide il ragazzo che volava giù per la china.

Sperava già che fosse riuscito a fuggire inosservato quando cinque o sei piccoli nuvoli di polvere che si sollevarono da terra davanti e dietro al ragazzo, l'avvertirono che era stato visto dagli Austriaci, i quali gli tiravano addosso dalla sommità dell'altura: quei piccoli nuvoli eran terra buttata in aria dalle palle. Ma il tamburino continuava a correre a rompicollo. A un tratto, stramazzò. -Ucciso! -ruggì il capitano, addentandosi il pugno. Ma non aveva anche detto la parola, che vide il tamburino rialzarsi. -Ah! una caduta soltanto! -disse tra sé, e respirò. Il tamburino, infatti, riprese a correre di tutta forza; ma zoppicava. -Un torcipiede, -pensò il capitano. Qualche nuvoletto di polvere si levò ancora qua e là intorno al ragazzo, ma sempre più lontano. Egli era in salvo. Il capitano mise un'esclamazione di trionfo. Ma seguitò ad accompagnarlo con gli occhi, trepidando, perché era un affar di minuti: se non arrivava laggiù il più presto possibile col biglietto che chiedeva immediato soccorso, o tutti i suoi soldati cadevano uccisi, o egli doveva arrendersi e darsi prigioniero con loro. Il ragazzo correva rapido un tratto, poi rallentava il passo zoppicando, poi ripigliava la corsa, ma sempre più affaticato, e ogni tanto incespicava, si soffermava. -Lo ha forse colto una palla di striscio, -pensò il capitano, e notava tutti i suoi movimenti, fremendo, e lo eccitava, gli parlava, come se quegli avesse potuto sentirlo; misurava senza posa, con l'occhio ardente, lo spazio interposto fra il ragazzo fuggente e quel luccichìo d'armi che vedeva laggiù nella pianura in mezzo ai campi di frumento dorati dal sole. E intanto sentiva i sibili e il fracasso delle palle nelle stanze di sotto, le grida imperiose e rabbiose degli ufficiali e dei sergenti, i lamenti acuti dei feriti, il rovinìo dei mobili e dei calcinacci. -Su! Coraggio! -gridava, seguitando con lo sguardo il tamburino lontano, -avanti! corri! Si ferma, maledetto! Ah! riprende la corsa. -Un ufficiale venne a dirgli ansando che i nemici, senza interrompere il fuoco, sventolavano un panno bianco per intimare la resa. -Non si risponda! -egli gridò, senza staccar lo sguardo dal ragazzo, che era già nel piano, ma che più non correva, e parea che si trascinasse stentatamente. -Ma va'! ma corri! -diceva il capitano stringendo i denti e i pugni; -ammazzati, muori, scellerato, ma va'! -Poi gettò un'orribile imprecazione. -Ah! l'infame poltrone, s'è seduto! -Il ragazzo, infatti, di cui fino allora egli aveva visto sporgere il capo al disopra d'un campo di frumento, era scomparso, come

CD-II 25

se fosse caduto. Ma dopo un momento, la sua testa venne fuori daccapo; infine si perdette dietro alle siepi, e il capitano non lo vide più.

Allora discese impetuosamente; le palle tempestavano; le stanze erano ingombre di feriti, alcuni dei quali giravano su sé stessi come briachi, aggrappandosi ai mobili; le pareti e il pavimento erano chiazzati di sangue; dei cadaveri giacevano a traverso alle porte; il luogotenente aveva il braccio destro spezzato da una palla; il fumo e il polverio avvolgevano ogni cosa. -Coraggio! Arrivan soccorsi! Ancora un po' di coraggio! -Gli Austriaci s'erano avvicinati ancora; si vedevano giù tra il fumo i loro visi stravolti, si sentivan tra lo strepito delle fucilate le loro grida selvagge, che insultavano, intimavan la resa, minacciavan l'eccidio. Qualche soldato, impaurito, si ritraeva dalle finestre; i sergenti lo ricacciavano avanti. Ma il fuoco della difesa infiacchiva, lo scoraggiamento appariva su tutti i visi, non era più possibile protrarre la resistenza. A un dato momento, i colpi degli Austriaci rallentarono, e una voce tonante gridò prima in tedesco, poi in italiano: -Arrendetevi! -No! -urlò il capitano da una finestra. E il fuoco ricominciò più fitto e più rabbioso dalle due parti. Altri soldati caddero. Già più d'una finestra era senza difensori. Il momento fatale era imminente. Il capitano gridava con voce smozzicata fra i denti: -Non vengono! Non vengono! -e correva intorno furioso, torcendo la sciabola con la mano convulsa, risoluto a morire. Quando un sergente, scendendo dalla soffitta, gettò un grido altissimo: -Arrivano! -Arrivano! -ripeté con un grido di gioia il capitano. -A quel grido tutti, sani, feriti, sergenti, ufficiali si slanciarono alle finestre, e la resistenza inferocì un'altra volta. Di lì a pochi momenti, si notò come un'incertezza e un principio di disordine fra i nemici. Subito, in furia, il capitano radunò un drappello nella stanza a terreno, per far impeto fuori, con le baionette inastate. -Poi rivolò di sopra. Era appena arrivato, che sentirono uno scalpitìo precipitoso, accompagnato da un urrà formidabile, e videro dalle finestre venir innanzi tra il fumo i cappelli a due punte dei carabinieri italiani, uno squadrone lanciato ventre a terra, e un balenìo fulmineo di lame mulinate per aria, calate sui capi, sulle spalle, sui dorsi; allora il drappello irruppe a baionette basse fuor della porta; -i nemici vacillarono, si scompigliarono, diedero di volta; il terreno rimase sgombro, la casa fu libera, e poco dopo due battaglioni di fanteria italiana e due cannoni occupavan l'altura.

CD-II 27

Il capitano, coi soldati che gli rimanevano, si ricongiunse al suo reggimento, combatté ancora, e fu leggermente ferito alla mano sinistra da una palla rimbalzante, nell'ultimo assalto alla baionetta.

La giornata finì con la vittoria dei nostri.

Ma il giorno dopo, essendosi ricominciato a combattere, gli italiani furono oppressi, malgrado la valorosa resistenza, dal numero soverchiante degli Austriaci, e la mattina del ventisei dovettero prender tristamente la via della ritirata, verso il Mincio.

Il capitano, benché ferito, fece il cammino a piedi coi suoi soldati, stanchi e silenziosi, e arrivato sul cader del giorno a Goito, sul Mincio, cercò subito del suo luogotenente, che era stato raccolto col braccio spezzato dalla nostra Ambulanza, e doveva esser giunto là prima di lui. Gli fu indicata una chiesa, dov'era stato installato affrettatamente un ospedale da campo. Egli v'andò. La chiesa era piena di feriti, adagiati su due file di letti e di materasse distese sul pavimento; due medici e vari inservienti andavano e venivano, affannati; e s'udivan delle grida soffocate e dei gemiti.

Appena entrato, il capitano si fermò, e girò lo sguardo all'intorno, in cerca del suo uffiziale.

In quel punto si sentì chiamare da una voce fioca, vicinissima: -Signor capitano!

Si voltò: era il tamburino

Era disteso sopra un letto a cavalletti, -coperto fino al petto da una rozza tenda da finestra, a quadretti rossi e bianchi, -con le braccia fuori; pallido e smagrito, ma sempre coi suoi occhi scintillanti, come due gemme nere.

-Sei qui, tu? -gli domandò il capitano, stupito ma brusco. -Bravo. Hai fatto il tuo dovere.

-Ho fatto il mio possibile, -rispose il tamburino.

-Sei stato ferito, -disse il capitano, cercando con gli occhi il suo uffiziale nei letti vicini.

-Che vuole! -disse il ragazzo, a cui dava coraggio a parlare la compiacenza altiera d'esser per la prima volta ferito, senza di che non avrebbe osato d'aprir bocca in faccia a quel capitano; -ho avuto un bel correre gobbo, m'han visto subito. Arrivavo venti minuti prima se non mi coglievano. Per fortuna che ho trovato subito un capitano di Stato Maggiore da consegnargli il biglietto. Ma è stato un brutto discendere dopo quella carezza! Morivo dalla sete, temevo di non arrivare più, piangevo dalla rabbia a pensare che ad ogni minuto di ritardo se n'andava uno all'altro mondo, lassù. Basta, ho fatto quello che ho potuto. Son contento. Ma guardi lei, con licenza, signor capitano, che perde sangue.

Infatti dalla palma mal fasciata del capitano colava giù per le dita qualche goccia di sangue.

-Vuol che le dia una stretta io alla fascia, signor capitano? Porga un momento.

Il capitano porse la mano sinistra, e allungò la destra per aiutare il ragazzo a sciogliere il nodo e a rifarlo; ma il ragazzo, sollevatosi appena dal cuscino, impallidì, e dovette riappoggiare la testa.

-Basta, basta, -disse il capitano, guardandolo, e ritirando la mano fasciata, che quegli volea ritenere: -bada ai fatti tuoi, invece di pensare agli altri, chè anche le cose leggiere, a trascurarle, possono farsi gravi.

Il tamburino scosse il capo.

-Ma tu, -gli disse il capitano, guardandolo attentamente, -devi aver perso molto sangue, tu, per esser debole a quel modo.

-Perso molto sangue? -rispose il ragazzo, con un sorriso. -Altro che sangue. Guardi.

E tirò via d'un colpo la coperta.

Il capitano diè un passo indietro, inorridito. Il ragazzo non aveva più che una gamba: la gamba sinistra gli era stata amputata al di sopra del ginocchio: il troncone era fasciato di panni insanguinati.

In quel momento passò un medico militare, piccolo e grasso, in maniche di camicia. -Ah! signor capitano, disse rapidamente, accennandogli il tamburino, -ecco un caso disgraziato; una gamba che si sarebbe salvata con niente s'egli non l'avesse forzata in quella pazza maniera; un'infiammazione maledetta; bisognò tagliar lì per lì. Oh, ma... un bravo ragazzo, gliel'assicuro io; non ha dato una lacrima, non un grido! Ero superbo che fosse un ragazzo italiano, mentre l'operavo, in parola d'onore. Quello è di buona razza, perdio! -

E se n'andò di corsa.

Il capitano corrugò le grandi sopracciglia bianche, e guardò fisso il tamburino, ristendendogli addosso la coperta; poi, lentamente, quasi non avvedendosene, e fissandolo sempre, alzò la mano al capo e si levò il cheppì.

-Signor capitano! -esclamò il ragazzo meravigliato. -Cosa fa, signor capitano? Per me!

E allora quel rozzo soldato che non aveva mai detto una parola mite ad un suo inferiore, rispose con una voce indicibilmente affettuosa e dolce: -Io non sono che un capitano; tu sei un eroe.

Poi si gettò con le braccia aperte sul tamburino, e lo baciò tre volte sul cuore.

Corri, tamburino!

付録1．本書に出る語彙
Appendice 1 - I vocaboli presenti nel testo

語句	意味
	A
a	[前](場所，方向)「〜に，〜で」(時間)「〜に」(目的)「〜のために」
abbagliante	[形]目を眩ます，心を乱す
abbaiare	[動・自(es)](犬が)吠える
abbandonare	[動・他(av)]捨てる，見捨てる
abbigliamento	[名・㊚]洋服，衣類
abbracciarsi	[動・再(es)]抱き合う
abbraccio	[名・㊚]抱き合うこと，抱擁
abitante	[名・㊚㊛]住民，市民
abifare	[動・自(av)](…に)住む
abito	[名・㊚]服，ドレス
abitudine	[名・㊛]習慣
Abruzzo	[名・㊚]アブルッツォ州(地名)
accanto	[副]隣に，近くに　[形]近くの，そばの
accarezzare	[動・他(av)]なでる，愛撫する
accendere	[動・他(av)](火を，電気を)つける，(電源を)入れる
accennare	[動・他(av)](身振りで)示す
accento	[名・㊚]アクセント，訛(なまり)
accettare	[動・他(av)]受け取る，受け入れる
acciaio	[名・㊚]鋼，鋼鉄
accidenti	[間]ちくしょう，くそっ
acciuga	[名・㊛]アンチョビ
accomodarsi	[動・再(es)]くつろぐ，腰かける
accompagnare	[動・他(av)]同伴する，見送る
accordo	[名・㊚](意見，感情の)一致，合意，協定，取り決め　[文法]一致　(d' 〜)賛成だ
accorgersi	[動・再(es)]気付く
accorrere	[動・自(es)]駆けつける
acqua	[名・㊛]水
acquario	[名・㊚]水族館，水槽
acquedotto	[名・㊚]水道，水道橋
acuto	[形]鋭い，先の尖った，閉口音の，高音
ad	[前](a と同じ，次に母音が来る時)
adagiare	[動・他(av)]慎重に置く，そっと横たえる
addentarsi	[動・再(es)]噛みつく
addio	[名・㊚]さようなら，さらば
addirittura	[副]さえも，すら，直ちに
addormentarsi	[動・再(es)]眠る，寝付く
addosso	[副]まとって
adesso	[副]今，現在
adibito	[形](〜 a)〜に用いられた
adorabile	[形]愛すべき，ほれぼれするような→かわいい
Adriatico	[名・㊚]アドリア海(地名)
aereo	[名・㊚]飛行機
aerobica	[名・㊛]エアロビクス
aeroplano	[名・㊚]飛行機
aeroporto	[名・㊚]空港，飛行場
afa	[名・㊛]蒸し暑さ
affaticato	[形]疲れた
afferrare	[動・他(av)]掴む，しっかりと握る，把握する
afferrarsi	[動・再(es)]掴む
affettato	[名・㊚]薄切りのハム，サラミソーセージ　[形]スライスされた
affettuoso	[形]優しい，情け深い
affidabile	[形]信頼できる，頼りになる
affinché	[接]〜するように，〜するために
affiorare	[動・自(es)]現れる，姿を見せる
affittare	[動・他(av)]貸す，借りる
affresco	[名・㊚]フレスコ画
affrettatamente	[副]慌てて，大急ぎで，早めに
affrontare	[動・他(av)]立ち向かう，戦う
afoso	[形]蒸し暑い
agente	[名・㊚㊛]代理人，仲介業者，[文法]動作主
aggettivo	[名・㊚]形容詞
aggiustare	[動・他(av)](機械，道具類を)直す，修理する
aggrapparsi	[動・再(es)]掴む
agile	[形]敏捷な
aglio	[名・㊚]ニンニク
agnolotti	[料]アニョロッティ(ひき肉，チーズ，その他を卵入りの板状パスタで包んだもの)
agosto	[名・㊚]8 月
aiutare	[動・他(av)]助ける，手伝う
aiuto	[名・㊚]助け，手伝い，援助
aiuto!	[間]助けて！
ala	[名・㊛]翼，羽
alba	[名・㊛]夜明け

albergo	[名・㊚]宿，ホテル
albero	[名・㊚]木，樹木
Alberto	[名・㊚]アルベルト(男性の名)
alcolico	[形]アルコールを含む，アルコール性の[名・㊚]アルコール入りの飲み物
alcun (non...)	[形]何一つ，何も，誰も(～しない)
alcuno (alcuni)	[形](複)いくつかの，何人かの
Aldo	[名・㊚]アルド(男性の名)
alfabeto	[名・㊚]アルファベット
alieno	[形]他の，外部の　[名・㊚]エイリアン，宇宙人
alimentari	[名・㊚]食料品(店)
allagare	[動・他(av)]水浸しにする，～でいっぱいにする，あふれさす
allargare	[動・他(av)]拡大させる，幅を広げる
allarme	[名・㊚]警報，非常呼集，アラーム
allegro	[形]陽気な
alloggiare	[動・自(av)]宿泊する，宿る
allora	[接][副]それでは，じゃあ，当時
alloro	[名・㊚]月桂樹，ローリエ
allucinazione	[名・㊛]幻覚，幻影，目まい
almeno	[副]少なくとも，せめて
alterativo	[形]変化させる
altiero	[形]誇り高い，堂々とした
alto	[形]高い(身長など)
altrimenti	[副]ほかのやり方で，さもなければ
altro	[形]ほかの，別の，もう1つの，[代](複数で)他の人たち，別人
altruista	[形]利他主義者，愛他主義者
altura	[名・㊛]高台，高地
alzarsi	[動・再(es)]起き上がる，起きる
amabile	[形]愛すべき，かわいらしい
amante	[名・㊚㊛]愛好家，愛人
amare	[動・他(av)]愛する
amarena	[名・㊛]スミノミザクラの実
amaro	[形]苦い，つらい　[名・㊚]食後種
amarsi	[動・再(es)]愛し合う
amatriciana	[料]アマトリーチェ風(ラツィオ州のパスタ料理)
ambiente	[名・㊚]環境
ambiguo	[形]両義の，曖昧な
ambulanza	[名・㊛]救急車，移動野戦病院，衛生隊
America	[名・㊛]アメリカ大陸，アメリカ合衆国(北米)(地名)
americano	[形]アメリカの，アメリカ人の，アメリカンコーヒー　[名・㊚]アメリカ人
amica	[名・㊛]女友達
amicizia	[名・㊛]友情
amico	[名・㊚](男性の)友人
ammalarsi	[動・再(es)]病気になる
ammazzare	[動・他(av)]殺す，殺害する
ammettere	[動・他(av)]認める，同意する，許す
ammirare	[動・他(av)]鑑賞する，尊敬する，感嘆する，見とれる
amore	[名・㊚]愛，ダーリン
amputare	[動・他(av)]切断する
analogico	[形]アナログの
ananas	[名・㊚]パイナップル
anche	[接]～も，～もまた，～も同様に (～ se) たとえ～でも
ancora	[副]まだ，また，もう1度
andare	[動・自(es)]行く，進む，歩く，至る，及ぶ，流行する，(受動態)～されなければならない
andarsene	[動・再(es)]立ち去る(代名動詞)
Andrea	[名・㊚]アンドレア(男性の名)
androide	[名・㊚]アンドロイド
anello	[名・㊚]指輪，リング
Angela	[名・㊛]アンジェラ(女性の名)
Angelo	[名・㊚]アンジェロ(男性の名)
angelo	[名・㊚]天使
angolo	[名・㊚]曲がり角，片隅
animale	[名・㊚]動物
Anita	[名・㊛]アニータ(女性の名)
Anna	[名・㊛]アンナ(女性の名)
anno	[名・㊚]年
annullare	[動・他(av)]無効にする，取り消す
anonimo	[形]無名の，匿名の
ansare	[動・自(av)]あえぐ，息を切らす
anteriore	[形](空間)前の，以前の，(時間)以前の，先立つ
antico	[形]古い，昔からの，時代遅れの(all'antica) 昔ながらの，古風の
antimeridiano	[形]午前の
antipasto	[名・㊚]前菜
antipatico	[形]感じが悪い
Antonio	[名・㊚]アントーニオ(男性の名)
anzi	[接]それどころか，いやむしろ，とんでもない
anziano	[形]高齢の，年をとった　[名・

	㊚]老人
Aosta	[名・㊛]アオスタ(都市名)
aperitivo	[名・㊚]食前酒
aperto	[形]開いている　[aprireの過分]
apertura	[名・㊛]開くこと，開店，開始
apostrofo	[名・㊚]アポストロフィ
apparire	[動・自(es)]現れる，思われる
appartamento	[名・㊚]マンション，アパート
appassire	[動・自(es)](花が)しぼむ，しおれる，衰える
appena	[副]ようやく，やっと，辛うじて，～したばかり，[接] (non ～) するとすぐに
appendere	[動・他(av)]～に掛ける，つるす
appetito	[名・㊚]食欲
appoggiarsi	[動・再(es)]もたれる，寄りかかる，～に基づく，頼りにする
apposta	[副]わざと，故意に
apprezzare	[動・他(av)]尊重する，評価する
approfittarsi	[動・再(es)]～につけこむ，～を悪用する(代名動詞)
approfondimento	[名・㊚]深化，掘り下げ
appuntamento	[名・㊚]約束，面会
aprile	[名・㊚]4月
aprire	[動・他(av)]開ける
aquila	[名・㊛]大鷲，鷲
arancia	[名・㊛]オレンジ
aranciata	[名・㊛]オレンジジュース(炭酸入り)
arancio	[名・㊚]オレンジ色，オレンジの木
architetto	[名・㊚]建築士
arcivescovo	[名・㊚]大司教
ardente	[形]燃えている，強烈な，激しい
Arena	[名・㊛]闘技場(主にヴェローナの)
argentino	[形]アルゼンチンの　[名・㊚]アルゼンチン人
argomento	[名・㊚]主題，論拠，テーマ
aria	[名・㊛]空気，雰囲気
Arianna	[名・㊛]アリアンナ(女性の名)
arma	[名・㊛]武器，兵器，軍隊
armato	[形]武装した
armatura	[名・㊛]甲冑，武具
armonia	[名・㊛]調和，ハーモニー
arrabbiarsi	[動・再(es)]怒る，立腹する(代名動詞)
arrendersi	[動・再(es)]降服する，譲歩する(代名動詞)
arrestare	[動・他(av)]逮捕する
arresto	[名・㊚]逮捕，立ち止まること，停止
arrivare	[動・自(es)]到着する，届く
arrivederci	[間]さようなら，また会いましょう
arrogante	[形]尊大な，横柄な
arrosticino	[名・㊚][料]アッロスティチーニ(アブルッツォ州の羊肉の串焼き)
arrosto	[名・㊚][料]ロースト
arte	[名・㊛]芸術，美術
articolato	[過分]前置詞が定冠詞と結合した
articolo	[名・㊚][文法]冠詞，品物，記事，商品，条項
artiglio	[名・㊚](猛獣，猛禽の)かぎ爪
artista	[名・㊚㊛]芸術家
Arturo	[名・㊚]アルトゥーロ(男性の名)
asciugamano	[名・㊚]タオル，ハンドタオル
asciugarsi	[動・再(es)]自分の体を拭く
ascolano	[形]アスコリ・ピチェーノの　[名]アスコリの住民
ascoltare	[動・他(av)]聞く
Asia	[名・㊛]アジア(地名)
asino	[名・㊚]ロバ，馬鹿
asparago	[名・㊚]アスパラガス
aspettare	[動・他(av)]待つ，期待する
aspetto	[名・㊚]外観，顔つき，様子，局面，様相
aspirina	[名・㊛]アスピリン
asportazione	[名・㊛]持ち出し
asporto	[名・㊚]お持ち帰り
assalire	[動・他(av)]攻める，襲う
assalitore	[名・㊚]襲撃者
assalto	[名・㊚]襲撃
assicurare	[動・他(av)]保証する
assolutamente	[副]絶対に
assoluto	[形]絶対の，絶対的な
assorto	[形]～に熱中した，物思いにふけった
assurdo	[形]不合理な，非常識な　[名]不合理，不条理
astemio	[形]酒を飲まない，酒が飲めない　[名]酒を飲めない人
asterisco	[名・㊚]米印
astro	[名・㊚]星
astronave	[名・㊛]宇宙船
Atalanta	[名・㊛]アタランタ(ベルガモを本拠地とするサッカーチーム)
atomico	[形]原子の，核の
atono	[言]無強勢の
attaccare	[動・他(av)]攻撃する，進撃する
attacco	[名・㊚]攻撃

attentamente	[副]注意深く
attento	[形]注意深い
attenzione	[名・㊛]注意
attimo	[名・㊚]瞬間
attivo	[形]活動的な, 積極的な, [文法]能動態の [名][文法]能動態
attore	[名・㊚]俳優, 役者
attorno	[副]周りに, 付近に
attrarre	[動・他(av)]引き付ける
attraversare	[動・他(av)]横断する
audizione	[名・㊛]オーディション
Augusto	[名・㊚]アウグスト(男性の名)
aula	[名・㊛]教室, 広間
aurora	[名・㊛]オーロラ
austero	[形]厳格な, いかめしい
austriaco	[名・㊚]オーストリア人
autista	[名・㊚㊛]運転手, ドライバー
auto	[名・㊛]自動車, 車
autobus	[名・㊚]バス
automatico	[形]自動的, オートマの
automobile	[名・㊛]自動車
autoradio	[名・㊛]カーラジオ, ラジオカー
avanti	[副]前に, 以前に
avaro	[形]ケチな
avere	[動・他(av)]持つ, ある, いる, 飼う, 患う, 感じる
avvedersi	[動・再(es)]気づく
avventura	[名・㊛]冒険, 偶然
avverbio	[名・㊚]副詞
avversario	[形]敵の, 反対の [名・㊚]敵, 反対者
avvertire	[動・他(av)]通告する, 通報する, 感じる, 気づく
avviamento	[名・㊚]開始, スタート, 始動
avvicinarsi	[動・再(es)]近づく
avvincente	[形]心を引き付ける, 魅力のある
avvocato	[名・㊚㊛]弁護士
avvolgere	[動・他(av)]包む
azione	[名・㊛]行動, 行為
Azzurri	[名・㊚]アズーリ(イタリア代表のサッカーチーム)
azzurro	[形]青い, [名・㊚]空色

B

Babbo Natale	[名・㊚]サンタクロース
bacaro	[名・㊚]バーカロ(ヴェネツィア独特の酒場)
bacchetta	[名・㊛]棒, 杖, [複数で]箸
baciarsi	[動・再(es)]キスをしあう
bacio	[名・㊚]キス, ヘーゼルナッツのチョコ, 口づけ
baffuto	[形]口ひげを生やした
bagnino	[名・㊚]ビーチの監視員
bagno	[名・㊚]トイレ, バスルーム
baionetta	[名・㊛]銃剣
balcone	[名・㊚]バルコニー, ベランダ
balenìo	[名・㊚]稲光
ballare	[動・自(av)]踊る, ダンスする, 揺れる, ぐらぐらする
ballerino	[名・㊚]ダンサー, 舞踊家
balneazione	[名・㊛]遊泳
bambina	[名・㊛]女の子
bambino	[名・㊚]男の子, 赤ん坊
banana	[名・㊛]バナナ
banca	[名・㊛]銀行
banchetto	[名・㊚]宴会, 露天
bandiera	[名・㊛]旗, 国旗
bannare	[動・他(av)]SNSのグループから追い出す
bar	[名・㊚]バール(イタリアのカフェ)
bara	[名・㊛]棺桶, ひつぎ
baracca	[名・㊛]バラック, 仮小屋
barba	[名・㊛]ひげ, あごひげ
Barbara	[名・㊛]バルバラ(女性の名)
barbiere	[名・㊚]理髪師
barca	[名・㊛]舟
barcollare	[動・自(av)]ふらふらする
Bari	[名・㊛]バーリ(都市名)
barista	[名・㊚㊛]バリスタ, バーテンダー
barra	[名・㊛]スラッシュ, バール
barzelletta	[名・㊛]笑い話, 小話
Basilicata	[名・㊛]バジリカータ州(地名)
basso	[形]低い, 浅い
basta!	[間]もういい!
bastare	[動・自(es)]十分である, 足りる, ～するだけでよい
bastone	[名・㊚]棒, 杖
battaglia	[名・㊛]戦闘, 戦い, バトル
battaglione	[名・㊚]大隊
battere	[動・他(av)]たたく, 殴る
batterista	[名・㊚㊛]ドラム奏者
beato	[形]幸せな, 愉快な
beige	[名・㊚]ベージュ色
belare	[動・自(av)]メェェェと声を出す(羊の声を発する)
Belgio	[名・㊚]ベルギー(国名)
bello	[形]美しい, 綺麗な
Bellucci (Monica)	[名・㊛][固名]モニカ・ベルッチ(女優)

benché　[接]（～である）けれども，たとえ～にしても
bene　[副]よく
benino　[副]少しよく
benissimo　[副]大変よく
benone　[副]大変よく
benzina　[名・㊛]ガソリン
Beppe（Giuseppe）　[名・㊚]ベッペ（ジュゼッペ）（男性の名）
bere　[動・他（av）]飲む
bevanda　[名・㊛]飲み物
bevitore　[名・㊚]飲んだくれ
bianco　[形]白い[名・㊚]白
biblioteca　[名・㊛]図書館
bicchiere　[名・㊚]コップ，グラス
bici　[名・㊛]自転車，チャリ
bicicletta　[名・㊛]自転車
bidè（bidet）　[名・㊚]ビデ
bigliettino　[名・㊚]小さなカード，メモ
biglietto　[名・㊚]チケット，切符
bignè　[名・㊚]小さなシュークリーム，ローマ風の丸型パン
bingo　[名・㊚]（ゲームの）ビンゴ
biologia　[名・㊛]生物学
biondo　[形]金髪の，ブロンド
birra　[名・㊛]ビール
birreria　[名・㊛]ビール屋，ビアホール
bischero　[名・㊚]お馬鹿さん，アホ
biscotto　[名・㊚]ビスケット，クッキー
bisognare　[動・自（es）]必要である，役立つ
bistecca　[名・㊛]ステーキ，ビフテキ
bizzarro　[形]風変わりな，異常な
bloccare　[動・他（av）]遮断する，阻止する，固定する，SNSでブロックする
blu　[形]青い，[名・㊚]ブルー
bocca　[名・㊛]口
boccia（bocce）　[名・㊛]ボッチャ（スポーツ名）
bocciato　[形]拒否された，落第した
bocconotto　[名・㊚][料]ボッコノッティ（パイの一種）
bollire　[動・自（av）]沸く，沸騰する，[動・他（av）]沸かす，ゆでる
bollente　[形]沸いた，非常に熱い
Bologna　[名・㊛]ボローニャ（都市名）
Bolzano　[名・㊛]ボルツァーノ（都市名）
bombolone　[名・㊚]カスタード入り揚げパン
boom　[間]バーン！
Borbone　[名・㊚]ブルボン家
borbottare　[動・自（av）]（不平などを）ぶつぶつ言う，ぐちる
borsa　[名・㊛]かばん，ハンドバッグ，袋
borseggiatore　[名・㊚]すり
bosco　[名・㊚]森，森林
boss　[名・㊚]ボス，上官
bottiglia　[名・㊛]ボトル，瓶
bottiglieria　[名・㊛]酒店，ワイン貯蔵室
boxe　[名・㊛]ボクシング
braccialetto　[名・㊚]ブレスレット
braccio　[名・㊚]腕
Brachetto　[名・㊚]ブラケット（ワインの一種）
brasato　[名・㊚]とろ火で煮込んだ牛肉料理
Brasile　[名・㊚]ブラジル（国名）
bravissimo　[形]とても優秀な
bravo　[形]優秀な，賢い，腕のいい，偉い
breve　[形]短い
brevettare　[動・他（av）]特許権を得る
briaco（=ubriaco）　[形]酔った
brioche　[名・㊛]ブリオッシュ
brivido　[名・㊚]身震い，おののき
brodo　[名・㊚]スープ，ブイヨン
bruno　[形]濃茶色の，暗褐色
bruscamente　[副]荒々しく，乱暴に
bruschetta　[名・㊛]ブルスケッタ（ニンニクをすり込んでオリーブ油と塩で味付けしたトースト）
brusco　[形]荒っぽい，粗野な
bruto　[名・㊚]粗野な人，野蛮人，
brutto　[形]醜い，汚い
bugia　[名・㊛]嘘
bulldog　[名・㊚]ブルドッグ
buonanotte　[名・㊛]おやすみなさい
buonasera　[名・㊛]こんばんは
buongiorno　[名・㊚]こんにちは
buono　[形]良い，美味しい
burocrate　[名・㊚]官僚
burocratese　[名・㊚]官僚語
burrata　[名・㊛][料]ブッラータ（プーリア州名産のフレッシュチーズ）
bussare　[動・自（av）]ノックする，たたく
buttare　[動・他（av）]投げる，放る

C

cacca　[名・㊛]うんち
cacciare　[動・他（av）]追放する，追い出す，狩る
cacciucco　[名・㊚][料]カッチュッコ（リヴォルノ地方の寄せ鍋風の魚介

スープ)
caciocavallo [名・㊚][料]カチョカヴァッロ(梨型のチーズの一種)
cadavere [名・㊚]死体
cadente [形]落ちていく，崩れそうな
cadere [動・自(es)]転ぶ，倒れる，落ちる，(祝日などが)当たる
caduta [名・㊛]落下，転倒，没落
caffè [名・㊚]コーヒー(エスプレッソ)
caffettiera [名・㊛]コーヒーメーカー(Moka とも)
cafone [名・㊚]田舎の人，田舎者，粗野な奴
cala [名・㊛]入り江，倉庫
Calabria [名・㊛]カラーブリア州(地名)
calare [動・他(av)]おろす
calcetto [名・㊚]フットサル，バレエシューズ
calcinaccio [名・㊚]石灰片(壁から落ちたもの)
calcio [名・㊚]サッカー，キック，蹴り
calco [名・㊚]鋳型，[言]移し替え，翻訳借用
caldo [形]暑い，熱い [名・㊚]熱，厚さ
calle [名・㊛](ヴェネツィアのみで)道，小径
calmare [動・他(av)]落ち着かせる，なだめる
calmarsi [動・再(es)]静まる，落ち着く
calza (calze) [名・㊛]靴下，ストッキング
calzone [名・㊚]カルツォーネ(詰め物をしたピッツァ)，[複]ズボン
cambiamento [名・㊚]変化，変えること
cambiare [動・他(av)]変える，替える，変化させる，取り換える，取り換える，両替する，[動・自(es)]変化する，変わる
cambiarsi [動・再(es)]着替える，取り換える
camera [名・㊛]部屋
cameriere [名・㊚]ウェイター，ボーイ
camicia [名・㊛]ワイシャツ，ブラウス
cammello [名・㊚]ラクダ
camminare [動・自(av)]歩く
Camogli [名・㊛]カモッリ(都市名)
campagna [名・㊛]田園，田舎，キャンペーン
campana [名・㊛]鐘，釣り鐘
campanella [名・㊛]小さな鐘，鈴
Campania [名・㊛]カンパーニア州(地名)
campanile [名・㊚]鐘楼，故郷
campionato [名・㊚]選手権試合，リーグ
campione [名・㊚]チャンピオン
campus [名・㊚](大学などの)構内，キャンパス
canaglia [名・㊛]悪者，ならず者
Canal Grande [名・㊚](ヴェネツィアの)大運河
canale [名・㊚]運河，水路，チャンネル
cancellare [動・他(av)]取り消す，キャンセルする，消去する
cancelletto [名・㊚]小さな柵，(記号の)シャープ#
cancello [名・㊚]柵，格子の門
candido [形]純白の，無垢な
cane [名・㊚]犬，悪人，藪医者，
canile [名・㊚]犬小屋，散らかった場所
cannellone (cannelloni) [名・㊚]カンネローニ(大きな筒状のパスタで，中にリコッタなどを入れてオーブンで焼く)
cannibale [名・㊚㊛]人食い族，食人種
cannolo [名・㊚][料]カンノーロ(筒状のシチリアの菓子)
cannone [名・㊚]大砲
cannuccia [名・㊛]ストロー
canoscenza (conoscenza) [名・㊛]智慧
canotto [名・㊚]ボート，競艇
cantante [名・㊚㊛]歌手
cantare [動・他(av)]歌う[動・自(av)]歌を歌う
cantina [名・㊛](地下の)ワイン貯蔵庫
cantuccio [名・㊚]カントゥッチ(トスカーナのビスケット)片隅，(チーズやパンの)かけら
canzone [名・㊛]歌，カンツォーネ
caos [名・㊚]大混乱，混沌
caotico [形]混乱した，ごちゃごちゃとした
capacità [名・㊛]能力，収容能力
capello (capelli) [名・㊚]毛髪，髪の毛
capire [動・他(av)]理解する，わかる
capitano [名・㊚]大尉，隊長
capitombolo [名・㊚](頭からの)転倒，転落，倒産
capo [名・㊚]頭，頭脳，指導者，上司，リーダー
Capodanno [名・㊚]元日
cappa [名・㊛]マント，外套
cappella [名・㊛]礼拝堂

cappello ［名・㊚］帽子
cappone ［名・㊚］去勢した雄鶏
cappotto ［名・㊚］コート
cappuccino ［名・㊚］カプチーノ
cappuccio ［名・㊚］頭巾，フード，キャベツの一種，カプチーノ
capra ［名・㊛］ヤギ，雌ヤギ
Capri ［名・㊛］カプリ島（地名）
capriccioso ［形］気まぐれな
carabiniere ［名・㊚］憲兵，カラビニエーリ
caramella ［名・㊛］キャンディ，飴
carattere ［名・㊚］性格，特徴，文字
carbonaro（carbonara） ［名・㊚］カルボナーラ（卵，豚の頬肉，ペコリーノチーズ，胡椒で作るパスタ用のソース）
carbone ［名・㊚］石炭
carezza ［名・㊛］愛撫，傷
cargo ［名・㊚］貨物船，輸送機
caricare ［動・他（av）］アップロードする，（荷を）積む，チャージする
carino ［形］かわいらしい
carità（per） ［名・㊛］慈愛，施し（お願いだから，とんでもない）
Carlo ［名・㊚］カルロ（男性の名）
Carlo V ［名・㊚］［固名］カール五世（Karl V, 1500–1558），神聖ローマ皇帝
Carmelo ［名・㊚］カルメーロ（男性の名）
carne ［名・㊛］肉
carnevale ［名・㊚］謝肉祭，カーニヴァル
caro ［形］親愛なる，高価な，（値段が）高い
carro ［名・㊚］馬車，貨物自動車
carta ［名・㊛］紙，書類，地図，カード
carte ［名・㊛］書物，トランプ
cartello ［名・㊚］貼り紙，ポスター，標識
cartina ［名・㊛］小紙片，小地図，巻紙
cartone ［名・㊚］厚紙，段ボール紙
cartone animato ［名・㊚］アニメーション
casa ［名・㊛］家，住宅
casalinga ［名・㊛］主婦
caschetto ［名・㊚］小さいヘルメット，（髪形の）ボブ
casinò ［名・㊚］カジノ
cassetto ［名・㊚］引き出し
cassiere ［名・㊚］会計係，レジ
castello ［名・㊚］城
casualmente ［副］偶然に，たまたま
catorcio ［名・㊚］ポンコツ
cattivo ［形］悪い，粗悪な（食べ物等が）まずい，いやな，悪質な，［名・㊚］悪党
catturare ［動・他（av）］捕まえる，捕虜にする
causativo ［名・㊚］［文法］（動詞が）使役の
cavalcare ［動・他（av）］馬などに乗る，またがる
cavalletto ［名・㊚］棒を組んだ台，棒を支えとした
cavallo ［名・㊚］馬，（a ～）～にまたがって
cavatello（cavatelli） ［名・㊚］［料］カヴァテッリ（パスタの一種）
cedere ［動・自（av）］崩壊する，諦める，譲る
ceffone ［名・㊚］平手打ち
cellulare ［形］細胞の，細胞からなる ［名・㊚］携帯電話
cemento ［名・㊚］セメント，コンクリート
cena ［名・㊛］夕食
cenare ［動・自（av）］夕食を食べる
centesimo ［形］100番目の，［名・㊚］100分の1，セント
cento ［名・㊚］100
centro ［名・㊚］中心，中心街
cercare ［動・他（av）］探す，求める，（～ di）～しようと務める
cerchio ［名・㊚］円，輪
certamente ［副］確かに，確実に
certo ［副詞］もちろん，［形］確信した，確実な，いくらかの，ある，一定の
Cesare ［名・㊚］チェーザレ（男性の名）
che ［代名］（疑問）何，どんなこと，（関係）～するところの，［形］どんな，何の
cheppì ［名・㊚］ケピ，軍帽
chi ［代名］（疑問）誰，（関係）者，～するところの人
chiacchiera ［名・㊛］おしゃべり，うわさ
chiacchierare ［動・自（av）］おしゃべりする，ぺちゃくちゃと話す
chiamare ［動・他（av）］呼ぶ，電話する
chiamarsi ［動・再（es）］～という名前である，～と呼ばれる
Chianti ［名・㊚］キャンティ（トスカーナ州キャンティ地方産の赤ワイン）
chiaro ［形］明るい，明快な
chiave ［名・㊛］鍵，重要地点
Chiaves ［名・㊛］キアヴェス村（ピエモンテ州の都市名）
chiazzato ［形］シミで汚れた

chiedere [動・他(av)]求める，頼む，尋ねる
chiesa [名・㊛]教会
chilo [名・㊚]キログラム
china [名・㊛]傾斜地，下り坂
chinotto [名・㊚]キノット(ミカンに似た柑橘類)，キノット(清涼飲料水)
chiocciola [名・㊛]カタツムリ，(コンピュータのアットマーク@)
chiodo [名・㊚]釘
chissà [副]わかるものか，はたして…だろうか
chitarra [名・㊛]ギター
chiudere [動・他(av)]閉める，閉ざす
chiudersi [動・再(es)]閉まる，閉じる，身をひそめる
chiunque [代]誰でも，誰であろうと
chiuso [形]閉じている，[chiudere の過去分詞]
ci [代名]私たちを，私たちに [副]そこに
ciabatta (ciabatte) [名・㊛]スリッパ，チャバッタ(パンの種類)
ciao [間]やあ，バイバイ
ciascuno [形][代]各々の，各自の
cicogna [名・㊛]コウノトリ
cielo [名・㊚]空，天空
ciglio [名・㊚]まつ毛
ciliegia [名・㊛]サクランボ
Cina [名・㊛]中国
cinema [名・㊚]映画館，映画
cinese [形]中国の，中国人の，[名・㊚㊛]中国人，中国語
cinghia [名・㊛]革帯，ベルト
cinghiale [名・㊚]いのしし
cinguettare [動・自(av)](鳥が)チチと鳴く，無駄話をする
cinismo [名・㊚]シニズム，皮肉
cinquanta [名・㊚]50
cinque [名・㊚]5
cintura [名・㊛]ベルト，帯
cioccolata [名・㊛]チョコレート，ココア
cioccolato [名・㊚]チョコレート
cioè [副]つまり，すなわち
circa [名・㊛]およそ，約，大体
Ciro [名・㊚]チーロ(男性の名)
ciuffo [名・㊚]前髪
Civita di Bagnoregio [名・㊛]チビタ･ディ･バーニョレージョ(都市名)
Civitavecchia [名・㊛]チヴィタヴェッキア(都市名)
clamorosamente [副]騒々しく，やかましく
classe [名・㊛]クラス，等級
classificare [動・他(av)]分類する
Claudia [名・㊛]クラウディア(女性の名)
cliccare [動・自(av)]クリックする
cliente [名・㊚]お客様，顧客，依頼人
coca cola [名・㊛]コカ・コーラ
cocco [名・㊚]ココナッツ
coccodrillo [名・㊚]ワニ
coda [名・㊛]しっぽ，末端，コード
cogliere [動・他(av)]射る，当てる，命中する
cognato [名・㊚]義兄，義弟
cognome [名・㊚]苗字
coi (=con i) [前](現代語で主に口語で使う)前置詞(con)と定冠詞(i)の結合形
coincidenza [名・㊛](時間，場所の偶然の)一致，(乗り換えの)接続便
colare [動・自(es)]垂れる
colazione [名・㊛]朝食
collana [名・㊛]首飾り，ネックレス，双書，シリーズ刊行物
colle [名・㊚]丘，小山
collega [名・㊚㊛]同僚
collo [名・㊚]首，首回り
colomba [名・㊛]ハト
colorato [形]着色された，色付きの
colore [名・㊚]色，色彩
Colosseo [名・㊚]コロセウム，ローマの円形競技場の遺跡
colpa [名・㊛]罪，過ち
colpire [動・他(av)]打つ，たたく，殴る，損害を与える
colpo [名・㊚]打撃，発砲，弾
coltello [名・㊚]ナイフ，包丁
comando [名・㊚]命令，指揮権，司令部，制御装置
combattere [動・自(av)]戦う，戦闘する [動・他(av)]〜と戦う
combattimento [名・㊚]格闘，バトル，戦い
combinato [形]結合した，合体した
combustibile [名・㊚]燃料
come [副]〜のように，(疑問)どんなふうに，どのようにして
come mai? [副]なぜ，いったいどうして
cominciare [動・他(av)]始める，[動・自(es)]始まる
commemorazione [名・㊛]記念，記念式典，記念祷

commerciante [名・㊚㊛]商人
commesso [名・㊚]男性店員，事務員
commozione [名・㊛]感動，感激
comodo [形]快適な，心地良い
compagnia [名・㊛]仲間のグループ，連れ，仲間，企業，カンパニー，協会
compagno [名・㊚]仲間，パートナー
comparativo [形]比較のための [名・㊚][文法](形容詞，副詞の)比較級
compiacenza [名・㊛]満足感，喜び
compito [名・㊚]宿題，任務
compleanno [名・㊚]誕生日
complemento [名・㊚]補語，補足語
completo [形]完全な，申し分のない，[名・㊚]スーツ
complimenti [間]おめでとう，ご立派，すばらしい
complimento [名・㊚]賛辞，世辞，ほめことば
comporre [動・他(av)]組み立てる，(音楽・美術・文学の作品を)作る
comportamento [名・㊚]振る舞い，態度
comportarsi [動・再(es)]ふるまう，行動する(代名動詞)
composto [形]構成された，複合の
comprare [動・他(av)]買う，購入する
comprensione [名・㊛]理解，把握力
comprensivo [形]包括的な，理解のある
computer [名・㊚]コンピューター
comune [形]共通の，一般的な [名・㊚]地方自治体
comunicare [動・他(av)]伝える，知らせる，連絡を取る
comunista [形]共産党の，[名・㊚㊛]共産主義者
comunque [副][接]とにかく，いずれにしても
con [前]〜と一緒に，(手段)〜を用いて
concetto [名・㊚]概念，判断，着想
concordanza [名・㊛]合致，符号，[文法]一致
condizionale [名・㊚]条件法
condizionare [動・他(av)]条件づける，左右する
condizione [名・㊛]条件，状態
condottiero [名・㊚]指導者，司令官，リーダー
condurre [動・他(av)]導く，連れて行く，指揮する
conforme [形]〜と一致している，〜に適した
confronto [名・㊚]比較，対照
congiuntivo [名・㊚]接続法
congiunzione [名・㊛]接続詞
coniglio [名・㊚]ウサギ，臆病な人
coniugare [動・他(av)](動詞を)変化させる，活用させる
coniuge [名・㊚㊛]配偶者
connessione [名・㊛]関係，接続
cono [名・㊚]コーン(ジェラートの)，円錐形のもの
conoscere [動・他(av)]知る，知識を持っている
conquistare [動・他(av)]制覇する，征服する
consapevolezza [名・㊛]自覚，意識していること
consegnare [動・他(av)]提出する，渡す，手渡す
considerare [動・他(av)]考慮する，判断する
consigliabile [形]勧めることのできる，好都合の
consigliare [動・他(av)]助言する，アドバイスする
consiglio [名・㊚]助言，アドバイス，忠告，会議，議会
consolato [名・㊚]領事館
consonante [名・㊛]子音
consumare [動・他(av)]消費する，消耗する
contattare [動・他(av)]接触する，連絡を取る
conte [名・㊚]伯爵
contenere [動・他(av)]含む，収容する
contento [形]満足している，嬉しい
continente [名・㊚]大陸
conto [名・㊚]計算，勘定
contorno [名・㊚](野菜や豆の)付け合わせ
contrarre [動・他(av)]縮める，(顔を)しかめる，(条約を)締結する
contratto [名・㊚]契約
contro [前]〜に反対して [副]反対に，逆らって [男名]反対，不賛成
controllare [動・他(av)]点検する，監視する，支配する，確認する，チェックする
conversazione [名・㊛]会話
convincere [動・他(av)]説得する，納得させる
convinto [形]〜を納得した，確信した
convulso [形]激しい，乱れた，ひきつけた
coperta [名・㊛]毛布，シーツ

coperto [形]覆いのある，曇った [名・㊚]席料，テーブル・チャージ
coppa [名・㊛]グラス，酒杯
coppetta [名・㊛]カップ(ジェラートの)，小さいグラス
coprire [動・他(av)]覆う，～に覆いをする
coraggio [名・㊚]勇気
coraggioso [形]勇敢な，勇気のある
corda [名・㊛]ロープ，綱
cordiale [形]心からの，愛想の良い
Corea [名・㊛]朝鮮 (～ del Sud) 韓国 (del Nord) 北朝鮮(国名)
coreano [形]韓国の，朝鮮の [名・㊚]韓国人，朝鮮人，朝鮮語
cornetto [名・㊚]クロワッサン
corno (corna) [名・㊚]角
cornuto [形]角の生えた，配偶者に浮気された
corpo [名・㊚]体
correre [動・自(av)]走る，駆ける [動・自(es)]～へ走って行く
corretto [形]正しい，正確な，(飲み物に)強い酒を加えた
corridoio [名・㊚]廊下，通路
corrimano [名・㊚](エスカレーターなどの)手すり
corrugare [動・他(av)]しわを寄せる
corsa [名・㊛]競争，走ること，(di ～)走って
corsia [名・㊛]座席間の通路，[スポーツ]コース，競争路，レーン
corso [名・㊚]授業，コース，流れること，流れ
cortese [形]親切な，愛想の良い，礼儀正しい
cortesia [名・㊛]親切，思いやり，礼儀正しさ
cortile [名・㊚]中庭
corto [形]短い
corvo [名・㊚]カラス
cosa [名・㊛](具体的な)物，事物，[疑問]何が，何を
Cosa Nostra [名・㊛]コーザ・ノストラ(シチリアのマフィア組織の名前)
così [副]このように，それで，とても [接]だから，そんなわけで
cosmopolita [形]国際的な，世界各地の人が訪れる [名・㊚㊛]世界主義者，国際人
Costantinopoli [名・㊛]コンスタンティノーブル(東ローマ帝国の首都)
costare [動・自(es)]費用がかかる，～の値段である，代償を支払う
costoso [形]高価な，大きな犠牲を払う
costretto [形](～することを)強制された
costringere [動・他(av)]強制的にさせる，強いれる
costruire [動・他(av)]建てる，建築する，組み立てる
costume [名・㊚]コスチューム，衣装，水着，習慣
cotoletta [名・㊛]カツレツ
cotto [形]煮たもの，焼いたもの，レンガ
cranio [名・㊚]頭，頭蓋
Crash! [間]ガチャン！
cravatta [名・㊛]ネクタイ
creatura [名・㊛]生き物，モンスター，子供
credito [名・㊚]信用，クレジット，(大学授業の)単位
crema [名・㊛]クリーム
crepa [名・㊛]亀裂，ひび，不和
crescere [動・自(es)]成長する，大きくなる，増大する，上がる，育つ
creta [名・㊛]粘土
cretino [名・㊚]ばか，あほう
crisi [名・㊛]危機
Cristoforo Colombo [名・㊚][固名]クリストーフォロ・コロンボ(コロンブス)(1451-1506)，イタリアの航海者
criticare [動・他(av)]批評する，非難する
crocchetta [名・㊛]コロッケ
crociera [名・㊛](飛行機，船での)クルーズ，交差
crollare [動・自(es)]崩れる，崩壊する
cronico [形]慢性的
crosta [名・㊛]硬い外皮，かさぶた，うわべ，表面，出来の悪い絵画
crostino [名・㊚]クルトン，クロスティーニ
crudele [形]残酷な，むごい
crudo [形]生の，むき出しの
Cuba [名・㊛]キューバ(国名)
cubetto [名・㊚]小さな立方体
cucchiaio [名・㊚]スプーン
cucina [名・㊛]台所，料理
cucinare [動・他(av)]料理する
cuffia (cuffie) [名・㊛]ヘッドホン，頭巾帽
cugino [名・㊚]いとこ

cui [代]（普段，前置詞と共に用いる関係代名詞）
culatello [名・男][料]クラテッロ・ソーセージ（豚の尻肉のソーセージ）
culinario [形]料理（法）に関する
cultura [名・女]文化
cuocere [動・他(av)]料理する，火をとおす
cuoco [名・男]コック，料理人
cuore [名・男]心臓，心
cura [名・女]世話，治療
curare [動・他(av)]世話をする，治療する
curvarsi [動・再(es)]腰を曲げる，身をかがめる

D

da [前]（場所）～から，～のもとへ
daccapo [副]初めから，もう一度
dai! [間]頼むから！，さあ！
Daniele [名・男]ダニエーレ（男性の名）
Dante (Alighieri) [名・男][固名]ダンテ・アリギエーリ
dantesco [形]ダンテ・アリギエーリの
dappertutto [副]至る所に，どこでも
dare [動・他(av)]与える，～に面する
Dario [名・男]ダリオ（男性の名）
darsi [動・再(es)]没頭する，専念する，自らに課す，起こる
dato [形]一定の [名]データ
davanti [副]前に [前]～の前に，正面に
davvero [副]本当に，正に
debole [形]弱い，乏しい
debolezza [名・女]弱さ，弱点，欠点
Debora [名・女]デボラ（女性の名）
decidere [動・他(av)]決める，決定する
decimo [形]10番目の [名・男]10番目
decisamente [副]決然として，きっぱりと
decisione [名・女]決断，決定
deciso [形]決断力のある，断固とした，決然とした
dedicarsi [動・再(es)]献身する，夢中になる
defunto [形]亡くなった [名・男]死者，故人
deiezione [名・女]排泄物
delfino [名・男]イルカ
delicato [形]優雅な，デリケート
delizioso [形]美味しい，とても楽しい
deludente [形]失望させる，期待を裏切る
delusione [名・女]失望，落胆，幻滅
demonio [名・男]悪魔，鬼
denaro [名・男]お金，金銭
dente [名・男]歯，(al ～) アルデンテ（歯ごたえのある）
dentista [名・男女]歯医者
dentro [副]中で，内側へ [前]～の中で，以内に
denuncia [名・女]告発，届け出
derby [名・男]ダービーマッチ
derivare [動・自(es)]（～ da）～から来る，由来する
derubare [動・他(av)]～から奪う，盗む
descrivere [動・他(av)]記述する，描写する
deserto [形]無人の，見捨てられた [名・男]砂漠，荒れ地
desiderare [動・他(av)]欲する，望む
desinenza [名・女]語尾変化
destra [名・女]右
determinativo [形]決定力のある，[文法]限定的な
detto [形]上述の，いわゆる，通称…の
di [前]～の，～出身の
di sicuro [形・副]確実に，はっきりと，きっと
dialetto [名・男]方言
dialogo [名・男]対話
diamante [名・男]ダイヤモンド
diatriba [名・女]論争，酷評，毒舌
diavolo [名・男]悪魔
dibattito [名・男]討論，論争
dicembre [名・男]12月
dichiarare [動・他(av)]打ち明ける，表明する，宣言する
diciannove [名・男]19
diciassette [名・男]17
diciotto [名・男]18
dieci [名・男]10
dieta [名・女]食餌療法，ダイエット
dietro [副][前]うしろに，あとに
difendere [動・他(av)]守る，擁護する
difensore [名・男]防衛者 [形]守る
differenziare [動・他(av)]区別する，変える
difficile [形]難しい
difficoltà [名・女]困難，難しさ，難易度
diffondere [動・他(av)]拡散させる，普及させる
diffuso [形]拡散した，普及した
digitale [形]デジタルの，指の
dignità [名・女]尊厳

dimagrire	[動・自(es)]痩せる
dimenticare	[動・他(av)]～を忘れる
dimenticarsi	[動・再(es)]忘れる
dimostrare	[動・他(av)]証明する，見せる
dimostrativo	[文法]指示の
Dio	[名・男]神様，神
dipinto	[形]描かれた，描写された [名・男]絵画
dire	[動・自(av)]言う
diretto	[形]まっすぐに進む，直行の，～に向けられた，[文法]直接の [名・男]準急列車
direttore	[名・男]指導者，監督，所長，部長，指揮者
diritto	[形]まっすぐな，[名・男]権利
dirotto (a)	[形]おびただしい，a ～ おびただしく，ひどく
disabitato	[形]人の住んでいない，無人の
disastro	[名・男]災害，大事故，大混乱，ひどい失敗
discesa	[名・女]下ること，降下
discorso	[名・男]話，演説 [文法]話法
discoteca	[名・女]ディスコ，クラブ
discussione	[名・女]議論，討論，口論
discutere	[動・自(av)]口論する，論争する，ディスカッションをする
disegnare	[動・他(av)](絵を)描く，デッサンする
disegno	[名・男]スケッチ，デザイン
disgraziato	[形]不運な，厄介な
disgusto	[名・男]嫌気，不快感，嫌悪感
disoccupato	[形]失業した，無職の [名・男]失業者
disordine	[名・男]混乱，暴動
disparte	[副](in ～) 傍らに，別の場所で
disparve (sparì)	[動・自(es)](sparireの古語の活用形)消えた
disperato	[形]絶望した，打ちひしがれた [名・男]やけになった人
dispiacere	[動・自(es)]残念である
disporre	[動・他(av)]配置する，整理する
disprezzo	[名・男]軽蔑，嘲り
distaccamento	[名・男]分遣隊，駐屯隊，分離
distanza	[名・女]距離，間隔
distrarre	[動・他(av)]気をそらす，気を散らす
distributore	[名・男]配達人，販売機，ガソリンスタンド
distruggere	[動・他(av)]破壊する，ぶっ壊す，潰す
distrutto	[形]破壊された，台無しにされた
disturbare	[動・他(av)]～に迷惑をかける，妨害する
disturbo	[名・男]迷惑，じゃま
dito	[名・男]指
ditta	[名・女]会社
divano	[名・男]ソファー
diventare	[動・自(es)]～になる，～に成長する
diverso	[形]～と違う，異なる，さまざまな
divertimento	[名・男]楽しみ，娯楽
Divina Commedia	[名・女]『神曲』(ダンテ・アリギエーリの詩編)
divisa	[名・女]制服，軍服
divorare	[動・他(av)]むさぼり食う，どんどん進む
divorziare	[動・自(av)]離婚する
divorziato	[形]離婚した [名・男]離婚した人
divorzio	[名・男]離婚
dizionario	[名・男]辞書
DOC	[略]原産地統制名称(ワイン)
doccia	[名・女]シャワー
documento	[名・男]文書，書類
dodici	[名・男]12
dogana	[名・女]税関
dolce	[形]甘い，やさしい，かわいい [名・男]菓子，デザート
dolente	[形]痛い，苦しんだ，悲痛な
dolore	[名・男]痛み
domanda	[名・女]質問，請求，申請
domani	[名・男]明日，[副]明日
domenica	[名・女]日曜日
donna	[名・女]女性
dopo	[副]あとで，次に [前]～のあとで
dopodomani	[名・男]明後日，[副]明後日
dopoguerra	[名・男]戦後
dopotutto	[副]結局，要するに
doppio	[形]二重の，二倍の [名・男]2倍
dorato	[形]金色の
dormire	[動・自(av)]眠る，寝る
dormitorio	[名・男]寄宿舎，寮
Dott.	[名・男][略]dottore 学士，先生(医者に対する)
dottor ～	[名・男](称号として)学士，医者，～さん
dove	[副]どこに，どこで

dovere	[動]〜しなければならない，〜すべきである　[名・㊚]義務，任務
drappello	[名・㊚]分隊，一行
dritto	[形]まっすぐな，直線の
droga	[名・㊛]麻薬，ドラッグ
drone	[名・㊚]ドローン
dubbio	[名・㊚]疑い，疑念
ducale	[形]公爵の
due	[名・㊚]2
duemila	[名・㊚]2000
dunque	[接]だから，したがって，さあ，それでは
duomo	[名・㊚]大聖堂
durante	[前]〜の間，〜中
duro	[形]かたい，厳しい，困難な
DVD	[名・㊚]DVD

E

e	[接]そして，それから
ebreo	[形]ヘブライの，ユダヤの，イスラエルの　[名・㊚]ユダヤ人
eccidio	[名・㊚]大殺戮
eccitare	[動・他(av)]感情をかき立てる，興奮させる，刺激する
ecco	[副][間]はい，ほら
eco	[名・㊚]こだま，反響
economia	[名・㊛]経済
economico	[形]安い，経済の，経済的な
edicola	[名・㊛]新聞雑誌売店，キヨスク
Edoardo	[名・㊚]エドアルド(男性の名)
effrazione	[名・㊛]家宅侵入
egoista	[名・㊚㊛]利己主義者，エゴイスト
Egr.	[略]egregio 殿，様(手紙で)
ehi	[間](親しい人に)ちょっと，おい
elefante	[名・㊚]ゾウ
elegante	[形]優雅な，上品な
elementare	[形]基礎の，初歩的な　[女名]小学校
Elena	[名・㊛]エレナ(女性の名)
elettrico	[形]電気の
Eliana	[名・㊛]エリアーナ(女性の名)
eliminare	[動・他(av)]除去する，取り除く
e-mail	[名・㊛]E メール
Emilia-Romagna	[名・㊛]エミリア・ロマーニャ州(地名)
enciclopedia	[名・㊛]百科事典
enfasi	[名・㊛]強調，誇張
enorme	[形]巨大な，並外れた
enoteca	[名・㊛]ワイン屋(ワインの試飲ができる場所)
entrambi	[形]両方の，2つとも　[代名]2つとも，両者
entrare	[動・自(es)]〜に入る
entrata	[名・㊛]入口，ロビー
Enzo	[名・㊚]エンツォ(男性の名)
Epifania	[名・㊛][カト]救世主の御公現の祝日，主顕節
epoca	[名・㊛]時代，時期
erba	[名・㊛]草
Erika	[名・㊛]エリカ(女性の名)
ermo	[形]寂しい，人里離れた
eroe	[名・㊚]英雄，ヒーロー
errore	[名・㊚]誤り，間違い，過失
esame	[名・㊚]試験，検査
esattamente	[副]正確に，まさしく
esclamativo	[形][文法]感嘆の
esclamazione	[名・㊛]叫び，間投詞
escludere	[動・他(av)](〜から)締め出す，排除する，否定する
esercito	[名・㊚]軍，軍隊，陸軍
esercizio	[名・㊚]練習，訓練，練習問題
esistere	[動・自(es)]ある，存在する
esplosione	[名・㊛]爆発
espressione	[名・㊛]表現，表情
espressivo	[形]表情に富む，表現力のある
espresso	[形]明白な，急行の　[名・㊚]エスプレッソコーヒー，速達
esserci	[動・自(es)]〜がある，〜がいる(場所の「ci」を含む)
essere	[動・再(es)]〜である，ある，いる
est	[名・㊚]東，東部
estate	[名・㊛]夏
esterno	[形]外側の　[名・㊚]外部，外側
estero	[形]外国の　[名・㊚]外国
estivo	[形]夏の
estratto conto	[名・㊚][商](会計欄の，得意先・取引・期間別の)要約表，計算表，(カードの)利用明細
eterno	[形]永遠の
Etna	[名・㊚][固名]エトナ山(地名)
etto	[名・㊚]100 グラムの単位
Euro	[名・㊚]ユーロ
Europa	[名・㊛]ヨーロッパ(地名)
Eva	[名・㊛]エーヴァ(女性の名)，イヴ(人類最初の女性)
evidente	[形]明らかな，明白な

evitare　[動・他(av)]避ける，逃れる
ex　[形]前の，元の　[名・男女]元カレ，元彼女

F

fa　[動 fare の 3 人称単数・直説法現在](今から～)前に，前
fabbrica　[名・女]工場
Fabio　[名・男]ファビオ(男性の名)
Fabrizio　[名・男]ファブリツィオ(男性の名)
faccia　[名・女]顔，外観
facciata　[名・女]正面，ファサード
facile　[形]簡単な，易しい
fallire　[動・自(av)]失敗する
falso　[形]誤った，偽の[名・男]　嘘，偽り
fame　[名・女]空腹
famiglia　[名・女]家族
famoso　[形]有名な
fannullone　[名・男]怠け者，無精者
fantascienza　[名・女]空想科学小説，SF
fantasma　[名・男]幽霊
fantastico　[形]空想的な，素晴らしい
fanteria　[名・女]歩兵隊
fare　[動・他(av)]する，やる，作る，(+不定詞)～させる(使役)
farmacia　[名・女]薬局
farsi　[動・再(es)]～になる，自分に～をする
fascia　[名・女]包帯，帯，バンド
fasciato　[形]包帯で包まれた
fascino　[名・男]魅力
fascista　[名・男]ファシスト党員，ファシズムの信奉者　[形]ファシスト
fastidio　[形]めんどうな，煩わしい，迷惑，不快感
fatale　[形]致命的，宿命的
Fausto　[名・男]ファウスト(男性の名)
favola　[名・女]寓話，おとぎ話
favore　[名・男]好意，支持，親切，優遇
favorevole　[形]～に好意的な，賛成の，好都合の
febbraio　[名・男]2 月
febbre　[名・女]熱
fedele　[形]忠実な，貞節な
Federica　[名・女]フェデリーカ(女性の名)
Fedro　[名・男]フェードロ(男性の名)
fegato　[名・男]肝臓，肝，レバー，勇気
felice　[形]幸福な，幸せな，嬉しい
femminile　[形]女性の　[名・男][文法]女性
fendere　[動・他(av)]切り裂く，断ち割る
feria (ferie)　[名・女]休暇
ferito　[名・男]けが人 [形]傷つけられた
fermare　[動・他(av)]止める，ストップさせる
fermata　[名・女]停留所，駅
Ferragosto　[名・男]聖母被昇天の祝日(8 月 15 日)
Ferrari　[名・女]フェラーリ(イタリアの高級車)
ferreo　[形]鉄の，頑強の，厳格な
ferro　[名・男]鉄，鉄製品(複)ai ～ 網焼きの
festa　[名・女]パーティー，まつり，祭日
festeggiare　[動・他(av)]祝う，パーティーする
festività　[名・女]祝日，祭日
fetta　[名・女](パン，肉，野菜などの)一切れ，スライス，切り身
fiammante　[形]燃え立つ，燃えるような
fiammifero　[名・男]マッチ
fianco　[名・男]脇腹，側面　(a ～ di...)～の傍に，隣に
fiasco　[名・男]フィアスコ(胴に麦わらやトウモロコシの皮が巻いてある首の細長いビン)
fico (figo)　[形]魅力的な　[名]流行に敏感でカッコいい人，イチジク
fidanzato　[名・男]婚約者，恋人
fidarsi　[動・再(es)]～を信頼する，～する自身がある
fiducia　[名・女]信頼，信用，自信
fifone　[名・男]こわがり
figlia　[名・女]娘
figlio　[名・男]息子
figura　[名・女]姿，外形，人物，印象，見栄え，(brutta ～)失態
fila　[名・女]列
filetto　[名・男]ヒレ肉
Filippo　[名・男]フィリッポ(男性の名)
film　[名・男]映画
filo　[名・男]糸，糸状の物
filosofia　[名・女]哲学
filtro　[名・男]フィルター
finale　[形]最後の，目的に関する
　[名・男女]フィナーレ，終幕，大詰め

Finale Emilia　[名・㊛]フィナーレ・エミーリア(都市名)
finalmente　[副]ついに，とうとう，最後に
fine　[名・㊛]終わり，[名・㊚]目的
fine settimana　[名・㊚]週末
finestra　[名・㊛]窓
fingere　[動・他(av)](～の)ふりをする(～ di ＋不定詞)
fingersi　[動・再(es)]見せかける
finire　[動・他(av)]終える，[動・自(es)]終わる
finta　[名・㊛]見せかけ，偽り
fioco　[形]かすかな，ほのかな，弱い
fior di latte　[名・㊚]生クリーム
fioraio　[名・㊚]花屋
fiore　[名・㊚]花
fiorentino　[形]フィレンツェの，alla ～ フィレンツェ風(主にステーキ)[名・㊚]フィレンツェ人
Firenze　[名・㊛]フィレンツェ(都市名)
fisico　[形]物理の，肉体の　[名・㊚]物理学者，肉体，スタイル
fisso　[副]じっと[形]固定された
fitto　[形]密集した
fiume　[名・㊚]川
flame　[名・㊚](トピックの)炎上
flessibile　[形]柔軟な，融通の利く
Florian　[名・㊚][固名]カフェ・フロリアン(ヴェネツィアの老舗カフェ)
focaccia　[名・㊛]フォカッチャ
folata　[名・㊛]はやて，疾風
folla　[名・㊛]群衆，人込み
fondare　[動・他(av)]基礎を置く，設立する
fondo　[名・㊚]奥，底，突き当たり
fonduta　[名・㊛][料]フォンデュの一種，チーズフォンデュ
fontana　[名・㊛]泉，噴水
forchetta　[名・㊛]フォーク
forma　[名・㊛]形
formaggio　[名・㊚]チーズ
formidabile　[形]恐るべき，すごい，目覚ましい，並外れた
fornaio　[名・㊚]パン屋
forse　[副]たぶん，おそらく
forte　[形]強い，たくましい，かっこいい　[名・㊚]強者
fortuna　[名・㊛]運命，幸運
forza　[名・㊛]力，腕力，勢力
forza!　[間]頑張れ！
forzare　[動・他(av)]無理な力をかける
forzuto　[形]強い，たくましい，筋肉バカ
foto　[名・㊛]写真
fotografia　[名・㊛]写真
fotografo　[名・㊚]写真家
fra　[前](2つのものの)間に，(時間)今から～後に
fracassare　[動・他(av)]ぶっ壊す
fracasso　[名・㊚]大音響
fradicio　[形]ずぶぬれの，(ubriaco ～) 泥酔した
fragola　[名・㊛]イチゴ
fragore　[名・㊚]轟音，大音響
frammento　[名・㊚]断片，破片
Francesca　[名・㊛]フランチェスカ(女性の名)
Francesco　[名・㊚]フランチェスコ(男性の名)
francese　[形]フランスの，[名・㊚㊛]フランス人，[名・㊚]フランス語
Franco　[名・㊚]フランコ(男性の名)
frangia　[名・㊛]房飾り，おかっぱの前髪
frantume　[名・㊚]破片
frase　[名・㊛]文
fratellino　[名・㊚]弟
fratello　[名・㊚]兄弟
frattempo (nel)　[名・㊚]同時に，その頃，その間
freddo　[形]寒い，冷たい　[名・㊚]寒さ
freddura　[名・㊛]しゃれ，ジョーク
fregarsene　[動・再(es)](～に)全く関心を持たない(代名動詞)
fremere　[動・自(av)]震える，身震いする
frequentare　[動・他(av)]～に通う，交際する
fresco　[形]涼しい，冷えた，新鮮な　[名・㊚]涼み
fretta　[名・㊛]急ぐこと
friariello　[名・㊚]カブの花芽
frigorifero　[名・㊚]冷蔵庫
frittella　[名・㊛]ドーナツに似た，カーニバルで食べる揚げ菓子
fritto　[形]揚げられた　[名・㊚]フライ，揚げ物
Friuli-Venezia Giulia　[名・㊚]フリウリーヴェネツィア・ジューリア州(地名)
frizzante　[形](飲み物が)発泡性の
fronte　[名・㊛]額，顔，正面　[名・㊚]最前線，戦線
frumento　[名・㊚]麦，小麦
frusciare　[動・自(av)]サラサラ音をたてる，衣擦れの音がする

frutta [名・㊛]果物
frutto [名・㊚]果実，成果，結果
fucilata [名・㊛]銃撃(の一発)
fucile [名・㊚]銃，小銃
fuga [名・㊛]逃走，脱走，逃亡
fugace [形]つかの間の，一時的の
fuggire [動・自(es)]逃走する，脱走する，逃げる
fulmine [名・㊚]雷，すばやく恐ろしいこと
fulmineo [形]稲妻のような，迅速な
fumare [動・他(av)]喫煙する
fumetto [名・㊚]漫画
fumo [名・㊚]煙，喫煙
funerale [名・㊚]葬式
fungo [名・㊚]キノコ
funzionare [動・自(av)]正常に作動する，きちんと機能する
fuoco [名・㊚]火
fuoco d'artificio [名・㊚]花火
fuori [副]外に，外で　[前]〜の外で，〜から外れて　[名]外部，外側
furbo [形]抜け目ない，ずる賢い
furia [名・㊛]激怒，(in 〜)大急ぎ　[名・㊛]狂暴な人(エリニュエス)
furibondo [形]怒り狂った，逆上した
furioso [形]怒り狂った，激しい
fusillo [名・㊚]フジッリ(パスタの一種)
futuro [形]未来の，将来の　[名・㊚]未来，将来，[文法]未来時制

G

gaffe [名・㊛][仏]へま，失言
Galileo Galilei [名・㊚][固名]ガリレオ・ガリレイ(1564-1642)，イタリア・ピサ出身の天文学者，物理学者
gallina [名・㊛]めんどり
Gallo [名・㊚]ガリア人
gallo [名・㊚]おんどり
gamba [名・㊛]脚，すね (in 〜) 優秀な，健康な
gambero [名・㊚]エビ，ザリガニ
garage [名・㊚]ガレージ
Garibaldi (Giuseppe) [名・㊚][固名]ジュゼッペ・ガリバルディ(リソルジメント時代の軍人)(1807-1882)
gassosa [名・㊛]ラムネ，ビー玉
gastrite [名・㊛]胃炎
gattino [名・㊚]子猫
gatto [名・㊚]猫
gelato [名・㊚]ジェラート，アイスクリーム
geloso [形]嫉妬深い，うらやましい
gemello [形]双子の　[名・㊚](複数で)双子
gemito [名・㊚]うめき声，嘆き
gemma [名・㊛]宝石
generale [形]全体的な，一般的な　[名・㊚]将軍，総長
generalmente [副]一般的に，全体的に
generazione [名・㊛]世代，子孫，生殖
genere [名・㊚]種類，ジャンル，[文法]性(del 〜) その種の，そのような
genitore [名・㊚]親
gennaio [名・㊚]1月
Gennaro [名・㊚]ジェンナーロ(男性の名)
Genova [名・㊛]ジェノヴァ(都市名)
genovese [形]ジェノヴァの，[名・㊚㊛]ジェノヴァ人，[名・㊚]ジェノヴァ弁
gente [名・㊛]人々
gentile [形]心優しい，親切な
gentiluomo [名・㊚]紳士，貴族
geometria [名・㊛]幾何学，幾何学的な形状，構図
Germania [名・㊛]ドイツ(国名)
gerundio [名・㊚](文法)ジェルンディオ
gesso [名・㊚]チョーク，漆喰
gesto [名・㊚]しぐさ，ジェスチャー
gettare [動・他(av)]投げる，放り投げる，捨てる
gettarsi [動・再(es)]飛び込む，身を投げる，縋り付く
ghiacciato [形]つめたい，凍った，冷淡な
ghiaccio [名・㊚]氷
ghiaia [名・㊛]砂利
giacca [名・㊛]上着，ジャケット，スーツ
giacere [動・自(es)]横たわる，置いたままになっている
Giacomo [名・㊚]ジャコモ(男性の名)
Giacomo Casanova [名・㊚][固名]ジャーコモ・カサノヴァ(ヴェネツィアの術策家，作家)(1725-1798)
giallo [形]黄色の　[名・㊚]黄色，推理小説
gianduja (gianduia) [名・㊚]ジャンドゥーヤ(ヘーゼルナッツのペースト)
Gianna [名・㊛]ジャンナ(女性の名)
Gianni [名・㊚]ジャンニ(男性の名)
giapponese [形]日本の，[名・㊚㊛]日本人，

[名・男]日本語
giardino [名・男]庭，庭園
gif [名・女]ジフ(動く画像)
gigantesco [形]巨大な，莫大な
Gigi [名・男]ジジ(男性の名 Luigi などのニックネーム)
ginger [名・男]ジンジャーエール(飲料)
ginnastica [名・女]体操，運動
ginocchio [名・男]膝
giocattolo [名・男]おもちゃ
gioia [名・女]喜び，宝石
giornale [名・男][形]日々の [名]新聞，日刊紙
giornata [名・女]一日，日，全日
giorno [名・男]日，一日
giostra [名・女]回転木馬，メリーゴーラウンド
Giotto [名・男][固名]ジョット・ディ・ボンドーネ，イタリアの画家・建築士(1267-1337)
giovane [形]若い [名・男女]若者
Giovanna [名・女]ジョバンナ(女性の名)
Giovanni [名・男]ジョバンニ(男性の名)
Giove [名・男]木製，ジュピター
giovedì [名・男]木曜日
gioventù [名・女]青年期，青春時代
giraffa [名・女]キリン
girare [動・他(av)]曲がる，回る，めぐる，回転させる[動・自(es/av)]回る，回転する，曲がる
girevole [形]旋回する，回転式の
giro [名・男]一回り，散歩，回転
giù [副]下，下に
giugno [名・男]6月
Giulia [名・女]ジュリア(女性の名)
Giulietta [名・女]ジュリエット(ロミオとジュリエットの)
Giulio [名・男]ジュリオ(男性の名)
Giulio Cesare [名・男][固名]ユリウス・カエサル(共和制ローマの政治家・司令官)(前101-前44)
giungere [動・自(es)]到着する，来る，届く，達する
giurare [動・他(av)]誓う，宣誓する
giurarsi [動・再(es)]誓う，宣誓する
giusto [形]正しい，正解
gli [冠]男性・複数名詞(特殊)に付ける定冠詞，[代]3人称男性の間接補語代名詞
gnocco [名・男]ニョッキ，平たい揚げパン
gobbo [形]猫背になった
goccia [名・女]滴
goccio (di) [名・男](液体の)少量，しずく
godersi [動・自(es)]楽しむ，享受する
gol [名・男]ゴール，得点
golfo [名・男]湾岸
goloso [形]食い意地の張った，食道楽の [名・男]大食漢
gomma [名・女]ゴム，消しゴム
gondola [名・女]ゴンドラ(ヴェネツィアの伝統的な船舶)
gonna [名・女]スカート
gorgonzola [名・男]ゴルゴンゾーラチーズ
governo [名・男]政府
graffiare [動・他(av)]ひっかく，傷をつける
graffio [名・男]ひっかくこと，ひっかき傷
Gragnano [名・女]グラニャーノ(都市名)
grammatica [名・女]文法
grammo [名・男]グラム
granchio [名・男]カニ
grande [形]大きい，広い，大人の
grandezza [名・女]大きさ，サイズ
granita [名・女]シャーベット
grano [名・男]小麦
grappa [名・女]グラッパ(食後酒の一種)
grasso [形]太った，太い，[名・男]脂肪
grattacielo [名・男]超高層ビル，摩天楼
gravidanza [名・女]妊娠(期間)
grazie [間]ありがとう
greco [名・男]ギリシャ人
grido [名・男]叫び，嘆き
grigio [形]グレーの，[名・男]灰色
griglia [名・女]グリル，網
grigliata [名・女][料](肉・魚・野菜の)網焼き，グリル
grillo [名・男]コオロギ
grosso [形]大きな，大型の
grottesco [形]グロテスクな，奇怪な
gruppo [名・男]グループ，集団
guadagnare [動・他(av)]稼ぐ，利益を得る，獲得する
guadagno [名・男]稼ぎ，利益
guaio [名・男]災難，苦境，厄介ごと
guancia [名・女]頬，ほっぺた
guanto [名・男]手袋
guardare [動・他(av)]見る(意図的に)，

	眺める，見守る　[動・自(av)]～を気にする，～に面する
guardarsi	[動・再(es)]自分自身を見る，(～から)身を守る，用心する，避ける
guardia	[名・㊛]警備員，ガードマン
guardo (sguardo)	[名・㊚]視線
guarire	[動・自(es)]病気が治る，回復する，治す，回復させる
guerra	[名・㊛]戦争，闘争
gufo	[名・㊚]フクロウ，(スラングで)演技の悪いことを言う人
guidare	[動・他(av)]運転する，リードする
guinzaglio	[名・㊚](動物をつなぐ)ひも，鎖
gustare	[動・他(av)]味わう，楽しむ
gusto	[名・㊚]味，好み，テイスト

H

hashtag	[名・㊚]ハッシュタグ
hobby	[名・㊚]ホビー，趣味
hostess	[名・㊛]客室乗務員，ガイド
hotel	[名・㊚]ホテル，宿

I

i	[冠]男性・複数名詞に付ける定冠詞
Ida	[名・㊛]イーダ(女性の名)
idea	[名・㊛]アイデア，考え，案
ideare	[動・他(av)]発明する，発案する
identità	[名・㊛]アイデンティティ
ieri	[名・㊚]昨日 [副]昨日
ignorante	[形]～を知らない，無知な　[名・㊚㊛]無知な人
il	[冠](男性・複数名詞に付ける定冠詞)
illudersi	[動・再(es)]思い違いをする，幻想を抱く
imbarazzante	[形]当惑させるような
imbarazzo	[名・㊚]妨害，困惑
imbranato	[形]不器用な，ぎこちない　[名・㊚]不器用な人
immaginare	[動・他(av)]想像する
immediato	[形]直接の，即時の
immensità	[名・㊛]広大，巨大，無限
immenso	[形]広大な
imminente	[形]切迫した，間近の
immobile	[形]動かない
impallidire	[動・自(es)]青ざめる
imparare	[動・他(av)]習う，覚える，学ぶ，知る(ようになる)
impassibile	[形]動じない，平気な顔をした
impatto	[名・㊚]衝突
impaurito	[形]怯えた
impedire	[動・他(av)]～を阻止する，邪魔する
impegno	[名・㊚]用事，努力(con impegno：一生懸命)
imperativo	[名・㊚](文法)命令法
imperatore	[名・㊚]皇帝
imperfetto	[形]未完成の，不完全な，[文法]未完了時制の　[名・㊚][文法]半過去
imperioso	[形]傲慢な，切実な
impeto	[名・㊚]勢い，激発，衝動
impetuosamente	[副]猛烈に，衝動的に
impianto	[名・㊚]設備，施設，開設
impiegato	[名・㊚]会社員，サラリーマン
imporre	[動・他(av)](～の上に)置く，載せる，(義務・法律などを)課す，強要する
importante	[形]重要な，大事な，大切な
importanza	[名・㊛]重要性，大切さ
importare	[動・自(es)]気に掛ける，重要である，[動・他(av)]輸入する，取り入れる
impossibile	[形]不可能な，ありえない
impossibilità	[名・㊛]不可能，不可能なこと
imprecazione	[名・㊛]悪態，暴言，呪詛
imprenditore	[名・㊚]企業家，実業家
impronta	[名・㊛]跡，足跡，指紋
improvvisamente	[副]突然
improvviso	[形]突然(な)，急な　(all' ～)急遽，突然
in	[前](場所，方向)「～に，～の中に」(手段)「～で」
inaspettato	[形]不意の，予期せぬ
inastato	[形]竿の先に付けられた
incamminarsi	[動・再(es)]歩き出す，進み始める
incendiare	[動・他(av)]火をつける，放火する
incendio	[名・㊚]火事
incertezza	[名・㊛]ためらい，不安，不確かさ
incespicare	[動・自(es)]つまづく
inciampare	[動・自(es)]つまずく，よろける
incidente	[名・㊚]事故
incidere	[動・他(av)](表面を)切る，(～に)彫る，刻む

incinta	[名・㊛]妊娠した
incontrare	[動・他(av)]会う，出会う
incontrarsi	[動・再(es)](互いに)出会う
incontro	[名・㊚]出会い，集合
incorrere	[動・自(es)]～を受けるはめになる，～の憂き目をみる
incredibile	[形]信じられない，とんでもない
incredulo	[形]信じられない様子，唖然とした
incrociarsi	[動・再(es)]交差する，すれ違う
incrociato	[形]交差した，はすかいに置かれた
incrocio	[名・㊚]交差点
indecisione	[名・㊛]決心がつかないこと，優柔不断
indeterminativo	[形](文法)不定の
India	[名・㊛]インド(国名)
indicativo	[名・㊚](文法)直説法
indicatore	[名・㊚]標識，案内，指示器
indicazione	[名・㊛]指示，(道などについての)情報
indicibilmente	[副]言語道断に
indietro	[副]後ろに，引き返して
indifferenza	[名・㊛]無関心
indipendenza	[名・㊛]独立，自立
indiretto	[形](文法)間接(的な)
indirizzo	[名・㊚]住所，アドレス
Indonesia	[名・㊛]インドネシア
indossare	[動・他(av)]着る，纏う，身に着ける
indovinello	[名・㊚]なぞなぞ
indù	[名・㊚](イスラーム教徒でない)インド人
inerzia	[名・㊛]不活発，無気力
infallibile	[形]決して間違わない，絶対に正しい，確実な
infame	[形]卑劣な
infantile	[形]子どもの，子どもっぽい
infastidire	[動・他(av)]迷惑をかける，うんざりさせる
inferiore	[形]より下位の，下の　[名・㊚]部下
inferocire	[動・自(es)]残忍になる
infiacchire	[動・自]弱くなる[他]弱くする
infiammazione	[名・㊛]炎症
infilare	[動・他(av)]差し入れる
infimo	[形]最低の，最悪の
infinito	[形]無限の，[文法]不定法の　[名・㊚]無限，[文法]不定法，不定詞
influenza	[名・㊛]インフルエンザ，影響
ingannare	[動・他(av)]だます，欺く
ingegnere	[名・㊚]エンジニア，技師
inglese	[形]イギリスの，[名・㊚]イギリス人，英語
ingoiare	[動・他(av)]飲み下す，がつがつ平らげる
ingombro	[形]ふさがった，[名・㊚]妨げ
ingrassare	[動・自(es)]太る
iniziare	[動・他(av)]始める，[動・自(es)]始まる
innamorarsi	[動・再(es)]恋をする，夢中になる(代名動詞)
innamorato	[形](～に)恋をした　[名・㊚]恋人
innanzi (=avanti)	[副]前に，前方に，先に　[前](～a)～の前に
innevato	[形]雪の積もった
innocente	[形]潔白な，無罪の，純真な，[名・㊚]無罪の人
inoltre	[副]その上，さらに
inorridire	[動・自(es)]恐怖を覚える
inosservato	[形]気づかれない
inquietudine	[名・㊛]心配，落ち着きの無さ
inquilino	[名・㊚]下宿人
insalata	[名・㊛]サラダ
insanguinato	[形]血みどろ，血に染まった
insegnante	[名・㊚㊛]教員，教師
inseguitore	[名・㊚]追っ手，追跡者
inserviente	[名・㊚㊛]作業員，用務員
insetticida	[名・㊚]殺虫剤
insetto	[名・㊚]昆虫
insieme	[名・㊚]一緒に，と共に
insipido	[形]無味の，風味のない，つまらない
insistente	[形]しつこい
insopportabile	[形]うっとうしい，うるさい，耐えられない
insultare	[動・他(av)]侮辱する，罵声をかける
intanto	[副]その間に，そうしている間に，今のところは，とりあえず
intelligente	[形]知的な，聡明な
intendere	[動・他(av)]理解する，解釈する
intenzione	[名・㊛]意図
interessante	[形]面白い，興味深い
interessare	[動・他(av)]～に面白いと思わせる，関係する
interesse	[名・㊚]関心，興味，利子
interista	[名・㊚㊛]FC インテル(サッカー

チーム)のファン

interminabile [形]際限のない，長ったらしい

interminato [形]限りない，果てしない

Internet [名・㊛]インターネット

interno [形]内側の [名]内部，内側

intero [形]全部の，全体の，まるまるの，無傷の [名]全部，全体

interposto [形]間に挟まれた，仲間の

interrogativo [形]疑問の

inteso [形]理解された，了解済みの

intimare [動・他(av)]命じる，催告する

intrappolato [形]罠にかけられた，陥れられた

intrigante [形]紛糾させる，術策にたけた，干渉好きな [名・㊚]陰謀家

intrigare [動・自(av)]陰謀を企てる，悪だくみをする

introduzione [名・㊛]序文，イントロ

inutile [形]無用な，無駄な，役立たずの

invece [副]それに反して，ところが，その代わりに

inventare [動・他(av)]発明する，考え出す，思いつく

inventore [名・㊚]発明家，考案者

inverno [名・㊚]冬

invidia [名・㊛]ねたみ，嫉妬

invincibile [形]無敵の，打ち負かせない

invitare [動・他(av)]招待する

invitato [名・㊚]招待客

invito [名・㊚]招待

involtino [名・㊚][料]インヴォルティーノ(肉で野菜を巻いて煮込んだもの)

io [代]私，僕，俺(1人称単数の主語人称代名詞)

ipotesi [名・㊛]仮説，推測，場合

ippopotamo [名・㊚]カバ

ironia [名・㊛]皮肉

irregolare [形](文法)不規則(的な)

irrompere [動・自(es)]押し入る，殺到する

iscritto [形]入学した，登録した

iscrizione [名・㊛]登録，入学

isoletta [名・㊛]小島

ispirazione [名・㊛]インスピレーション，着想

istante [名・㊚]瞬間

Italia [名・㊛]イタリア(国名)

italiano [形]イタリアの，[名・㊚]イタリア人，イタリア語

J

jeans [名・㊚]ジーンズ，ジーパン

jettatore (iettatore) [名・㊚]悪運をもたらす者，呪いをかける者，不吉な人

judo [名・㊚]柔道

juventino [名・㊚]ユベントス(サッカーチーム)のファン

K

karaoke [名・㊚]カラオケ

karate [名・㊚]空手

kawaii [形]可愛い

ketchup [名・㊚]トマトケチャップ

Kg. [名・㊚]キログラム

kimono [名・㊚]着物

koala [名・㊚]コアラ

L

l' [冠]母音で始まる男性・女性の単数名詞に付ける定冠詞

la [冠]女性・単数名詞に付ける定冠詞，[代]3人称女性単数の直接補語代名詞

là [副]そこ，そこに，あそこ，あそこに

labirinto [名・㊚]迷路，迷宮

lacrima [名・㊛]涙

ladro [名・㊚]泥棒，スリ，空き巣

laggiù [副]あの下の方

lago [名・㊚]湖

lama [名・㊛]刃，刃物

Lamborghini [名・㊛]ランボルギーニ(高級車のメーカー)

Lambrusco [名・㊚]ランブルスコ(発泡性ワインの一種)

lamentarsi [動・再(es)]不平を言う，嘆く

lamento [名・㊚]うめき声，嘆き，苦情

lampeggiare [動・自(es/av)]稲光る，きらめく

lanciare [動・他(av)]投げつける，放つ，(大声を)張り上げる

lanzichenecco [名・㊚]ランツクネヒト(Landsknecht)15-6世紀の神聖ローマ帝国の歩兵の傭兵

lasagna (lasagne) [名・㊛]ラザニア

lasciare [動・他(av)]残す，置いておく，去る，(人と)別れる，放置する，(使役)〜させる

lasciarsi [動・再(es)]別れる，離婚する，されるがままになる

lassù [副]あの上，天(国)に

laterale [形]横の

latte [名・㊚]牛乳，ミルク

lattina [名・㊛]缶
Laura [名・㊛]ラウラ(女性の名)
laurea [名・㊛]学士号，学位
laurearsi [動・再(es)]大学を卒業する，学士号を取る
lavaggio [名・㊚]洗浄
lavapiatti [名・㊚]皿洗い(をする人)
lavare [動・他(av)]洗う，洗濯する
lavarsi [動・再(es)]自分の体を洗う
lavorare [動・自(av)]働く，仕事をする
lavoratore [名・㊚]労働者
lavorazione [名・㊛]加工，細工
lavoro [名・㊚]仕事，労働
Lazio [名・㊚]ラツィオ州(地名)，ラツィオ(サッカーチーム)
le [冠]女性・複数名詞に付ける定冠詞，[代]3人称女性複数の直接補語代名詞，3人称女性単数の間接補語代名詞
legare [動・他(av)]結ぶ，縛る，つなぐ
leggere [動・他(av)]読む
leggermente [副]軽く，かすかに
leggero [形]軽い，(服が)薄い
leggiero (=leggero) [形]軽い
legno [名・㊚]木，木材
lei [代]彼女(3人称女性単数の主語・補語人称代名詞)
Lei [代]あなた(丁寧語に用いる3人称男性・女性単数の主語人称代名詞)
lentamente [副]ゆっくり
lenti (a contatto) [名・㊛]レンズ(コンタクト)
lenticchie [名・㊛複]レンズマメ
lenzuolo [名・㊚]シーツ
Leo [名・㊚]レオ(男性の名)
Leonardo Da Vinci [名・㊚][固名]レオナルド・ダ・ヴィンチ，イタリアの芸術家，発明家(1452-1519)
leone [名・㊚]ライオン
lettera [名・㊛]手紙，文字
lettino [名・㊚]小さなベッド
letto [名・㊚]ベッド
lettura [名・㊛]読み物，読むこと
levare [動・他(av)]上げる，持ち上げる，取り除く
lezione [名・㊛]授業，(教科書の)課
lì [副]そこ，そこに
Lia [名・㊛]リア(女性の名)
liberare [動・他(av)]自由にする，解放する
liberazione [名・㊛]解放，救出
liberiano [形]リベリアの [名]リベリア人
libero [形]自由な，空いている，解放された
libertà [名・㊛]自由
libretto [名・㊚]小さな本，冊子，(オペラの)リブレット
libro [名・㊚]本，書籍
licenza [名・㊛]許可，認可(con ～)恐縮ですが…
licenziare [動・他(av)]解雇する
liceo [名・㊚]高等学校
lieto [形]嬉しい
lieto fine [名・㊚]ハッピーエンド
Liguria [名・㊛]リグーリア州(地名)
limone [名・㊚]レモン
limpido [形]澄み切った，透明な，明晰な
linea [名・㊛]線，輪郭
lineamenti [名・㊚]顔立ち，目鼻立ち
lingua [名・㊛]舌，言語
linguine [名・㊛複][料]リングイーネ(パスタの一種)
liquirizia [名・㊛][植]カンゾウ
lirico [形]歌の
lite [名・㊛]口論，論争，訴訟
litigare [動・自(av)]喧嘩する，口論する
litro [名・㊚]リットル
livornese [形]リヴォルノの [名・㊚㊛]リヴォルノの住民
lo [代]男性・単数名詞(特殊)に付ける定冠詞，3人称男性単数の直接補語代名詞
locale [形]現地の，ローカルの [名・㊚]お店，店舗，飲食店
lodarsi [動・再(es)](自分で自分を)褒める，自慢する
lodevole [形]称賛に値する，称賛すべき
Lombardia [名・㊛]ロンバルディーア州(地名)
lontano [形]遠い [副]遠く
Lorenzo [名・㊚]ロレンツォ(男性の名)
loro [代]彼ら(3人称複数の主語・補語人称代名詞)，彼らの(不変の所有形容詞・代名詞)
Loro [代]あなた方(丁寧語に用いる3人称複数の主語・補語人称代名詞)，あなた方の(丁寧語に用いる不変の所有形容詞・代名詞)
losco [形]疑わしい，不審な
lotteria [名・㊛]宝くじ

lotto	[名・㊚]宝くじの一種
Luca	[名・㊚]ルーカ(男性の名)
luccichio	[名・㊚]きらめき
Lucia	[名・㊛]ルチーア(女性の名)
Luciano	[名・㊚]ルチャーノ(男性の名)
lucidare	[動・他(av)]磨く，つやを出す
Lucio	[名・㊚]ルーチョ(男性の名)
luglio	[名・㊚]7月
lui	[代]彼(3人称男性単数の主語・補語人称代名詞)
luna	[名・㊛]月
luna park	[名・㊚](移動)遊園地
lunedì	[名・㊚]月曜日
lungo	[形]長い
lupo	[名・㊚]狼
lussarsi	[動・再(es)]脱臼する，間接が外れる
lusso	[名・㊚]贅沢，豪華，過剰
lussuoso	[形]高級の，豪華な

M

ma	[接]しかし，だけど
macchiato	[形]シミの付いた，汚した，～入りの(コーヒー，ミルクなど)
macchina	[名・㊛]車，機械
macchinetta	[名・㊛]機械，自動販売機
macellaio	[名・㊚]肉屋
madre	[名・㊛]母親，母上
maestra	[名・㊛](小学校の)女教師
mafioso	[形]マフィアの　[名・㊚]マフィアの構成員
magari	[間]そうであって欲しいのだが　[接]～でありますように　[副]もしかしたら
maggio	[名・㊚]5月
maggioranza	[名・㊛]大多数，過半数，[文法]優等
maggiore	[形]より大きい，より多い
magico	[形]魔法のかかった，魅惑的な
maglia	[名・㊛](長袖の)シャツ
maglietta	[名・㊛]Tシャツ
maglione	[名・㊚](厚い)セーター
magnifico	[形]素晴らしい，見事な
mago	[名・㊚]占い師，魔法使い，手品師
magro	[形]痩せた，脂肪が少ない
mai	[副](non...mai)全く…ない，決してない
maiale	[名・㊚]豚，，豚肉，汚い人，エロおやじ
malattia	[名・㊛]病気
male (mal di...)	[名・㊚]悪，悪く，痛み(～痛)
maledetto	[形]呪われた，憎むべき，忌々しい，[間]ちくしょう！
maleducato	[形]失礼な，教育がなっていない，不愛想な　[名・㊚]粗野な人，無礼な人
maleducazione	[名・㊛]粗野なこと，不作法
malgrado	[前]にもかかわらず
maltrattare	[動・他(av)]いじめる，虐げる，手荒に扱う
malvagio	[形]意地悪な，悪意のある
mamma	[名・㊛]ママ，お母さん
mancanza	[名・㊛]欠如，不足
mancare	[動・自(es/av)]不足する，欠ける，(～がいなくて)淋しい
mandare	[動・他(av)]送る
mandrillo	[名・㊚]マンドリル，女好き
mangiare	[動・他(av)]食べる
mangiarsi	[動・再(es)](独り占めして)食べる
manica	[名・㊛]袖
maniera	[名・㊛]方法，やり方
manifesto	[名・㊚]マニフェスト，ポスター
maniglia	[名・㊛]取っ手，レバー，つり革
mannaggia	[間]くそ，しまった，ちくしょう
mano	[名・㊛]手
mantenuto	[形]養われた，[名・㊚]ヒモ
manutenzione	[名・㊛]メンテナンス，お手入れ
manzo	[名・㊚]牛
Mara	[名・㊛]マーラ(女性の名)
Maranello	[名・㊛]マラネッロ(都市名)
Marcella	[名・㊛]マルチェッラ(女性の名)
Marcello	[名・㊚]マルチェッロ(男性の名)
Marche	[名・㊛複]マルケ州(地名)
marciapiede	[名・㊚]歩道
mare	[名・㊚]海，海辺
margherita	[名・㊛]マルゲリータ(ピッツァの種類)，雛菊
Maria	[名・㊛]マリーア(女性の名)
Mariano	[名・㊚]マリアーノ(男性の名)
Marika	[名・㊛]マリカ(女性の名)
Marina	[名・㊛]マリーナ(女性の名)
marinaio	[名・㊚]水夫，セーラー
marinara	[名・㊛]マリナーラ(ピッツァの種類)，セーラー風
marino	[形]海の
Mario	[名・㊚]マーリオ(男性の名)
Marisa	[名・㊛]マリーザ(女性の名)
marito	[名・㊚]夫

maritozzo [名・男]マリトッツォ(ローマ名物の生クリーム入りのブリオッシュ)
marmellata [名・女]ジャム，マーマレード
marrone [名・男]茶色，栗色，栗
Marsala [名・女]マルサラ(都市名)，マルサラ酒
Marta [名・女]マルタ(女性の名)
martedì [名・男]火曜日
martello [名・男]つち，ハンマー
Martina [名・女]マルティーナ(女性の名)
Martino [名・男]マルティーノ(男性の名)
Marzia [名・女]マルツィア(女性の名)
marzo [名・男]3月
mascarpone [名・男]マスカルポーネチーズ
maschera [名・女]仮面，マスク
maschile [形]男性の [名・男][文法]男性
Maserati [名・女]マゼラーティ(車のメーカー)
massimo [形]最大の，最高の [名・男]最大限
materassa (=materasso) [名・女]マットレス
materiale [形]物質の [名・男]材料，原料
matrimonio [名・男]結婚，結婚式
mattarello [名・男][料]麺棒，棒
Matteo [名・男]マッテーオ(男性の名)
mattina [名・女]朝，午前
mattino [名・男]朝，午前
matto [形]気が狂った，狂気の [名・男]狂人
mattone [名・男]レンガ
Maurizio [名・男]マウリツィオ(男性の名)
Mauro [名・男]マウロ(男性の名)
Mazzini (Giuseppe) [名・男][固名]ジュゼッペ・マッツィーニ，リソルジメント期の思想家，革命家(1805-1872)
mazziniano [名・男]マッツィーニ派
me [代]私，僕，俺(1人称単数の補語人称代名詞)
meccanico [名・男]整備士
meccanismo [名・男]メカニズム，機構
medicina [名・女]薬，医学
medico [名・男]医師
medie (scuole) [名・女複]中(学校)
medio [形]中の，平均の，一般的な
medioevo [名・男]中世(時代)
meglio [副]よりよく，より多く [形]より良い
mela [名・女]リンゴ
Melissa [名・女]メリッサ(女性の名)
meme [名・男]ミーム
meno [副]より少なく
mentre [接](期間，継続)〜している間，(対照，反意)ところが一方
meravigliarsi [動・再(es)]驚く，びっくりする(代名動詞)
meravigliato [形]驚いた，びっくりした
meraviglioso [形]素晴らしい，見事な，驚くべき
mercato [名・男]市場，マーケット
mercenario [名・男]傭兵，雇われた兵士
mercoledì [名・男]水曜日
mercurio [名・男]水銀
merenda [名・女]おやつ
meridionale [形]南の，南部の
meritarsi [動・再(es)]〜にふさわしい，〜に値する(代名動詞)
mescolare [動・他(av)]混ぜる，かき混ぜる
mese [名・男]月
messaggio [名・男]メッセージ，SMS
Messina [名・女]メッシーナ(都市名)
mestiere [名・男]職業，仕事
metal [名・男]ヘビーメタル(音楽)
metallo [名・男]金属
meteorite [名・男女]隕石
metro [名・男]メートル
metropolitana(=metro) [名・女]地下鉄
metterci [動・他(av)](時間が)かかる
mettere [動・他(av)]置く，着せる，着る，入れる，身に付ける
mettersi [動・再(es)]身を置く，着用する，身に付ける
mezza [名・女](時刻の)半
mezzanotte [名・女]真夜中，午前0時
mezzo [形]半分の，半ばの [名・男]半分，半ば，手段，方法
mezzogiorno [名・男]正午，昼の12時
miagolare [動・自(av)]ニャーと鳴く(猫の声)
Michelle [名・女]ミッシェル(女性の名)
miele [名・男]蜂蜜，蜜
migliaia [名・男]数千
migliore [形]よりよい，より優れた
milanese [形]ミラノの [名・男女]ミラノ人，ミラノ弁
milanista [名・男女]ACミラン(サッカーチーム)のファン
Milano [名・女]ミラノ(都市名)

milione　[名・㊚]百万

militare　[形]軍事的な　[名・㊚]軍人，兵士

mille　[名・㊚]千

Mille (i)　[名・㊚]千人隊(ガリバルディが率いる義勇軍)

Mimmo (Domenico)　[名・㊚]ミンモ(ドメーニコ)(男性の名)

minacciare　[動・他(av)]脅す，危うくする

Mincio　[名・㊚]ミンチョ川(川の名前)

minigonna　[名・㊛]ミニスカート

minimo　[形]最小の，最低の　[名・㊚]最小，最低

minoranza　[名・㊛]少数派　[文法]劣等

minore　[形]より小さい，より少ない

minuto　[名・㊚]分

mio　[形]私の，僕の，俺の(1人称の所有形容詞・代名詞)

mira　[名・㊛]ねらうこと，標的

miracolosamente　[副]奇跡的に

Mirandola　[名・㊛]ミランドラ(都市名)

mirare (ammirare)　[動・他(av)]見とれる，驚嘆する

mirto　[名・㊚]キンバイカ

misterioso　[形]神秘的な，不思議な

misto　[名・㊚]ミックス，盛り合わせ

misura　[名・㊛]尺度，サイズ，測定

misurare　[動・他(av)]はかる，制限する

mite　[形]温厚な

mobile　[形]移動できる [名・㊚]家具

moccioso　[形]鼻水を垂らした　[名・㊚]鼻たれ小僧，青二才

moda　[名・㊛]ファッション，流行

modello　[名・㊚]模範，手本，モデル

Modena　[名・㊛]モデナ(都市名)

modo　[名・㊚]方法，やり方，(文法)〜法

modulo　[名・㊚]書式，所定の用紙

moglie　[名・㊛]妻

Mole Antonelliana　[名・㊛]モーレ・アントネッリアーナ(トリノの建造物)

Molise　[名・㊚]モリーゼ州(地名)

mollarsi　[動・再(es)]降参する，屈服する(代名動詞)，別れる(スラング)

molto　[形]多くの，たくさんの　[副]とても，非常に

momento　[名・㊚]瞬間

mondiale　[形]世界の，世界的な

Mondiali　[名・㊚](サッカーの)ワールドカップ

mondo　[名・㊚]世界

Monna Lisa　[名・㊛](レオナルド・ダヴィンチの)モナリザ

monologo　[名・㊚]モノローグ，独り言

Monopoli　[名・㊛]モノーポリ(都市名)

montagna　[名・㊛]山

montato　[形]膨らませた，作った，組み合わせた

montatura　[名・㊛]上ること，(女性用の封や帽子の)飾り

monte　[名・㊚]山，〜山

Monte Bianco　[名・㊚]モンブラン山(地名)

Monte Rosa　[名・㊚]ローザ山(イタリアとスイスの国境に位置する)(地名)

morbido　[形]柔らかい

mordere　[動・他(av)]噛む，噛むような刺激を与える

morire　[動・自(es)]死ぬ　(da 〜死ぬほど)

moro　[形]黒っぽい，黒髪の

mortale　[形]致命的な，死の

morte　[名・㊛]死，死神

morto　[形]死んだ　[名・㊚]死人，死者

mosaico　[名・㊚]モザイク

mosso　[形]動かされた，動きのある

mostrare　[動・他(av)]見せる，提示する，展示する

mostrarsi　[動・再(es)]姿を見せる，態度を示す

mostro　[名・㊚]怪物，モンスター

motivo　[名・㊚]理由，わけ

moto (motocicletta)　[名・㊛]バイク，オートバイ

motore　[名・㊚]機関，エンジン

motorino　[名・㊚]原付自転車，小型バイク

mouse　[名・㊚]マウス

movimentato　[形]波乱万丈の

mozzarella　[名・㊛]モッツァレラチーズ

mucca　[名・㊛]牛(雌)

muggire　[動・自(av)]モーモーと鳴く

mulinare　[動・他(av)]振り回す

mulino　[名・㊚]小麦粉製造用のミル(臼)

mulo　[名・㊚]ラバ

multa　[名・㊛]罰金

municipio　[名・㊚]市役所，町役場

muovere　[動・他(av)]動かす

muoversi　[動・再(es)]身を動かす，行動する，動く

Murano　[名・㊛]ムラーノ(ヴェネツィアン・グラスで有名な島)(地名)

muretto　[名・㊚]低い壁，石の囲い

muro [名・㊚]壁

muscoloso [形]筋骨たくましい，屈強な

museo [名・㊚]美術館，博物館

musica [名・㊛]音楽

Mussolini (Benito) [名・㊚][固名]ベニート・ムッソリーニ(イタリアの政治家，軍人，国家指導者)(1883-1945)

mutande [名・㊛](下着の)パンツ

muto [形]無声の，無口の

N

Napoleone III [名・㊚][固名]ナポレオン三世(19世紀フランスの大統領，のち皇帝)(1808-1873)

napoletano [形]ナポリの，[名・㊚]ナポリ人，ナポリ弁

Napoli [名・㊛]ナポリ(都市名)

nascere [動・自(es)]生まれる，生じる

nascita [名・㊛]誕生，発端

nascondere [動・他(av)]隠す

nascondersi [動・再(es)]隠れる，潜む

nascosto (di) [形]隠された，密かな(隠れて，こっそりと)

naso [名・㊚]鼻

Natale [名・㊚]クリスマス

natalizio [形]クリスマスの

naturale [形]自然の，ナチュラル，(水)炭酸無しの

naturalmente [副]当然，もちろん

naufragar (naufragare) [動・自(av)]難破する，遭難する

nave [名・㊛]船

navigare [動・他(av)](船，飛行機などを)操縦する，航海する，(インターネットで)情報検索する

naviglio [名・㊚](主にミラノの)運河

nazista [形]ナチスの，[名]ナチス党員

né [接]〜も〜もない，〜でも〜でもない

ne [代]それについて，彼・彼女について，そのうちの

neanche [副]も…ない，すら…ない

nebbia [名・㊛]霧，霞

necessariamente [副]必然的に，(non 〜)必ずしも…とは限らない

necessario [形]必要な，なくてはならない

negozio [名・㊚]店舗，店

nemmeno [副]も…ない，すら…ない(＝neanche)

neolaureato [名・㊚]新卒

nero [形]黒い，[名・㊚]黒

Nerone [名・㊚][固名]ネロ(37-68)，帝政ローマの皇帝

nervoso [形]いらだった，不機嫌な，神経の

nessuno [形]なんの〜もない，誰も〜ない

nevicare [動・自(es/av)]雪が降る

nevicata [名・㊛]雪が降ること

niente [代]何も(〜ない)，つまらぬこと [名・㊚]無価値，無意味

nipote [名・㊚㊛]甥，姪，孫

nitido [形]きれいな，清潔な，明瞭な

Nizza [名・㊛]ニース(都市名)

no [副]いいえ，ダメ，違う

nocciola [名・㊛]ヘーゼルナッツ

noce [名・㊛]クルミ

nodo [名・㊚]結び目

noi [代]私たち(1人称複数の主語・補語人称代名詞)

noia [名・㊛]退屈，つまらなさ

noioso [形]退屈な，うんざりさせるような

nome [名・㊚]名，名前，名称

non [副](動詞の前に)〜ない

non...che... [副]…より他に…でない，…しか…ではない

nonna [名・㊛]祖母，おばあちゃん

nonno [名・㊚]祖父，おじいちゃん

nono [形]9番目の [名・㊚]9分の1

nonostante [接]〜にもかかわらず，たとえ〜にせよ

nord [名・㊚]北，北部

normalmente [副]通常，いつものように，普通に

nostro [形]私たちの

notaio [名・㊚]公証人

notare [動・他(av)]気付く，注目する，印をつける

notizia [名・㊛]知らせ，ニュース

notte [名・㊛]夜，深夜

novanta [名・㊚]90

nove [名・㊚]9

novembre [名・㊚]11月

nozze [名・㊛]結婚

nuca [名・㊛]うなじ，首筋

nucleare [形]本質的な，核の

nudo [形]裸の，むき出しの，飾らない

nulla [代]何も(〜ない) [副]全然〜でない [名・㊚]無，非実在

numero [名・㊚]数，番号，[文法]数詞

numeroso [形]数の多い，たくさんの

nuovo	[形]新しい
nuvola	[名・㊛]雲
nuvolo	[名・㊚]雲，曇り
nuvoloso	[形]曇った，曇天の

O

o	[接]あるいは，すなわち
obbligare	無理矢理にさせる，強いる
occhiali	[名・㊚]眼鏡
occhialuto	[形]眼鏡をかけた
occhio	[名・㊚]目
occupare	[動・他(av)]占領する，占める
occupato	[形]使用中の，忙しい
odiare	[動・他(av)]憎む，嫌う
odiarsi	[動・再(es)]憎しみ合う，反目する
offendere	[動・他(av)]罵る，侮辱する
offrire	[動・他(av)]提供する，おごる
oggi	[副]今日
ogni	[形]どの～も，あらゆる
ogni tanto	[副]時々
Ognissanti	[名・㊚]諸聖人の日，万聖節(11月1日)
ognuno	[代]みんなそれぞれ，ひとりひとり
oh	[間]おお，ああ
OK	[間]オーケー，結構
Olimpiadi	[名・㊛複]オリンピック
olio	[名・㊚]油
oliva	[名・㊛]オリーブ
olivastro	[形]オリーブ色の
ombra	[名・㊛]影
ombrello	[名・㊚]傘
onesto	[形]誠実な，正直な
onomatopea	[名・㊛]擬声語，オノマトペ
onore	[名・㊚]名誉
opera	[名・㊛]仕事，事業，(芸術，文学，音楽の)作品
operaio	[名・㊚]労働者，工員
operazione	[名・㊛]作業，行為，手術
oppresso	[形]抑圧された，苦しめられた
oppure	[接]あるいは，または，それとも
ora	[名・㊛]時間　[副]今
ordinare	[動・他(av)]整理する，命令する，注文する
ordine	[名・㊚]命令，秩序，順番，等級
orecchiette	[名・㊛複][料]オレッキエッテ(パスタの一種)
orecchino	[名・㊚]イヤリング
orecchio	[名・㊚]耳
origine	[名・㊛]～系，発祥(の地)，源，始まり
orizzonte	[名・㊚]地平線，水平線
ormai	[副]もはや，もう，今さら
oro (d')	[名・㊚]金,黄金(金製の,金色の)
orologio	[名・㊚]時計
orrendo	[形]恐ろしい，戦慄すべき
orribile	[形]恐ろしい，すさまじい
orrore	[名・㊚]恐怖，戦慄
orto	[名・㊚]菜園
Orvieto	[名・㊛]オルヴィエート(ウンブリア州の都市名)
ospedale	[名・㊚]病院
ospitale	[形]もてなしが良い，歓迎が熱烈な
osservare	[動・他(av)]観察する，集中して見る
ossobuco	[名・㊚][料]オッソブーコ(子牛のすね肉の煮込み)
osteria	[名・㊛]居酒屋，飲食店
ostrica	[名・㊛]牡蠣
ottanta	[名・㊚]80
ottavo	[形]8番目の　[名・㊚]8分の1
ottimista	[名・㊚㊛]楽観主義者，楽天家
ottimo	[形]最上の，最高の
otto	[名・㊚]8
ottobre	[名・㊚]10月
ovest	[名・㊚]西，西部
ovvero	[接]言いかえれば，すなわち

P

paccheri	[名・㊚][料]パッケリ(パスタの一種)
pacchia	[名・㊛]極楽，有頂天，至福
pacco	[名・㊚]小包
pace	[名・㊛]平和，仲直り
padre	[名・㊚]父親
paese	[名・㊚]国，村
paffuto	[形]丸々と太った，ぽっちゃりした
paga	[名・㊛]給料，報酬
pagare	[動・他(av)]支払う
paio (di ...)	[名・㊚]対，一対，一組，ペア
palazzetto	[名・㊚]背の低いビル
palazzo	[名・㊚]館，大邸宅，宮殿，大きな建物
palermitano	[形]パレルモの　[名・㊚]パレルモ市民
palestra	[名・㊛]体育館，スポーツジム
Palio	[名・㊚]パリオ(シエナで行われ

る競馬レース）

palla	[名・㊛]球，ボール
pallido	[形]顔色の悪い，青ざめた
pallino	[名・㊚]小さな球
pallone	[名・㊚]大きなボール，気球
palma（=palmo）	[名・㊛]手のひら
pam	[間]ドーン（衝突の擬音語）
panca	[名・㊛]長椅子，ベンチ
pancia	[名・㊛]お腹
panciuto	[形]腹が突き出た，太鼓腹の
pandoro	[名・㊚]パンドーロ（ヴェローナのクリスマス用パンケーキ）
pane	[名・㊚]パン
panettone	[名・㊚]パネットーネ（クリスマス用のドーム型フルーツケーキ）
panino	[名・㊚]パニーノ（イタリア風サンドイッチ）
panna	[名・㊛]生クリーム
panno	[名・㊚]布
panorama	[名・㊚]眺め，眺望
pantaloni	[名・㊚][複]ズボン
Pantheon	[名・㊚]パンテオン（あらゆる神々を祭った神殿）
pantofolaio	[名・㊚]怠慢な人（ずっとスリッパを履いて家にいる）
panzerotto	[名・㊚][料]パンツェロッティ（揚げたラヴィオリ）
Paolo	[名・㊚]パオロ（男性の名）
papà	[名・㊚]パパ
papavero	[名・㊚]ケシ
pappa	[名・㊛]流動食，まんま
pappagallo	[名・㊚]オウム，路上でナンパする男
pappardelle	[名・㊛複][料]パッパルデッレ（パスタの一種）
paradiso	[名・㊚]天国，楽園
paragone	[名・㊚]比較，対照
parcheggiare	[動・他(av)]駐車する
parcheggio	[名・㊚]駐車場
parco	[名・㊚]公園
parea（=pareva）	[動・自(es)][動詞 parere の古語の活用形]〜に似た，〜のように（見える，聞こえる）
parere	[動・自(es)]〜のように見える，〜みたいである
Parigi	[名・㊛]パリ（フランスの都市名）
parlamento	[名・㊚]国会，議会，国会議事堂
parlare	[動・自(av)]話す，しゃべる
Parma	[名・㊛]パルマ（エミリア･ロマーニャ州の都市名）
parmigiano	[形]パルマの　[名・㊚]パルメザンチーズ
parola	[名・㊛]言葉，単語
parolaccia	[名・㊛]汚い言葉，スラング
parrucchiere	[名・㊚]美容師
parte	[名・㊛]部分，地域，党派，役柄
partecipare	[動・自(av)]参加する
Partenone	[名・㊚]パルテノン神殿
partenza	[名・㊛]出発
participio	[名・㊚][文法]分詞
particolare	[形]特殊な，独特の
partigiano	[名・㊚]パルチザン，レジスタンス運動の一員（主に第二次世界大戦中）
partita	[名・㊛]試合，ゲーム
partitivo	[文法]全体の一部分を示す
Pasqua	[名・㊛]復活祭，イースター
Pasquale	[名・㊚]パスクァーレ（男性の名）
passaggio	[名・㊚]通過，通路，推移，詩句
passaporto	[名・㊚]パスポート，旅券
passare	[動・他(av)自(es)]通過する，合格する，（時が）過ぎる，超える，（時を）過ごす
passatelli	[名・㊚][料]パッサテッリ（パスタの一種）
passato	[形]過ぎ去った，過去の，[文法]過去時制の
passeggero	[形]早く過ぎ去る，つかのまの　[名・㊚]乗客
passeggiare	[動・自(av)]散歩する
passeggiata	[名・㊛]散歩
passero	[名・㊚]スズメ
passivo	[形]受け身の，[文法]受動態の　[名・㊚][文法]受動態
passo	[名・㊚]歩み，一歩，（詩・文章の）一節
pasta	[名・㊛]パスタ，ケーキ
pasticceria	[名・㊛]菓子店，ケーキ屋
pasticcino	[名・㊚]一口ケーキ，クッキー，パイ菓子
pasticcio	[名・㊚]パイ，ごたごた，混乱
pasto	[名・㊚]食事
patata	[名・㊛]ジャガイモ
patatine	[名・㊛複]フライドポテト
patente	[名・㊛]免許証
patto	[名・㊚]協定，契約
paura	[名・㊛]恐れ，心配
pausa	[名・㊛]休息，中断，休止
pavimento	[名・㊚]床
pazienza	[名・㊛]忍耐，辛抱

pazzesco	[形]気の狂った，常軌を逸した
pazzo	[形]狂った　[名・㊚]狂人
peccato	[名・㊚]罪，残念なこと
pecora	[名・㊛]ヒツジ
pecorino	[形]羊の　[名・㊚]ペコリーノチーズ
pedale	[名・㊚]ペダル，足踏みレバー
pediatra	[名・㊚㊛]小児科医
peggio	[副]より悪く　[形]より悪い
peggiore	[形]より悪い，より低質の [名・㊚]悪人
pei	[前](現代語で使われていない)前置詞(per)と定冠詞(i)の結合形
pelandrone	[名・㊚]怠け者，無精者
pelle	[名・㊛]皮膚，皮
peloso	[形]多毛の，毛深い
pena	[名・㊛]刑罰，苦悩，心配
pendente	[形]傾斜した　[名・㊚]耳飾り，ペンダント
penna	[名・㊛]ペン，羽根
penne	[名・㊛複][料]ペンネ(パスタの一種)
pennello	[名・㊚]絵筆
pensare	[動・自(av)]考える，思う
pensiero (pensier)	[名・㊚]考え，思想，想い
pensione	[名・㊛]年金，ペンション
pentirsi	[動・再(es)]後悔する(代名動詞)
pentola	[名・㊚]鍋
pepe	[名・㊚]胡椒
peperoncino	[名・㊚]唐辛子
peperone	[名・㊚]ピーマン
per	[前](方向)～へ(通過)～を通って(目的)～のために
percento	[名・㊚]パーセント，割合
perché	[副]なぜ　[接]なぜなら
perciò	[接]だから，したがって
percorrere	[動・他(av)](道を)通る，進む，通り抜ける
perdere	[動・他(av)]失う，負ける，乗り損ねる，(時間などを)浪費する
perdersi	[動・再(es)]迷う，時間をむだにする(代名動詞)
perdio!	[間]ちくしょう！
perfetto	[名・㊚]完璧，パーフェクト
perfezionare	[動・他(av)]完璧にする，向上させる，完成させる，
perfino	[副]～でさえも，～ですら
pericolante	[形]倒れそうな，ぐらぐらする
pericoloso	[形]危険な
periferia	[名・㊛]郊外，町のはずれ
però	[接]だけど，けれども(口語)
persona	[名・㊛]人，人間，者
pervadere	[動・他(av)]浸透する，充満する
pesante	[形]重い，退屈するような
pesare	[動・他(av)]重さをはかる，計量する，[動・自(es/av)]重要である，負担がかかる
pesce	[名・㊚]魚
peso	[名・㊚]重さ，影響力
pessimista	[名・㊚㊛]悲観主義者，ペシミスト
pesto	[形]打ち砕かれた，粉々の，[名・㊚][料]ペースト
pettegolo	[形]うわさ話が好きな，おしゃべりな
pettine	[名・㊚]櫛
petto	[名・㊚]胸
pezzo	[名・㊚]欠片，破片，ピース
photoshoppare	[動・他(av)]写真を修整する
piacere	[動・自(es)]気に入る，好みの物(人)である
piacevole	[形]愉快な，心地良い，快適な
piagnucolare	[動・自(av)]しくしく泣く，すすり泣く
pianeta	[名・㊚]惑星
piangere	[動・自(av)]泣く
pianista	[名・㊚㊛]ピアニスト
piano	[形]平らな，平易な　[副]ゆっくりと，小声で　[名](建物の)階，平面，計画
pianta	[名・㊛]植物，草木
piantare	[動・他(av)]植える，打ち込む，(種を)まく
piatto	[名・㊚]皿，料理　[形]平らな
piazza	[名・㊛]広場
piccante	[形](味が)からい，辛辣な
picchiare	[動・他(av)]殴る，打つ，たたく
picchiettare	[動・他(av)]軽くたたく
piccino	[名・㊚]子ども，小っちゃい
piccione	[名・㊚]ハト
piccolo	[形]小さい
pici	[名・㊚]ピチ(パスタの一種)
piede	[名・㊚]足，(山の)ふもと
piegare	[動・他(av)]折る，たたむ，かがめる
Piemonte	[名・㊚]ピエモンテ州(地名)
pieno	[形]～でいっぱいの，豊富な
Pietro	[名・㊚]ピエトロ(男性の名)

pigiama	[名・男]パジャマ
pigliare	[動・他(av)]とる，掴む
pigolare	[動・自(av)](ひよこやひな鳥が)ピヨピヨ鳴く，チューチュー鳴く
pigro	[形]怠惰な
pila	[名・女]電池，バッテリー
pim	[間]ボコッ(衝突の擬音語)
pinacoteca	[名・女]絵画館，美術館
piolo	[名・男]棒，くい
piombo	[名・男]鉛，弾丸
piovere	[動・自(es/av)]雨が降る
Pippo	[名・男]ピッポ(男性の名)
Pirandello (Luigi)	[名・男][固名]ルイージ・ピランデッロ(イタリアの劇作家・小説家)(1867-1936)
piromane	[名・男女]放火魔
Pisa	[名・女]ピサ(都市名)
piscina	[名・女]プール
pisolino	[名・男]昼寝，うたたね
pistacchio	[名・男]ピスタチオ
pistola	[名・女]ピストル，けん銃
più	[副]もっと多く　[形]もっと多い
piuma	[名・女]羽根，羽毛，翼
piuttosto (che)	[副]むしろ，どちらかというと(～よりも)
pizza	[名・女]ピザ
pizzaiolo	[名・男]ピザ職人
pizzeria	[名・女]ピザ屋
pizzetta	[名・女]小さなピザ，切りピザ
pizzico	[名・男]一つまみ，少量
plurale	[形]複数の　[名・男]複数
Po	[名・男]ポー川(イタリアで最も長い河川)
po'	[形]poco(少しの)の短縮形
pochino	[形]poco(少しの)の縮小形
poco	[形]少しの　[代名]わずかのもの
poeta	[名・男]詩人
poi	[副](時間)その後に，次に
polenta	[名・女][料]ポレンタ(トウモロコシ粉を水などで練り上げた北イタリアの料理)
politica	[名・女]政治
polizia	[名・女]警察
poliziotto	[名・男]警察官
pollo	[名・男]鶏
polpaccio	[名・男]ふくらはぎ
polpo	[名・男]タコ
poltrire	[動・自(av)]ベッドでぐずぐずする，怠ける
poltrone	[名・男]怠け者，臆病者
polverìo	[名・男]一陣のほこり
pomeridiano	[形]午後の
pomeriggio	[名・男]午後
pomodoro	[名・男]トマト
Pompei	[名・女]ポンペイ(都市名)
ponte	[名・男]橋
popolare	[形]大衆の，人気のある　[動]住む，植民する
popolato	[形]人々が集まる，人口が密集する
popolo	[名・男]国民，人々，民族，市民，大衆
porchetta	[名・女]子豚，[料]子豚の丸焼き
porcino	[形]豚の　[名・男]ポルチーニ茸
porgere	[動・他(av)]差し出す
porre	[動・他(av)]置く，載せる
porta	[名・女]門，ドア
Porta Pia	[名・女]ピア門(ローマの地名)
portaconto	[名・男]勘定用フォルダー
portafogli	[名・男]財布
portafoglio (portafogli)	[名・男]財布
portare	[動・他(av)]持ってくる，手渡す，連れて行く
portico	[名・男]アーケード，玄関
portiere	[名・男](マンションの)管理人，フロント係，ゴールキーパー
porto	[名・男]港，持ち運ぶこと
portone	[名・男]表玄関，表門
posate	[名・女複]食器一そろい
Positano	[名・女]ポジターノ(都市名)
possessivo	[形][文法]所有の
possesso	[名・男]所有，所持
possibile	[形]可能な，ありうる，生じうる
possibilità	[名・女]可能性
post	[名・男](SNSへの)投稿
postale	[形]郵便の
postare	[動・他(av)](SNSへの)投稿をする
posto	[名・男]場所，地位
potere	[動]～できる，～する能力がある　[名・男]力，能力，権限，権力
potere (il)	[名・男]権力，支配権
poverino	[形](poveroの縮小辞)かわいそうな　[名・男]かわいそうな人
povero	[形]貧しい，かわいそうな
pozzo	[名・男]井戸
pranzare	[動・自(av)]昼食を食べる
pranzo	[名・男]昼食，正餐
pratica	[名・女]実行，実践，経験

prato	[名・男]牧草地，草原
precipitare	[動・自(es)]落ちる，墜落する
precipitosamente	[副]急激に，まっしぐら
preciso	[形]正確な，厳密な
preferire	[動・他(av)]好む，選ぶ
preferito	[形]大好きな，お気に入りの [名]お気に入りの人(物)
prefisso	[名・男][文法]接頭辞
pregare	[動・他(av)]頼む，祈る
prego	[間]どうぞ，どういたしまして
premere	[動・他(av)]押す，(傷などを)押さえる
premuroso	[形]思いやりのある，気配りをする
prendere	[動・他(av)]取る，(乗り物に)乗る，買う，注文する，のむ
prendersela	[動・再(es)]怒る，根に持つ
prenotare	[動・他(av)]予約する
preoccuparsi	[動・再(es)]心配する(代名動詞)
preparare	[動・他(av)]準備する
preposizione	[名・女][文法]前置詞
prescrivere	[動・他(av)]処方する
presentare	[動・他(av)]提出する，示す，紹介する
presentarsi	[動・自(es)]現れる，出席する，自己紹介する
presentazione	[名・女]提示，紹介
presente	[形]出席している，現在の [名・男](文法)現在時制，現在，出席者
prestare	[動・他(av)]貸す，貸与する
presto	[副]すぐに，急いで，早く [形]速い，迅速な
prete	[名・男]司祭
pretendere	[動・他(av)]強く求める，主張する，うぬぼれる
prevedere	[動・他(av)]予測する，予言する
previsione	[名・女]予想，予測
prezzemolo	[名・男]パセリ
prigione	[名・女]監獄，牢獄
prigioniero	[名・男]囚人，捕虜
primavera	[名・女]春
primo	[形]最初の，第一の
principale	[形]主要な，主な，重要な
principe	[名・男]君主，王子
probabilmente	[副]たぶん，おそらく
problema	[名・男]問題
produrre	[動・他(av)]生産する，制作する
professione	[名・女]職業，宣言
professore	[名・男]先生，教授
professoressa	[名・女]女性の先生，教授
profondo	[形]深い，奥が深い，ディープな
profugo	[名・男]亡命者，難民
programma	[名・男]プログラム，(TV などの)番組
progressivo	[形]進歩的な，[文法]進行形の
promessa	[名・女]約束
promettere	[動・他(av)]約束する
promosso	[形]進級した，昇進した [名・男]進級した学生，昇進者
pronome	[名・男][文法]代名詞
pronominale	[形]代名詞の
pronto	[形]準備のできた，素早い
pronto?	[形]もしもし？
pronuncia	[名・女]発音
pronunciare	[動・他(av)]発音する
proporre	[動・他(av)]提案する
proposito (a)	[名・男]意図，目的 (a ～)ところで，そういえば
proposta	[名・女]提案
proprietà	[名・女]特質，属性，所有物
proprio	[形]自分自身の，固有の，適切な [副]まったく，まさに
prosciutto	[名・男]ハム
prosecco	[名・男]プロセッコ(発泡性のワイン)
prossimo	[形]次の，今度の [名・男]隣人
protagonista	[名・男女]主人公
proteggere	[動・他(av)]守る，防衛する，防ぐ
prototipo	[名・男]プロトタイプ，原型，手本
protrarre	[動・他(av)]延長する，長引かせる
provare	[動・他(av)]試す，証明する，感じる
provenire	[動・自(es)]～から来る，の出身である
provincia	[名・女]県，県庁，田舎
provvisorio	[形]暫定的な，一時的な
psicologo	[名・男]心理学者
pub	[名・男]パブ，酒場
pubblicitario	[形]宣伝の，広告の [名・男]広告業者
pubblico	[名・男]大衆，観客 [形]公の，公然の，(in ～)公の場で
Puglia	[名・女]プーリア州(地名)
pugno	[名・男]拳，一握り
pulcino	[名・男]ひよこ

pulire [動・他(av)]掃除する
pulito [形]清潔な，きれいな
pullover [名・㊚]プルオーバー(頭からかぶって着るセーター，シャツ)
pum [間]バシッ(衝突の擬音語)
pungere [動・他(av)]刺す，突く，刺激する
punta [名・㊛]先端，頂点
punteggiare [動・他(av)]句読点を打つ，点描する
punteggiatura [名・㊛]句読点，句読法
puntino [名・㊚](小さな)点，三点リーダー
punto [名・㊚]点，場所，(特定の)時点，瞬間
puntuale [形]時間通りの，正確な
puntualmente [副]時間通りに，詳細に
pure [接]けれども，たとえ〜であっても　[副]〜もまた，(命令法とともに)どうぞ
purtroppo [副]あいにく，残念ながら

Q

qua [副]ここ
quaderno [名・㊚]ノート
quadrato [形]正方形の　[名・㊚]正方形，四角形
quadrifoglio [名・㊚]四葉のクローバー
quadro [名・㊚]絵，絵画
qualche [形]いくらかの，いくつかの，何人かの
qualche volta [副]時々，何度か
qualcosa [代]何か，あるもの
qualcuno [代]誰か，ある人
quale (il/la/i/le) [代]che 又は cui の代わりに使う関係代名詞
quale (qual) [形]どのような，どんな，どちらの　[代名]どちら，どれ，どんなもの
qualsiasi [形]どんな〜でも，どの〜でも
qualunque [形]どの〜でも，たとえ〜でも
quando [副]いつ　[接]〜の時に
quantitativo [形]量の，量的な
quanto [形]いくつの，どのくらいの，いくらの，(同等比較で)同じくらいの
quaranta [名・㊚]40
quartiere [名・㊚]地区，区域，マンション，住居
quarto (un) [形]4番目の　[名・㊚](4分の1)
quasi [副]ほとんど
quattordici [名・㊚]14
quattro [名・㊚]4
quegli (=lui) [代]彼，その人(egli)
quello [形]あの，その　[代名]あれ，それ
questo [形]この，こちらの　[代名]これ，この人
qui [副]ここ
quiete [名・㊛]静かさ，静寂
quindi [接]だから，したがって　[副]それから，つづいて
quindici [名・㊚]15
quinto (un) [形]5番目の　[名・㊚](5分の1)
quotidiano [形]日常的，毎日の

R

rabbia [名・㊛]怒り，憤懣
rabbioso [形]激怒した，激しい
rabbrividire [動・自(es)]悪寒がする，ぞくぞくする
raccogliere [動・他(av)]集める，収穫する，受ける
raccomandarsi [動・再(es)]〜に身をゆだねる，頼み込む
raccontare [動・他(av)]物語る
raccontarsi [動・再(es)]語り合う
radice [名・㊛]根，根源　[文法]語幹
radio [名・㊛]ラジオ
radunare [動・自(av)]集める，寄せ集める
ragazza [名・㊛]少女，若い女性
ragazzino [名・㊚]小さな少年，男の子
ragazzo [名・㊚]少年，青年
raggiungere [動・他(av)](〜に)到着する，追い付く
ragione [名・㊛]理性，道理，理由
ragno [名・㊚]蜘蛛
ragù [名・㊚]ミートソース，ラグー
rallentare [動・他(av)]遅くする，[動・自(es)]速度を緩める
ramen [名・㊚]ラーメン
ramo [名・㊚]枝
rapidamente [副]素早く，早く
raramente [副]まれに，めったに〜しない
raro [形]まれな，珍しい
rasoio [名・㊚]かみそり
ravioli [名・㊚][料]ラヴィオリ(詰め物をしたパスタ)

razza	[名・㊛]人種，類，品種
re	[名・㊚]王
realtà	[名・㊛]現実，実際
reattore	[名・㊚]原子炉，ジェットエンジン
recarsi	[動・再(es)]～におもむく，行く(代名動詞)
recentemente	[副]最近
reception	[名・㊛]レセプション，受付
recipiente	[名・㊚]容器，器
reciproco	[形]相互の，[文法]相互的な
regalare	[動・他(av)]贈る，プレゼントする
regalo	[名・㊚]贈り物，プレゼント
reggere	[動・他(av)]支える
reggimento	[名・㊚]連隊
Reggio Emilia	[名・㊛]レッジョ・エミーリア(都市名)
regione	[名・㊛]地方，(イタリアの)州
registrare	[動・他(av)]記録する，録音する
regno	[名・㊚]王国
regola	[名・㊛]規則，ルール
regolare	[形]規則的な，通常の，[文法]規則的な　[動]統制する，規制する
relativo	[形]～に関係する，相対的な　[文法]関係を表わす，相対的な
relax	[名・㊚]リラックス
religione	[名・㊛]宗教
religioso	[形]宗教的な
remoto	[形]遠い，遠い昔の
Renato	[名・㊚]レナート(男性の名)
rendere	[動・他(av)]～にする，返す
repubblica	[名・㊛]共和国，共和制
repubblicano	[形]共和制の，共和国の　[名・㊚]共和制支持者
resa	[名・㊛]降服
resistenza	[名・㊛]抵抗，レジスタンス
resistere	[動・自(av)]抵抗する，反抗する，耐える，がまんする
respirare	[動・自(av)]呼吸する
respiro	[名・㊚]息，呼吸
restituire	[動・他(av)]返す，返却する
resto	[名・㊚]釣り(銭)，残り
rete	[名・㊛]網，ネットワーク
retrostante	[形]後ろの，後ろにある
retta	[名・㊛]下宿代，直線
rialzarsi	[動・再(es)]立ち直る
riappoggiare	[動・他(av)]もう一度置く
ribellarsi	[動・再(es)]反乱する，反発する(代名動詞)
ribollita	[名・㊛][料]リボッリータ(濃いスープ)
ricacciare	[動・他(av)]押し戻す，追い返す
ricchezza	[名・㊛]豊かさ，繁栄，資産，ゆとり
riccio di mare	[名・㊚]ウニ
ricco	[形]裕福な，豊かな
ricetta	[名・㊛]調理法，レシピ，処方箋
richiamare	[動・他(av)]再び呼ぶ，呼び戻す，引用する
ricomporsi	[動・再(es)]落ち着きを取り戻す(代名動詞)
riconoscere	[動・他(av)]認識する，見分ける
ricoperto	[形]再び覆われた，隠された
ricordare	[動・他(av)]覚えている，思い出す
ricordarsi	[動・再(es)]覚えている，思い出す(代名動詞)
ricordo	[名・㊚]記憶，思い出
ricotta	[名・㊛]リコッタチーズ
ridare	[動・他(av)]再び与える　[動・自(es/av)]再び生じる
ridere	[動・自(av)]笑う
ridurre	[動・他(av)]～に変える，縮小する，(悪い状態に)する
riempire	[動・他(av)]～で満たす，いっぱいにする
riempirsi	[動・再(es)]いっぱいになる(代名動詞)
riepilogo	[名・㊚]要約，概括
rifare	[動・他(av)]もう一度する，やり直す
rifiutare	[動・他(av)]拒む，拒否する
riflessivo	[形]思慮深い，内省的な，[文法]再帰の
riflettere	[動・他(av)]反射する，反映する　[動・自(av)]考える，熟慮する
rifugiarsi	[動・再(es)]避難する(代名動詞)
riga	[名・㊛]線，筋，(文章の)行
rigido	[形]堅い，硬直した，厳しい
rigoroso	[形]厳格な，厳しい
riguardare	[動・他(av)]見直す，検討する，(物事に)関わる，関係する
riguardarsi	[動・再(es)](自分の健康に)留意する，用心する，警戒する
rimanere	[動・自(es)]留まる，～のままである
rimbalzante	[形]跳ねる，弾む

rimbalzare	[動・自(es/av)]跳ね返る，弾む
rimbombare	[動・自(es/av)](大砲，水の音などが)とどろく，響く
rimettersi	[動・再(es)]～を再び始める，再開する，(元の状態に)戻る，立ち直る(代名動詞)
Rimini	[名・㊛]リミニ(都市名)
rimorchiare	[動・他(av)](女の子を)ひっかける，曳航する
rimorso	[名・㊚]呵責，後悔
Rinascimento	[名・㊚]ルネサンス
ringraziare	[動・他(av)]感謝する
rinnovare	[動・他(av)]改める，新しくする
ripartire	[動・自(es)]再び出発する，分割する
ripasso	[名・㊚]復習
ripensare	[動・自(av)]再考する，考え直す
ripido	[形]急な，険しい
riporre	[動・他(av)](元の所へ)戻す，片付ける，再び置く
riportare	[動・他(av)]再び運ぶ，持ち帰る，返す，報告する
riposarsi	[動・再(es)]休憩する，休む(代名動詞)
riprendere	[動・他(av)]再び取る，回復する，再開する
riprendersi	[動・再(es)]立ち直る，回復する(代名動詞)
risata	[名・㊛]爆笑，大笑い
riscaldamento	[名・㊚]暖房
rischiare	[動・他(av)]リスクを犯す，かけ事をする
risicare	[動・他(av)]リスクを犯す，かろうじて得る
riso	[名・㊚]笑い，米
risoluto	[形]果断な，決然とした
risorsa	[名・㊛]資源，手段，方策
risotto	[名・㊚][料]リゾット(米をスープ等で似た料理)
rispettare	[動・他(av)]尊敬する，尊重する
rispetto	[名・㊚]尊敬，尊重(a ～)に比べて
rispondere	[動・自(av)]答える，返事する，回答する
ristendere	[動・他(av)]再びかける
ristorante	[名・㊚]レストラン
risucchio	[名・㊚]渦巻き
risultato	[名・㊚]結果
risvegliarsi	[動・再(es)]再び目覚める(代名動詞)
Rita	[名・㊛]リータ(女性の名)
ritirare	[動・他(av)]引き戻す，取り上げる，回収する
ritirarsi	[動・再(es)]～から身を引く，撤退する
ritirata	[名・㊛]撤退，退去
ritornare	[動・自(es)]帰る，戻る
ritrarre	[動・他(av)]引き戻す，引き出す，(絵画，写真などで)描く，表現する
ritrarsi	[動・再(es)]身を引く，後ずさりする
ritrovamento	[名・㊚]発見
ritrovo	[名・㊚](人の集まる)場所，集会
riuscire (a)	[動・自(es)]～に上手くいく，成功する(a ～)
rivolare	[動・自(es/av)]再び飛ぶ，飛んで(走って)戻る
rivolta	[名・㊛]騒動，蜂起
roba	[名・㊛]物，財産，衣服
Roberta	[名・㊛]ロベルタ(女性の名)
robot	[名・㊚]ロボット
rock	[名・㊚](音楽の)ロック
Roma	[名・㊛]ローマ(都市名)
romanista	[名・㊚㊛]AS ローマ(サッカーチーム)のファン
romano	[形]ローマの　[名・㊚]ローマ人
romantico	[形]ロマン主義の，感傷的にさせる
romanzo	[名・㊚]小説，長編小説
rompere	[動・他(av)]壊す，砕く，割る
rompersi	[動・再(es)]壊れる，破れる，割れる(代名動詞)
rompicollo	[名・㊚]無鉄砲な人　(a ～)無鉄砲に，やみくもに
ronzare	[動・自(av)](虫，モーターなどが)ブーンとうなる
ronzio	[名・㊚](虫やモーターの)ブーンという音
rosa	[形]バラ色の，ピンクの　[女名]バラ
Rosa	[名・㊛]ローザ(女性の名)
rosicare	[動・他(av)]かじる，食べる，何かを得る
rosolare	[動・他(av)][料]キツネ色に炒める
rospo	[名・㊚]ヒキガエル
Rossella	[名・㊛]ロッセッラ(女性の名)
rosso	[形]赤い，赤色の　[名・㊚]赤，赤色

rotto [形](rompere の過分)壊れた, 破れた
rottura [名・㊛]破壊, 壊すこと,(関係の)断絶
rovesciare [動・他(av)]ひっくり返す, さかさまにする, こぼす
rovinare [動・他(av)]破壊する, 台無しにする
rovinìo [名・㊚]音を立てて落下すること
rovinoso [形]破壊的な, 破滅をもたらす
rozzo [形]粗野な, 無作法な, 荒々しい
rubare [動・他(av)]盗む, 奪う
rucola [名・㊛]ルーコラ
rumore [名・㊚]物音, 騒音
rumoroso [形]やかましい, うるさい
russare [動・自(av)]いびきをかく
Russia [名・㊛]ロシア(国名)

S

sabato [名・㊚]土曜日
saccheggiare [動・他(av)]略奪する, 強奪する
sacco (di) [名・㊚]袋, たくさん(の量)
sacco a pelo [名・㊚]寝袋
sacrificio [名・㊚](神への)捧げもの, 生贄, 犠牲, 献身
salame [名・㊚]サラミソーセージ
salario [名・㊚]給料
saldo [形]丈夫な, しっかりとした
sale [名・㊚]塩, 分別
salire [動・自(es)]上がる, 登る, 乗る
salsiccia [名・㊛]ソーセージ
saltare [動・自(es/av)]跳ぶ, 跳ねる
salutare [動・他(av)]挨拶する
salutarsi [動・再(es)]挨拶を交わす
salvare [動・他(av)]救う, 救出する
salve [間]やあ, こんにちは
salvezza [名・㊛]安全, 救済
San (S.) [形]聖〜 (後ろが子音で始まる男性名詞の場合)
San (S.) Silvestro [名・㊚]聖シルヴェストロ(大晦日)
San Marino [名・㊚]サン・マリーノ(イタリア中部に位置する共和国)(国名)
San Siro [名・㊚]サンシーロ競技場(サッカークラブ AC ミラン, インテルミラノのホームスタジアム)
Sandra [名・㊛]サンドラ(女性の名)
sangue [名・㊚]血, 血液
sano [形]健全な, 元気な
Sant' (S.) [形]聖〜 (後ろが母音で始まる名前の場合)
Santa (S.) [形]聖〜 (後ろが子音で始まる女性名詞の場合)
santuario [名・㊚]聖地, 聖域, 神社
sanzione [名・㊛]罰則, 制裁規定
sapere [動・他(av)][動]知る, 知っている,(能力的に)〜できる
[名・㊚]知識, 学識
Sara [名・㊛]サーラ(女性の名)
sarda [名・㊛]イワシ
Sardegna [名・㊛]サルデーニャ州(地名)
sardo [形]サルデーニャの, [名・㊚]サルデーニャ人, サルデーニャ語
sartoria [名・㊛]仕立屋
sasso [名・㊚]石, 岩
satellite [名・㊚]衛星, サテライト
sbagliare [動・自(av)]間違う, 誤りをおかす
sbagliarsi [動・再(es)]間違う(代名動詞)
sbarrare [動・他(av)]遮断する, かんぬきで閉じる
sbriciolare [動・他(av)]粉々にする
sbrigarsi [動・再(es)]急ぐ, 急いで〜する(代名動詞)
sbruffone [名・㊚]ほら吹き, 空威張りする人
sbucare [動・自(es)]いきなり現れる
sbucciato [形]皮の剥いた
scala [名・㊛]階段, はしご
scala mobile [名・㊛]エスカレーター
scalpitìo [名・㊚]地面をかく音, 地団駄の音
scambiarsi [動・再(es)]交換する, 取り換える
scandalo [名・㊚]スキャンダル, 不祥事
scantinato [名・㊚]地下室, 地階
scappare [動・自(es)]逃げる
scarafaggio [名・㊚]ゴキブリ
scaricare [動・他(av)]ダウンロードする
scarpa [名・㊛]靴
scarso [形]乏しい, 少ない, 不十分な
scartare [動・他(av)]包み紙を開ける, 捨てる, はねつける
scassinare [動・他(av)]こじ開ける
scatenare [動・他(av)](感情を)爆発させる, 扇動する, 駆り立てる
scatola [名・㊛]箱
scattare [動・自(es/av)]すぐに作動する, 跳ね返る, 撮影する
scegliere [動・他(av)]選ぶ

scellerato	[名・㊚]邪悪なやつ，この野郎 [形]不快な，残酷な
scelta	[名・㊛]選択
scelto	[形]選択した，精選した
scendere	[動・自(es)]下がる，下りる，降りる
scheda	[名・㊛]カード
scheggia	[名・㊛]破片
schermo	[名・㊚]防御，保護，(映画，テレビの)スクリーン
scherzare	[動・自(av)]ふざける，冗談を言う
scherzo	[名・㊚]いたずら，冗談
schiaffo	[名・㊚]平手打ち
schiantare	[動・自(es)]破裂する　[動・他(av)]砕く
schianto	[名・㊚](木などの)折れること，大音響，爆発音　[スラング]非常にきれい(な女性)
schiavo	[形]奴隷の，従属する　[名・㊚]奴隷
schiena	[名・㊛]背中
schifo	[形]不快な，胸がむかつくような [名・㊚]嫌悪感，不快感
schivare	[動・他(av)]避ける，かわす
schizzinoso	[形]気難しい，神経質な
sci	[名・㊚]スキー
scia	[名・㊛](船の)航跡，跡
sciabola	[名・㊛]サーベル
sciare	[動・自(av)]スキーをする
sciarpa	[名・㊛]マフラー，スカーフ
scimmia	[名・㊛]サル
scintillare	[動・自(av)]きらきら光る，きらめく，火花を散らす
sciogliere	[動・他(av)]解く，ほどく，溶かす
scioglilingua	[名・㊚]早口言葉
sciopero	[名・㊚]ストライキ
sciupato	[形]損なわれた，元気がない
scivolare	[動・自(es)]滑る
scodella	[名・㊛]スープ皿，どんぶり
scolare	[動・他(av)]排水する，水を切る
scolorito	[形]色褪せた，ぼんやりした
scomodo	[形]心地良くない，快適でない
scompigliarsi	[動・再(es)]めちゃくちゃになる，混乱に陥る
sconfiggere	[動・他(av)]敗北させる，敗る，打ちのめす
sconfitta	[名・㊛]敗北，敗戦，失敗
scontro	[名・㊚]衝突，激突，論争，対立
scooter	[名・㊚]スクーター
scoppiare	[動・自(es)]爆発する，破裂する
scoppio	[名・㊚]勃発，爆発，爆音
scoprire	[動・他(av)]覆いを取る，公表する，発見する
scoraggiamento	[名・㊚]落胆，失意
scorso	[形]今のすぐ前の，先～
scortese	[形]不愛想な，不親切な
screpolare	[動・他(av)]亀裂が入る
scritto	[形]書かれた，記録された [名・㊚]文書，手紙，著作
scrittore	[名・㊚]作家，筆者
scrivania	[名・㊛]書き物机，事務机
scrivere	[動・他(av)]書く
scrosciare	[動・自(es/av)](雨が)土砂降りに降る，(水が)ごうごうと流れ落ちる，轟音がとどろく
scudo	[名・㊚]盾，保護，遮蔽物
scuola	[名・㊛]学校
scuro	[形]暗い，薄暗い，濃い(色)
scusare	[動・他(av)]許す，釈明する
scusi	[間]すみません
se	[接]もし～ならば，～かどうか
sé	[代]自分(自信)，自ら
sebbene	[接]～ではあるが，～にもかかわらず
seccato	[形]干した，乾いた，枯れた，うんざりした(様子)
secco	[形]痩せた，ほっそりした，かわいた，干した
secondario	[形]2番目の，副次的な
secondo	[形]2番目の，もう一方の [前]～によれば，～の意見では
secondo (me)	[前]～によれば(私の意見では)
sedere	[動・自(es)]座る　[名・㊚]お尻
sedia	[名・㊛]椅子
sedici	[名・㊚]16
seduto	[形]座っている，腰かけた
segnare	[動・他(av)]印をつける，書き留める，示す
segno	[名・㊚]跡，痕跡，印
segretario	[名・㊚]秘書
segreto	[形]秘密の　[名・㊚]秘密
seguire	[動・他(av)]後を追う，付いていく，フォローする
sei	[名・㊚]6
selfie	[名・㊚]自撮り
selvaggio	[形]野生の，粗野な，険しい
semaforo	[名・㊚]信号機

sembrare	[動・自(es)]～のように見える，思われる
semicerchio	[名・㊚]半円(型)
semifreddo	[名・㊚]セミフレッド(ソフトアイスクリームに似たデザート)
semplice	[形]簡単な，単純な
sempre	[副]いつも，絶えず
seno	[名・㊚]胸，胸部，乳房
sensazione	[名・㊛]感覚，気持ち，印象
senso	[名・㊚]感覚，感覚器官，(言葉などの)意味
sentire	[動・他(av)]聞く，感じる
sentirsi	[動・再(es)](自分自身を)感じる
senza	[前]～なしで，～を除いて
senz'altro	[前]もちろん，まちがいなく
separarsi	[動・再(es)]別れる，離れる
seppia	[名・㊛]イカ，セピア色
sera	[名・㊛]夕方，宵
serata	[名・㊛]夕べ，宵
Serena	[名・㊛]セレーナ(女性の名)
sereno	[形]晴れた，澄み切った，落ち着いた
sergente	[名・㊚]軍曹
Sergio	[名・㊚]セルジョ(男性の名)
seriamente	[副]まじめに，真剣に
serietà	[名・㊛]真面目さ，真剣さ
serio	[形]まじめな，誠実な
serpente	[名・㊚]蛇
servile	[形][文法]補助的な，従属的な
servire	[動・他(av)]～に仕える，奉仕する，役に立つ
servizio	[名・㊚]サービス，(al ～ di)～に雇われて，～の下で働く
sessanta	[名・㊚]60
sesso	[名・㊚]性，性別，セックス
sesto	[形]6番目の　[名・㊚]6分の1
seta	[名・㊛]絹
sete	[名・㊛]のどの渇き，渇望
settanta	[名・㊚]70
sette	[名・㊚]7
settembre	[名・㊚]9月
settimana	[名・㊛]週，1週間
settimo	[形]7番目の　[名・㊚]7分の1
severo	[形]厳しい，厳格な
sexy	[形]セクシーな
sfida	[名・㊛]挑戦
sfidare	[動・他(av)]～に挑戦する，いどむ
sfogarsi	[動・再(es)](怒り，悩みを)打ち明ける，ぶちまける(代名動詞)
sfogliata	[名・㊛][料]折りパイ
sfogliatella	[名・㊛][料]スフォッリャテッラ(パイ生地にクリームやチョコレート，砂糖菓子をはさんだナポリの焼き菓子)
sfortuna	[名・㊛]不運，逆境
sfrecciare	[動・自(av)]矢のように速く飛ぶ(走る)
sfruttare	[動・他(av)]搾取する，酷使する
sfuggente	[形]逃げ去る，曖昧な
sgombro	[形]障害物のない，邪魔者がいない
sgridare	[動・他(av)]大声でしかる，どなる
sguardo	[名・㊚]視線，まなざし
shintoista	[名・㊚㊛]神道の信者
shopping	[名・㊚]ショッピング
sì	[副]はい，そうです(così の略)
sibilo	[名・㊚]ヒューという音
Sicilia	[名・㊛]シチリア州(地名)
siciliano	[形]シチリアの　[名・㊚]シチリア人，シチリア方言
sicuramente	[副]確かに，きっと
sicuro	[形]安全な，無事な，確かな，確実な
Siena	[名・㊛]シエナ(都市名)
siepe	[名・㊛]生け垣
sigaretta	[名・㊛]紙巻きタバコ
significare	[動・他(av)]意味する，～のつもりである，表現する
significato	[名・㊚]意味，内容，重要性
signor	[名・㊚](男性への敬称)～氏，～さん
signora	[名・㊛](既婚女性への敬称)奥様，～さん
signorina	[名・㊛](未婚女性への敬称)お嬢様，～さん
silenzio	[名・㊚]静寂，沈黙
silenzioso	[形]無口な，静寂な
Silvia	[名・㊛]シルヴィア(女性の名)
Silvio	[名・㊚]シルヴィオ(男性の名)
simbolo	[名・㊚]象徴，シンボル
simile	[形]～に似た，類似の
Simona	[名・㊛]シモーナ(女性の名)
Simone	[名・㊚]シモーネ(男性の名)
simpatico	[形]感じの良い，好感の持てる
simpatizzante	[名・㊚㊛]シンパ，支持者
singolare	[形]特異な，単一の，[文法]単数の
sinistra	[名・㊛]左，左翼
sistema	[名・㊚]体系，システム，制度

sistemare [動・他(av)]体系づける，整理する，就職させる，結婚させる
situazione [名・㊛]状況
slanciarsi [動・再(es)]身を投げ出す
smagrito [形]痩せこけた
smettere [動・他(av)]やめる，中止する
smetterla [動・他(av)]それをやめなさい
smozzicato [形]バラバラの，途切れ途切れ
soba [名・㊚㊛]蕎麦
sobrio [形]酔っていない，地味な，(飲食を)節制した
soccorso [名・㊚]救助，救援，増援，救助隊
sodo [形]固い，堅固な
soffermarsi [動・再(es)]立ち止まる(代名動詞)
sofferto [形]苦しみに満ちた，大変な
soffocato [形]抑制された，窒息した
soggetto [名・㊚]主題，テーマ，主観，[文法]主語
soggiornare [動・自(av)]泊まる，宿泊する
soggiorno [名・㊚]滞在，居間
sognare [動・自・他(av)]夢を見る
sognarsi (di) [動・再(es)]〜をしようと思う
sogno [名・㊚]夢
solare [形]太陽の，日当たりのよい
soldato [名・㊚]兵士，兵隊
soldo [名・㊚]お金
sole [名・㊚]太陽
solitario [形]孤立した，孤独な
solito [形]いつもの，習慣的な
sollevarsi [動・再(es)]上がる，立ち上がる，身をあげる
solo [形]ひとりの，ただ〜だけの [副]ただ〜だけ
soltanto [副]ただ〜だけ，〜のみ
somigliare [動・自(es/av)]〜に似ている，〜のように見える
sommare [動・他(av)]合計する，足す，考慮に入れる
sommato [形]合計した，全額の
sommità [名・㊛]頂点，最高位
sonno [名・㊚]眠り，眠気
sopportare [動・他(av)]耐える，我慢する
sopracciglio [名・㊚]眉毛
soprastante [形]上階の，上にある
soprattutto [副]とりわけ，特に
sopravvissuto [形]生き残りの [名・㊚]生存者，生き残り
sopravvivere [動・自(es)]生き残る，生き抜く，生存する
sorella [名・㊛]姉妹
sorellina [名・㊛]妹
sorprendere [動・他(av)]不意を襲う，驚かす
sorpresa [名・㊛]驚き，サプライズ
sorpreso [形]驚いた，不意を突かれた
sorridente [形]微笑んだ
sorridere [動・自(av)]微笑む
sorvolare [動・他(av)]上空を飛ぶ，こだわらない
sospirare [動・自(av)]ため息をつく，苦悩する
sostantivo [名・㊚][文法]名詞
sottile [形]薄い，細い，(音や声が)弱々しい，(感覚が)鋭い
sottoscritto [名・㊚]署名者，申請者
sottrarre [動・他(av)]取り去る，盗む
souvenir [名・㊚]土産，記念品
soverchiante [形]圧倒的な
sovrumano [形]超人的な，人間離れした，非常な
sovvenire [動・自(es)]心に浮かぶ [動・他(av)]助ける
spaccare [動・他(av)]壊す，割る，砕く
spaccio [名・㊚]密売，販売
spada [名・㊛]剣
spaghetti [名・㊚複]スパゲッティ
Spagna [名・㊛]スペイン(国名)
spagnolo [形]スペインの，スペイン語の [名・㊚]スペイン人，スペイン語
spalla [名・㊛]肩，背中
sparire [動・自(es)]消える，見えなくなる
spaurirsi [動・再(es)]おびえる，怖がる(代名動詞)
spazio [名・㊚]空間，広がり，宇宙
spazzatura [名・㊛]ごみ，掃除，清掃
specchio [名・㊚]鏡
speciale [形]特別な
specialità [名・㊛]専門分野，特産物，特別料理
specie [名・㊛]種類，種
speck [名・㊚]燻製の生ハムの一種
spedire [動・他(av)]送る，発送する
spegnere [動・他(av)]消す，(スイッチを)切る
spendere [動・他(av)](お金を)使う，(時間を)費やす
spensierato [形]無頓着な，心配のない
spenzolarsi [動・再(es)]ぶら下がる

speranza	[名・㊛]希望
spesa	[名・㊛]出費，支出，(食浪費や必需品の)買い物，(複数形の場合)ショッピング
spesso	[形]分厚い，濃い　[副]しばしば，何度も
spezzare	[動・他(av)]砕く，折る，区切る
spezzato	[形]折れた，粉々になった
spiaggia	[名・㊛]海辺，砂浜
spiare	[動・他(av)]スパイする，覗く
spicchio	[名・㊚](ミカン，ニンニクなどの)房
spiedino	[名・㊚]小さな焼き串
spiegazione	[名・㊛]説明
spietato	[形]無慈悲な，残酷な
spina (alla)	[名・㊛](樽から注ぐ)飲料，トゲ
spinaci	[名・㊚複]ほうれん草
spingere	[動・他(av)]押す，至らしめる
splendido	[形]光り輝く，素晴らしい
spogliarsi	[動・再(es)]衣類を脱ぐ
spoiler	[名・㊚]ネタばらし
spoilerare	[動・他(av)]ネタバレする
sporco	[形]汚い，不潔な
sport	[名・㊚]スポーツ
sportivo	[形]スポーツの，スポーツタイプの
sposarsi	[動・再(es)]結婚する
spostarsi	[動・再(es)]移動する，動く，退く
sprecare	[動・他(av)]浪費する
spremuta	[名・㊛]生絞りジュース
spritz	[名・㊚]スプリッツ(食前酒の一種)
spumante	[名・㊚]発泡性ワイン
squadra	[名・㊛]チーム，グループ
squadrone	[名・㊚]騎兵大隊
squallido	[形]侘しい，寂れた，しょぼくれた
squattrinato	[名・㊚]無一文，金なし
squisito	[形]美味しい，洗練された
stabile	[形]安定した，持続的な
stadio	[名・㊚]スタジアム，競技場
stalker	[名・㊚]ストーカー，獲物をそっと追う人
stalla	[名・㊛]家畜小屋
stancamente	[副]疲れて，ぐったりと
stanco	[形]疲れた
stanza	[名・㊛]部屋
starci	[動・自(es)]同意する，受諾する
stare	[動・自(es)](ある場所，状況に)いる，ある
starnuto	[名・㊚]くしゃみ
stasera	[副]今晩
Stato Maggiore	[名・㊚]参謀本部
stazione	[名・㊛]駅
Stefania	[名・㊛]ステファーニア(女性の名)
Stefano	[名・㊚]ステーファノ(男性の名)
stella	[名・㊛]星，スター
stentatamente	[副]辛うじて，苦労して
stereotipo	[名・㊚]ステレオタイプ，偏見
sterminato	[形]無限の，果てしない
stesso	[形]同じ，同一の，自身
stipendio	[名・㊚]給料
stirare	[動・他(av)]伸ばす，アイロンをかける
stivali	[名・㊚複]長靴，ブーツ
stonato	[形]調子はずれの，音痴な
stormire	[動・自(av)](木の葉などが)さらさらと鳴る
stoviglie	[名・㊛複]食器
stracciatella	[名・㊛][料]ストラッチャテッラ(かき卵と粉チーズのスープ)，粒チョコレート入りのアイスクリーム
strada	[名・㊛]道，道路
stradale	[形]道の，道路の　[名・㊚]大通り，並木道
stramazzare	[動・自(es)]ばったりと倒れる
straniero	[形]外国の，よその　[名・㊚]外国人，異人
strano	[形]奇妙な，変な，不思議な
straordinario	[形]特別の，並外れた
stravolto	[形]動転した，驚愕した
strega	[名・㊛]魔女，鬼ババァ
strepito	[名・㊚]騒音，喧騒
stretta	[名・㊛]締め付けること
stretto	[名・㊚]海峡，[形]狭い，小さい，キツい
stringere	[動・他(av)]締め付ける，締める
stringersi	[動・再(es)](互いに)身を寄せる
striscia	[名・㊛]細長い帯，筋，縞，リボン
striscio (di)	[名・㊚]かすること，ひきずること(かすかに)
strozzapreti	[名・㊚複][料]ストロッツァプレーティ(パスタの一種)
strudel	[名・㊚][料]シュトルーデル(果物，干しブドウなどを入れたオーストリアの渦巻きケーキ)
studente	[名・㊚]学生
studentessa	[名・㊛]女学生

studiare	[動・他(av)]勉強する，学ぶ
studio	[名・㊚]勉強，研究，書斎
studioso	[形]勉強熱心な [名・㊚]学者，研究者
stufa	[名・㊛]ストーブ，ヒーター
stupendo	[形]素晴らしい,驚くほど美しい
stupido	[形]バカな，愚かな
stupito	[形]驚いた，びっくりした
stuzzichino	[名・㊚]軽食，おやつ
su	[前](位置，方向)～の上に,(話題)～に関する
subalterno	[形]下位の，下っ端の
subdolo	[形]人を欺く，陰険な，信用できない
subito	[副]すぐに
succedere	[動・自(es)]起こる
successivo	[形]後の，以降の
sud	[名・㊚]南，南部
Sudamerica	[名・㊛]南米
sudamericano	[形]南米の [名・㊚]南米の人
sudare	[動・自(av)]汗をかく
sudato	[形]汗をかいた，汗ばんだ
suffisso	[名・㊚][文法]接尾辞
suggerimento	[名・㊚]暗示，示唆
suo	[形]彼の，彼女の，貴方の
suocera	[名・㊛]姑，義母
suocero	[名・㊚]舅，義父
suono (suon)	[名・㊚]音
suonare	[動・他(av)]演奏する，奏でる
super	[形]上等の，最高級の
superare	[動・他(av)]超える，優る
superbo	[形]傲慢な，～を誇りとする(di ～)自慢に思う
supercar	[名・㊛]スーパーカー
superiore	[形]より上位の,上の [名]上司
superlativo	[名・㊚]最上級
supermercato	[名・㊚]スーパーマーケット
superstizione	[名・㊛]迷信
supporre	[動・他(av)]仮定する,想像する
supremo	[形]最高の，至上の
surreale	[形]超現実的な，奇想天外の
Susanna	[名・㊛]スザンナ(女性の名)
sushi	[名・㊚]寿司
sussurrare	[動・他(av)]ささやく，ひそひそ話す
sveglia	[名・㊛]目覚まし時計
svegliarsi	[動・再(es)]目覚める(代名動詞)
svenire	[動・自(es)]気絶する,卒倒する
sventolare	[動・他(av)]あおぐ，はためかせる

T

tabaccheria	[名・㊛]タバコ屋
tabù	[名・㊚]タブー，禁忌
taggare	[動・他(av)]タグ付けする
taglia	[名・㊛]衣服の寸法，サイズ
tagliare	[動・他(av)]切る，カットする
taglio	[名・㊚]切断，カット
tamarro	[名・㊚]粗野な人，田舎者，ダサい人
tamburino	[名・㊚]少年鼓手，ドラマー
tanto	[形]たくさんの，多くの [副]非常に，大いに
Taormina	[名・㊛]タオルミーナ(都市名)
tardi	[副]遅く，遅れて
tartufo	[名・㊚]トリュフ，トリュフの形をしたチョコレート菓子
tasca	[名・㊛]ポケット
tassa	[名・㊛]公共料金，税金
tassametro	[名・㊚]タクシーメーター
tatuaggio	[名・㊚]入れ墨
taverna	[名・㊛]酒場，食堂
tavolo	[名・㊚]作業台，台
taxi	[名・㊚]タクシー
te	[代]君を，君に
tè	[名・㊚]茶，紅茶
teatro	[名・㊚]劇場，演劇
tecnica	[名・㊛]技術，テクニック
tecnico	[形]技術的な，専門的な [名・㊚]技術者，専門家
tecnologico	[形]科学技術の，工学の
tedesco	[形]ドイツの [名・㊚]ドイツ人，ドイツ語
tegola (tegolo)	[名・㊚]瓦
telefonare	[動・自(av)]電話をかける
telefonino	[名・㊚]携帯電話
telefono	[名・㊚]電話
telegrafo	[名・㊚]電信機
telescopio	[名・㊚]望遠鏡
televisione	[名・㊛]テレビ
tempestare	[動・他(av)](di ～) を浴びせかける，激しく打つ
tempo	[名・㊚]時間，天候，時代
tenda	[名・㊛]カーテン，テント
tenda veneziana	[名・㊛]ヴェネツィアン・ブラインド，板すだれ
tendenza	[名・㊛]傾向，動向，流行
tendere	[動・他(av)]張る，広げる，仕掛ける，差し出す
tenere	[動・他(av)](手で)持つ，つかむ，～しておく，開催する

tennis [名・男]テニス
Teo [名・男]テオ(男性の名)
Teresa [名・女]テレーザ(女性の名)
terme [名・女複]温泉
termico [形]熱の，熱に関する
termine [名・男]終わり，期日，程度，目的
terra [名・女]地，地面，地球，土，土地
terremoto [名・男]地震，災害
terribile [形]恐ろしい
terrina [名・女][料]陶器製の鉢，ボウル
territorio [名・男]領土，領地，エリア，地域
terrorista [名・男女]テロリスト
terzo [形]3番目の　[名・男]3分の1
tesi [名・女]論文，学位論文，(学問，芸術上の)主張，説
tesoro [名・男]宝物，大切な人
testa [名・女]頭
Testaccio [名・男]テスタッチョ(ローマの地区)
testardo [形]頑固な，頭が固い
testimonianza [名・女]証言，証拠
tetto [名・男]屋根，上限
thai (thailandese) [形]タイの　[名]タイ人，タイ語
ticchettare [動・自(av)]カチカチ(コツコツ)音がする
tifone [名・男]台風
tigre [名・女]虎
timbrare [動・他(av)]押印する
tingersi [動・再(es)]染める(自分で髪など)
tintinnare [動・自(av)]チリンチリンと鳴る
tinto [形]〜で染められた，色を付けた
tipico [形]典型的な，特徴的な
tipo [名・男]型，タイプ，奴，個性的人物
tiramisù [名・男][料]ティラミス
tirare [動・他(av)]引っ張る，引く，吸う
Tiziana [名・女]ティツィアーナ(女性の名)
toast [名・男]トースト
toccare [動・他(av)]〜に触れる，さわる
togliere [動・他(av)]取り除く，脱ぐ
togliersi [動・再(es)]立ち退く，去る，脱ぐ
tombola [名・女]トンボラ(ビンゴに似たゲーム)
tonante [形]雷のような，轟く
tonico [形][言]アクセントのある
topo [名・男]ネズミ
torcia [名・女]たいまつ，懐中電灯，ろうそく
torcipiede [名・男]捻挫
Torino [名・女]トリノ(都市名)
tornare [動・自(es)]帰る，戻る
torre [名・女]塔，タワー
torta [名・女]ケーキ，パイ
tortellini [名・男複][料]トルテッリーニ(パスタの一種)
toscano [形]トスカーナの　[名・男]トスカーナの住民，トスカーナ方言
Totò [名・男]トト(ナポリ生まれの喜劇俳優)
tovaglia [名・女]テーブルクロス
tra [前](空間)(2つのものの間に)，(時間)今から〜後に
tracagnotto [形]ずんぐりした
tradire [動・他(av)]裏切る，浮気をする
tradizionalista [名・男女]伝統主義者
tradizione [名・女]伝統
tradurre [動・他(av)]翻訳する
traffico [名・男]交通，往来，取引
trainare [動・他(av)]引く，引っ張る
tranquillamente [副]平穏に，静かに
tranquillo [形]穏やかな，落ち着いた
transito [名・男]通行，乗り換え
trapassato [名・男][文法]過去における過去
trapelare [動・自(es)]漏れる，にじみ出る
trappola [名・女]罠
trarre [動・他(av)]引き出す，引く
trascinarsi [動・再(es)]足を引きずりながら進む
trascurare [動・他(av)][動・他(av)]なおざりにする，怠る
trasformare [動・他(av)]〜の姿を変える，(性質，特色を)変える
trash [形]B級の，劣った，俗悪な
trasmettere [動・他(av)]放送する
trasmissione [名・女]伝達，(ラジオ，テレビの)番組
trattare 扱う，関わる
trattenere [動・他(av)]引き留める，抑える
trattenersi [動・再(es)]我慢する，自制する
trattino [名・男]ハイフン
trattoria [名・女]トラットリーア，軽食堂
traversa [名・女](窓などの)横木，支え，

交差道路，横道
travestirsi [動・再(es)]変装する
tre [名・男]3
tredici [名・男]13
treno [名・男]電車
trenta [名・男]30
trentino [形]トレントの [名・男]トレントの住民
Trentino-Alto Adige [名・男]トレンツィーノ-アルトアディジェ州(地名)
Trento [名・女]トレント(都市名)
trepidare [動・自(av)]不安を抱く
triangolo [名・男]三角形
triciclo [名・男]三輪車
trionfo [名・男]勝利，成功，凱旋
trippa [名・女][料]トリッパ(牛の胃袋の煮込み)
tristamente (=tristemente) [副]不幸にも
triste [形]悲しい，物寂しい
tristezza [名・女]悲しみ，わびしさ，陰鬱
tritare [動・他(av)](肉，野菜などを)細かく刻む，みじん切りする
trollare [動・他(av)]いたずら目的で妨害する
troncone [名・男]切断した部分，切り株
troppo [副]あまりにも，過度に [形]あまりに多い，過度の
trotterellare [動・自(av)](馬が)小走りに駆ける，(子どもなどが)ちょこちょこ歩く
trovare [動・他(av)]見つける，見出す，出会う
trovarsi [動・再(es)](ある場所に)いる，ある，集まる，(特定の状態に)陥る，居心地が～である(代名動詞)
truccarsi [動・再(es)]化粧する，扮装する
trucco [名・男]化粧，トリック
trullo [名・男][建]トルッロ(プーリア地方に見られる円錐形の屋根の家)
tu [代]君は
tumulto [名・男]蜂起，一揆，騒動
tuo [形]君の
turista [名・男女]観光客
turistico [形]観光の
tuttavia [接]しかしながら，それでもやはり
tutto [形]すべての，全部の [代名](複数形で)すべての人
TV [名・女]テレビ
twittare [動・他(av)]ツィートする，つぶやく

U

ubriacarsi [動・再(es)]酔っぱらう(代名動詞)
ubriaco [形]酔った，酔っぱらった [名]酔っ払い
uccidere [動・他(av)]殺す，殺害する
ucciso [形]殺された，殺害された
udire [動・他(av)]聞く，聞こえる [名]聴覚
ufficialmente [副]公式に，正式に
ufficio [名・男]オフィス，職務
uffiziale (ufficiale) [名・男]士官
Ugo [名・男]ウーゴ(男性の名)
uguaglianza [名・女]平等，[文法]同等
uguale [形]等しい，平等の，違わない
ultimo [形]最後(の)
ululare [動・自(av)](犬，オオカミなどが)吠える，遠吠えする，うなる
umano [形]人間の，人間味のある [名]人間，人間らしさ
Umberto Eco [名・男][固名]ウンベルト・エーコ
Umbria [名・女]ウンブリア州(地名)
umido [形]湿った，湿気のある [名]湿気
umido [形]湿気の多い
un [冠]1つの，ある(普通の男性名詞につく)
un' [冠]1つの，ある(母音で始まる女性名詞につく)
una [冠]1つの，ある(子音で始まる女性名詞につく)
undici [名・男]11
Ungheria [名・女]ハンガリー(国名)
unghia [名・女]爪
unico [形]唯一の，単一の，比類ない
Unione Sovietica [名・女]ソビエト連邦(国名)
unire [動・他(av)]統一する，一つにする，結び付ける，合わせる
unità [名・女]単位，ユニット，教科書の課
università [名・女]大学
universitario [形]大学の [名・男]大学生
uno [冠]一つの，ある(z, s＋子音などで始まる男性名詞につく) [名]1，1つ

uomo　[名・㊚]人間，男性
uovo　[名・㊚]卵
urlare　[動・自(av)](オオカミ，犬などが)吠える，遠吠えする，(人間が)泣きわめく，大声で怒鳴る
urrà　[名・㊚]フレー　[間]フレー!，万歳！
Uruguay　[名・㊚]ウルグアイ(国名)
usare　[動・他(av)]使う，用いる
uscio　[名・㊚]ドア，扉
uscire　[動・自(es)]出かける，出る
uscita　[名・㊛]出口
uso　[名・㊚]使用，利用，習慣，語法
utile　[形]役に立つ，有用な
uva　[名・㊛]ブドウ

V

vabbe'　[間]まぁ，いいか
vacanza　[名・㊛]休日，休暇
vacillare　[動・自(es)]ふらふらする，よろめく，揺れる
vagamente　[副]漠然と，ぼんやりと
valere　[動・自(es/av)]〜の価値がある，意味する，有益である
valido　[形]有効な
valle　[名・㊛]谷，渓谷，流域
Valle d'Aosta　[名・㊛]ヴァッレ・ダオスタ州(地名)
valoroso　[形]勇敢な
vampiro　[名・㊚]吸血鬼，搾取者，高利貸し
vandalo　[名・㊚]ヴァンダル人(5世紀に古代ローマを略奪した古代ゲルマン民族)，暴徒，物を壊す人
vapore　[名・㊚]水蒸気，蒸気
vario　[形]数々の，様々な，多様の
vasca　[名・㊛]水槽，プール
vaso　[名・㊚]壺，容器
vecchio　[形]年取った，古い　[名・㊚]老人，古いもの
vedere　[動・他(av)]見る，会う
vedersi　[動・再(es)]自分の姿を見る，(相互的)会う
veduta　[名・㊛]見ること，景色，眺望
velenoso　[形]有毒な
velo　[名・㊚]ヴェール，ヴェール状のもの
veloce　[形]速い，迅速な
velocemente　[副]速く，迅速に
velocipede　[名・㊚]自転車
venerdì　[名・㊚]金曜日
Veneto　[名・㊚]ヴェネト州(地名)
Venezia　[名・㊛]ヴェネツィア(都市名)
veneziano　[形]ヴェネツィアの　[名・㊚]ヴェネツィア人，ヴェネツィア弁
venire　[動・自(es)]来る，(相手の方へ)行く，(心に)浮かぶ
venti　[名・㊚]20
vento　[名・㊚]風
ventre　[名・㊚]腹，腹部，内部
ventricina　[名・㊛][料]ヴェントリチーナ(サラミの一種)
verbo　[名・㊚][文法]動詞
verde　[形]緑の　[名・㊚]緑色
verdura　[名・㊛]野菜
vergognarsi　[動・再(es)]恥じ入る，恥ずかしい思いをする(代名動詞)
verità　[名・㊛]真実，真理
vero　[形]本物の，真実の　[名・㊚]真実，事実
Veronica　[名・㊛]ヴェロニカ(女性の名)
verso　[前](方向)〜の方に，(時間)〜くらい，〜ころ
Vespa　[名・㊛][固名]ヴェスパ(イタリア製のスクーター)
vestirsi　[動・再(es)]服を着る，着替える
vestitino　[名・㊚]かわいらしい洋服
vestito　[名・㊚]衣服，ドレス
Vesuvio　[名・㊚]ヴェズーヴィオ(ナポリ南東部の火山)
vetrina　[名・㊛]陳列窓，ショーウインドー
via　[副]向こうへ，あちらへ，どこかへ
Via 〜　[名・㊛]〜通り
viaggiare　[動・自(av)]旅行する
viaggio　[名・㊚]旅行，旅
viale　[名・㊚]並木道，大通り，街路
Viareggio　[名・㊛]ヴィアレッジョ(都市名)
vicenda　[名・㊛]変遷，推移，出来事
vicino (di casa)　[形]近い，近くの　[名・㊚]隣人(家の)
videogioco　[名・㊚]テレビゲーム
vietnamita　[形]ベトナムの，[名]ベトナム人，ベトナム語
vigliacco　[名・㊚]臆病者
vigorosamente　[副]力強く，生き生きと
villa　[名・㊛](郊外の)邸宅，別荘
vin santo　[名・㊚]ヴィン・サント(ワインの一種)
Vincenzo　[名・㊚]ヴィンチェンツォ(男

性の名)

vincere [動・他(av)]～に勝つ,(賞金,褒美などを)もらう,受賞する
vinicolo [形]ワイン(製造,保存)の
vino [名・男]ワイン
vinto [形]負かされた,勝った [名・男]敗者
viola [名・男]スミレ,スミレ色 [形]スミレ色の,紫の
virgola [名・女][文法]コンマ
virgolette [名・女複]引用符,クォーテーションマーク
virtute (virtù) [名・女]美徳,徳性
visiera [名・女](帽子の)ひさし
viso [名・男]顔,容貌,表情
visto (il) [名・男]査証,ビザ
vita [名・女]生命,いのち,生活
vite [名・女]ブドウの木,ねじ
vittoria [名・女]勝利
Vittorio Emanuele II [名・男][固名]ヴィットーリオ・エマヌエーレ二世(サルデーニャ王のちイタリア国王)(1820–1878)
vivere [動・自(es/av)]生きる,生活する,暮らす,住む
vivo [形]生きている,活発な [名・男]生者,核心
viziato [形]甘やかされた,癖のある,欠点のある
vocale [名・女][言]母音
voce [名・女]声
vociferare [動・自(av)]大声で怒鳴る,わめく,うわさを広める
voglia [名・女]意欲,欲求,やる気
voi [代]君たち,あなた方
volante [形]飛ぶ [名・男]ハンドル
volare [動・自(es/av)]飛ぶ,飛行する
volea (=voleva) [動・他(es/av)][動詞 volere の古語の活用形]～したかった,欲しかった
volentieri [副]快く,自ら進んで,喜んで
volerci [動・他(es/av)](時間,金が)かかる
volere [動・他(es/av)]～が欲しい,望む,～したい
volo [名・男]飛ぶこと,飛行
volontà [名・女]意志,意欲,(a ～)～したい放題
volontario [形]自発的な,任意の [名・男]ボランティア,志願兵
volpe [名・女]キツネ
volt [名・男]ボルト
volta [名・女]回,順番,回数
voltarsi [動・再(es)]振り向く,体の向きを変える
volteggiare [動・自(av)](鳥,飛行機などが)飛び回る,旋回する
volto [名・男]顔つき,様相
volume [名・男]体積,容量,音量,本,(全集などの)巻,冊
vostro [形]君たちの,あなた方の
vuoto [形]空っぽな,中身のない(場所が)空いている,人のいない [名・男]空き,空白

W

wafer [名・男]ウェハース
whisky [名・男]ウイスキー
wi-fi [名・男]無線のネット接続
wow! [間]わぉ!

X

xilofono [名・男]シロフォン,木琴

Y

yacht [名・男]ヨット
yogurt [名・男]ヨーグルト

Z

zaino [名・男]リュックサック
zampone [名・男](動物の)大きな足,[料]豚の前足の皮にひき肉と脂身を詰めたモデナの名物
zanzara [名・女]蚊
zattera [名・女]いかだ,はしけ
zebra [名・女]シマウマ
zero [名・男]ゼロ
zia [名・女]叔母,伯母
zio [名・男]叔父,伯父,年配の人や司祭に対する敬称
zitto [形]黙っている,静かな [間]シッ,静かに
zoccoli [名・男複]木靴,ひづめ
zona [名・女]ゾーン,地区,圏
zoo [名・男]動物園
zoppicare [動・自(av)]足を引きずって歩く,不安定である
zucchero [名・男]砂糖
zuppa inglese [名・女][料]ツッパ・イングレーゼ(ケーキの一種)

付録２．イタリア語動詞活用表
Appendice 2 - Tabelle di coniugazione dei verbi

助動詞

		直説法					条件法
		現在	近過去	半過去	遠過去	未来	現在
ESSERE	io	sono	sono stato/a	ero	fui	sarò	sarei
～である	tu	sei	sei stato/a	eri	fosti	sarai	saresti
	lui / lei	è	è stato/a	era	fu	sarà	sarebbe
	noi	siamo	siamo stati/e	eravamo	fummo	saremo	saremmo
	voi	siete	siete stati/e	eravate	foste	sarete	sareste
	loro	sono	sono stati/e	erano	furono	saranno	sarebbero
AVERE	io	ho	ho avuto	avevo	ebbi	avrò	avrei
～がある・	tu	hai	hai avuto	avevi	avesti	avrai	avresti
～を持つ	lui / lei	ha	ha avuto	aveva	ebbe	avrà	avrebbe
	noi	abbiamo	abbiamo avuto	avevamo	avemmo	avremo	avremmo
	voi	avete	avete avuto	avevate	aveste	avrete	avreste
	loro	hanno	hanno avuto	avevano	ebbero	avranno	avrebbero

規則動詞

		直説法					条件法
		現在	近過去	半過去	遠過去	未来	現在
AMARE	io	amo	ho amato	amavo	amai	amerò	amerei
愛する	tu	ami	hai amato	amavi	amasti	amerai	ameresti
	lui / lei	ama	ha amato	amava	amò	amerà	amerebbe
	noi	amiamo	abbiamo amato	amavamo	amammo	ameremo	ameremmo
	voi	amate	avete amato	amavate	amaste	amerete	amereste
	loro	amano	hanno amato	amavano	amarono	ameranno	amerebbero
CREDERE	io	credo	ho creduto	credevo	credei (credetti)	crederò	crederei
信じる	tu	credi	hai creduto	credevi	credesti	crederai	crederesti
	lui / lei	crede	ha creduto	credeva	credé (credette)	crederà	crederebbe
	noi	crediamo	abbiamo creduto	credevamo	credemmo	crederemo	crederemmo
	voi	credete	avete creduto	credevate	credeste	crederete	credereste
	loro	credono	hanno creduto	credevano	crederono (credettero)	crederanno	crederebbero
SENTIRE	io	sento	ho sentito	sentivo	sentii	sentirò	sentirei
聞く	tu	senti	hai sentito	sentivi	sentisti	sentirai	sentiresti
	lui / lei	sente	ha sentito	sentiva	sentì	sentirà	sentirebbe
	noi	sentiamo	abbiamo sentito	sentivamo	sentimmo	sentiremo	sentiremmo
	voi	sentite	avete sentito	sentivate	sentiste	sentirete	sentireste
	loro	sentono	hanno sentito	sentivano	sentirono	sentiranno	sentirebbero
CAPIRE	io	capisco	ho capito	capivo	capii	capirò	capirei
理解する	tu	capisci	hai capito	capivi	capisti	capirai	capiresti
	lui / lei	capisce	ha capito	capiva	capì	capirà	capirebbe
	noi	capiamo	abbiamo capito	capivamo	capimmo	capiremo	capiremmo
	voi	capite	avete capito	capivate	capiste	capirete	capireste
	loro	capiscono	hanno capito	capivano	capirono	capiranno	capirebbero

（この活用表では，近過去に似た複合時制である大過去と先立ち過去を省略しています。）

	命令法	接続法				
過去	現在	現在	過去	半過去	大過去	
sarei stato/a	–	sia	sia stato/a	fossi	fossi stato/a	過去分詞
saresti stato/a	sii	sia	sia stato/a	fossi	fossi stato/a	stato
sarebbe stato/a	sia	sia	sia stato/a	fosse	fosse stato/a	現在分詞
saremmo stati/e	siamo	siamo	siamo stati/e	fossimo	fossimo stati/e	essente
sareste stati/e	siate	siate	siate stati/e	foste	foste stati/e	ジェルンディオ
sarebbero stati/e	siano	siano	siano stati/e	fossero	fossero stati/e	essendo
avrei avuto	–	abbia	abbia avuto	avessi	avessi avuto	過去分詞
avresti avuto	abbi	abbia	abbia avuto	avessi	avessi avuto	avuto
avrebbe avuto	abbia	abbia	abbia avuto	avesse	avesse avuto	現在分詞
avremmo avuto	abbiamo	abbiamo	abbiamo avuto	avessimo	avessimo avuto	avente
avreste avuto	abbiate	abbiate	abbiate avuto	aveste	aveste avuto	ジェルンディオ
avrebbero avuto	abbiano	abbiano	abbiano avuto	avessero	avessero avuto	avendo

	命令法	接続法				
過去	現在	現在	過去	半過去	大過去	
avrei amato	—	ami	abbia amato	amassi	avessi amato	過去分詞
avresti amato	ama	ami	abbia amato	amassi	avessi amato	amato
avrebbe amato	ami	ami	abbia amato	amasse	avesse amato	現在分詞
avremmo amato	amiamo	amiamo	abbiamo amato	amassimo	avessimo amato	amante
avreste amato	amate	amiate	abbiate amato	amaste	aveste amato	ジェルンディオ
avrebbero amato	amino	amino	abbiano amato	amassero	avessero amato	amando
avrei creduto	—	creda	abbia creduto	credessi	avessi creduto	過去分詞
avresti creduto	credi	creda	abbia creduto	credessi	avessi creduto	creduto
avrebbe creduto	creda	creda	abbia creduto	credesse	avesse creduto	現在分詞
avremmo creduto	crediamo	crediamo	abbiamo creduto	credessimo	avessimo creduto	credente
avreste creduto	credete	crediate	abbiate creduto	credeste	aveste creduto	ジェルンディオ
avrebbero creduto	credano	credano	abbiano creduto	credessero	avessero creduto	credendo
avrei sentito	—	senta	abbia sentito	sentissi	avessi sentito	過去分詞
avresti sentito	senti	senta	abbia sentito	sentissi	avessi sentito	sentito
avrebbe sentito	senta	senta	abbia sentito	sentisse	avesse sentito	現在分詞
avremmo sentito	sentiamo	sentiamo	abbiamo sentito	sentissimo	avessimo sentito	sentente
avreste sentito	sentite	sentiate	abbiate sentito	sentiste	aveste sentito	ジェルンディオ
avrebbero sentito	sentano	sentano	abbiano sentito	sentissero	avessero sentito	sentendo
avrei capito	—	capisca	abbia capito	capissi	avessi capito	過去分詞
avresti capito	capisci	capisca	abbia capito	capissi	avessi capito	capito
avrebbe capito	capisca	capisca	abbia capito	capisse	avesse capito	現在分詞
avremmo capito	capiamo	capiamo	abbiamo capito	capissimo	avessimo capito	capente
avreste capito	capite	capiate	abbiate capito	capiste	aveste capito	ジェルンディオ
avrebbero capito	capiscano	capiscano	abbiano capito	capissero	avessero capito	capendo

不規則動詞

		直説法					条件法
		現在	近過去	半過去	遠過去	未来	現在
ACCENDERE	io	accendo	ho acceso	accendevo	accesi	accenderò	accenderei
点火する	tu	accendi	hai acceso	accendevi	accendesti	accenderai	accenderesti
スイッチを入れる	lui / lei	accende	ha acceso	accendeva	accese	accenderà	accenderebbe
	noi	accendiamo	abbiamo acceso	accendevamo	accendemmo	accenderemo	accenderemmo
	voi	accendete	avete acceso	accendevate	accendeste	accenderete	accendereste
	loro	accendono	hanno acceso	accendevano	accesero	accenderanno	accenderebbero
ANDARE	io	vado	sono andato/a	andavo	andai	andrò	andrei
行く	tu	vai	sei andato/a	andavi	andasti	andrai	andresti
	lui / lei	va	è andato/a	andava	andò	andrà	andrebbe
	noi	andiamo	siamo andati/e	andavamo	andammo	andremo	andremmo
	voi	andate	siete andati/e	andavate	andaste	andrete	andreste
	loro	vanno	sono andati/e	andavano	andarono	andranno	andrebbero
APRIRE	io	apro	ho aperto	aprivo	aprii	aprirò	aprirei
開く	tu	apri	hai aperto	aprivi	apristi	aprirai	apriresti
	lui / lei	apre	ha aperto	apriva	aprì	aprirà	aprirebbe
	noi	apriamo	abbiamo aperto	aprivamo	aprimmo	apriremo	apriremmo
	voi	aprite	avete aperto	aprivate	apriste	aprirete	aprireste
	loro	aprono	hanno aperto	aprivano	aprirono	apriranno	aprirebbero
BERE	io	bevo	ho bevuto	bevevo	bevvi	berrò	berrei
飲む	tu	bevi	hai bevuto	bevevi	bevesti	berrai	berresti
	lui / lei	beve	ha bevuto	beveva	bevve	berrà	berrebbe
	noi	beviamo	abbiamo bevuto	bevevamo	bevemmo	berremo	berremmo
	voi	bevete	avete bevuto	bevevate	beveste	berrete	berreste
	loro	bevono	hanno bevuto	bevevano	bevvero	berranno	berrebbero
CHIEDERE	io	chiedo	ho chiesto	chiedevo	chiesi	chiederò	chiederei
質問する	tu	chiedi	hai chiesto	chiedevi	chiedesti	chiederai	chiederesti
	lui / lei	chiede	ha chiesto	chiedeva	chiese	chiederà	chiederebbe
	noi	chiediamo	abbiamo chiesto	chiedevate	chiedemmo	chiederemo	chiederemmo
	voi	chiedete	avete chiesto	chiedevamo	chiedeste	chiederete	chiedereste
	loro	chiedono	hanno chiesto	chiedevano	chiesero	chiederanno	chiederebbero
CHIUDERE	io	chiudo	ho chiuso	chiudevo	chiusi	chiuderò	chiuderei
閉める・閉まる	tu	chiudi	hai chiuso	chiudevi	chiudesti	chiuderai	chiuderesti
	lui / lei	chiude	ha chiuso	chiudeva	chiuse	chiuderà	chiuderebbe
	noi	chiudiamo	abbiamo chiuso	chiudevamo	chiudemmo	chiuderemo	chiuderemmo
	voi	chiudete	avete chiuso	chiudevate	chiudeste	chiuderete	chiudereste
	loro	chiudono	hanno chiuso	chiudevano	chiusero	chiuderanno	chiuderebbero
CONDURRE	io	conduco	ho condotto	conducevo	condussi	condurrò	condurrei
導く	tu	conduci	hai condotto	conducevi	conducesti	condurrai	condurresti
指揮する	lui / lei	conduce	ha condotto	conduceva	condusse	condurrà	condurrebbe
	noi	conduciamo	abbiamo condotto	conducevamo	conducemmo	condurremo	condurremmo
	voi	conducete	avete condotto	conducevate	conduceste	condurrete	condurreste
	loro	conducono	hanno condotto	conducevano	condussero	condurranno	condurrebbero
CONOSCERE	io	conosco	ho conosciuto	conoscevo	conobbi	conoscerò	conoscerei
知る	tu	conosci	hai conosciuto	conoscevi	conoscesti	conoscerai	conosceresti
	lui / lei	conosce	ha conosciuto	conosceva	conobbe	conoscerà	conoscerebbe
	noi	conosciamo	abbiamo conosciuto	conoscevamo	conoscemmo	conosceremo	conosceremmo
	voi	conoscete	avete conosciuto	conoscevate	conosceste	conoscerete	conoscereste
	loro	conoscono	hanno conosciuto	conoscevano	conobbero	conosceranno	conoscerebbero
CORRERE	io	corro	ho corso	correvo	corsi	correrò	correrei
走る	tu	corri	hai corso	correvi	corresti	correrai	correresti
	lui / lei	corre	ha corso	correva	corse	correrà	correrebbe
	noi	corriamo	abbiamo corso	correvamo	corremmo	correremo	correremmo
	voi	correte	avete corso	correvate	correste	correrete	correreste
	loro	corrono	hanno corso	correvano	corsero	correranno	correrebbero

	命令法	接続法				
過去	現在	現在	過去	半過去	大過去	
avrei acceso	–	accenda	abbia acceso	accendessi	avessi acceso	過去分詞
avresti acceso	accendi	accenda	abbia acceso	accendessi	avessi acceso	acceso
avrebbe acceso	accenda	accenda	abbia acceso	accendesse	avesse acceso	現在分詞
avremmo acceso	accendiamo	accendiamo	abbiamo acceso	accendessimo	avessimo acceso	accendente
avreste acceso	accendete	accendiate	abbiate acceso	accendeste	aveste acceso	ジェルンディオ
avrebbero acceso	accendano	accendano	abbiano acceso	accendessero	avessero acceso	accendendo
sarei andato/a	–	vada	sia andato/a	andassi	fossi andato/a	過去分詞
saresti andato/a	va', vai	vada	sia andato/a	andassi	fossi andato/a	andato
sarebbe andato/a	vada	vada	sia andato/a	andasse	fosse andato/a	現在分詞
saremmo andati/e	andiamo	andiamo	siamo andati/e	andassimo	fossimo andati/e	andante
sareste andati/e	andate	andiate	siate andati/e	andaste	foste andati/e	ジェルンディオ
sarebbero andati/e	vadano	vadano	siano andati/e	andassero	fossero andati/e	andando
avrei aperto	–	apra	abbia aperto	aprissi	avessi aperto	過去分詞
avresti aperto	apri	apra	abbia aperto	aprissi	avessi aperto	aperto
avrebbe aperto	apra	apra	abbia aperto	aprisse	avesse aperto	現在分詞
avremmo aperto	apriamo	apriamo	abbiamo aperto	aprissimo	avessimo aperto	aprente
avreste aperto	aprite	apriate	abbiate aperto	apriste	aveste aperto	ジェルンディオ
avrebbero aperto	aprano	aprano	abbiano aperto	aprissero	avessero aperto	aprendo
avrei bevuto	–	beva	abbia bevuto	bevessi	avessi bevuto	過去分詞
avresti bevuto	bevi	beva	abbia bevuto	bevessi	avessi bevuto	bevuto
avrebbe bevuto	beva	beva	abbia bevuto	bevesse	avesse bevuto	現在分詞
avremmo bevuto	beviamo	beviamo	abbiamo bevuto	bevessimo	avessimo bevuto	bevente
avreste bevuto	bevete	beviate	abbiate bevuto	beveste	aveste bevuto	ジェルンディオ
avrebbero bevuto	bevano	bevano	abbiano bevuto	bevessero	avessero bevuto	bevendo
avrei chiesto	–	chieda	abbia chiesto	chiedessi	avessi chiesto	過去分詞
avresti chiesto	chiedi	chieda	abbia chiesto	chiedessi	avessi chiesto	chiesto
avrebbe chiesto	chieda	chieda	abbia chiesto	chiedesse	avesse chiesto	現在分詞
avremmo chiesto	chiediamo	chiediamo	abbiamo chiesto	chiedessimo	avessimo chiesto	chiedente
avreste chiesto	chiedete	chiediate	abbiate chiesto	chiedeste	aveste chiesto	ジェルンディオ
avrebbero chiesto	chiedano	chiedano	abbiano chiesto	chiedessero	avessero chiesto	chiedendo
avrei chiuso	–	chiuda	abbia chiuso	chiudessi	avessi chiuso	過去分詞
avresti chiuso	chiudi	chiuda	abbia chiuso	chiudessi	avessi chiuso	chiuso
avrebbe chiuso	chiuda	chiuda	abbia chiuso	chiudesse	avesse chiuso	現在分詞
avremmo chiuso	chiudiamo	chiudiamo	abbiamo chiuso	chiudessimo	avessimo chiuso	chiudente
avreste chiuso	chiudete	chiudiate	abbiate chiuso	chiudeste	aveste chiuso	ジェルンディオ
avrebbero chiuso	chiudano	chiudano	abbiano chiuso	chiudessero	avessero chiuso	chiudendo
avrei condotto	–	conduca	abbia condotto	conducessi	avessi condotto	過去分詞
avresti condotto	conduci	conduca	abbia condotto	conducessi	avessi condotto	condotto
avrebbe condotto	conduca	conduca	abbia condotto	conducesse	avesse condotto	現在分詞
avremmo condotto	conduciamo	conduciamo	abbiamo condotto	conducessimo	avessimo condotto	conducente
avreste condotto	conducete	conduciate	abbiate condotto	conduceste	aveste condotto	ジェルンディオ
avrebbero condotto	conducano	conducano	abbiano condotto	conducessero	avessero condotto	conducendo
avrei conosciuto	–	conosca	abbia conosciuto	conoscessi	avessi conosciuto	過去分詞
avresti conosciuto	conosci	conosca	abbia conosciuto	conoscessi	avessi conosciuto	conosciuto
avrebbe conosciuto	conosca	conosca	abbia conosciuto	conoscesse	avesse conosciuto	現在分詞
avremmo conosciuto	conosciamo	conosciamo	abbiamo conosciuto	conoscessimo	avessimo conosciuto	conoscente
avreste conosciuto	conoscete	conosciate	abbiate conosciuto	conosceste	aveste conosciuto	ジェルンディオ
avrebbero conosciuto	conoscano	conoscano	abbiano conosciuto	conoscessero	avessero conosciuto	conoscendo
avrei corso	–	corra	abbia corso	corressi	avessi corso	過去分詞
avresti corso	corri	corra	abbia corso	corressi	avessi corso	corso
avrebbe corso	corra	corra	abbia corso	corresse	avesse corso	現在分詞
avremmo corso	corriamo	corriamo	abbiamo corso	corressimo	avessimo corso	corrente
avreste corso	correte	corriate	abbiate corso	correste	aveste corso	ジェルンディオ
avrebbero corso	corrano	corrano	abbiano corso	corressero	avessero corso	correndo

		直説法					条件法
		現在	近過去	半過去	遠過去	未来	現在
CRESCERE	io	cresco	sono cresciuto/a	crescevo	crebbi	crescerò	crescerei
成長する	tu	cresci	sei cresciuto/a	crescevi	crescesti	crescerai	cresceresti
	lui / lei	cresce	è cresciuto/a	cresceva	crebbe	crescerà	crescerebbe
	noi	cresciamo	siamo cresciuti/e	crescevamo	crescemmo	cresceremo	cresceremmo
	voi	crescete	siete cresciuti/e	crescevate	cresceste	crescerete	crescereste
	loro	crescono	sono cresciuti/e	crescevano	crebbero	cresceranno	crescerebbero
CUOCERE	io	cuocio	ho cotto	c(u)ocevo	cossi	c(u)ocerò	c(u)ocerei
料理する	tu	cuoci	hai cotto	c(u)ocevi	cuocesti	c(u)ocerai	c(u)oceresti
	lui / lei	cuoce	ha cotto	c(u)oceva	cosse	c(u)ocerà	c(u)ocerebbe
	noi	c(u)ociamo	abbiamo cotto	c(u)ocevamo	cuocemmo	c(u)oceremo	c(u)oceremmo
	voi	c(u)ocete	avete cotto	c(u)ocevate	cuoceste	c(u)ocerete	c(u)ocereste
	loro	cuociono	hanno cotto	c(u)ocevano	cossero	c(u)oceranno	c(u)ocerebbero
DARE	io	do	ho dato	davo	diedi (detti)	darò	darei
与える	tu	dai	hai dato	davi	desti	darai	daresti
	lui / lei	dà	ha dato	dava	diede (dette)	darà	darebbe
	noi	diamo	abbiamo dato	davamo	demmo	daremo	daremmo
	voi	date	avete dato	davate	deste	darete	dareste
	loro	danno	hanno dato	davano	diedero (dettero)	daranno	darebbero
DECIDERE	io	decido	ho deciso	decidevo	decisi	deciderò	deciderei
決定する	tu	decidi	hai deciso	decidevi	decidesti	deciderai	decideresti
	lui / lei	decide	ha deciso	decideva	decise	deciderà	deciderebbe
	noi	decidiamo	abbiamo deciso	decidevamo	decidemmo	decideremo	decideremmo
	voi	decidete	avete deciso	decidevate	decideste	deciderete	decidereste
	loro	decidono	hanno deciso	decidevano	decisero	decideranno	deciderebbero
DIFENDERE	io	difendo	ho difeso	difendevo	difesi	difenderò	difenderei
守る	tu	difendi	hai difeso	difendevi	difendesti	difenderai	difenderesti
	lui / lei	difende	ha difeso	difendeva	difese	difenderà	difenderebbe
	noi	difendiamo	abbiamo difeso	difendevamo	difendemmo	difenderemo	difenderemmo
	voi	difendete	avete difeso	difendevate	difendeste	difenderete	difendereste
	loro	difendono	hanno difeso	difendevano	difesero	difenderanno	difenderebbero
DIRE	io	dico	ho detto	dicevo	dissi	dirò	direi
言う	tu	dici	hai detto	dicevi	dicesti	dirai	diresti
	lui / lei	dice	ha detto	diceva	disse	dirà	direbbe
	noi	diciamo	abbiamo detto	dicevamo	dicemmo	diremo	diremmo
	voi	dite	avete detto	dicevate	diceste	direte	direste
	loro	dicono	hanno detto	dicevano	dissero	diranno	direbbero
DISCUTERE	io	discuto	ho discusso	discutevo	discussi	discuterò	discuterei
討議する	tu	discuti	hai discusso	discutevi	discutesti	discuterai	discuteresti
	lui / lei	discute	ha discusso	discuteva	discusse	discuterà	discuterebbe
	noi	discutiamo	abbiamo discusso	discutevamo	discutemmo	discuteremo	discuteremmo
	voi	discutete	avete discusso	discutevate	discuteste	discuterete	discutereste
	loro	discutono	hanno discusso	discutevano	discussero	discuteranno	discuterebbero
DISPIACERE	io	dispiaccio	sono dispiaciuto/a	dispiacevo	dispiacqui	dispiacerò	dispiacerei
残念である	tu	dispiaci	sei dispiaciuto/a	dispiacevi	dispiacesti	dispiacerai	dispiaceresti
	lui / lei	dispiace	è dispiaciuto/a	dispiaceva	dispiacque	dispiacerà	dispiacerebbe
	noi	dispiacciamo	siamo dispiaciuti/e	dispiacevamo	dispiacemmo	dispiaceremo	dispiaceremmo
	voi	dispiacete	siete dispiaciuti/e	dispiacevate	dispiaceste	dispiacerete	dispiacereste
	loro	dispiacciono	sono dispiaciuti/e	dispiacevano	dispiacquero	dispiaceranno	dispiacerebbero
DIVIDERE	io	divido	ho diviso	dividevo	divisi	dividerò	dividerei
分割する	tu	dividi	hai diviso	dividevi	dividesti	dividerai	divideresti
	lui / lei	divide	ha diviso	divideva	divise	dividerà	dividerebbe
	noi	dividiamo	abbiamo diviso	dividevamo	dividemmo	divideremo	divideremmo
	voi	dividete	avete diviso	dividevate	divideste	dividerete	dividereste
	loro	dividono	hanno diviso	dividevano	divisero	divideranno	dividerebbero

	命令法	接続法				
過去	現在	現在	過去	半過去	大過去	
sarei cresciuto/a	–	cresca	sia cresciuto/a	crescessi	fossi cresciuto/a	過去分詞
saresti cresciuto/a	cresci	cresca	sia cresciuto/a	crescessi	fossi cresciuto/a	cresciuto
sarebbe cresciuto/a	cresca	cresca	sia cresciuto/a	crescesse	fosse cresciuto/a	現在分詞
saremmo cresciuti/e	cresciamo	cresciamo	siamo cresciuti/e	crescessimo	fossimo cresciuti/e	crescente
sareste cresciuti/e	crescete	cresciate	siate cresciuti/e	cresceste	foste cresciuti/e	ジェルンディオ
sarebbero cresciuti/e	crescano	crescano	siano cresciuti/e	crescessero	fossero cresciuti/e	crescendo
avrei cotto	–	cuocia	abbia cotto	c(u)ocessi	avessi cotto	過去分詞
avresti cotto	cuoci	cuocia	abbia cotto	c(u)ocessi	avessi cotto	cotto
avrebbe cotto	cuocia	cuocia	abbia cotto	c(u)ocesse	avesse cotto	現在分詞
avremmo cotto	c(u)ociamo	c(u)ociamo	abbiamo cotto	c(u)ocessimo	avessimo cotto	cocente
avreste cotto	c(u)ocete	c(u)ociate	abbiate cotto	c(u)oceste	aveste cotto	ジェルンディオ
avrebbero cotto	cuociano	cuociano	abbiano cotto	c(u)ocessero	avessero cotto	cocendo, cuocendo
avrei dato	–	dia	abbia dato	dessi	avessi dato	過去分詞
avresti dato	da', dai	dia	abbia dato	dessi	avessi dato	dato
avrebbe dato	dia	dia	abbia dato	desse	avesse dato	現在分詞
avremmo dato	diamo	diamo	abbiamo dato	dessimo	avessimo dato	dante
avreste dato	date	diate	abbiate dato	deste	aveste dato	ジェルンディオ
avrebbero dato	diano	diano	abbiano dato	dessero	avessero dato	dando
avrei deciso	–	decida	abbia deciso	decidessi	avessi deciso	過去分詞
avresti deciso	decidi	decida	abbia deciso	decidessi	avessi deciso	deciso
avrebbe deciso	decida	decida	abbia deciso	decidesse	avesse deciso	現在分詞
avremmo deciso	decidiamo	decidiamo	abbiamo deciso	decidessimo	avessimo deciso	decidente
avreste deciso	decidete	decidiate	abbiate deciso	decideste	aveste deciso	ジェルンディオ
avrebbero deciso	decidano	decidano	abbiano deciso	decidessero	avessero deciso	decidendo
avrei difeso	–	difenda	abbia difeso	difendessi	avessi difeso	過去分詞
avresti difeso	difendi	difenda	abbia difeso	difendessi	avessi difeso	difeso
avrebbe difeso	difenda	difenda	abbia difeso	difendesse	avesse difeso	現在分詞
avremmo difeso	difendiamo	difendiamo	abbiamo difeso	difendessimo	avessimo difeso	difendente
avreste difeso	difendete	difendiate	abbiate difeso	difendeste	aveste difeso	ジェルンディオ
avrebbero difeso	difendano	difendano	abbiano difeso	difendessero	avessero difeso	difendendo
avrei detto	–	dica	abbia detto	dicessi	avessi detto	過去分詞
avresti detto	dì, di'	dica	abbia detto	dicessi	avessi detto	detto
avrebbe detto	dica	dica	abbia detto	dicesse	avesse detto	現在分詞
avremmo detto	diciamo	diciamo	abbiamo detto	dicessimo	avessimo detto	dicente
avreste detto	dite	diciate	abbiate detto	diceste	aveste detto	ジェルンディオ
avrebbero detto	dicano	dicano	abbiano detto	dicessero	avessero detto	dicendo
avrei discusso	–	discuta	abbia discusso	discutessi	avessi discusso	過去分詞
avresti discusso	discuti	discuta	abbia discusso	discutessi	avessi discusso	discusso
avrebbe discusso	discuta	discuta	abbia discusso	discutesse	avesse discusso	現在分詞
avremmo discusso	discutiamo	discutiamo	abbiamo discusso	discutessimo	avessimo discusso	discutente
avreste discusso	discutete	discutiate	abbiate discusso	discuteste	aveste discusso	ジェルンディオ
avrebbero discusso	discutano	discutano	abbiano discusso	discutessero	avessero discusso	discutendo
sarei dispiaciuto/a	–	dispiaccia	sia dispiaciuto/a	dispiacessi	fossi dispiaciuto/a	過去分詞
saresti dispiaciuto/a	dispiaci	dispiaccia	sia dispiaciuto/a	dispiacessi	fossi dispiaciuto/a	dispiaciuto
sarebbe dispiaciuto/a	dispiaccia	dispiaccia	sia dispiaciuto/a	dispiacesse	fosse dispiaciuto/a	現在分詞
saremmo dispiaciuti/e	dispiacciamo	dispiacciamo	siamo dispiaciuti/e	dispiacessimo	fossimo dispiaciuti/e	dispiacente
sareste dispiaciuti/e	dispiacete	dispiacciate	siate dispiaciuti/e	dispiaceste	foste dispiaciuti/e	ジェルンディオ
sarebbero dispiaciuti/e	dispiacciano	dispiacciano	siano dispiaciuti/e	dispiacessero	fossero dispiaciuti/e	dispiacendo
avrei diviso	–	divida	abbia diviso	dividessi	avessi diviso	過去分詞
avresti diviso	dividi	divida	abbia diviso	dividessi	avessi diviso	diviso
avrebbe diviso	divida	divida	abbia diviso	dividesse	avesse diviso	現在分詞
avremmo diviso	dividiamo	dividiamo	abbiamo diviso	dividessimo	avessimo diviso	dividente
avreste diviso	dividete	dividiate	abbiate diviso	divideste	aveste diviso	ジェルンディオ
avrebbero diviso	dividano	dividano	abbiano diviso	dividessero	avessero diviso	dividendo

		直説法					条件法
		現在	近過去	半過去	遠過去	未来	現在
DOVERE	io	devo	ho dovuto	dovevo	dovei (dovetti)	dovrò	dovrei
～しなければな	tu	devi	hai dovuto	dovevi	dovesti	dovrai	dovresti
らない	lui / lei	deve	ha dovuto	doveva	dové (dovette)	dovrà	dovrebbe
	noi	dobbiamo	abbiamo dovuto	dovevamo	dovemmo	dovremo	dovremmo
	voi	dovete	avete dovuto	dovevate	doveste	dovrete	dovreste
	loro	devono	hanno dovuto	dovevano	doverono (dovettero)	dovranno	dovrebbero
FARE	io	faccio	ho fatto	facevo	feci	farò	farei
～する・作る	tu	fai	hai fatto	facevi	facesti	farai	faresti
	lui / lei	fa	ha fatto	faceva	fece	farà	farebbe
	noi	facciamo	abbiamo fatto	facevamo	facemmo	faremo	faremmo
	voi	fate	avete fatto	facevate	faceste	farete	fareste
	loro	fanno	hanno fatto	facevano	fecero	faranno	farebbero
FINGERE	io	fingo	ho finto	fingevo	finsi	fingerò	fingerei
～のふりをする	tu	fingi	hai finto	fingevi	fingesti	fingerai	fingeresti
	lui / lei	finge	ha finto	fingeva	finse	fingerà	fingerebbe
	noi	fingiamo	abbiamo finto	fingevamo	fingemmo	fingeremo	ingeremmo
	voi	fingete	avete finto	fingevate	fingeste	fingerete	fingereste
	loro	fingono	hanno finto	fingevano	finsero	fingeranno	fingerebbero
GIUNGERE	io	giungo	sono giunto/a	giungevo	giunsi	giungerò	giungerei
到達する	tu	giungi	sei giunto/a	giungevi	giungesti	giungerai	giungeresti
	lui / lei	giunge	è giunto/a	giungeva	giunse	giungerà	giungerebbe
	noi	giungiamo	siamo giunti/e	giungevamo	giungemmo	giungeremo	giungeremmo
	voi	giungete	siete giunti/e	giungevate	giungeste	giungerete	giungereste
	loro	giungono	sono giunti/e	giungevano	giunsero	giungeranno	giungerebbero
LEGGERE	io	leggo	ho letto	leggevo	lessi	leggerò	leggerei
読む	tu	leggi	hai letto	leggevi	leggesti	leggerai	leggeresti
	lui / lei	legge	ha letto	leggeva	lesse	leggerà	leggerebbe
	noi	leggiamo	abbiamo letto	leggevamo	leggemmo	leggeremo	leggeremmo
	voi	leggete	avete letto	leggevate	leggeste	leggerete	leggereste
	loro	leggono	hanno letto	leggevano	lessero	leggeranno	leggerebbero
METTERE	io	metto	ho messo	mettevo	misi	metterò	metterei
置く・入れる	tu	metti	hai messo	mettevi	mettesti	metterai	metteresti
身に着ける	lui / lei	mette	ha messo	metteva	mise	metterà	metterebbe
	noi	mettiamo	abbiamo messo	mettevamo	mettemmo	metteremo	metteremmo
	voi	mettete	avete messo	mettevate	metteste	metterete	mettereste
	loro	mettono	hanno messo	mettevano	misero	metteranno	metterebbero
MORIRE	io	muoio	sono morto/a	morivo	morii	morirò, morrò	morirei, morrei
死ぬ	tu	muori	sei morto/a	morivi	moristi	morirai, morrai	moriresti, morresti
	lui / lei	muore	è morto/a	moriva	morì	morirà, morrà	morirebbe, morrebbe
	noi	moriamo	siamo morti/e	morivamo	morimmo	moriremo, morremo	moriremmo, morremmo
	voi	morite	siete morti/e	morivate	moriste	morirete, morrete	morireste, morreste
	loro	muoiono	sono morti/e	morivano	morirono	moriranno, morranno	morirebbero, morrebbero
MUOVERE	io	muovo	ho mosso	m(u)ovevo	mossi	m(u)overò	m(u)overei
動かす	tu	muovi	hai mosso	m(u)ovevi	muovesti	m(u)overai	m(u)overesti
	lui / lei	muove	ha mosso	m(u)oveva	mosse	m(u)overà	m(u)overebbe
	noi	m(u)oviamo	abbiamo mosso	m(u)ovevamo	muovemmo	m(u)overemo	m(u)overemmo
	voi	m(u)ovete	avete mosso	m(u)ovevate	muoveste	m(u)overete	m(u)overeste
	loro	muovono	hanno mosso	m(u)ovevano	mossero	m(u)overanno	m(u)overebbero
NASCERE	io	nasco	sono nato/a	nascevo	nacqui	nascerò	nascerei
生まれる	tu	nasci	sei nato/a	nascevi	nascesti	nascerai	nasceresti
	lui / lei	nasce	è nato/a	nasceva	nacque	nascerà	nascerebbe
	noi	nasciamo	siamo nati/e	nascevamo	nascemmo	nasceremo	nasceremmo
	voi	nascete	siete nati/e	nascevate	nasceste	nascerete	nascereste
	loro	nascono	sono nati/e	nascevano	nacquero	nasceranno	nascerebbero

	命令法	接続法				
過去	現在	現在	過去	半過去	大過去	
avrei dovuto	–	deva	abbia dovuto	dovessi	avessi dovuto	過去分詞
avresti dovuto	–	deva	abbia dovuto	dovessi	avessi dovuto	dovuto
avrebbe dovuto	–	deva	abbia dovuto	dovesse	avesse dovuto	現在分詞
avremmo dovuto	–	dobbiamo	abbiamo dovuto	dovessimo	avessimo dovuto	dovente
avreste dovuto	–	dobbiate	abbiate dovuto	doveste	aveste dovuto	ジェルンディオ
avrebbero dovuto	–	devano	abbiano dovuto	dovessero	avessero dovuto	dovendo
avrei fatto	–	faccia	abbia fatto	facessi	avessi fatto	過去分詞
avresti fatto	fa' ,fai	faccia	abbia fatto	facessi	avessi fatto	fatto
avrebbe fatto	faccia	faccia	abbia fatto	facesse	avesse fatto	現在分詞
avremmo fatto	facciamo	facciamo	abbiamo fatto	facessimo	avessimo fatto	facente
avreste fatto	fate	facciate	abbiate fatto	faceste	aveste fatto	ジェルンディオ
avrebbero fatto	facciano	facciano	abbiano fatto	facessero	avessero fatto	facendo
avrei finto	–	finga	abbia finto	fingessi	avessi finto	過去分詞
avresti finto	fingi	finga	abbia finto	fingessi	avessi finto	finto
avrebbe finto	finga	finga	abbia finto	fingesse	avesse finto	現在分詞
avremmo finto	fingiamo	fingiamo	abbiamo finto	fingessimo	avessimo finto	fingente
avreste finto	fingete	fingiate	abbiate finto	fingeste	aveste finto	ジェルンディオ
avrebbero finto	fingano	fingano	abbiano finto	fingessero	avessero finto	fingendo
sarei giunto/a	–	giunga	sia giunto/a	giungessi	fossi giunto/a	過去分詞
saresti giunto/a	giungi	giunga	sia giunto/a	giungessi	fossi giunto/a	giunto
sarebbe giunto/a	giunga	giunga	sia giunto/a	giungesse	fosse giunto/a	現在分詞
saremmo giunti/e	giungiamo	giungiamo	siamo giunti/e	giungessimo	fossimo giunti/e	giungente
sareste giunti/e	giungete	giungiate	siate giunti/e	giungeste	foste giunti/e	ジェルンディオ
sarebbero giunti/e	giungano	giungano	siano giunti/e	giungessero	fossero giunti/e	giungendo
avrei letto	–	legga	abbia letto	leggessi	avessi letto	過去分詞
avresti letto	leggi	legga	abbia letto	leggessi	avessi letto	letto
avrebbe letto	legga	legga	abbia letto	leggesse	avesse letto	現在分詞
avremmo letto	leggiamo	leggiamo	abbiamo letto	leggessimo	avessimo letto	leggente
avreste letto	leggete	leggiate	abbiate letto	leggeste	aveste letto	ジェルンディオ
avrebbero letto	leggano	leggano	abbiano letto	leggessero	avessero letto	leggendo
avrei messo	–	metta	abbia messo	mettessi	avessi messo	過去分詞
avresti messo	metti	metta	abbia messo	mettessi	avessi messo	messo
avrebbe messo	metta	metta	abbia messo	mettesse	avesse messo	現在分詞
avremmo messo	mettiamo	mettiamo	abbiamo messo	mettessimo	avessimo messo	mettente
avreste messo	mettete	mettiate	abbiate messo	metteste	aveste messo	ジェルンディオ
avrebbero messo	mettano	mettano	abbiano messo	mettessero	avessero messo	mettendo
sarei morto/a	–	muoia	sia morto/a	morissi	fossi morto/a	過去分詞
saresti morto/a	muori	muoia	sia morto/a	morissi	fossi morto/a	morto
sarebbe morto/a	muoia	muoia	sia morto/a	morisse	fosse morto/a	現在分詞
saremmo morti/e	moriamo	moriamo	siamo morti/e	morissimo	fossimo morti/e	morente
sareste morti/e	morite	moriate	siate morti/e	moriste	foste morti/e	ジェルンディオ
sarebbero morti/e	muoiano	muoiano	siano morti/e	morissero	fossero morti/e	morendo
avrei mosso	–	muova	abbia mosso	m(u)ovessi	avessi mosso	過去分詞
avresti mosso	muovi	muova	abbia mosso	m(u)ovessi	avessi mosso	mosso
avrebbe mosso	muova	muova	abbia mosso	m(u)ovesse	avesse mosso	現在分詞
avremmo mosso	m(u)oviamo	m(u)oviamo	abbiamo mosso	m(u)ovessimo	avessimo mosso	movente, muovente
avreste mosso	m(u)ovete	m(u)oviate	abbiate mosso	m(u)oveste	aveste mosso	ジェルンディオ
avrebbero mosso	muovano	muovano	abbiano mosso	m(u)ovessero	avessero mosso	movendo, muovendo
sarei nato/a	–	nasca	sia nato/a	nascessi	fossi nato/a	過去分詞
saresti nato/a	nasci	nasca	sia nato/a	nascessi	fossi nato/a	nato
sarebbe nato/a	nasca	nasca	sia nato/a	nascesse	fosse nato/a	現在分詞
saremmo nati/e	nasciamo	nasciamo	siamo nati/e	nascessimo	fossimo nati/e	nascente
sareste nati/e	nascete	nasciate	siate nati/e	nasceste	foste nati/e	ジェルンディオ
sarebbero nati/e	nascano	nascano	siano nati/e	nascessero	fossero nati/e	nascendo

		直説法					条件法
		現在	近過去	半過去	遠過去	未来	現在
OFFRIRE	io	offro	ho offerto	offrivo	offrii	offrirò	offrirei
提供する	tu	offri	hai offerto	offrivi	offristi	offrirai	offriresti
	lui / lei	offre	ha offerto	offriva	offrì	offrirà	offrirebbe
	noi	offriamo	abbiamo offerto	offrivamo	offrimmo	offriremo	offriremmo
	voi	offrite	avete offerto	offrivate	offriste	offrirete	offrireste
	loro	offrono	hanno offerto	offrivano	offrirono	offriranno	offrirebbero
PARERE	io	paio	sono parso/a	parevo	parvi (parsi)	parrò	parrei
～と思われる	tu	pari	sei parso/a	parevi	paresti	parrai	parresti
	lui / lei	pare	è parso/a	pareva	parve (parse)	parrà	parrebbe
	noi	paiamo	siamo parsi/e	parevamo	paremmo	parremo	parremmo
	voi	parete	siete parsi/e	parevate	pareste	parrete	parreste
	loro	paiono	sono parsi/e	parevano	parvero (parsero)	parranno	parrebbero
PERDERE	io	perdo	ho perso, perduto	perdevo	persi (perdetti)	perderò	perderei
失う	tu	perdi	hai perso, perduto	perdevi	perdesti	perderai	perderesti
乗り損ねる	lui / lei	perde	ha perso, perduto	perdeva	perse (perdette)	perderà	perderebbe
	noi	perdiamo	abbiamo perso, perduto	perdevamo	perdemmo	perderemo	perderemmo
	voi	perdete	avete perso, perduto	perdevate	perdeste	perderete	perdereste
	loro	perdono	hanno perso, perduto	perdevano	persero (perdettero)	perderanno	perderebbero
PIACERE	io	piaccio	sono piaciuto/a	piacevo	piacqui	piacerò	piacerei
好む	tu	piaci	sei piaciuto/a	piacevi	piacesti	piacerai	piaceresti
	lui / lei	piace	è piaciuto/a	piaceva	piacque	piacerà	piacerebbe
	noi	piacciamo	siamo piaciuti/e	piacevamo	piacemmo	piaceremo	piaceremmo
	voi	piacete	siete piaciuti/e	piacevate	piaceste	piacerete	piacereste
	loro	piacciono	sono piaciuti/e	piacevano	piacquero	piaceranno	piacerebbero
PIANGERE	io	piango	ho pianto	piangevo	piansi	piangerò	piangerei
泣く	tu	piangi	hai pianto	piangevi	piangesti	piangerai	piangeresti
	lui / lei	piange	ha pianto	piangeva	pianse	piangerà	piangerebbe
	noi	piangiamo	abbiamo pianto	piangevamo	piangemmo	piangeremo	piangeremmo
	voi	piangete	avete pianto	piangevate	piangeste	piangerete	piangereste
	loro	piangono	hanno pianto	piangevano	piansero	piangeranno	piangerebbero
PIOVERE	io	–	–	–	–	–	–
雨が降る	tu	–	–	–	–	–	–
(非人称動詞)	lui / lei	piove	ha piovuto	pioveva	piovve	pioverà	pioverebbe
	noi	–	–	–	–	–	–
	voi	–	–	–	–	–	–
	loro	piovono	hanno piovuto	piovevano	piovvero	pioveranno	pioverebbero
PORRE	io	pongo	ho posto	ponevo	posi	porrò	porrei
置く	tu	poni	hai posto	ponevi	ponesti	porrai	porresti
	lui / lei	pone	ha posto	poneva	pose	porrà	porrebbe
	noi	poniamo	abbiamo posto	ponevamo	ponemmo	porremo	porremmo
	voi	ponete	avete posto	ponevate	poneste	porrete	porreste
	loro	pongono	hanno posto	ponevano	posero	porranno	porrebbero
POTERE	io	posso	ho potuto	potevo	potei	potrò	potrei
～できる	tu	puoi	hai potuto	potevi	potesti	potrai	potresti
	lui / lei	può	ha potuto	poteva	poté	potrà	potrebbe
	noi	possiamo	abbiamo potuto	potevamo	potemmo	potremo	potremmo
	voi	potete	avete potuto	potevate	poteste	potrete	potreste
	loro	possono	hanno potuto	potevano	poterono	potranno	potrebbero
PRENDERE	io	prendo	ho preso	prendevo	presi	prenderò	prenderei
取る・食べる	tu	prendi	hai preso	prendevi	prendesti	prenderai	prenderesti
	lui / lei	prende	ha preso	prendeva	prese	prenderà	prenderebbe
	noi	prendiamo	abbiamo preso	prendevamo	prendemmo	prenderemo	prenderemmo
	voi	prendete	avete preso	prendevate	prendeste	prenderete	prendereste
	loro	prendono	hanno preso	prendevano	presero	prenderanno	prenderebbero

	命令法	接続法				
過去	現在	現在	過去	半過去	大過去	
avrei offerto	–	offra	abbia offerto	offrissi	avessi offerto	過去分詞
avresti offerto	offri	offra	abbia offerto	offrissi	avessi offerto	offerto
avrebbe offerto	offra	offra	abbia offerto	offrisse	avesse offerto	現在分詞
avremmo offerto	offriamo	offriamo	abbiamo offerto	offrissimo	avessimo offerto	offrente
avreste offerto	offrite	offriate	abbiate offerto	offriste	aveste offerto	ジェルンディオ
avrebbero offerto	offrano	offrano	abbiano offerto	offrissero	avessero offerto	offrendo
sarei parso/a	–	paia	sia parso/a	paressi	fossi parso/a	過去分詞
saresti parso/a	–	paia	sia parso/a	paressi	fossi parso/a	parso
sarebbe parso/a	–	paia	sia parso/a	paresse	fosse parso/a	現在分詞
saremmo parsi/e	–	paiamo	siamo parsi/e	paressimo	fossimo parsi/e	parvente
sareste parsi/e	–	paiate	siate parsi/e	pareste	foste parsi/e	ジェルンディオ
sarebbero parsi/e	–	paiano	siano parsi/e	paressero	fossero parsi/e	parendo
avrei perso, perduto	–	perda	abbia perso, perduto	perdessi	avessi perso, perduto	過去分詞
avresti perso, perduto	perdi	perda	abbia perso, perduto	perdessi	avessi perso, perduto	perso, perduto
avrebbe perso, perduto	perda	perda	abbia perso, perduto	perdesse	avesse perso, perduto	現在分詞
avremmo perso, perduto	perdiamo	perdiamo	abbiamo perso, perduto	perdessimo	avessimo perso, perduto	perdente
avreste perso, perduto	perdete	perdiate	abbiate perso, perduto	perdeste	aveste perso, perduto	ジェルンディオ
avrebbero perso, perduto	perdano	perdano	abbiano perso, perduto	perdessero	avessero perso, perduto	perdendo
sarei piaciuto/a	–	piaccia	sia piaciuto/a	piacessi	fossi piaciuto/a	過去分詞
saresti piaciuto/a	piaci	piaccia	sia piaciuto/a	piacessi	fossi piaciuto/a	piaciuto
sarebbe piaciuto/a	piaccia	piaccia	sia piaciuto/a	piacesse	fosse piaciuto/a	現在分詞
saremmo piaciuti/e	piacciamo	piacciamo	siamo piaciuti/e	piacessimo	fossimo piaciuti/e	piacente
sareste piaciuti/e	piacete	piacciate	siate piaciuti/e	piaceste	foste piaciuti/e	ジェルンディオ
sarebbero piaciuti/e	piacciano	piacciano	siano piaciuti/e	piacessero	fossero piaciuti/e	piacendo
avrei pianto	–	pianga	abbia pianto	piangessi	avessi pianto	過去分詞
avresti pianto	piangi	pianga	abbia pianto	piangessi	avessi pianto	pianto
avrebbe pianto	pianga	pianga	abbia pianto	piangesse	avesse pianto	現在分詞
avremmo pianto	piangiamo	piangiamo	abbiamo pianto	piangessimo	avessimo pianto	piangente
avreste pianto	piangete	piangiate	abbiate pianto	piangeste	aveste pianto	ジェルンディオ
avrebbero pianto	piangano	piangano	abbiano pianto	piangessero	avessero pianto	piangendo
–	–	–	–	–	–	過去分詞
–	–	–	–	–	–	piovuto
avrebbe piovuto	piova	piova	abbia piovuto	piovesse	avesse piovuto	現在分詞
–	–	–	–	–	–	piovente
–	–	–	–	–	–	ジェルンディオ
avrebbero piovuto	piovano	piovano	abbiano piovuto	piovessero	avessero piovuto	piovendo
avrei posto	–	ponga	abbia posto	ponessi	avessi posto	過去分詞
avresti posto	poni	ponga	abbia posto	ponessi	avessi posto	posto
avrebbe posto	ponga	ponga	abbia posto	ponesse	avesse posto	現在分詞
avremmo posto	poniamo	poniamo	abbiamo posto	ponessimo	avessimo posto	ponente
avreste posto	ponete	poniate	abbiate posto	poneste	aveste posto	ジェルンディオ
avrebbero posto	pongano	pongano	abbiano posto	ponessero	avessero posto	ponendo
avrei potuto	–	possa	abbia potuto	potessi	avessi potuto	過去分詞
avresti potuto	–	possa	abbia potuto	potessi	avessi potuto	potuto
avrebbe potuto	–	possa	abbia potuto	potesse	avesse potuto	現在分詞
avremmo potuto	–	possiamo	abbiamo potuto	potessimo	avessimo potuto	potente
avreste potuto	–	possiate	abbiate potuto	poteste	aveste potuto	ジェルンディオ
avrebbero potuto	–	possano	abbiano potuto	potessero	avessero potuto	potendo
avrei preso	–	prenda	abbia preso	prendessi	avessi preso	過去分詞
avresti preso	prendi	prenda	abbia preso	prendessi	avessi preso	preso
avrebbe preso	prenda	prenda	abbia preso	prendesse	avesse preso	現在分詞
avremmo preso	prendiamo	prendiamo	abbiamo preso	prendessimo	avessimo preso	prendente
avreste preso	prendete	prendiate	abbiate preso	prendeste	aveste preso	ジェルンディオ
avrebbero preso	prendano	prendano	abbiano preso	prendessero	avessero preso	prendendo

		直説法					条件法
		現在	近過去	半過去	遠過去	未来	現在
REGGERE	io	reggo	ho retto	reggevo	ressi	reggerò	reggerei
支える	tu	reggi	hai retto	reggevi	reggesti	reggerai	reggeresti
	lui / lei	regge	ha retto	reggeva	resse	reggerà	reggerebbe
	noi	reggiamo	abbiamo retto	reggevamo	reggemmo	reggeremo	reggeremmo
	voi	reggete	avete retto	reggevate	reggeste	reggerete	reggereste
	loro	reggono	hanno retto	reggevano	ressero	reggeranno	reggerebbero
RENDERE	io	rendo	ho reso	rendevo	resi	renderò	renderei
返す	tu	rendi	hai reso	rendevi	rendesti	renderai	renderesti
	lui / lei	rende	ha reso	rendeva	rese	renderà	renderebbe
	noi	rendiamo	abbiamo reso	rendevamo	rendemmo	renderemo	renderemmo
	voi	rendete	avete reso	rendevate	rendeste	renderete	rendereste
	loro	rendono	hanno reso	rendevano	resero	renderanno	renderebbero
RIDERE	io	rido	ho riso	ridevo	risi	riderò	riderei
笑う	tu	ridi	hai riso	ridevi	ridesti	riderai	rideresti
	lui / lei	ride	ha riso	rideva	rise	riderà	riderebbe
	noi	ridiamo	abbiamo riso	ridevamo	ridemmo	rideremo	rideremmo
	voi	ridete	avete riso	ridevate	rideste	riderete	ridereste
	loro	ridono	hanno riso	ridevano	risero	rideranno	riderebbero
RIMANERE	io	rimango	sono rimasto/a	rimanevo	rimasi	rimarrò	rimarrei
残る	tu	rimani	sei rimasto/a	rimanevi	rimanesti	rimarrai	rimarresti
	lui / lei	rimane	è rimasto/a	rimaneva	rimase	rimarrà	rimarrebbe
	noi	rimaniamo	siamo rimasti/e	rimanevamo	rimanemmo	rimarremo	rimarremmo
	voi	rimanete	siete rimasti/e	rimanevate	rimaneste	rimarrete	rimarreste
	loro	rimangono	sono rimasti/e	rimanevano	rimasero	rimarranno	rimarrebbero
RISPONDERE	io	rispondo	ho risposto	rispondevo	risposi	risponderò	risponderei
答える	tu	rispondi	hai risposto	rispondevi	rispondesti	risponderai	risponderesti
	lui / lei	risponde	ha risposto	rispondeva	rispose	risponderà	risponderebbe
	noi	rispondiamo	abbiamo risposto	rispondevamo	rispondemmo	risponderemo	risponderemmo
	voi	rispondete	avete risposto	rispondevate	rispondeste	risponderete	rispondereste
	loro	rispondono	hanno risposto	rispondevano	risposero	risponderanno	risponderebbero
ROMPERE	io	rompo	ho rotto	rompevo	ruppi	romperò	romperei
壊す・割る	tu	rompi	hai rotto	rompevi	rompesti	romperai	romperesti
	lui / lei	rompe	ha rotto	rompeva	ruppe	romperà	romperebbe
	noi	rompiamo	abbiamo rotto	rompevamo	rompemmo	romperemo	romperemmo
	voi	rompete	avete rotto	rompevate	rompeste	romperete	rompereste
	loro	rompono	hanno rotto	rompevano	ruppero	romperanno	romperebbero
SALIRE	io	salgo	sono salito/a	salivo	salii	salirò	salirei
上がる・乗る	tu	sali	sei salito/a	salivi	salisti	salirai	saliresti
	lui / lei	sale	è salito/a	saliva	salì	salirà	salirebbe
	noi	saliamo	siamo saliti/e	salivamo	salimmo	saliremo	saliremmo
	voi	salite	siete saliti/e	salivate	saliste	salirete	salireste
	loro	salgono	sono saliti/e	salivano	salirono	saliranno	salirebbero
SAPERE	io	so	ho saputo	sapevo	seppi	saprò	saprei
知る・～できる	tu	sai	hai saputo	sapevi	sapesti	saprai	sapresti
	lui / lei	sa	ha saputo	sapeva	seppe	saprà	saprebbe
	noi	sappiamo	abbiamo saputo	sapevamo	sapemmo	sapremo	sapremmo
	voi	sapete	avete saputo	sapevate	sapeste	saprete	sapreste
	loro	sanno	hanno saputo	sapevano	seppero	sapranno	saprebbero
SCEGLIERE	io	scelgo	ho scelto	sceglievo	scelsi	sceglierò	sceglierei
選ぶ	tu	scegli	hai scelto	sceglievi	scegliesti	sceglierai	sceglieresti
	lui / lei	sceglie	ha scelto	sceglieva	scelse	sceglierà	sceglierebbe
	noi	scegliamo	abbiamo scelto	sceglievamo	scegliemmo	sceglieremo	sceglieremmo
	voi	scegliete	avete scelto	sceglievate	sceglieste	sceglierete	scegliereste
	loro	scelgono	hanno scelto	sceglievano	scelsero	sceglieranno	sceglierebbero

	命令法	接続法				
過去	現在	現在	過去	半過去	大過去	
avrei retto	–	regga	abbia retto	reggessi	avessi retto	過去分詞
avresti retto	reggi	regga	abbia retto	reggessi	avessi retto	retto
avrebbe retto	regga	regga	abbia retto	reggesse	avesse retto	現在分詞
avremmo retto	reggiamo	reggiamo	abbiamo retto	reggessimo	avessimo retto	reggente
avreste retto	reggete	reggiate	abbiate retto	reggeste	aveste retto	ジェルンディオ
avrebbero retto	reggano	reggano	abbiano retto	reggessero	avessero retto	reggendo
avrei reso	–	renda	abbia reso	rendessi	avessi reso	過去分詞
avresti reso	rendi	renda	abbia reso	rendessi	avessi reso	reso
avrebbe reso	renda	renda	abbia reso	rendesse	avesse reso	現在分詞
avremmo reso	rendiamo	rendiamo	abbiamo reso	rendessimo	avessimo reso	rendente
avreste reso	rendete	rendiate	abbiate reso	rendeste	aveste reso	ジェルンディオ
avrebbero reso	rendano	rendano	abbiano reso	rendessero	avessero reso	rendendo
avrei riso	–	rida	abbia riso	ridessi	avessi riso	過去分詞
avresti riso	ridi	rida	abbia riso	ridessi	avessi riso	riso
avrebbe riso	rida	rida	abbia riso	ridesse	avesse riso	現在分詞
avremmo riso	ridiamo	ridiamo	abbiamo riso	ridessimo	avessimo riso	ridente
avreste riso	ridete	ridiate	abbiate riso	rideste	aveste riso	ジェルンディオ
avrebbero riso	ridano	ridano	abbiano riso	ridessero	avessero riso	ridendo
sarei rimasto/a	–	rimanga	sia rimasto/a	rimanessi	fossi rimasto/a	過去分詞
saresti rimasto/a	rimani	rimanga	sia rimasto/a	rimanessi	fossi rimasto/a	rimasto
sarebbe rimasto/a	rimanga	rimanga	sia rimasto/a	rimanesse	fosse rimasto/a	現在分詞
saremmo rimasti/e	rimaniamo	rimaniamo	siamo rimasti/e	rimanessimo	fossimo rimasti/e	rimanente
sareste rimasti/e	rimanete	rimaniate	siate rimasti/e	rimaneste	foste rimasti/e	ジェルンディオ
sarebbero rimasti/e	rimangano	rimangano	siano rimasti/e	rimanessero	fossero rimasti/e	rimanendo
avrei risposto	–	risponda	abbia risposto	rispondessi	avessi risposto	過去分詞
avresti risposto	rispondi	risponda	abbia risposto	rispondessi	avessi risposto	risposto
avrebbe risposto	risponda	risponda	abbia risposto	rispondesse	avesse risposto	現在分詞
avremmo risposto	rispondiamo	rispondiamo	abbiamo risposto	rispondessimo	avessimo risposto	rispondente
avreste risposto	rispondete	rispondiate	abbiate risposto	rispondeste	aveste risposto	ジェルンディオ
avrebbero risposto	rispondano	rispondano	abbiano risposto	rispondessero	avessero risposto	rispondendo
avrei rotto	–	rompa	abbia rotto	rompessi	avessi rotto	過去分詞
avresti rotto	rompi	rompa	abbia rotto	rompessi	avessi rotto	rotto
avrebbe rotto	rompa	rompa	abbia rotto	rompesse	avesse rotto	現在分詞
avremmo rotto	rompiamo	rompiamo	abbiamo rotto	rompessimo	avessimo rotto	rompente
avreste rotto	rompete	rompiate	abbiate rotto	rompeste	aveste rotto	ジェルンディオ
avrebbero rotto	rompano	rompano	abbiano rotto	rompessero	avessero rotto	rompendo
sarei salito/a	–	salga	sia salito/a	salissi	fossi salito/a	過去分詞
saresti salito/a	sali	salga	sia salito/a	salissi	fossi salito/a	salito
sarebbe salito/a	salga	salga	sia salito/a	salisse	fosse salito/a	現在分詞
saremmo saliti/e	saliamo	saliamo	siamo saliti/e	salissimo	fossimo saliti/e	saliente, salente
sareste saliti/e	salite	saliate	siate saliti/e	saliste	foste saliti/e	ジェルンディオ
sarebbero saliti/e	salgano	salgano	siano saliti/e	salissero	fossero saliti/e	salendo
avrei saputo	–	sappia	abbia saputo	sapessi	avessi saputo	過去分詞
avresti saputo	sappi	sappia	abbia saputo	sapessi	avessi saputo	saputo
avrebbe saputo	sappia	sappia	abbia saputo	sapesse	avesse saputo	現在分詞
avremmo saputo	sappiamo	sappiamo	abbiamo saputo	sapessimo	avessimo saputo	sapente
avreste saputo	sappiate	sappiate	abbiate saputo	sapeste	aveste saputo	ジェルンディオ
avrebbero saputo	sappiano	sappiano	abbiano saputo	sapessero	avessero saputo	sapendo
avrei scelto	–	scelga	abbia scelto	scegliessi	avessi scelto	過去分詞
avresti scelto	scegli	scelga	abbia scelto	scegliessi	avessi scelto	scelto
avrebbe scelto	scelga	scelga	abbia scelto	scegliesse	avesse scelto	現在分詞
avremmo scelto	scegliamo	scegliamo	abbiamo scelto	scegliessimo	avessimo scelto	scegliente
avreste scelto	scegliete	scegliate	abbiate scelto	sceglieste	aveste scelto	ジェルンディオ
avrebbero scelto	scelgano	scelgano	abbiano scelto	scegliessero	avessero scelto	scegliendo

		直説法					条件法
		現在	近過去	半過去	遠過去	未来	現在
SCENDERE	io	scendo	sono sceso/a	scendevo	scesi	scenderò	scenderei
降りる	tu	scendi	sei sceso/a	scendevi	scendesti	scenderai	scenderesti
	lui / lei	scende	è sceso/a	scendeva	scese	scenderà	scenderebbe
	noi	scendiamo	siamo scesi/e	scendevamo	scendemmo	scenderemo	scenderemmo
	voi	scendete	siete scesi/e	scendevate	scendeste	scenderete	scendereste
	loro	scendono	sono scesi/e	scendevano	scesero	scenderanno	scenderebbero
SCRIVERE	io	scrivo	ho scritto	scrivevo	scrissi	scriverò	scriverei
書く	tu	scrivi	hai scritto	scrivevi	scrivesti	scriverai	scriveresti
	lui / lei	scrive	ha scritto	scriveva	scrisse	scriverà	scriverebbe
	noi	scriviamo	abbiamo scritto	scrivevamo	scrivemmo	scriveremo	scriveremmo
	voi	scrivete	avete scritto	scrivevate	scriveste	scriverete	scrivereste
	loro	scrivono	hanno scritto	scrivevano	scrissero	scriveranno	scriverebbero
SEDERE	io	siedo	sono seduto/a	sedevo	sedei (sedetti)	sederò, siederò	sederei, siederei
座る	tu	siedi	sei seduto/a	sedevi	sedesti	sederai, siederai	sederesti, siederesti
	lui / lei	siede	è seduto/a	sedeva	sedé (sedette)	sederà, siederà	sederebbe, siederebbe
	noi	sediamo	siamo seduti/e	sedevamo	sedemmo	sederemo, siederemo	sederemmo, siederemmo
	voi	sedete	siete seduti/e	sedevate	sedeste	sederete, siederete	sedereste, siedereste
	loro	siedono	sono seduti/e	sedevano	sederono (sedettero)	sederanno, siederanno	sederebbero, siederebbero
SPEGNERE	io	spengo	ho spento	spegnevo	spensi	spegnerò	spegnerei
消す	tu	spegni	hai spento	spegnevi	spegnesti	spegnerai	spegneresti
	lui / lei	spegne	ha spento	spegneva	spense	spegnerà	spegnerebbe
	noi	spegniamo	abbiamo spento	spegnevamo	spegnemmo	spegneremo	spegneremmo
	voi	spegnete	avete spento	spegnevate	spegneste	spegnerete	spegnereste
	loro	spengono	hanno spento	spegnevano	spensero	spegneranno	spegnerebbero
SPENDERE	io	spendo	ho speso	spendevo	spesi	spenderò	spenderei
お金を使う	tu	spendi	hai speso	spendevi	spendesti	spenderai	spenderesti
	lui / lei	spende	ha speso	spendeva	spese	spenderà	spenderebbe
	noi	spendiamo	abbiamo speso	spendevamo	spendemmo	spenderemo	spenderemmo
	voi	spendete	avete speso	spendevate	spendeste	spenderete	spendereste
	loro	spendono	hanno speso	spendevano	spesero	spenderanno	spenderebbero
SPINGERE	io	spingo	ho spinto	spingevo	spinsi	spingerò	spingerei
押す	tu	spingi	hai spinto	spingevi	spingesti	spingerai	spingeresti
	lui / lei	spinge	ha spinto	spingeva	spinse	spingerà	spingerebbe
	noi	spingiamo	abbiamo spinto	spingevamo	spingemmo	spingeremo	spingeremmo
	voi	spingete	avete spinto	spingevate	spingeste	spingerete	spingereste
	loro	spingono	hanno spinto	spingevano	spinsero	spingeranno	spingerebbero
STARE	io	sto	sono stato/a	stavo	stetti	starò	starei
いる・ある	tu	stai	sei stato/a	stavi	stesti	starai	staresti
	lui / lei	sta	è stato/a	stava	stette	starà	starebbe
	noi	stiamo	siamo stati/e	stavamo	stemmo	staremo	staremmo
	voi	state	siete stati/e	stavate	steste	starete	stareste
	loro	stanno	sono stati/e	stavano	stettero	staranno	starebbero
TENDERE	io	tendo	ho teso	tendevo	tesi	tenderò	tenderei
広げる	tu	tendi	hai teso	tendevi	tendesti	tenderai	tenderesti
差し出す	lui / lei	tende	ha teso	tendeva	tese	tenderà	tenderebbe
	noi	tendiamo	abbiamo teso	tendevamo	tendemmo	tenderemo	tenderemmo
	voi	tendete	avete teso	tendevate	tendeste	tenderete	tendereste
	loro	tendono	hanno teso	tendevano	tesero	tenderanno	tenderebbero
TENERE	io	tengo	ho tenuto	tenevo	tenni	terrò	terrei
持つ	tu	tieni	hai tenuto	tenevi	tenesti	terrai	terresti
	lui / lei	tiene	ha tenuto	teneva	tenne	terrà	terrebbe
	noi	teniamo	abbiamo tenuto	tenevamo	tenemmo	terremo	terremmo
	voi	tenete	avete tenuto	tenevate	teneste	terrete	terreste
	loro	tengono	hanno tenuto	tenevano	tennero	terranno	terrebbero

	命令法	接続法				
過去	現在	現在	過去	半過去	大過去	
sarei sceso/a	–	scenda	sia sceso/a	scendessi	fossi sceso/a	過去分詞
saresti sceso/a	scendi	scenda	sia sceso/a	scendessi	fossi sceso/a	sceso
sarebbe sceso/a	scenda	scenda	sia sceso/a	scendesse	fosse sceso/a	現在分詞
saremmo scesi/e	scendiamo	scendiamo	siamo scesi/e	scendessimo	fossimo scesi/e	scendente
sareste scesi/e	scendete	scendiate	siate scesi/e	scendeste	foste scesi/e	ジェルンディオ
sarebbero scesi/e	scendano	scendano	siano scesi/e	scendessero	fossero scesi/e	scendendo
avrei scritto	–	scriva	abbia scritto	scrivessi	avessi scritto	過去分詞
avresti scritto	scrivi	scriva	abbia scritto	scrivessi	avessi scritto	scritto
avrebbe scritto	scriva	scriva	abbia scritto	scrivesse	avesse scritto	現在分詞
avremmo scritto	scriviamo	scriviamo	abbiamo scritto	scrivessimo	avessimo scritto	scrivente
avreste scritto	scrivete	scriviate	abbiate scritto	scriveste	aveste scritto	ジェルンディオ
avrebbero scritto	scrivano	scrivano	abbiano scritto	scrivessero	avessero scritto	scrivendo
sarei seduto/a	–	sieda	sia seduto/a	sedessi	fossi seduto/a	過去分詞
saresti seduto/a	siedi	sieda	sia seduto/a	sedessi	fossi seduto/a	seduto
sarebbe seduto/a	sieda	sieda	sia seduto/a	sedesse	fosse seduto/a	現在分詞
saremmo seduti/e	sediamo	sediamo	siamo seduti/e	sedessimo	fossimo seduti/e	sedente
sareste seduti/e	sedete	sediate	siate seduti/e	sedeste	foste seduti/e	ジェルンディオ
sarebbero seduti/e	siedano	siedano	siano seduti/e	sedessero	fossero seduti/e	sedendo
avrei spento	–	spenga	abbia spento	spegnessi	avessi spento	過去分詞
avresti spento	spegni	spenga	abbia spento	spegnessi	avessi spento	spento
avrebbe spento	spenga	spenga	abbia spento	spegnesse	avesse spento	現在分詞
avremmo spento	spegniamo	spegniamo	abbiamo spento	spegnessimo	avessimo spento	spegnente
avreste spento	spegnete	spegniate	abbiate spento	spegneste	aveste spento	ジェルンディオ
avrebbero spento	spengano	spengano	abbiano spento	spegnessero	avessero spento	spegnendo
avrei speso	–	spenda	abbia speso	spendessi	avessi speso	過去分詞
avresti speso	spendi	spenda	abbia speso	spendessi	avessi speso	speso
avrebbe speso	spenda	spenda	abbia speso	spendesse	avesse speso	現在分詞
avremmo speso	spendiamo	spendiamo	abbiamo speso	spendessimo	avessimo speso	spendente
avreste speso	spendete	spendiate	abbiate speso	spendeste	aveste speso	ジェルンディオ
avrebbero speso	spendano	spendano	abbiano speso	spendessero	avessero speso	spendendo
avrei spinto	–	spinga	abbia spinto	spingessi	avessi spinto	過去分詞
avresti spinto	spingi	spinga	abbia spinto	spingessi	avessi spinto	spinto
avrebbe spinto	spinga	spinga	abbia spinto	spingesse	avesse spinto	現在分詞
avremmo spinto	spingiamo	spingiamo	abbiamo spinto	spingessimo	avessimo spinto	spingente
avreste spinto	spingete	spingiate	abbiate spinto	spingeste	aveste spinto	ジェルンディオ
avrebbero spinto	spingano	spingano	abbiano spinto	spingessero	avessero spinto	spingendo
sarei stato/a	–	stia	sia stato/a	stessi	fossi stato/a	過去分詞
saresti stato/a	sta’, stai	stia	sia stato/a	stessi	fossi stato/a	stato
sarebbe stato/a	stia	stia	sia stato/a	stesse	fosse stato/a	現在分詞
saremmo stati/e	stiamo	stiamo	siamo stati/e	stessimo	fossimo stati/e	stante
sareste stati/e	state	stiate	siate stati/e	steste	foste stati/e	ジェルンディオ
sarebbero stati/e	stiano	stiano	siano stati/e	stessero	fossero stati/e	stando
avrei teso	–	tenda	abbia teso	tendessi	avessi teso	過去分詞
avresti teso	tendi	tenda	abbia teso	tendessi	avessi teso	teso
avrebbe teso	tenda	tenda	abbia teso	tendesse	avesse teso	現在分詞
avremmo teso	tendiamo	tendiamo	abbiamo teso	tendessimo	avessimo teso	tendente
avreste teso	tendete	tendiate	abbiate teso	tendeste	aveste teso	ジェルンディオ
avrebbero teso	tendano	tendano	abbiano teso	tendessero	avessero teso	tendendo
avrei tenuto	–	tenga	abbia tenuto	tenessi	avessi tenuto	過去分詞
avresti tenuto	tieni	tenga	abbia tenuto	tenessi	avessi tenuto	tenuto
avrebbe tenuto	tenga	tenga	abbia tenuto	tenesse	avesse tenuto	現在分詞
avremmo tenuto	teniamo	teniamo	abbiamo tenuto	tenessimo	avessimo tenuto	tenere
avreste tenuto	tenete	teniate	abbiate tenuto	teneste	aveste tenuto	ジェルンディオ
avrebbero tenuto	tengano	tengano	abbiano tenuto	tenessero	avessero tenuto	tenendo

		直説法					条件法
		現在	近過去	半過去	遠過去	未来	現在
TOGLIERE	io	tolgo	ho tolto	toglievo	tolsi	toglierò	toglierei
取り除く	tu	togli	hai tolto	toglievi	togliesti	toglierai	toglieresti
脱ぐ	lui / lei	toglie	ha tolto	toglieva	tolse	toglierà	toglierebbe
	noi	togliamo	abbiamo tolto	toglievamo	togliemmo	toglieremo	toglieremmo
	voi	togliete	avete tolto	toglievate	toglieste	toglierete	togliereste
	loro	tolgono	hanno tolto	toglievano	tolsero	toglieranno	toglierebbero
TRARRE	io	traggo	ho tratto	traevo	trassi	trarrò	trarrei
引く・引き出す	tu	trai	hai tratto	traevi	traesti	trarrai	trarresti
	lui / lei	trae	ha tratto	traeva	trasse	trarrà	trarrebbe
	noi	traiamo	abbiamo tratto	traevamo	traemmo	trarremo	trarremmo
	voi	traete	avete tratto	traevate	traeste	trarrete	trarreste
	loro	traggono	hanno tratto	traevano	trassero	trarranno	trarrebbero
USCIRE	io	esco	sono uscito/a	uscivo	uscii	uscirò	uscirei
外出する	tu	esci	sei uscito/a	uscivi	uscisti	uscirai	usciresti
	lui / lei	esce	è uscito/a	usciva	uscì	uscirà	uscirebbe
	noi	usciamo	siamo usciti/e	uscivamo	uscimmo	usciremo	usciremmo
	voi	uscite	siete usciti/e	uscivate	usciste	uscirete	uscireste
	loro	escono	sono usciti/e	uscivano	uscirono	usciranno	uscirebbero
VALERE	io	valgo	ho valso	valevo	valsi	varrò	varrei
価値がある	tu	vali	hai valso	valevi	valesti	varrai	varresti
	lui / lei	vale	ha valso	valeva	valse	varrà	varrebbe
	noi	valiamo	abbiamo valso	valevamo	valemmo	varremo	varremmo
	voi	valete	avete valso	valevate	valeste	varrete	varreste
	loro	valgono	hanno valso	valevano	valsero	varranno	varrebbero
VEDERE	io	vedo	ho visto	vedevo	vidi	vedrò	vedrei
見る	tu	vedi	hai visto	vedevi	vedesti	vedrai	vedresti
	lui / lei	vede	ha visto	vedeva	vide	vedrà	vedrebbe
	noi	vediamo	abbiamo visto	vedevamo	vedemmo	vedremo	vedremmo
	voi	vedete	avete visto	vedevate	vedeste	vedrete	vedreste
	loro	vedono	hanno visto	vedevano	videro	vedranno	vedrebbero
VENIRE	io	vengo	sono venuto/a	venivo	venni	verrò	verrei
来る	tu	vieni	sei venuto/a	venivi	venisti	verrai	verresti
	lui / lei	viene	è venuto/a	veniva	venne	verrà	verrebbe
	noi	veniamo	siamo venuti/e	venivamo	venimmo	verremo	verremmo
	voi	venite	siete venuti/e	venivate	veniste	verrete	verreste
	loro	vengono	sono venuti/e	venivano	vennero	verranno	verrebbero
VINCERE	io	vinco	ho vinto	vincevo	vinsi	vincerò	vincerei
勝つ	tu	vinci	hai vinto	vincevi	vincesti	vincerai	vinceresti
	lui / lei	vince	ha vinto	vinceva	vinse	vincerà	vincerebbe
	noi	vinciamo	abbiamo vinto	vincevamo	vincemmo	vinceremo	vinceremmo
	voi	vincete	avete vinto	vincevate	vinceste	vincerete	vincereste
	loro	vincono	hanno vinto	vincevano	vinsero	vinceranno	vincerebbero
VIVERE	io	vivo	sono vissuto/a	vivevo	vissi	vivrò	vivrei
生きる	tu	vivi	sei vissuto/a	vivevi	vivesti	vivrai	vivresti
	lui / lei	vive	è vissuto/a	viveva	visse	vivrà	vivrebbe
	noi	viviamo	siamo vissuti/e	vivevamo	vivemmo	vivremo	vivremmo
	voi	vivete	siete vissuti/e	vivevate	viveste	vivrete	vivreste
	loro	vivono	sono vissuti/e	vivevano	vissero	vivranno	vivrebbero
VOLERE	io	voglio	ho voluto	volevo	volli	vorrò	vorrei
欲する	tu	vuoi	hai voluto	volevi	volesti	vorrai	vorresti
	lui / lei	vuole	ha voluto	voleva	volle	vorrà	vorrebbe
	noi	vogliamo	abbiamo voluto	volevamo	volemmo	vorremo	vorremmo
	voi	volete	avete voluto	volevate	voleste	vorrete	vorreste
	loro	vogliono	hanno voluto	volevano	vollero	vorranno	vorrebbero

	命令法	接続法				
過去	現在	現在	過去	半過去	大過去	
avrei tolto	–	tolga	abbia tolto	togliessi	avessi tolto	過去分詞
avresti tolto	togli	tolga	abbia tolto	togliessi	avessi tolto	tolto
avrebbe tolto	tolga	tolga	abbia tolto	togliesse	avesse tolto	現在分詞
avremmo tolto	togliamo	togliamo	abbiamo tolto	togliessimo	avessimo tolto	togliente
avreste tolto	togliete	togliate	abbiate tolto	toglieste	aveste tolto	ジェルンディオ
avrebbero tolto	tolgano	tolgano	abbiano tolto	togliessero	avessero tolto	togliendo
avrei tratto	–	tragga	abbia tratto	traessi	avessi tratto	過去分詞
avresti tratto	trai	tragga	abbia tratto	traessi	avessi tratto	tratto
avrebbe tratto	tragga	tragga	abbia tratto	traesse	avesse tratto	現在分詞
avremmo tratto	traiamo	traiamo	abbiamo tratto	traessimo	avessimo tratto	traente
avreste tratto	traete	traiate	abbiate tratto	traeste	aveste tratto	ジェルンディオ
avrebbero tratto	traggano	traggano	abbiano tratto	traessero	avessero tratto	traendo
sarei uscito/a	–	esca	sia uscito/a	uscissi	fossi uscito/a	過去分詞
saresti uscito/a	esci	esca	sia uscito/a	uscissi	fossi uscito/a	uscito
sarebbe uscito/a	esca	esca	sia uscito/a	uscisse	fosse uscito/a	現在分詞
saremmo usciti/e	usciamo	usciamo	siamo usciti/e	uscissimo	fossimo usciti/e	uscente
sareste usciti/e	uscite	usciate	siate usciti/e	usciste	foste usciti/e	ジェルンディオ
sarebbero usciti/e	escano	escano	siano usciti/e	uscissero	fossero usciti/e	uscendo
avrei valso	–	valga	abbia valso	valessi	avessi valso	過去分詞
avresti valso	vali	valga	abbia valso	valessi	avessi valso	valso
avrebbe valso	valga	valga	abbia valso	valesse	avesse valso	現在分詞
avremmo valso	valiamo	valiamo	abbiamo valso	valessimo	avessimo valso	valente
avreste valso	valete	valiate	abbiate valso	valeste	aveste valso	ジェルンディオ
avrebbero valso	valgano	valgano	abbiano valso	valessero	avessero valso	valendo
avrei visto	–	veda	abbia visto	vedessi	avessi visto	過去分詞
avresti visto	vedi	veda	abbia visto	vedessi	avessi visto	visto
avrebbe visto	veda	veda	abbia visto	vedesse	avesse visto	現在分詞
avremmo visto	vediamo	vediamo	abbiamo visto	vedessimo	avessimo visto	vedente
avreste visto	vedete	vediate	abbiate visto	vedeste	aveste visto	ジェルンディオ
avrebbero visto	vedano	vedano	abbiano visto	vedessero	avessero visto	vedendo
sarei venuto/a	–	venga	sia venuto/a	venissi	fossi venuto/a	過去分詞
saresti venuto/a	vieni	venga	sia venuto/a	venissi	fossi venuto/a	venuto
sarebbe venuto/a	venga	venga	sia venuto/a	venisse	fosse venuto/a	現在分詞
saremmo venuti/e	veniamo	veniamo	siamo venuti/e	venissimo	fossimo venuti/e	venente
sareste venuti/e	venite	veniate	siate venuti/e	veniste	foste venuti/e	ジェルンディオ
sarebbero venuti/e	vengano	vengano	siano venuti/e	venissero	fossero venuti/e	venendo
avrei vinto	–	vinca	abbia vinto	vincessi	avessi vinto	過去分詞
avresti vinto	vinci	vinca	abbia vinto	vincessi	avessi vinto	vinto
avrebbe vinto	vinca	vinca	abbia vinto	vincesse	avesse vinto	現在分詞
avremmo vinto	vinciamo	vinciamo	abbiamo vinto	vincessimo	avessimo vinto	vincente
avreste vinto	vincete	vinciate	abbiate vinto	vinceste	aveste vinto	ジェルンディオ
avrebbero vinto	vincano	vincano	abbiano vinto	vincessero	avessero vinto	vincendo
sarei vissuto/a	–	viva	sia vissuto/a	vivessi	fossi vissuto/a	過去分詞
saresti vissuto/a	vivi	viva	sia vissuto/a	vivessi	fossi vissuto/a	vissuto
sarebbe vissuto/a	viva	viva	sia vissuto/a	vivesse	fosse vissuto/a	現在分詞
saremmo vissuti/e	viviamo	viviamo	siamo vissuti/e	vivessimo	fossimo vissuti/e	vivente
sareste vissuti/e	vivete	viviate	siate vissuti/e	viveste	foste vissuti/e	ジェルンディオ
sarebbero vissuti/e	vivano	vivano	siano vissuti/e	vivessero	fossero vissuti/e	vivendo
avrei voluto	–	voglia	abbia voluto	volessi	avessi voluto	過去分詞
avresti voluto	vuoi	voglia	abbia voluto	volessi	avessi voluto	voluto
avrebbe voluto	voglia	voglia	abbia voluto	volesse	avesse voluto	現在分詞
avremmo voluto	vogliamo	vogliamo	abbiamo voluto	volessimo	avessimo voluto	volente
avreste voluto	volete	vogliate	abbiate voluto	voleste	aveste voluto	ジェルンディオ
avrebbero voluto	vogliano	vogliano	abbiano voluto	volessero	avessero voluto	volendo

Giulio Antonio Bertelli（ジュリオ　アントニオ　ベルテッリ）

1976年，イタリア・モデナ県生まれ。ヴェネツィア「カ・フォスカリ」大学外国語学部（日本語・日本文学専攻）卒業。大阪外国語大学大学院言語社会研究科博士前期・後期課程（日本語・日本文化特別コース）修了。近畿大学，京都外国語大学，大阪大学でイタリア語学講師を経て，現在，大阪大学大学院言語文化研究科准教授。
専門分野は史学（イタリア近現代史，日本近現代史），主に幕末・明治期における日伊交流史。
主要著書：『日本史学のフロンティア１』（共著，法政大学出版局），『幕末維新期の日本と世界』（共著，吉川弘文館）

菊池　正和（きくち　まさかず）

1973年，鹿児島県生まれ。京都大学大学院文学研究科博士課程修了。1998年-2000年ボローニャ大学留学（イタリア政府奨学生）現在，大阪大学大学院言語文化研究科准教授。専門分野は近現代イタリア文学。著書『あなただけのイタリア語家庭教師』（Clover 出版）『イタリア語のきほんドリル』（国際語学社）

大阪大学外国語学部　世界の言語シリーズ 13

イ タ リ ア 語

発 行 日　2019年３月31日　初版第１刷
　　　　　2020年12月25日　初版第２刷

著　　者　Giulio Antonio Bertelli
　　　　　菊池正和

イラスト　堀 有里子

発 行 所　大阪大学出版会
　　　　　代表者　三成賢次
　　　　　〒565-0871
　　　　　大阪府吹田市山田丘2-7　大阪大学ウエストフロント
　　　　　電話　06-6877-1614
　　　　　FAX　06-6877-1617
　　　　　URL　http://www.osaka-up.or.jp

印刷・製本　株式会社 遊文舎

Printed in Japan

ISBN 978-4-87259-338-9 C3087

大阪大学外国語学部

世界の言語シリーズ 13

イタリア語

[別冊]

大阪大学出版会

イタリア語〈別冊〉

読み物の日本語訳と文法練習問題解答例

第1課　アルファベットと発音

会話　初対面

1-a　初対面の若者同士（親称の tu を使って）

△　やあ！　君の名前は？

●　僕の名前はファビオです。はじめまして！　君は？

△　私はアカネです。よろしく。

●　素敵な名前だね！　どう書くの？

△　A（アー）K（カッパ）A（アー）N（エンネ）E（エ）。簡単よ！

●　それで君はどこの出身なの？

△　私は大阪生まれの日本人よ。君は？

●　僕はローマ生まれのイタリア人です。

1-b　初対面の大人同士（敬称の Lei を使って）

△　こんにちは，お名前は何ですか？

●　私はアルド・ロッシと申します。はじめまして！　あなたは？

△　私はヤマキリナです。(お会いできて）とても嬉しいです。

●　ああ！　苗字はどのように書きますか？

△　Y（イプスィロン）A（アー）M（エンメ）A（アー）K（カッパ）I（イー）です。少し難しいかしら。

●　それで，どちらのご出身ですか？

△　私は札幌出身の日本人です。あなたは？

●　私はボローニャ生まれのイタリア人です。

Esercizio 1（練習問題 1）

1）aria［アーリア］空気，大気

2）buono［ブォーノ］良い

3）cucchiaio［クッキアーイオ］スプーン

4）delfino［デルフィーノ］イルカ

5）erba［エルバ］草

6）forza［フォルツァ］力

7）giraffa［ジラッファ］キリン

8）hobby［オッビ］趣味

9）imparare［インパラーレ］学ぶ，習得する

10）lasagne［ラザーニェ］㊜ラザニア

11）mamma［マンマ］お母さん

12）notte［ノッテ］夜

13）ora［オーラ］時間

14）porta［ポルタ］門，ドア

15）quattro［クワットロ］4

16）riso［リーゾ］米，笑い

17）sasso［サッソ］石

18）tavolo［ターヴォロ］台，テーブル

19）uovo［ウォーヴォ］卵

20）volare［ヴォラーレ］飛ぶ

21）zio［ツィオ］叔父，伯父

Esercizio 2（練習問題 2）省略

Esercizio 3（練習問題 3）

1）chiesa［キエーザ］教会

2）cuoco［クオーコ］コック

3）forchetta［フォルケッタ］フォーク

4）coltello［コルテッロ］ナイフ

5）bacio［バーチョ］キス

6）cerchio［チェルキオ］円，輪

7）granchio［グランキオ］カニ

8）ghiaia［ギアーイア］砂利

9）Germania［ジェルマーニア］ドイツ

10）giurare［ジュラーレ］誓う

11）bagno［バーニョ］風呂，バスルーム

12）cicogna［チコーニャ］コウノトリ

13）segnare［セニャーレ］印をつける
14）aglio［アッリョ］ニンニク
15）tovaglia［トヴァッリャ］テーブルクロス
16）scegliere［シェリエレ］選ぶ
17）Sicilia［シチーリア］シチリア
18）sciare［シャーレ］スキーをする
19）aurora［アウローラ］夜明けの光，明け方
20）Euro［エウロ］ユーロ
21）alloro［アッローロ］月桂樹，ローリエ

Esercizio 4（練習問題 4）

1）caffè［カッフェ］コーヒー
2）pizzeria［ピッツェリーア］ピザ屋
3）macchina［マッキナ］自動車
4）biblioteca［ビブリオテーカ］図書館
5）tè［テ］お茶
6）sabato［サーバト］土曜日
7）domenica［ドメーニカ］日曜日
8）cassetto［カッセット］引き出し
9）fontana［フォンターナ］噴水，泉
10）Napoli［ナーポリ］ナポリ
11）camicia［カミーチャ］ワイシャツ
12）lettera［レッテラ］手紙，文字
13）strega［ストレーガ］魔女
14）bidè［ビデ］ビデ
15）tartufo［タルトゥーフォ］トリュフ
16）zattera［ザッテラ］いかだ
17）vicino［ヴィチーノ］近い，近くの
18）perché［ペルケ］何故，どうして
19）molto［モルト］とても，多くの
20）morto［モルト］死んだ，死者
21）chissà［キッサ］わかるもんか。

第２課　文の構造と品詞

会話　学校で

2–a　イタリア語の学校で（クラスメイト同士の会話）

△　やあ，ジョン！
●　やあ，シンジ！
△　わるいけど，イタリア語で「猫」ってなんて言うの？
●　「ガット」と言うよ。
△　ありがとう！
●　どういたしまして！　じゃあまた！

2–b　日本語の学校で（先生に対して）

△　こんにちは，ヤマダさん。
●　こんにちは。カルリさん！
△　すみません，日本語で「トレーノ」はなんと言うのですか？
●　「デンシャ」と言います。
△　ありがとうございます。
●　どういたしまして。さようなら。

Esercizio 1（練習問題 1）

1）Tu= 人称代名詞（2 人称単数），sei= 動詞（原形：essere），di= 前置詞，Roma= 名詞（都市名），o= 接続詞，di= 前置詞，Napoli= 名詞（都市名）
2）Sono= 動詞（原形：essere），un= 冠詞，ragazzo= 名詞，italiano= 形容詞，di= 前置詞，Venezia= 名詞（都市名）
3）Carlo= 名詞（人名），e= 接続詞，Gianna= 名詞（人名），sono= 動詞（原形：essere），molto= 副詞，simpatici= 形容詞
4）Noi= 人称代名詞（1 人称複数），compriamo= 動詞（原形：comprare），un= 冠詞，regalo= 名詞，per= 前置詞，Simone= 名詞（人名）
5）Stasera= 副詞，noi= 人称代名詞（1 人称複数），usciamo= 動詞（原形：uscire），con= 前置詞，Sara= 名詞（人名），e= 接続詞，Anna= 名詞（人名）

Esercizio 2（練習問題 2）

1）Ciao, Mario! Come va?
2）Ecco tre amici: Stefano, Marina e Angelo.
3）Io sono Andrea, sono italiano di Firenze.
4）Che caldo! Puoi aprire la finestra?

Esercizio 3（練習問題 3）省略（CD でご確認ください。）

第3課　名詞と冠詞

会話　注文しましょう！

3-a　ミラノのバールで

△　こんにちは。
●　こんにちは。どうぞ，（ご注文を）私におっしゃってください。
△　それでは，私に1杯のカプチーノと1個のブリオッシュを。
●　承知しました。はい，カプチーノとブリオッシュです。
△　どうもありがとう。おいくらですか？
●　3ユーロです。
△　どうぞ（あなたに）。さようなら。

3-b　ナポリのピザ屋で

△　こんにちは。
●　こんにちは。どうぞ，（ご注文を）私におっしゃってください。
△　それでは，マルゲリータを1枚と1杯のビールを。
●　承知しました。
（10分後）
●　はい，マルゲリータとビールです。召し上がれ。
△　どうもありがとう。おいくらですか？
●　7ユーロです。
△　どうぞ（あなたに）。さようなら。

BAR LAFÜS
Da bere
un/il caffè, **un/il** cappuccino, **un/il** bicchiere di latte, **un/il** caffè macchiato, **una/la** cioccolata calda, **un/il** caffè americano, **un/il** tè al limone, **una/la** spremuta
Da mangiare
una/la brioche alla crema, **una/la** brioche alla marmellata, **un/il** cannolo al cioccolato,
un/il bombolone, **un/il** martozzo alla panna, **uno/lo** strudel, **un/il** toast, **una/la** pizzetta

Pizzeria "Da Mammata"
Le pizze
una/la pizza marinara, **una/la** pizza margherita, **una/la** pizza al prosciutto cotto, **una/la** pizza al prosciutto crudo,
una/la pizza alla salsiccia (con la salsiccia?) e friarielli, **una/la** pizza alla diavola, **una/la** pizza ai quattro formaggi, **una/la** pizza fritta, **un/il** calzone
Le bevande
un'/l'aranciata, **una/la** coca-cola, **un/il** chinotto, **una/la** gassosa, **un/il** ginger, **una/la** birra,
un'/l'acqua naturale, **un'/l'**acqua frizzante

Esercizio 1（練習問題1）
男性名詞
tetto, bagno, tavolo, Carlo, sale, pepe, mouse, tè
女性名詞
scala, porta, cucina, sedia, Lucia, gente, chiave

Esercizio 2（練習問題2）

1) mele	2) navi	3) libri	4) gelati	5) ragazzi	6) sistemi
7) penne	8) birre	9) giorni	10) sere	11) bagni	12) lupi
13) capre	14) pesci	15) mani	16) corvi	17) tigri	18) asini

Esercizio 3（練習問題3）
単数形
sole, luna, rete, carne, valle, gente, sale, pepe, pesce

複数形
capre, mani, ristoranti, chiavi, aquile, terme

Esercizio 4（練習問題 4）
1) computer　2) alberghi　3) greci　4) pacchi　5) agli　6) crisi
7) autisti　8) sushi　9) città　10) laghi　11) banche　12) uomini

Esercizio 5（練習問題 5）
1) **un** giorno ㊚　2) **una** notte ㊛　3) **un** cavallo ㊚　4) **una** stella ㊛
5) **un** amore ㊚　6) **una** canzone ㊛　7) **un** treno ㊚　8) **una** bambina ㊛
9) **un** albero ㊚　10) **un** vaso ㊚　11) **uno** gnocco ㊚　12) **una** spada ㊛
13) **uno** yogurt ㊚　14) **una** zia ㊛　15) **uno** zio ㊚　16) **uno** specchio ㊚
17) **una** vita ㊛　18) **un'**auto ㊛　19) **un** film ㊚　20) **un'**ombra ㊛

Esercizio 6（練習問題 6）
1) Prendo **un** cappuccino e **una** sfogliatella.
2) Mauro ha comprato **una** maglia rossa.
3) Non ho **un** soldo. Sono al verde.
4) Mario è **uno** studente pigro.
5) Dario, mi presenti **un'**amica carina?
6) Hai **una** sigaretta?
7) **Una** birra e **una** pizza, per favore.
8) Chi trova **un** amico, trova **un** tesoro.

Esercizio 7（練習問題 7）
① **una** borsa → **sette** borse
② **uno** zaino → **tre** zaini
③ **un** orologio → **otto** orologi
④ **un** cane → **sei** cani
⑤ **un** anno → **dieci** anni
⑥ **un'**italiana → **cinque** italiane
⑦ **uno** gnocco → **nove** gnocchi
⑧ **un** gatto → **quattro** gatti
⑨ **un** passo → **due** passi

Esercizio 8（練習問題 8）
1) **il** giorno　2) **la** notte　3) **i** cavalli　4) **le** stelle　5) **l'**amore
6) **la** canzone　7) **i** treni　8) **le** bambine　9) **l'**albero　10) **i** vasi
11) **gli** gnocchi　12) **la** spada　13) **lo** yogurt　14) **la** zia　15) **lo** zio
16) **lo** specchio　17) **la** vita　18) **il** sale　19) **il** sole　20) **la** luna

Esercizio 9（練習問題 9）
1) Lo sai che Antonio ha **la** ragazza?
2) **Il** telefonino non funziona...
3) Spegni **la** sigaretta, per favore.
4) **I** compagni di Ugo sono tutti bravi.
5) Se rompi **lo** specchio avrai sette anni di sfortuna! Attenzione!
6) **Il** ragno, invece, porta guadagno.
7) **I** gatti neri portano sfortuna, si dice.
8) **L'**aranciata mi piace.
9) Ma **il** chinotto non mi piace.
10) **Gli** studenti sono simpatici.
11) **L'**orologio di Marco è molto caro.
12) **La** bambina di Giovanni è capricciosa.
13) **Gli** occhi di Anna sono azzurri.

Esercizio 10（練習問題 10）
1) (Al bar) -Scusi, **una** birra e **un** panino, per favore.　-Ecco **la** birra e **il** panino.
2) -Come si chiama **la** moglie di Fabio?　-Si chiama Angela.
3) -Ci sono **un** italiano, **un** francese e **un** americano che passeggiano per Roma. **L'**americano dice: "Noi in America siamo bravissimi. Abbiamo costruito **il** ponte di Brooklyn in una settimana!". **Il** francese, poi, dice: "Anche noi, abbiamo costruito **la** Torre Eiffel in 4 giorni!". Poi tutti e tre passano davanti al Colosseo, e **l'**italiano dice: "Oh! Ma questo ieri non c'era!"

SPECIALE　Le superstizioni italiane — イタリアの迷信
①＝黒猫　②＝鏡　③＝はしご　④＝塩　⑤＝傘　⑥＝赤い角（つの）　⑦＝蹄鉄

第4課　基本的な動詞

会話　久しぶりだな！

4–a　電話口での友人同士の会話（親称の tu を使って）

△　もしもし？　やあ，ルカ！　久しぶりだな！

●　やあ，フランコ！　元気かい？

△　悪くないよ。君は？

●　とても元気だよ！　でも君は今どこにいるの？

△　休暇で海にいるよ。君は？

●　僕は家にいるよ ... こっちでは雨が降ってる ...

△　ほんとに？　こっちはいい天気だよ！

●　うらやましいな ...

4–b　思いがけない出会い（敬称の Lei を使って）

△　こんにちは，ネーリさん！　お久しぶりですね。

●　ブラスキさん，お元気ですか？

△　元気ですよ，ありがとうございます。あなたの方は？

●　悪くありません！　今はどのようなお仕事をなさっているんですか？

△　変わらず OL をしております。あなたの方は？

●　僕は今医者をしています。

△　本当ですか？　すごいですね！

●　ありがとうございます。

Esercizio 1（練習問題 1）

1）Ciao. Io **sono** Simone, **sono** italiano di Siena. Siena **è** famosa per il Palio, una corsa di cavalli. Lei **è** la mia ragazza, Anna. **Siamo** molto felici di conoscervi.

2）Antonella **è** molto brava. **È** insegnante, e le sue lezioni **sono** fantastiche. I suoi studenti **sono** contenti di lei.

3）Roma **è** la mia città, ed **è** bellissima. A Roma c'**è** il Colosseo, c'**è** Piazza di Spagna, poi ci **sono** le terme di Caracalla e tante altre cose da vedere.

4）-Buongiorno, ragazze! **Siete** davvero bellissime! Ma voi non **siete** italiane, vero? Di dove **siete**? Andiamo a mangiare un gelato insieme!

5）**Siamo** tedesche, ma non **siamo** turiste. Tu **sei** il solito pappagallo.

6）-Le olive **sono** greche: **sono** molto buone!

Esercizio 2（練習問題 2）

1）A Milano **ci sono** il Duomo, i Navigli e la nebbia. [g]

2）A Torino **c'è** la Mole Antonelliana. [d]

3）A Napoli **ci sono** il Vesuvio, il sole, il mare e la pizza. [a]

4）A Pisa **c'è** la torre pendente. [b]

5）A Venezia **c'è** Piazza San Marco. [f]

6）Ad Alberobello **ci sono** i trulli. [e]

7）A Verona **ci sono** l'Arena e la Casa di Giulietta. [c]

Esercizio 3（練習問題 3）

1）-Ciao! **Avete** un po' di tempo?　-No, mi dispiace, non **abbiamo** tempo adesso...

2）-Quanti anni **avete**?　-Io **ho** diciannove anni, e lei ne **ha** venti.

3）-Marcello **ha** una Lamborghini, ma non **ha** la ragazza! Come mai?

4）-Ciao, bellla! **Hai** il ragazzo?　-Sì, **ho** un ragazzo siciliano molto geloso!

5）-Accidenti!! **Ho** l'influenza! **Avete** una medicina per me?

6）-I bambini **hanno** sonno e **hanno** anche fame!

7）-A casa noi non **abbiamo** il riscaldamento, e **abbiamo** sempre freddo.

8）-I milanesi **hanno** sempre fretta, e i romani non **hanno** voglia di lavorare, si dice.

9）-Ma Giovanni **ha** il passaporto?　-No, non ce l'**ha**. **Ha** solo la patente.

10）-Signor Alberti, **ha** la carta d'identità?　-Sì, ce l'**ho**. Eccola qui.

Esercizio 4（練習問題 4）省略

Esercizio 5（練習問題 5）

1）Ragazzi, se **fate** tutti i compiti vi **faccio** la torta.
2）Il padre di Matteo **fa** il parrucchiere, e il padre di Totò **fa** l'avvocato.
3）Stasera Angela **fa** la pizza, e voi **fate** i biscotti.
4）Oggi **fa** caldo! Andiamo al mare e **facciamo** il bagno!
5）I cannibali **fanno** colazione con te e biscotti.（te= 君，tè= 紅茶　アクセント記号も大切！）

Esercizio 6（練習問題 6）

1）-Ciao, Antonio! Come **stai**?　-**Sto** bene, grazie. E tu?
2）-Buongiorno, signor Rossini! Come **sta**?　-**Sto** benissimo, grazie. E Lei?
3）-Stasera noi **stiamo** a casa a vedere la partita! Forza Italia! Forza Azzurri!!
4）-Ragazzi, ma voi **state** male! Avete bevuto troppo!

Esercizio 7（練習問題 7）

1）Adamo, perché sei a Tokyo?　-Per trovare una ragazza giapponese.［ D ］
2）Che cosa fai il fine settimana?　-Faccio un giro a Positano.［ F ］
3）Chi sono quei due strani signori?　-Sono due ladri. Stai attento!［ G ］
4）Quanti anni ha la mamma di Marco?　-Ha 39 anni: è molto giovane e bella!［ A ］
5）Quali sono i tuoi occhiali?　-Sono questi neri, da sole.［ I ］
6）Quant'è per due caffè e un cappuccino?　-Sono in tutto 3 euro e 30.［ H ］
7）Mario! Dov'è la tua ragazza?　-Ora lei sta insieme a Gigi...［ L ］
8）Ciao, ragazzi! Come state?　-Male... Abbiamo l'influenza...［ B ］
9）Qual è la tua macchina?　-La mia? È questa vecchia 500.［ E ］
10）Quand'è il tuo compleanno?　-È il diciannove dicembre.［ C ］

第 5 課　形容詞

会話　いらっしゃいませ！

5-a　ジェラート屋で

●　こんにちは。いらっしゃいませ。（なにをお望みでしょうか？）
△　それじゃあ ... コーンを 1 つ ...
●　小さい方ですか，大きい方ですか？
△　小さい方で。チョコレートとピスタチオにしましょう。
●　生クリームも付けますか？
△　はい，ありがとう！　おいくらですか？
●　3 ユーロです。

5-b　洋服店で

●　こんにちは。いらっしゃいませ。（なにをお望みでしょうか？）
△　あのショーウインドウの赤いセーター，あれの緑色はありますか？
●　いいえ，青と黒しかありません。
△　それじゃあ，青にします。
●　サイズはおいくつですか？
△　M です。
●　どうぞ（あなたに）。
△　とてもいい，ありがとう！

Esercizio 1（練習問題 1）

1）La bandiera **italiana** è **bianca**, **rossa** e **verde**.
2）Rossella è una ragazza **simpatica** con i capelli **rossi**.
3）Questi spaghetti sono **fantastici**! E anche la pizza è molto **buona**.
4）Mary è **americana**, ma Thomas e Philip sono **inglesi**.
5）Generalmente, le case **giapponesi** sono **piccole**.

6）La mia borsa è **marrone** e **gialla** con strisce **nere**.
7）Non mi piacciono i romanzi **rosa**. Preferisco i libri **gialli**.

Esercizio 2（練習問題 2）

①

1）alto（高い） ⟷ basso（低い）[g]
2）lungo（長い） ⟷ corto（短い）[d]
3）nuovo（新しい） ⟷ vecchio（古い）[a]
4）bello（美しい） ⟷ brutto（醜い）[f]
5）grande（大きい） ⟷ piccolo（小さい）[h]
6）vicino（近い） ⟷ lontano（遠い）[b]
7）bianco（白い） ⟷ nero（黒い）[e]
8）caldo（熱い，暑い） ⟷ freddo（冷たい，寒い）[c]

②

1）molto（多くの） ⟷ poco（少しの）[d]
2）largo（幅広い） ⟷ stretto（狭い）[c]
3）giovane（若い） ⟷ anziano（vecchio）（高齢の）[a]
4）magro（痩せた） ⟷ grasso（太った）[g]
5）biondo（金髪の） ⟷ moro（黒髪の）[f]
6）elegante（優雅な） ⟷ sportivo（スポーティーな）[e]
7）allegro（陽気な） ⟷ triste（悲しい）[h]
8）sporco（汚れた） ⟷ pulito（清潔な）[b]

Esercizio 3（練習問題 3）

単数形
bambina（piccola, buona, brava）
vestito（azzurro, simpatico, rosso）
cielo（azzurro, rosso）
pizza（piccola, buona）
studentessa（piccola, buona, brava）
ragazzo（simpatico）
複数形
ragazzi（grandi, buoni, giapponesi）
spaghetti（bianchi, buoni, giapponesi）
case（nere, carine, grandi, giapponesi）
fiori（grandi, bianchi, giapponesi）
amiche（carine, grandi, giapponesi）
penne（nere, carine, grandi, giapponesi）

Esercizio 4（練習問題 4）

1）**terzo** piano
2）**quinto** capitolo
3）**settima** volta
4）**quarta** riga
5）**nono** posto
6）**decimo** secolo

Esercizio 5（練習問題 5）

1）Quest**i** bambini sono allegr**i**.
2）Quest**a** ragazza è pigr**a**.
3）Quest**e** fotografie sono bell**e**.
4）Quest**o** ristorante è elegant**e**.
5）Quest**a** casa è vecchi**a**.
6）Quest**i** pesci sono rar**i**.
7）Quest**'**orologio è nuov**o**.
8）Quest**e** scarpe sono pulit**e**.

Esercizio 6（練習問題 6）

1）Que**l** bambino è simpatico.
2）Que**lle** ragazze sono alt**e**.
3）Que**lla** fotografia è vecchia.
4）Que**i** ristoranti sono chius**i**.
5）Que**lla** macchina è nuova.
6）Que**llo** specchio è rott**o**.
7）Que**gli** orologi sono cari.
8）Que**gli** zaini sono pien**i**.
9）Que**ll'**asciugamano è morbido.
10）Que**l** cane è grand**e**.

Esercizio 7（練習問題 7）

1）La mi**a** macchina è una Maserati.
2）I nostr**i** amici sono simpatic**i**.
3）I tu**oi** gatti sono bellissim**i**.
4）Le vostr**e** bottiglie sono pien**e**.
5）Signore, ecco la Su**a** stanza.
6）Marcello ha perso il su**o** telefonino.
7）I lor**o** occhi sono azzurr**i**.
8）I su**oi** capelli sono biond**i**.
9）Ecco la vostr**a** pizza!
10）Non bevete la nostr**a** birra!
11）Non sprecare il tu**o** tempo!
12）Non trovo più i mi**ei** orecchini!
13）Questa è casa mi**a**.
14）Mamma mi**a**, che caldo!

Esercizio 8（練習問題 8）

1）**I miei** nonni hanno 93 anni.
2）**Nostro** padre è medico.
3）**Mia** sorella si chiama Arianna, e **il suo** ragazzo si chiama Francesco.
4）Franco e Stefano sono **i miei** cugini; **il loro** padre, cioè **mio** zio, si chiama Antonio e fa il pizzaiolo. La **loro** madre, Simona, invece è casalinga.
5）**Mia** suocera è insopportabile. Chiama **sua** figlia, cioè **mia** moglie, sei volte al giorno, e quando viene a casa **mia** critica qualsiasi cosa.
6）**La mia** amica Debora ha perso **suo** padre in un incidente. Poverina!
7）**I miei** nipoti si chiamano Ugo e Lia. **Il loro** padre, Fedro, è **mio** figlio.

Esercizio 9（練習問題 9）

1）-Quanto costa quella sciarpa?　-Quell**a**? Costa 60 euro.
2）-Di chi sono quelle moto?　-Quest**a** qui a destra è di Aldo, quell**a** lì a sinistra non so.
3）-Quale maglione prendi?　-Prendo quest**o** rosso. Quell**o** blu è troppo leggero.
4）-Ma qual è il vero ragazzo di Debora?　-Secondo me è quell**o** lì, con la giacca nera.
5）-Che cosa sono quest**i**?　-Sono spiedini di pollo. Ti piacciono?
6）-Chi sono quell**e**?　-Sono le amiche di Gigi. Quell**a** a destra è Anna, quell**a** a sinistra è Lisa.

Esercizio 10（練習問題 10）

1）-Di chi è quella moto?　-È **sua**.
2）-Di chi sono quei soldi?　-Sono **nostri**.
3）-Al ladro! Quel portafoglio è il **mio**!
4）-Quelle sciarpe sono le **tue**?
5）-Gli ombrelli sono i **vostri**?
6）-Dov'è Anna? Questi anelli sono **suoi**.
7）-Sbagliate! La colpa non è **loro**!
8）-No, queste mutande non sono le **mie**.

第 6 課　第 1 部・ステップアップとまとめ

読解　自己紹介しましょう！

皆さん，こんにちは。アルベルト・マラゴーリです。年は 18 歳で，モデナ近郊の小さな村ミランドラ出身のイタリア人です。高校生で，彼女（クラスメイトのセレーナ）がいます。サッカーやテニス，柔道など多くのスポーツをしています。僕の父は医者で，母は主婦です。僕にはルイージ（友人にはジジと呼ばれています）とマリーノという 2 人の弟もいます。僕の家族はフレッドという名前の犬も飼っています。よろしく！

やあ！　私の名前はコバヤシサユリです。はじめまして！　年は 19 歳で，東京の近くにある大都市，横浜出身の日本人です。横浜には美しい港があります。大学生で，今年から大阪大学のイタリア語イタリア文化コースに通っています。読書と旅行とネットサーフィンが好きです。私の両親は日本の大手自動車会社のサラリーマンです。私には姉のハルカと弟のトモキがいます。でも，まだ彼氏はいません ...

やあ，みんな！　はじめまして，僕はアンソニー・ウォーレス，友達にトニーと呼ばれている。年は 24 歳でロサンゼルス生まれのアメリカ人。ロサンゼルスにはたくさんの娯楽があるんだ！　兄弟はいない，僕は一人っ子で祖父母と暮らしている。学生ではなくて，服屋で店員をしてる。イタリアがとても好きで，特にイタリアのファッションが気に入ってる。将来，イタリアで働けるように，今独学でイタリア語を少し勉強してるんだ。

質問

1）Di dov'è Alberto?　-(Alberto) è italiano di Mirandola.
2）Alberto e Sayuri sono studenti?　-Sì, sono studenti.

3) Quali sport fa Alberto? -Fa calcio, tennis e judo.
4) Come si chiama il cane di Alberto? -Si chiama Fred.
5) Quanti fratelli ha Sayuri? -Ha due fratelli.
6) Che lavoro fanno i genitori di Sayuri? -Sono impiegati in una grande ditta giapponese di automobili.
7) Quanti fratelli ha Anthony? -Non ha fratelli.
8) Che cosa c'è a Los Angeles? -Ci sono tanti divertimenti.
9) Perché Anthony studia l'italiano? -Per potere in futuro lavorare in Italia.

Esercizio 1（練習問題 1）
1) Il vostro nuovo compagno di classe si chiama Stefano ed è di Reggio Emilia.
2) Oggi è sabato, non ci sono molti ragazzi all'università.
3) A Tokyo ci sono tanti miei vecchi compagni di scuola.
4) C'è una bella ragazza con i capelli neri e con grandi occhi verdi.
5) Io bevo molto caffè e molti alcolici; inoltre fumo troppe sigarette!

Esercizio 2（練習問題 2）
1) **bel** gatto　2) **bella** casa　3) **bei** quadri　4) **bell'**albero
5) **belle** sedie　6) **bel** tavolo　7) **bello** zaino　8) **bella** torta
9) **bello** sport　10) **bell'**arietta　11) **bella** giornata　12) **belle** gambe
13) **belle** mani　14) **begli** occhi　15) **bei** capelli　16) **bel** viso

Esercizio 3（練習問題 3）
1) gattino > gatto　2) cretino ×　3) portone > porta　4) muretto > muro
5) mattino ×　6) quadretto > quadro　7) braccio ×　8) freddino > freddo
9) pochino > poco　10) focaccia ×　11) casaccia > casa　12) canzone ×
13) cavallino > cavallo　14) cartone ×　15) maglietta > maglia　16) stellina > stella
17) giardino ×　18) piccolina > piccolo　19) carino > caro　20) mattone ×

Esercizio 4（練習問題 4）
1) -Misako **sta dormendo** e Mayuko **sta mangiando**.
2) -Il treno **sta partendo**, e tu **stai comprando** il biglietto.
3) -Fabio, dove sei? -**Sto arrivando**! Aspettami!
4) -Gigi, Anna, che cosa **state facendo**? -**Stiamo mettendo** in ordine la nostra stanza.
5) -Ma che cosa **state dicendo**? Io non sono ubriaco!! -Come no! **Stai bevendo** vino da questa mattina!
6) -Giacomo, dove **stai andando**? -Al mercato a fare spese.

Esercizio 5（練習問題 5）
1) Questa è Marina, **una**（la）mia amica di Milano. Lei conosce bene tuo padre.
2) **I** miei nonni hanno **una** casa a Roma. **La** casa è piccola: ha solo due stanze e **un** bagno.
3) Martino ha **la** ragazza: si chiama Annarita ed è **un'** amica di mio cugino.
4) Stefania ama **il** suo cane e **i** suoi gatti molto più di suo marito. Povero lui!!
5) -C'è **uno** studente con **lo** zaino nero. Chi è? -Ah! È Simone, **un** mio compagno.
6) **Gli** amici di Teresa sono tutti un po' matti. Fanno（**una**）festa ogni giorno!

Esercizio 6（練習問題 6）
1) Ciao a tutti, io **sono** Antonio, **sono** italiano di Torino e **sono** studente. **Ho** diciannove anni e **ho** un cane che si chiama Toby: **è** molto carino.
2) Gianni, loro **sono** i miei amici giapponesi: Toru e Hideomi. Toru **è** di Tokyo, **ha** 22 anni ed è figlio unico. Hideomi, invece, **è** di Osaka, **ha** 23 anni e **ha** una sorella, Mikiko.
3) Filippo **ha** una Ferrari, un telefonino fantastico e molti soldi. Lui **è** proprio un figlio di papà! Io invece **ho** soltanto una Vespa e **sono** sempre al verde.

Esercizio 7（練習問題 7）
1) -Ciao, Marino! Come **stai**? -Ciao... **sto** male! **Ho** fame e **ho** anche sonno.
2) -Che lavoro **fa** il padre di Luigi? -**È** insegnante. E sua madre **fa** la commessa.

3) -Alberto! Martino! Che cosa **state** facendo? -Mamma, **stiamo** guardando la TV, ci **sono** i cartoni animati. Poi più tardi **facciamo** i compiti.
4) -Forza, ragazzi! **Facciamo** una foto tutti insieme! **Siete** pronti?
5) -**Ho** mal di testa... **ho** freddo e non **sto** molto bene...
-Eh, allora forse **hai** l'influenza! Riguardati!

Esercizio 8（練習問題8）
1) -Come state? -Stiamo benissimo, grazie.
2) -Di dove sono（loro）? -Loro sono italiani, di Milano.
3) -Chi è lei（quella ragazza）? -Lei è Anna, la ragazza di Gianni.
4) -Dove sei adesso? -Adesso io sono a Roma.
5) -Perché sei in Italia? -Perché voglio studiare l'italiano qui a Roma.
6) -Quant' è?（Quanto costa? / Quanto viene?）-Sono 25 euro.
7) -Quanti anni avete? -Io ho 21 anni, e lei 23.
8) -Quale（Che）telefonino hai? -Ho un telefonino Smart 10-K5.

第7課　直説法現在形・規則動詞

会話　トスカーナのトラットリアで
◇　すみません…
●　こんばんは，お客様。何をご注文されますか？
◇　はい，それじゃあ…私はラヴィオリをいただきます。
△　私の方はイノシシのミートソースのピチをください。
●　前菜はどうしましょうか？
△　う〜ん…トスカーナ風のクロスティーニを少し食べようか？
◇　そうですね！　ポルチーニ茸のフライも試してみましょう！
●　メインディッシュ（第2皿目）はいかがなさいますか？
◇　フィレンツェ風ステーキを2人で食べます。
●　結構（かしこまりました）。飲み物は？
△　ハウスワインを1リットルお願いします。
●　完璧です（かしこまりました）。

Esercizio 1（練習問題1）

人称	cantare	parlare	giocare	mangiare	legare
io	**canto**	**parlo**	**gioco**	**mangio**	**lego**
tu	**canti**	**parli**	**giochi**	**mangi**	**leghi**
lui/lei	**canta**	**parla**	**gioca**	**mangia**	**lega**
noi	**cantiamo**	**parliamo**	**giochiamo**	**mangiamo**	**leghiamo**
voi	**cantate**	**parlate**	**giocate**	**mangiate**	**legate**
loro	**cantano**	**parlano**	**giocano**	**mangiano**	**legano**

人称	leggere	scrivere	correre	ridere
io	**leggo**	**scrivo**	**corro**	**rido**
tu	**leggi**	**scrivi**	**corri**	**ridi**
lui/lei	**legge**	**scrive**	**corre**	**ride**
noi	**leggiamo**	**scriviamo**	**corriamo**	**ridiamo**
voi	**leggete**	**scrivete**	**correte**	**ridete**
loro	**leggono**	**scrivono**	**corrono**	**ridono**

Esercizio 2（練習問題2）
1) Vincenzo **gioca** sempre ai videogiochi! Non **legge** mai un libro!

2）Ogni mattina io **corro** per un'ora al parco. Poi, a colazione **mangio** sette cornetti e prendo tre cappuccini. Chissà perché non **perdo** peso...
3）Luca e Gigi **parlano** sempre di soldi, ma non **lavorano** mai.
4）Ogni sera Claudia **aspetta** suo marito con il mattarello, perché **torna** sempre a casa ubriaco fradicio.
5）Noi **mandiamo** questo pacco in Italia, ma **arriva** sicuramente fra due o tre mesi. Ci vuole tanta, tanta pazienza...
6）Attenzione! Il vaso **cade**! Crash! Troppo tardi...
7）-Pasquale, oggi **prendi** la macchina?　-No, oggi **uso** il motorino.
8）Mariano, dopo il divorzio, **abita** in una baracca. Poverino...

Esercizio 3（練習問題 3）

人称	pulire	finire	partire	dormire	unire
io	**pulisco**	**finisco**	**parto**	**dormo**	**unisco**
tu	**pulisci**	**finisci**	**parti**	**dormi**	**unisci**
lui/lei	**pulisce**	**finisce**	**parte**	**dorme**	**unisce**
noi	**puliamo**	**finiamo**	**partiamo**	**dormiamo**	**uniamo**
voi	**pulite**	**finite**	**partite**	**dormite**	**unite**
loro	**puliscono**	**finiscono**	**partono**	**dormono**	**uniscono**

人称	spedire	preferire	offrire	sentire
io	**spedisco**	**preferisco**	**offro**	**sento**
tu	**spedisci**	**preferisci**	**offri**	**senti**
lui/lei	**spedisce**	**preferisce**	**offre**	**sente**
noi	**spediamo**	**preferiamo**	**offriamo**	**sentiamo**
voi	**spedite**	**preferite**	**offrite**	**sentite**
loro	**spediscono**	**preferiscono**	**offrono**	**sentono**

Esercizio 4（練習問題 4）
1）Alberto **spedisce** una lettera a Marisa. [h]
2）Antonio e Silvia **dormono** durante la lezione. [g]
3）Io **preferisco** il cappuccino al caffè. [f]
4）Andiamo in pizzeria! **Offri** tu la cena! [a]
5）La macchina non **parte**... devo chiamare un meccanico. [c]
6）**Sentiamo** dei rumori strani in cantina... [e]
7）**Pulite** bene la vostra camera! [d]
8）Il film **finisce** fra 20 minuti. [b]

Esercizio 5（練習問題 5）
ヴェネツィアでの私の生活
はじめまして！　私の名前はリッカルド・デ・ロッシ，ローマ出身です。ヴェネツィアに住み始めたのは少し前からですが，私はこの素晴らしい街を死ぬほど愛しています！　私は学生で，「カ・フォスカリ」大学で日本語と日本文化を勉強しています。私はまだ1年生ですが，たとえ日本語がとても難しい言語であるとしても，私は自分の選択には満足しています。一方，私の彼女のクラウディアは，中国語を勉強しています。私と彼女は一緒に住んでいて，時々，時間があるときは，中心街でロマンティックな散歩をしています。サンマルコ広場やリアルト橋，あるいは私たちが最も気に入っているプンタ・デッラ・ドガーナです！　ヴェネツィアはとても個性的な街です。道路の代わりに水路が広がり，自動車の代わりに船が通行しています！　大きすぎることはないけれど，迷宮のようです。そして食べ物がとても美味しい！　時々，私とクラウディアはヴェネツィアの典型的な居酒屋である「バーカロ」で夕食をとります。グラスワインを飲みながらスナックとコロッケと海の幸を食べます。でも時々は，度を過ぎてしまい，少々酔っぱらって家に帰ります ...

質問
1）Che cosa studia Riccardo?　-Studia lingua e cultura giapponese.
2）Dove passeggiano insieme Riccardo e Claudia?

-Passeggiano in centro: a Piazza san Marco, a Rialto, o alla Punta della Dogana.
3) Quale posto amano di più Riccardo e Claudia? -Amano la Punta della Dogana.
4) Che cosa c'è al posto delle macchine? -Ci sono le barche.
5) Che cosa sembra Venezia? -Sembra un labirinto.
6) Che cos'è un "bacaro"? -È un'osteria tipica veneziana.
7) Che cosa mangiano Riccardo e Claudia nei "bacari"? -Mangiano stuzzichini, crocchette e frutti di mare.

Esercizio 6（練習問題 6）
1) C'è Marco? **Allora** io non vengo.
2) Ho bevuto **troppo** ... sono ubriaco e sto **male**.
3) -Alberto, non mangi **niente**?
4) **Oggi** parto io, domani parti tu!
5) Luigi parla inglese **molto bene**!
6) Ti prego! Stai **ancora** un po' con me!
7) -**Ora** non posso venire. Mi aspetti per cinque minuti? -OK. Ci vediamo **dopo**.
8) Vorrei comprare quel computer, ma non ho **abbastanza** soldi.
9) Mamma! Nicolino sta rompendo **tutto**!!

SPECIALE L'italiano degli animali — 動物のイタリア語
1) Il cane fa Bau bau. [c] **abbaia**
2) Il gallo fa Chicchirichiii! [e] **canta**
3) Il gatto fa Miao. [g] **miagola**
4) La mucca fa Muuuuuu! [a] **muggisce**
5) La pecora fa Beeee. [h] **bela**
6) Il lupo fa Auuuuu! [d] **ulula**
7) Il pulcino fa Pio pio. [b] **pigola**
8) Il passero fa Cip cip. [f] **cinguetta**

a) Luigi è coraggioso come un leone. [9]
b) Antonio ha sempre una fame da lupo! [3]
c) Ehi, Gigi! Ma che fai? Hai paura? Scappi via? Sei proprio un coniglio! [4]
d) Marina corre e salta molto velocemente, è agile come un gatto. [2]
e) Luigino non vuole studiare, ma così rimane un asino. [10]
f) Marisa parla male di tutti, è subdola come un serpente. [8]
g) Oggi i miei amici non ci sono... e io sono qui, solo come un cane... [1]
h) Stai attento a Lorenzo! È furbo come una volpe! [5]
i) Edoardo pensa sempre alle ragazze... è proprio un mandrillo! [7]
l) Non devi dire niente a nessuno. Devi essere muto come un pesce! [6]

第 8 課 不規則動詞と前置詞

会話 城はどこですか？
◇ すみません ...
● どうぞ，私におっしゃってください。
◇ お城はどこにありますか？
● えーと。この道をまっすぐ行っていただいて ...
◇ はい ...
● ... そして 3 本目の道を右に曲がってください。
◇ 3 本目の道ですね。わかりました。
● それから，まっすぐ行って，広場を横切ってください。左側にお城があります。
◇ 完璧です。あぁ，この近くにキオスクはありますか？
● はい，そこの郵便局のすぐ近くにあります。
◇ どうもありがとうございます。

Esercizio 1（練習問題 1）

1）-Anna e Lucia **vengono** in discoteca con noi. Marina **va** al cinema con Giuseppe, ma Tommaso non **esce** perché non sta bene.

2）-Ragazzi, **venite** a cena con noi?　-Sì, **veniamo** volentieri!

3）-No, se c'è Federica, la mia ex ragazza, io non **vengo**!

4）-Sai la novità? Recentemente Gloria **esce** con Massimo! Beata lei!

5）-Come **va** la vita?　-Benissimo, grazie.

6）-Oggi la connessione a Internet **va** e **viene**... Che strano.

7）-Oggi noi **andiamo** tutti a Pisa! **Venite** anche voi?　-No, oggi noi **andiamo** a Civitavecchia!

Esercizio 2（練習問題 2）

1）Vieni al Carnevale di Viareggio?　-Sì, vengo volentieri.

2）Andiamo a fare un giro in gondola?　-Sì, andiamo!

3）Non usciamo a vedere i trulli?　-Sì, andiamo（usciamo）！

4）Venite a Camogli con noi?　-Sì, veniamo volentieri.

5）Ehi! Ma loro dove vanno?　-Vanno a Civita di Bagnoregio!

6）Vado a San Siro a vedere la partita! Vieni?　-Sì, vengo anch'io!

Esercizio 3（練習問題 3）

1）Ecco Anna, la sorella **di** Leo. Anche lei abita **a** Milano.

2）Pronto, Claudia? Senti, vorrei andare al cinema **con** te!

3）Marco, aspetta! **Fra** cinque minuti sono da te!

4）Yukari abita **a** Tokyo, **in** Giappone.

5）Compro una cravatta **per** Gianni! Domani è il suo compleanno.

6）Amo molto viaggiare **in** treno. Ma anche **con** la nave.

7）Oggi guardiamo un film **su** Garibaldi.

8）-Che belle scarpe! Sono **di** pelle?

Esercizio 4（練習問題 4）

1）Oggi abbiamo il risotto **alla** milanese e le lasagne **al** forno.

2）Ho nascosto le sigarette di Luca **nel** cassetto **della** mia scrivania.

3）Ragazzi, andiamo **al** mare! Ci mettiamo **sul** lettino e prendiamo il sole!

4）Domenica vado **allo** stadio a vedere la partita **dell'**Atalanta!

5）La lezione è **dalle** 10:30 fino **alle** 12:00. Non vi dimenticate!

6）Adamo ha speso tutti i soldi vinti **alla** lotteria, ed è finito **dalle** stelle **alle** stalle! Ora non ha più nemmeno i soldi per andare **al** cinema!

Esercizio 5（練習問題 5）

1）Allora, Marcello, oggi devi comprare **del** pane, **degli** spaghetti, **del** latte, **dello** zucchero, **delle** uova e **del** prosciutto. Non dimenticare niente!

2）Ragazzi, sto malissimo... ieri ho bevuto **del** vino, **della** birra, **dello** spumante, e alla fine della serata anche **dell'**amaro... Mi gira la testa...

3）A Ferrara ho conosciuto **delle** ragazze fantastiche! Insieme abbiamo visitato **dei** musei e fatto **delle** passeggiate lunghissime.

Esercizio 6（練習問題 6）

1）Andiamo al mercato in bicicletta!　→　**Ci** andiamo in bicicletta!

2）Stasera non vengo alla festa.　→　Stasera non **ci** vengo.

3）Andate al Palio di Siena quest'anno?　→　**Ci** andate quest'anno?

4）Oggi vado a scuola presto.　→　Oggi **ci** vado presto.

5）Non siete a casa adesso?　→　Non **ci** siete adesso?

6）Venite a mangiare un gelato?　→　**Ci** venite?

Esercizio 7（練習問題 7）

1）L'anno scorso siamo stati **in** Brasile, **a** San Paolo: è una città immensa!

2）Mamma! Oggi non vado **a** scuola!! Vado **al** parco **a** giocare con gli amici!

3）Vado **alla** farmacia a comprare le medicine, poi torno **all'**ospedale.

4) Ciao, Marina! Andiamo **al** cinema insieme? Ti porto **in** moto, se vuoi!
5) Stasera andiamo tutti **da** Anna: facciamo una grande festa!
6) -Cara, vado **dal** medico! -Ci vai **in** macchina o **in** bicicletta?
7) -Arriviamo **a** Roma questa sera! Così andiamo **a** mangiare una bella carbonara!
8) -Oggi vado **allo** stadio **a** vedere il derby Roma-Lazio! Non vedo l'ora!

Esercizio 8（練習問題 8）
1) Non **dici** niente a Mario?
2) Andiamo al cinema, voi che ne **dite**?
3) Ragazzi, **date** una mano alla mamma, per favore?
4) Io **dico** che Stefano sbaglia a lasciare la sua ragazza.
5) La camera **dà** sulla strada: è molto rumorosa.
6) Il fumo **dà** fastidio a mia moglie. Puoi spegnere la sigaretta?
7) Stefano e Gino **dicono** sempre un sacco di bugie.
8) Se non la smetti ti **do** uno schiaffo!

Esercizio 9（練習問題 9）
1) Se **bevi** il mercurio, **muori**!
2) Oggi non **riesco** a tornare a casa, quindi **rimango** qui.
3) Ragazzi, **spegnete** la TV, per favore? Non ne posso più...!
4) Allora, io **siedo** accanto a Maria, e voi **sedete** dietro di noi.
5) Adamo **sceglie** sempre ragazze belle ma capricciose con cui uscire.
6) Io non **salgo** più in auto con Simona, altrimenti **muoio** di paura!
7) Loro **traducono** la Divina Commedia in giapponese! Che bravi!
8) Il direttore **propone** ai suoi impiegati un nuovo contratto.
9) Gli italiani **producono** alta moda, belle auto e cibo delizioso!
10) Quella ragazza non è bella, ma ha fascino e **attrae** tanti uomini!

Esercizio 10（練習問題 10）
1) -**Ecco** il passaporto, signore. Metta una firma **qui**. -Va bene **così**?
2) -Stefano, vai **spesso** in palestra? -No, non ci vado **mai**.
3) -Carla! Ti amo! Vieni **qui**!! Non scappare **via**!
4) -Sono **quasi** le 8:00. **Forse** Claudio ormai non viene più...

第 9 課　補助動詞／数詞と時間

会話　一緒に行きたいですか？
9–a　友人間の招待
●　やあ，みんな！　映画のチケットを 3 枚持ってるんだけど。土曜の晩，僕と一緒に行きたいですか？
△　OK。僕は喜んでいくよ！
◇　土曜の晩？　なんてこった … 行けないよ。彼女と海に行かなきゃいけない。
●　残念だね …
△　それじゃあ，どこで何時に待合せようか？
●　7 時半に僕の家にしましょう。
△　了解！

9–b
●　もしもし？　やあ，マッシモだけど。
△　あら，マッシモ！　驚きだわ！
●　聞いて，ダニエラ，君は水曜日は空いてる？
△　ええ，空いてるけど，どうして？
●　君と一緒に出かけたいと思って！　どうだい？
△　大丈夫よ。どこに行く？
●　ドライブに行こうか！
△　いいアイデアね！　それじゃあ，水曜日に！

Esercizio 1（練習問題 1）

1）-Bruno **vuole** comprare una Ferrari. Ma **deve** lavorare sodo!
2）Ho mal di denti… **devo** andare dal dentista. Ma non **voglio**!
3）-Paola, **vuoi** uscire con me? -No, mi dispiace, **devo** studiare…
4）-Ragazzi, **volete** rimanere qui a pranzo? -Sì, volentieri!
5）Mamma!! **Voglio** tornare a casa!!
6）Ehi, Salvatore! Tu non **devi** rubare i soldi ai ragazzini, capito?
7）Ragazzi, voi non **dovete** parlare durante la lezione. È chiaro?
8）Buongiorno. **vorrei** un caffè, per favore.
9）Giovanni, **devi** provare assolutamente questo dolce! È fantastico!
10）Ehi, voi! Non **dovete** entrare qui! **Volete** morire?

Esercizio 2（練習問題 2）

1）Ragazzi, oggi io non **posso** venire alle 8. Voi **potete** aspettarmi?
2）Luigi è il figlio del capo, lui **può** fare tutto quello che vuole!
3）Laura non **sa** giocare a tennis... Ma **possiamo** chiamare Rita!
4）Ragazzi, **potete** abbassare il volume della televisione, per favore?
5）Noi **sappiamo** parlare l'inglese molto bene, se vuoi **possiamo** aiutarti!
6）Amedeo non **sa** niente, di sicuro non **può** essere d'aiuto.
7）Noi non **sappiamo** la verità. **Possiamo** solo immaginarla.
8）Questa mano **può** essere di ferro o **può** essere una piuma.

Esercizio 3（練習問題 3）

1）Michele, **vuoi** un caffè? -Sì, ma senza zucchero. [e]
2）Anna, **sai** guidare? -Sì, ma non ho la patente... [g]
3）Antonio **deve** lavorare oggi? -No, oggi non lavora. [a]
4）Ehi, perché non **posso** entrare? -Perché sei ancora un bambino. [b]
5）Quando **dovete** partire? -Domani mattina alle otto. [h]
6）Loro **sanno** cucinare? -No, neanche un uovo sodo. [c]
7）E noi? Non **possiamo** venire? -No, ragazzi, voi state a casa. [f]
8）**Volete** ancora un po' di pasta? -No, grazie, siamo a dieta. [d]

Esercizio 4（練習問題 4）

1）28 ventotto
2）39 trentanove
3）78 settantotto
4）81 ottantuno
5）113 centotredici
6）199 centonovantanove
7）256 duecentocinquantasei
8）781 settecentoottantuno
9）1861 milleottocentosessantuno

Esercizio 5（練習問題 5）

1）1:15 È l'una e un quarto.
(È l'una e quindici).
2）3:35 Sono le tre e trentacinque.
3）5:30 Sono le cinque e mezza.
(Sono le cinque e trenta).
4）9:40 Sono le nove e quaranta.
(Sono le dieci meno venti.)
5）11:50 Sono le undici e cinquanta.
(Sono le dodici meno dieci.)
6）12:10am È mezzanotte e dieci.
7）4:45 Sono le quattro e quarantacinque.
(Sono le cinque meno un quarto.)
8）12:15pm È mezzogiorno e un quarto.

Esercizio 6（練習問題 6）

1）A che ora parte l'aereo? -Parte alle diciassette e trentacinque.
2）A che ora inizia il film? -Inizia alle venti e trenta.
3）A che ora finisce la lezione? -Finisce alle diciassette e cinquanta.
4）A che ora arriva Giacomo? -Arriva alle nove e trenta.
5）A che ora passa la metropolitana? -Passa alle tredici e ventidue.
6）A che ora viene l'autobus? -Viene alle sette e trentatré.

Esercizio 7（練習問題 7）

1）Natale = il venticinque dicembre ［ d ］
2）Capodanno = il primo gennaio ［ l ］
3）Epifania = il sei gennaio ［ i ］
4）Pasqua = una domenica tra marzo e aprile ［ g ］
5）Festa della Liberazione = il venticinque aprile ［ h ］
6）Festa dei Lavoratori = il primo maggio ［ c ］
7）Festa della Repubblica = il due giugno ［ a ］
8）Ferragosto = il quindici agosto ［ f ］
9）Ognissanti = il primo novembre ［ b ］
10）Commemorazione dei defunti = il due novembre ［ e ］

SPECIALE　I numeri romani — ローマ数字

Esercizio 8（練習問題 8）

1）VII　7　　2）IX　9　　3）XIV　14　　4）XVII　17
5）XXIX　29　　6）XLII　42　　7）LXIV　64　　8）LXXX　80
9）CLIX　159　　10）CCCXC　390　　11）DCVII　607　　12）MCMI　1901

Esercizio 9（練習問題 9）

1）6　VI　　2）18　XVIII　　3）33　XXXIII　　4）48　XLVIII
5）97　XCVII　　6）186　CLXXXVI　　7）480　CDLXXX　　8）723　DCCXXIII
9）1986　MCMLXXXVI　　10）2049　MMXLIX

第 10 課　直接・間接補語代名詞とその結合形

会話　彼女に何をプレゼントしようか？

10-a　プレゼント

●　明日はモニカの誕生日だ！　彼女に何をプレゼントしようか？
△　ベルトは？
●　ダメだよ，彼女はそんなもの身に付けないよ。
△　それじゃあ，イヤリングは！
●　ダメだ。それもつけないよ！
△　そうだ！　このバッグは！
●　それはいい！　これならきっと彼女は気にいるよ！

10-b　ドライブ

●　ダニエラ，君は山は好きかい？
△　もちろん好きよ！
●　OK。じゃあ君をコルティーナに連れて行くよ！
△　素敵！　そこにはよく行くの？
●　毎年バカンスでそこに行くんだ。
△　ほんとに？　そこに家を持ってるの？
●　ああ，君にそれを見せてあげるよ！

Esercizio 1（練習問題 1）

1）Non compriamo la birra oggi. **La** compriamo domani.
2）Fabio, **mi** accompagni all'ospedale, per favore? Non sto bene...
3）Lucia, è inutile. Io non **ti** amo più... Puoi lasciar**mi** in pace, per favore?
4）Ciro! Vieni qui! Se **ti** prendo, **ti** ammazzo!!
5）Marco, puoi fare i miei compiti? Se **li** fai, ti do un bacio! Dai! **ti** prego!
6）-Ragazzi, **vi** chiamo stasera, va bene?　-Sì, ma puoi chiamar**ci** dopo le 8:00?
7）La mia ragazza ha visto un bel vestito e **lo** vuole comprare subito. Milletrecento euro.
8）Sabrina, Michela, io **vi** amo da morire, tutte e due. Come posso fare? Sono disperato.
9）Signore, **La** accompagno io. Ecco il suo cappotto, **lo** prenda pure.

10) -Le arance **le** prendo io e il vino **lo** prendi tu. I panini **li** prepariamo insieme.

Esercizio 2（練習問題 2）
1) -Signora, quanto prosciutto vuole? -**Ne** vorrei due etti.
2) -Signorina, il salame lo vuole intero? -No, **ne** vorrei solo mezzo.
3) -Antonio! Come sei sciupato! C'è la pasta qui. **Ne** vuoi ancora un po'?
4) -Serena, i cannoli siciliani **li** mangi? -Sì, ma **ne** mangio solo uno.
5) -Quanti involtini vuoi? -**Ne** mangio solo due.
6) -Un'altra birra **la** bevi? -Sì, però **ne** bevo una piccola.
7) -Hai chiuso le finestre? -Sì, **le** ho chiuse tutte.
8) -Ragazzi, avete fatto i compiti? -Sì, **li** abbiamo fatti tutti.
9) -Quanti anni hai? -**Ne** ho diciotto.
10) -Quanti fratelli hai? -**Ne** ho due.

Esercizio 3（練習問題 3）
1) Non ti piace il tartufo? -No, per niente! Lo odio! [d]
2) Carla, quali dolci ci porti stasera? -Vi porto il tiramisù e la panna cotta. [e]
3) Che cosa dici a Marcella? -Le dico di venire più tardi. [a]
4) A Anna e Rita serve la macchina? -No, non gli serve. [b]
5) Mi dai una sigaretta, per favore? -Mi dispiace ma non fumo... [f]
6) Posso chiederti un favore? -Certo, per te faccio qualsiasi cosa. [g]
7) A Barbara piacciono i funghi? -Sì, le piacciono soprattutto i porcini. [h]
8) Che cosa regali a Mauro? -Gli regalo un DVD. [c]

Esercizio 4（練習問題 4）
1) Io **ti** do uno schiaffo.
2) Martina **gli** regala una sciarpa.
3) **Gli** piace bere lo spritz.
4) Non **le** piacciono le rose.
5) **Mi** dispiace, ma vado via.
6) **Vi** servono questi soldi?
7) Devi dir**le** che non ci sono. (**Le** devi dire che non ci sono.)
8) Puoi dar**gli** il mio indirizzo? (**Gli** puoi dare il mio indirizzo?)
9) L'arte non **ci** interessa.
10) Potete dir**mi** la verità? (**Mi** potete dire la verità?)

Esercizio 5（練習問題 5）
1) **Glielo** do.
2) **Te** lo compro.
3) **Glieli** posso dare io. (Posso dar**glieli** io.)
4) **Ve la** posso prestare. (Posso prestar**vela**.)
5) **Glielo** devo dire. (Devo dir**glielo**.)
6) **Te le** porto (**Te ne** porto due).
7) **Te ne** do solo una fetta.
8) Non **me lo** vuoi dare? (Non vuoi dar**melo**?)

第11課　再帰動詞・相互動詞・代名動詞

会話　まだ起きないの？
11-a　ママはいつまでたってもママ...
●　ファビオ！　まだ起きてないの？　9時半よ！
△　ママ...勘弁してよ！　あと5分だけ...
●　さあ，テーブルに朝ご飯出来てるわよ！
△　でも頭が痛いんだ！
●　あとで薬をあげるから。

△　わかったよ，いま起きるよ！
●　まだパジャマを着てるの！　着替えないの？
△　はい，はい，もちろん，ママ ...

11-b　ああ，愛って ...
●　アルド，ウーゴとセレーナが愛し合ってるって知ってる？
△　いや！　ほんとなの？
●　ああ，そうだよ。見たらわかるさ。キスばかりしているよ。
△　ああ，愛って ...
●　でも，どうせもう少しで彼らは別れるよ！
△　どうして？
●　どうしてって，実はセレーナは僕のことを愛しているからさ！☻

Esercizio 1（練習問題 1）
1）Aldo è pigrissimo, lui **si alza** sempre all'una e non **si lava** mai.
2）Marzia **si trucca** troppo, la sua faccia sembra un quadro di Picasso!
3）Giovanni **si mette** gli occhiali da sole e **si dà** tante arie.
4）-Ragazzi, come **vi chiamate**?　-**Ci chiamiamo** Teo e Luca.
5）-Cosa!? **Vuoi farti** un tatuaggio? Ma lascia perdere!
6）-Quando Alberto **si ubriaca**, lui **si mette** a piangere.
7）-La bambina non **si addormenta**... Come posso fare?
8）-Sergio, fa freddo, se non **ti metti** il cappotto, **ti ammali**!
9）-Domani c'è il Carnevale, **dobbiamo metterci** i costumi!
10）-Maura **si asciuga** i capelli con il phon.

Esercizio 2（練習問題 2）
1）Che cosa mi metto oggi?　-Puoi metterti questo bel vestito rosso. ［ c ］
2）Ragazzi, a che ora vi alzate domani?　-Alle sei e mezza. ［ d ］
3）Come si chiamano quelle due belle ragazze?　-Marta e Simona. ［ e ］
4）Perché Marco si mangia sempre le unghie?　-Perché è nervoso. ［ b ］
5）Perché Franco si ubriaca?　-Perché vuole dimenticare il passato. ［ g ］
6）Signore, vuole mettersi il cappotto?　-No, grazie, ho caldo. ［ a ］
7）Perché Anna non si sveglia?　-Perché è pigra. ［ f ］

Esercizio 3（練習問題 3）
Un incontro
Io e una ragazza americana che **si chiama** Sarah **ci scambiamo** e-mail da cinque anni. **Ci raccontiamo** a vicenda tutto ciò che riguarda la nostra vita, il nostro lavoro, i nostri sogni. E il nostro sogno più grande è questo: un giorno **vogliamo incontrarci**. Ecco, finalmente quel giorno è arrivato! Stasera io e Sara **ci vediamo** alla stazione di Roma. **Ci diamo** appuntamento davanti alla libreria. Non vedo l'ora di incontrarla!

Qualche ora più tardi, alla stazione di Roma, da lontano, vediamo un ragazzo. **Si avvicina** a una bella donna alta e bionda. I due **si guardano** un attimo, **si salutano** sorridendo e **si danno** la mano. Poi vanno verso l'uscita, e **si perdono** nella notte.

Esercizio 4（練習問題 4）
1）Il signor Kim **si arrabbia** molto se gli dici che è ingrassato.
2）Ehi, ragazzi, ma non **vi vergognate** a mangiare con la bocca aperta?
3）I miei amici non **si fidano** più di me perché gli ho detto tante bugie.
4）Serena è davvero debole di salute: **si ammala** subito...
5）Antonio! **Mi meraviglio** di te! Picchiare i bambini più piccoli...
6）Ma siete sicuri? E se poi **vi pentite** di questa decisione?
7）Matteo e Maria **si godono** le vacanze. Beati loro!

Esercizio 5（練習問題 5）
1）Vuoi un po' di caramelle?　-Sì, grazie. Me ne mangio due o tre. ［ e ］

2) Perché te ne vai? -Perché non ti amo più. [d]
3) Non vi ricordate chi sono io? -No, proprio non ce lo ricordiamo. [b]
4) Chi vuole bersi una bella birra? -Io! Io! Me la bevo subito! Bella fresca! [f]
5) Chi si mette il vestito nuovo? -Se lo mette Martina. [h]
6) Ragazzi, quando vi fate il bagno? -Ce lo facciamo domani. [a]
7) Come si chiama il cugino di Rita? -Massimo, penso, ma non me lo ricordo. [i]
8) Quando ci portano la macchina? -Forse ce la portano domani. [g]
9) Marino, ma tu porti gli occhiali? -Sì, ma me li metto solo quando guido. [c]

Esercizio 6（練習問題 6）
1) In inverno **me la** metto sempre.
2) Io non **me la** ricordo.
3) Io **me li** mangio!
4) Marco **se lo** dimentica.
5) Gennaro **se lo** mangia al lotto.
6) Voi **ve li** mettete?
7) **Ce la** compriamo!
8) Loro **se le** mangiano sempre.

Esercizio 7（練習問題 7）
1) Michele **si dimentica** sempre di lavar**si** i denti.
2) Questo panino **me lo mangio** io! È buonissimo!
3) Dai! Come fai a non svegliar**ti** mai? **Devi farti**（**Ti devi fare**）la doccia!
4) Camillo e Rita **si amano**, e **si sposano** fra tre mesi.
5) Ehi, voi! La festa **è** finita, perché non **ve ne andate**?
6) Maurizio **ha** 20 anni, ma **si comporta** come un bambino.

Esercizio 8（練習問題 8）
1) Questo quadro non è molto bello. **Anzi**, è una vera crosta!
2) La madre di Luigi è simpatica, **però** parla troppo.
3) Io porto il vino, la birra **e** i dolci!
4) **Siccome** non ho soldi, non posso sposarmi.
5) Non ho la patente, **quindi** non posso guidare la macchina.
6) Non so che ore sono **perché** non ho l'orologio.
7) Non bevo **né** birra né vino.
8) Martina è molto carina, **inoltre** è simpaticissima!
9) Questa è Annarita, **ovvero** la mia migliore amica.

第 12 課　第 2 部・ステップアップとまとめ

読解　妻は鬼嫁

僕の名前はジョルジョ，君たちに僕の妻について話したい。結婚した僕の友人たちは皆，かわいらしくて愛すべき妻を持っている。でも，僕の妻のマリーザはまさに鬼嫁なんだ！　今，君たちに彼女について説明しよう。赤毛の短い髪をしていて，背は低くずんぐりしている。毛深くてうっすら口ひげも生えている。彼女の顔は少しマイク・タイソンに似ている。朝からスパゲッティ・アーリオ・オーリオ・ペペロンチーノを食べ，ワインを一本空ける。11 時にはもう酔っていてソファーの上で寝ているんだよ。おかしいよね！　僕に床掃除とアイロンがけと料理をさせるんだ。実際，僕は彼女の奴隷だよ！　それも，僕は今言ったことをすべて仕事に行く前にしなきゃいけない。さもないと，彼女は怒って僕の頭にその汚い木の草履を投げつけてくるんだ。彼女の狙いは確かで決して的を外すことがない，100 メートル先からだって僕に当ててくるよ。家は彼女のもので，僕の職場からはとても離れている。おまけに彼女は僕が痩せなきゃいけないからって言って（僕の体重は 40 キロしかないのに），僕に自転車しか使わせてくれないんだ。だから，職場に着くのに 2 時間もかかるよ！　お金は時間通りに家に入れなきゃいけない，さもないと彼女は激怒して，もう僕は彼女をなだめることができなくなる！　彼女は僕の給料で夜にビンゴをしに行き，負けると僕を殴るんだ。それから，もし僕が遅く家に帰ると，ドアの後ろで棒をもって待っていて，僕がどこに誰といたのかを根掘り葉掘り問い詰めるんだ。もし僕が答えることが出来なかったり，答えることを渋ったりすると，僕を病院送りにする。でも，どうしてかはわからないんだけど，僕は結局のところ彼女が好きだし，決して彼女と別れることはないよ！

質問

1）Che aspetto ha la moglie di Giorgio?

-Ha i capelli rossi e corti, è bassa e tracagnotta, pelosa e leggermente baffuta; il suo viso somiglia un po' a quello di Mike Tyson.

2）Che cosa beve a colazione? -Beve una bottiglia di vino.

3）Che cosa fa fare la moglie a Giorgio? -Gli fa lavare i pavimenti, stirare, cucinare.

4）Se Marisa si arrabbia, che cosa fa a Giorgio? -Gli lancia in testa i suoi zoccolacci di legno.

5）Come va al lavoro Giorgio? -Ci va in bicicletta.

6）Quanto tempo ci mette Giorgio ad arrivare in ufficio? -Ci mette due ore.

7）Marisa come spende lo stipendio di suo marito? -Lo spende giocando a bingo.

8）Che cosa pensa Giorgio di Marisa? -Le vuole bene in fondo, e pensa di non lasciarla mai.

Esercizio 1（練習問題 1）

1）-La mia ragazza **mi fa comprare** tanti vestiti che poi non mette mai.

2）-Oggi **faccio guidare** la macchina a Sara, che deve imparare.

3）-Domani **facciamo bere** tanto vino ai nostri compagni.

4）-A voi i maestri non **fanno pulire** l'aula della scuola?

5）-La mamma ogni giorno ci **fa mettere** in ordine la nostra stanza.

6）-Gino, perché **fai** sempre **piangere** la tua sorellina?

7）-Mio padre ogni giorno **fa mangiare** a mio fratello i peperoni.

8）-Mia suocera mi **fa pagare** sempre il conto al ristorante.

Esercizio 2（練習問題 2）

1）Andrea non **riesce** a telefonare a Gianni. Il telefono è sempre occupato...

2）Ma tu **conosci** Sandra? Quella ragazza che **sa** parlare sei lingue!

3）Ssssshhhh!! Voi non **potete** parlare a voce alta qui in biblioteca!

4）Non **riesco** mai a parlare con Veronica perché è troppo bella!

5）Ragazzi, voi **conoscete** quel ristorante? **Sapete** a che ora apre?

6）Se **riuscite** a passare l'esame, il papà vi compra il motorino!

Esercizio 3（練習問題 3）

1）Per fare l'insegnante **ci vuole** tanta pazienza! E **ci vogliono** anche molte risorse!

2）Per la gravidanza **ci vogliono** 9 mesi. Ma in Giappone **ci vogliono** 10 mesi, sembra...

3）Per arrivare a parlare bene l'italiano **ci vuole** almeno un anno di soggiorno in Italia.

4）Per aggiustare la moto **ci vogliono** duemila euro! E **ci vuole** un mese! Accidenti!

5）**Ci vuole** un sacco di tempo per fare amicizia con Giuseppe, ma ne vale la pena!

6）Per Natale senz'altro **ci vuole** l'albero! E **ci vogliono** tanti regali!

7）Per Pasqua invece **ci vogliono** le uova di cioccolata e la colomba.

8）Dal Giappone all'Italia **ci vogliono** circa 11 o 12 ore di volo.

Esercizio 4（練習問題 4）

1）Da casa mia a Bologna, normalmente in treno **ci vogliono** circa 40 minuti.
Da casa mia a Bologna di solito io in moto **ci metto** circa un'ora.

2）Io per andare alla stazione a piedi **ci metto** 10 minuti.
Mio figlio, che ha solo 6 anni, invece, **ci mette** 20 minuti.

3）Per andare a Tokyo da Osaka di solito **ci vuole** circa un'ora in aereo.
Con il superespresso invece io **ci metto** quasi tre ore.

4）Mia moglie per lavarsi, vestirsi e truccarsi **ci mette** due ore...
Io **ci metto** solo 10 minuti. E se le dico di sbrigarsi, addirittura si arrabbia!

Esercizio 5（練習問題 5）

1）francese ＞ Francia　2）postale ＞ posta　3）favorevole ＞ favore

4）peloso ＞ pelo　5）stabile ＞ stare　6）argentino ＞ argento/Argentina

7）dantesco ＞ Dante　8）occhialuto ＞ occhiali　9）nuvoloso ＞ nuvola

10）panciuto ＞ pancia　11）normale ＞ norma　12）solare ＞ sole

13）amabile > amare 14）gigantesco > gigante 15）coreano > Corea
16）goloso > gola 17）cortese > corte 18）finale > fine
19）piacevole > piacere 20）mafioso > mafia

Esercizio 6（練習問題 6）

1）Tommaso **parla** troppo, non **sta** mai zitto!
2）Noi al karaoke **cantiamo** sempre canzoni italiane. Ma **siamo** stonati...
3）-Carlo, **prendi** un caffè? -No, grazie, altrimenti non **dormo**.
4）Roberto e Anna **leggono** molti libri e **finiscono** la tesi di laurea.
5）Il fine settimana io **gioco** a calcio e **corro** al parco.
6）Oggi **pago** io, domani **paghi** tu, dopodomani **paga** lei.
7）Antonio **cerca** lavoro da un anno, ma non **trova** mai niente.
8）-Maurizio, oggi che cosa **fai**? -Oggi **parto** per Roma.
9）Antonio **ama** Sandra, ma Sandra **ha** già il ragazzo. Peccato...
10）-Perché **ridi**? -Perché Martino **fa** delle facce strane!
11）La nonna di Simone **vede** i fantasmi, ma non **ha** paura di loro.
12）-Ragazzi, **mangiate** un panino? -Sì, volentieri! Anche due!
13）Allora, **preferite** il sushi o la pizza?
14）Gli americani **mettono** l'ananas sulla pizza! Che orrore!

Esercizio 7（練習問題 7）

1）Marco vuole venire al Carnevale ma non può perché deve studiare.
2）Dario sa cucinare molto bene, può lavorare come cuoco.
3）Marta vuole andare in Giappone ma non può perché non ha soldi.
4）-Giuseppe, vuoi venire al cinema con noi? -No, mi dispiace, non posso.

Esercizio 8（練習問題 8） 省略

Esercizio 9（練習問題 9）

1）Antonio, puoi portare i libri a Maria? -Certo, glieli porto subito. [d]
2）A Lino piacciono i film dell'orrore? -Certo, gli piacciono un sacco! [f]
3）Ragazzi, volete un caffè? -No, grazie, lo abbiamo già bevuto. [h]
4）Volete anche un po' di torta? -Sì, ma ne mangiamo solo una fetta. [i]
5）Signora, quanto prosciutto vuole? -Ne prendo due etti. [a]
6）Che cosa regaliamo a Matteo? -Possiamo regalargli un videogioco! [b]
7）Mi restituisci i soldi che ti ho prestato? -Certo, te li porto domani. [c]
8）Nicola, mi accompagni alla stazione? -Va bene, ti accompagno. [g]
9）Mamma, ci compri il gelato? -No, adesso no. Ve lo compro dopo. [e]

Esercizio 10（練習問題 10）

La bella Simona

Non riesco a dormire... Simona, la mia ragazza, sempre più spesso **mi** dice che non **mi** ama più, e che vuole lasciar**mi**. Ma perché **me lo** dice? Io **la** amo ancora, **glielo** dico ogni giorno, **le** faccio tanti regali, **la** porto a fare shopping, **la** abbraccio, **la** bacio... Forse io **la** amo troppo, ma cosa ci posso fare? Vorrei aver**la** qui con me, ora... Non resisto. Magari **le** mando un messaggio. Anzi, **la** chiamo! Ma se poi non **mi** risponde...?
...... < Pronto? Simona? Sono io, Carlo, il tuo ragazzo! >
...... < Pronto. Ex ragazzo, vuoi dire. Io sono Ugo. Adesso Simona ama **me**! >

Esercizio 11（練習問題 11） 省略

Esercizio 12（練習問題 12） 省略

第 13 課　直説法近過去

会話　イタリア国内旅行

◇　マルタ！
●　やあ，ジョヴァンニ！　調子はどう？
◇　いいよ！　君がモデナに行ってきたって聞いたけど！
●　ええ！　先週帰ってきたところよ。
◇　素晴らしい！　何か楽しいことした？
●　マラネッロのフェラーリ博物館を訪れたわよ！
◇　食事は美味しかった？
●　ええ，最高だったわ！　思う存分トルテッリーニを食べたわ！
◇　大聖堂にも出かけてみた？
●　もちろんよ！
◇　ああ，なんて羨ましい ... ！

Esercizio 1（練習問題 1）

essere: **stato**	avere: **avuto**	stare: **stato**	andare: **andato**
fare: **fatto**	mangiare: **mangiato**	cantare: **cantato**	sapere: **saputo**
preferire: **preferito**	partire: **partito**	venire: **venuto**	volere: **voluto**
salutare: **salutato**	proteggere: **protetto**	incidere: **inciso**	riporre: **riposto**
offendere: **offeso**	vivere: **vissuto**	morire: **morto**	dire: **detto**
uscire: **uscito**	percorrere: **percorso**	ammettere: **ammesso**	rivedere: **rivisto**

Esercizio 2（練習問題 2）

Essere: partire, lavarsi, stare, cambiare, piacere,
Avere: mangiare, cantare, fare, cambiare, dormire, volere, avere, ascoltare

Esercizio 3（練習問題 3）

1）Martina **ha spiato** il telefonino del suo ragazzo, e **ha trovato** tanti messaggi da altre ragazze. Quindi lei **ha deciso** di lasciarlo.
2）Tommaso **ha detto** di avere visto un'astronave aliena. Io non ci **ho creduto** nemmeno un attimo. Mah... forse lui **ha bevuto** troppo vino.
3）Tommaso e Lara **hanno fatto** un viaggio in Corea. **Hanno visitato** Seoul e Pusan, e **hanno mangiato** tanti piatti piccanti.
4）Nooo! **Ho dimenticato** la borsa sul treno! Ora come faccio?
5）Ieri, camminando, **ho incontrato** un signore che mi **ha detto** : "Ciao, sei bellissima! Vuoi diventare famosa?". Ma io non gli **ho risposto** perché era un tipo troppo losco.

Esercizio 4（練習問題 4）

1）Sara, ieri sera **sono uscita** con Augusto, quel ragazzo bellissimo di cui ti **ho parlato**, **siamo andati** a cena e poi **ho deciso** di invitarlo a casa mia. Ma lui **si è ubriacato**, e **si è addormentato** sul mio divano. Non ci posso credere! Forse non **gli è piaciuta** la mia musica? Che delusione...
2）Mia madre, Marina, **è nata** a Firenze nel 1950. Lei non **ha studiato** molto, e **ha lavorato** per tutta la vita in un ufficio postale. Qualche anno fa **è andata** in pensione, e **ha cominciato** a dedicarsi ai suoi hobby: il cinema e la palestra.
3）Stamattina la sveglia non **è suonata**（**ha suonato**）, e noi **ci siamo alzati** tardissimo. Non **ci siamo lavati** e non **abbiamo fatto** nemmeno colazione. **Ci siamo vestiti**, **abbiamo preso** i nostri zaini e **siamo usciti** subito. **Siamo corsi** a scuola, e **siamo arrivati** un minuto prima della campanella.
4）Ieri per la strada **sono venuti** da me due poliziotti. Loro **mi hanno chiesto** un documento, e io gli **ho dato** il mio passaporto. A quel punto loro **sono scappati** via. Mi **hanno rubato** il passaporto!

第 14 課　直説法半過去・大過去

読解　私のおばあちゃん，フランチェスカ

私のおばあちゃん，フランチェスカは，本当に並外れた人だった。数年前のサン・シルヴェストロの晩（大晦日）に亡くなったんだけど，私は今でもとても寂しく感じている。1930 年生まれで，とても美しい女性だった。黒髪で瞳も黒く，背はそれほど高くなかったけれどスタイルが良くて，そして何より笑顔がとても素敵だった。私たち孫をとてもかわいがってくれて，私と弟のルーチョは，よく彼女とリミニやマルケ州の海にバカンスに行って，とても楽しんだものだった！　1度だけ私たちは山にも行ったわ。ピエモンテ州のキアヴェスという小さな村。そこは空気がきれいで，水も澄み切っていて，私たちは森の中を長い間散歩していたわ。もし天気が良ければ，私たちの部屋からモンテ・ローザが見えたのよ！　もちろん，することはあまりなかったけど，ほかにも大勢子どもたちがいて，おばあちゃんはいつも全員のために山ほど料理を作ってくれたわ！　本当に料理が上手だったの。彼女の得意料理はトルテッリーニ入りのスープにツッパ・イングレーゼ，ニョッコ（ラード入りの平たいパン）に，私たちの土地フィナーレ・エミリアの典型的な郷土料理で「ユダヤ風パイ」とも呼ばれるスフォリアータね。おばあちゃんは私たちにいつもたくさんの話をしてくれたわ。ファシズム統治下のイタリアで過ごした幼年時代のこと，第二次世界大戦の恐ろしい数年間のこと，そして戦後ミラノで過ごした年月のこと。40歳の時に交通事故に遭って，お医者さんたちは，もうシーツで彼女の体を包んでいたの，彼女が死んでいると思っていたのね，そしたらその後で奇跡的に目覚めたのよ！　彼女は本当に「強かった」わ。フィルターなしで煙草を吸っていたし，彼女の部屋にはピストルがあったのよ。時々磨いてピカピカにしていたわ，一度も使うことはなかったけど。
おばあちゃんはイタリア語とフィナーレ・エミリアの方言以外は全く話せなかったし，それまで外国に行ったことは一度もなかったんだけど，70歳になったときに，私に会いに日本に来ることを決心してくれたの！　1か月間私たちの寮で暮らしたわ。毎日何か料理してくれて，南アメリカ人や中国人，ベトナム人やアメリカ人，寮のみんなと仲良くなろうとジェスチャーや擬音を交えてコミュニケーションをとろうとしていたわ！　楽しくてたくさん笑ったわ！本当に私のことを愛してくれていて，いつも私の心の中にいるのよ。

質問
1）Quando è nata la nonna Francesca?　-È nata nel 1930.
2）Che aspetto aveva Francesca?　-Aveva i capelli neri e gli occhi scuri, non era molto alta ma aveva un bel fisico e soprattutto aveva un bellissimo sorriso.
3）Dove portava in vacanza i suoi nipoti?　-Li portava al mare, a Rimini o nelle Marche.
4）Quali piatti sapeva cucinare bene Francesca?　-Sapeva cucinare bene i tortellini in brodo, la zuppa inglese, lo gnocco e la sfogliata o “torta degli ebrei”, un piatto tipico di Finale Emilia.
5）Che cosa le è successo nel 1971?　-Ha avuto un incidente stradale.
6）Che cosa aveva in camera sua?　-Aveva una pistola.
7）Che lingue parlava?　-Parlava l’italiano e il dialetto di Finale Emilia.
8）In che modo comunicava con i ragazzi del dormitorio?　-Comunicava con loro con gesti e onomatopee.

Esercizio 1（練習問題1）
1）Mentre **mangiavo** ho trovato un capello nel piatto. ［ c ］
2）Da giovane mia nonna **lavorava** in un ristorante: ogni giorno **puliva** la cucina e **lavava** i piatti, e la sera **tornava** a casa stanchissima. ［ b ］
3）La mia vecchia casa **era** molto grande, **aveva** delle grandi finestre e un bel cortile. Nel cortile **c’erano** sempre tanti animali: cani, gatti, galline, ecc... ［ a ］
4）Ieri Stefano **stava** per andarsene dalla festa proprio quando è arrivato Enzo, il suo migliore amico. ［ d ］
5）Ieri pomeriggio, quando ci hai chiamati, noi **eravamo** in montagna. Il cellulare non **funzionava**, ma i panorami **erano** splendidi e l’aria **era** pulitissima. ［ a ］
6）La mia ex ragazza **aveva** davvero un brutto carattere. Lei **era** molto egoista e capricciosa, e per questo noi **litigavamo** quasi ogni giorno. Ma a me **piaceva** molto, quindi alla fine **vinceva** sempre lei. E il mio portafogli **era** sempre vuoto. ［ b ］
7）Laura! Mentre **ti divertivi** in Italia, il tuo ragazzo ha trovato un’altra donna! ［ c ］
8）-Ehi, Giovanni! Scusa, **stavi** dormendo?　-No, **ero** morto, ma tu mi hai riportato in vita! Grazie!! ［ d ］

Esercizio 2（練習問題2）
1）Luigi **era** un ragazzo davvero in gamba, **aveva** molti amici e **amava** divertirsi con loro.
2）Mio nonno **era** simpaticissimo, **beveva** e fumava molto, e **giocava** spesso a bocce con gli amici.
3）Mia moglie **era** severa, non mi **lasciava** uscire e si **arrabbiava** sempre con me.
4）Mia zia **faceva** la cuoca, **lavorava** in un ristorante sul mare, **amava** i cani ma **odiava** i gatti.

Esercizio 3（練習問題3）
1）Dante Alighieri **era** innamorato di una donna di nome Beatrice. ［ c ］
2）Da bambino mi **piacevano** le banane, ma ora le odio. ［ a ］
3）I miei genitori **abitavano** a Milano 20 anni fa. ［ d ］
4）Mussolini **parlava** sempre con grande enfasi. ［ f ］

5) Umberto Eco **scriveva** bellissimi romanzi. [b]
6) Garibaldi **combatteva** per unire l'Italia. [e]

Esercizio 4（練習問題 4）
1) Noi **abbiamo seguito** per un anno un corso di cucina in Italia, e **ci siamo divertiti** un sacco. Di solito **cucinavamo** piatti italiani, ma una volta **abbiamo preparato** il sushi! **Era** buonissimo!
2) Da bambino Tommaso **era** molto goloso, **adorava** i dolci e i gelati, ma un giorno **ha mangiato** un chilo di pasticcini e **si è sentito** male, quindi sua madre lo **ha accompagnato** all'ospedale.
3) -Ieri, mentre io e Giacomo **stavamo parlando**, abbiamo visto in cielo una strana luce che **si muoveva**（**si è mossa** - 一瞬なら）velocemente, ma non **abbiamo capito**（**capivamo** - その場で）che cosa fosse. Forse **era**（**è stata** - 一瞬なら）una stella cadente? O **era**（**è stata** - 一瞬なら）un'astronave aliena?
-Una cosa è sicura: tu e Giacomo ieri sera **avete bevuto** troppa grappa!

Esercizio 5（練習問題 5）
1) Ieri **ho fatto** la spesa perché non **avevo trovato** niente nel frigorifero.
2) Ieri non **siamo partiti** perché **avevamo sbagliato** a prenotare il biglietto.
3) Ieri Luigi **è tornato** a casa perché **era arrivato** un tifone e **avevano cancellato** tutte le lezioni.
4) Ieri voi **avete detto** a Marina che **avevate visto** il suo ragazzo con un'altra donna?
5) Ieri mattina **sono andato** dal medico perché il giorno prima, dopo cena, **mi ero sentito** male.
6) Ieri Martina non **ha risposto** al telefono perché **avevamo litigato**.

Esercizio 6（練習問題 6）
Che disastro!
Ieri sono andato al lavoro, e ho lasciato i miei bambini Rita, Dario e Sergio a casa, dicendogli di fare i bravi e di non aprire a nessuno. Ma quando la sera sono tornato ho trovato un disastro!
Prima di tutto Rita **aveva preparato** la merenda, ma **aveva lasciato** il forno acceso, rischiando di far scoppiare un incendio. Sergio e Dario **erano andati** fuori in giardino e **avevano lasciato** la porta aperta, quindi la casa si **era riempita** di zanzare. Poi Sergio e Rita, litigando, **avevano rotto** un vaso in mille pezzi e **avevano rovesciato** la bottiglia di chinotto aperta che **avevo messo** sulla tavola. Poi tutti e tre **avevano fatto** il bagno nella vasca e **avevano allagato** il bagno e tutto il corridoio! Questi bambini sono proprio un terremoto!

Esercizio 7（練習問題 7）
Avventure d'infanzia
Mi chiamo Marco. Da bambini io e i miei due fratelli **abitavamo** in campagna e **andavamo** molto d'accordo; **eravamo** una squadra invincibile, e spesso **giocavamo** insieme nella nostra casa sull'albero, o **partivamo** all'avventura con le nostre biciclette. Noi **avevamo** un cane che si chiamava Bob ed era così grosso che **potevamo** cavalcarlo! Un pomeriggio **siamo partiti** tutti insieme in bicicletta verso una vecchia casa disabitata in mezzo alla campagna, a caccia di tesori nascosti. **Era** una bella giornata d'estate e **faceva** caldissimo. Quando **siamo arrivati** alla casa, io **ho notato** che la porta era aperta, quindi **ho chiesto** ai miei fratelli se **volevano** entrare insieme a me, ma loro mi **hanno risposto** che **avevano** troppa paura. Fifoni! Allora **ho preso** la torcia elettrica e **sono entrato**, mentre loro **aspettavano** fuori piagnucolando. Dopo che **sono entrato**, la porta **si è chiusa** dietro di me! Maledetti! **Era** uno scherzo! A un certo punto **ho sentito** un rumore venire dalla cantina. Forse **è stato** un mostro? Oppure **è stato** un fantasma? Ma no, forse **è stato** il vento, pensavo. **Avevo** paura, ma alla fine **ho deciso** di scendere. Appena **ho aperto** la porta della cantina **ho visto** qualcosa che **si muoveva**（**si è mosso** - 一瞬なら）sul pavimento: **era** un grosso topo! In quel momento **ho gridato** fortissimo e **sono scappato** fuori urlando. Da quel giorno **ho cominciato** a odiare i topi.

質問
1) Quale animale avevano i fratelli? E come si chiamava?
Avevano un cane. Si chiamava Bob.
2) Dove sono andati i tre fratelli?
Sono andati in una vecchia casa disabitata in mezzo alla campagna.
3) Quale scherzo hanno fatto i fratelli a Marco?
Dopo che Marco è entrato nella casa, hanno chiuso la porta dietro di lui.
4) Che cosa ha visto Marco nella cantina?
Ha visto un grosso topo.

第15課　直説法未来形・先立未来形

読解　2019年の世界

今日1979年10月25日，私たちは40年後，2019年の世界がどうなっているか想像してみたい！

アンナ：　私の考えでは，都市は巨大高層ビルが立ち並び，光に満ちていて，今よりずっと大きくなっていると思うわ。そして自動車はSF映画の中のように空を飛んでいるの！　空気は澄んでいて，至るところにテレビのスクリーンがあり，私たちはスーパーテクノロジーの家に住んでいるの。ついに戦争はなくなって，世界中のすべての国民が調和のうちに暮らすの。私にとっては，本当に素晴らしい世界になっているでしょう！

ブルーノ：　いや，素晴らしい世界なんて（あり得ない）... アンナ，君は楽観的過ぎるよ！　アメリカ合衆国とソビエト連邦は，遅かれ早かれ，核戦争を勃発させるよ。世界は終わるだろうね，都市は消滅し，生き残る人はわずかだろう。ともかく，世界が終わった後で，少しずつ自然がこの地球を再び所有していき，この星は再び目覚めるだろう。破壊された超高層ビルの上に木が生い茂り，色とりどりのたくさんの花がセメントの裂け目から顔をのぞかせるだろう。

ジジ：　うわあ，ブルーノ，なんて陰鬱なんだ！　君は悲観的過ぎるよ！　2019年がどうなっているか，僕が今君に話してあげるよ。僕たちはみんなとても賢い携帯電話を持つようになるけど，僕たち自身はより無知になるだろう。本を読む量はずっと少なくなり，正しいイタリア語で書くことを忘れてしまうだろう。すべてがコンピュータに管理され，僕たちはしばしばそれをどう使えばよいかわからなくなるだろう。自動車は空を飛ぶ代わりに自動運転を始めるだろう。ソビエト連邦はもう存在せず，ヨーロッパは統一されてるだろう。そしてイタリアは大きな政治的変革の1年になるだろう。

ブルーノ：　おい，待てよ！　どうしてお前はそんなこと全部わかるんだよ？

ジジ：　簡単だよ。僕は未来から来たのさ。その世界にいて，この目で見たんだから！　もし君たちが望むのであれば，君たちをその世界に連れて行くよ！　この外の二列駐車しているところにタイムマシーンをとめているんだ。

アンナ，ブルーノ：いいえ，結構！

質問

1）Secondo Anna come saranno le città nel 2019?
　　Le città saranno molto più grandi di oggi, con grattacieli enormi e piene di luci.

2）Chi pensa che nel 2019 ci sarà pace nel mondo?
　　Lo pensa Anna.

3）Chi è il più pessimista dei tre?
　　Bruno è il più pessimista.

4）Secondo Bruno che cosa succederà dopo che il mondo sarà finito?
　　La natura riprenderà pian piano possesso del pianeta, che lentamente si risveglierà.

5）Secondo Gigi quali problemi ci saranno nel 2019?
　　Saremo più ignoranti, leggeremo meno e dimenticheremo come scrivere in italiano corretto. Tutto sarà controllato dai computer, ma non sapremo come usarli.

6）Quale dei tre ragazzi si avvicina di più alla realtà?
　　Gigi si avvicina di più alla realtà.

7）Che cosa succederà, secondo Gigi, in Italia nel 2019?
　　Succederanno grandi cambiamenti politici.

8）Perché Gigi sa tutto del 2019?
　　Perché viene dal futuro. C'è stato e l'ha visto con i suoi occhi.

Esercizio 1（練習問題1）

Il mago Gennaro

Buongiorno, Renato. Vediamo che cosa dicono le carte...

Allora, tu presto **avrai** un incidente, ma non **ti farai** male, per fortuna. L'anno prossimo la tua ragazza ti **lascerà** e **si metterà** insieme a un tuo amico. Ma non ti preoccupare: **farai** un viaggio in India, e lì **incontrerai** due sorelle gemelle. Una di loro si **innamorerà** di te, e in futuro ti **chiederà** di sposarla. **Vivrete** insieme in India e **avrete** cinque figli. Tu **lavorerai** come attore e lei **diventerà** una cantante. **Sarete** tutti e due ricchi e famosi!

Esercizio 2（練習問題2）

1）Dov'è Tommaso?　-Non lo so. **Sarà** in bagno.［ h ］

2) Chi è quel tipo strano? -Probabilmente **sarà** un ladro. [c]
3) Hai visto Maria? Sembra stanca... -Poverina, forse **avrà** le febbre. [e]
4) Com'è il tempo domani? -Purtroppo domani **pioverà** a dirotto. [f]
5) Quanti anni ha Giacomo? -Ne **avrà** una quarantina. [a]
6) La tua ragazza viene stasera? -No, non credo che **verrà**. [g]
7) Quando fate i compiti? -Boh? Li **faremo** stasera. [b]
8) Che ore sono? -**Saranno** circa le undici. [d]

Esercizio 3（練習問題 3）
1) -Michele, dove **andrai** domani? -Domani **andrò** da mio nipote e gli **porterò** un regalo.
2) Dopodomani **partiremo** per l'Italia, **visiteremo** Roma e Firenze e **ritorneremo** fra dieci giorni.
3) Anna e Luigi **staranno** a casa, **ceneranno** insieme e **guarderanno** un film in TV, poi **andranno** a dormire.
4) Domani **uscirò** con Anna, la **porterò** al mare e la **farò** divertire un sacco!

Esercizio 4（練習問題 4）
1) Dopo che **avremo fatto** la spesa, **prepareremo** la pizza.
2) Appena **avrò finito** i compiti, **giocherò** ai videogiochi.
3) Quando **avrai pulito** la tua stanza, **potrai** invitare gli amici.
4) Dopo che **avrete trovato** un lavoro fisso, **vi sposerete**.
5) Dopo che **sarà andato** dal barbiere, Matteo **uscirà** con Elena.
6) Appena **avranno letto** quei documenti, Susanna e Rita **scriveranno** una lettera al loro capo.

Esercizio 5（練習問題 5）
1) -Dove ho messo il mio cappotto? -Lo **avrai lasciato** a scuola!
2) -Dopo che **avrai mangiato** tutta la pasta, **potrai** mangiare la panna cotta! Altrimenti la **mangerò** io!
3) -Chi ha fatto cadere il vaso? -Che ne so, **sarà stato** il vento!
4) -Dopo che il capo vi **avrà sgridato**, vi **licenzierà**!
5) -Domani la festa non **ci sarà**, quindi **andremo** al mare.
6) -Melissa piange! Che cosa le **avrà detto** suo marito? Poverina!
7) -Guarda come sono pallidi Luca e Tommaso! Che cosa gli **sarà successo**?
-Chissà, **avranno incontrato** un fantasma! Oppure **avranno visto** l'estratto conto della carta di credito!
-La seconda che hai detto. **Sarà** certamente così.

Esercizio 6（練習問題 6）
L'ex ragazza stalker（pericolosissima!）
Marco! Amore mio! Perché sei scappato? Dove **sarai** ora? Forse **sarai** lontano, in qualche angolo del mondo, e **penserai** a me! O forse **sarai** con un'altra ragazza e ti **starai** divertendo insieme a lei... In ogni caso, io non ti **dimenticherò** mai! Se mi hai lasciata, un motivo ci **sarà**! Ma io non riesco proprio a capirlo. Certo, io **sarò stata** troppo gelosa con te, ti **avrò detto** tante cose crudeli, ma ti ho sempre amato e ti **amerò** sempre. Ti **cercherò**, e un giorno ti **troverò**, noi **ci rimetteremo** insieme, **ci sposeremo** e **vivremo** insieme per sempre. E se tu non lo **vorrai**, io ti **rapirò**, ti **legherò** e ti **porterò** via con me su un'isola deserta da dove non **scapperai** mai più!

Esercizio 7（練習問題 7）
1) Nessuno **ne** parla!
2) Io non **ci** credo.
3) Non **ne** ho voglia.（Non ho voglia di parlar**ci**.）
4) **Ne** sai qualcosa?
5) **Ci** penso io!
6) Io **ci** tengo molto.
7) Non **ne** uscirai vivo.
8) **Ci** conti ancora?

Esercizio 8（練習問題 8）
1) **Ce la** metto tutta!
2) **Vi ci** accompagno io, ragazzi!

3）**Ce la** porti tu?
4）**Ce ne** metto moltissimo!
5）Non **ce lo** metterai mica, vero!?
6）**Ce ne** metto due ad arrivare a casa.
7）La mamma **ci** porta tutti!
8）**Vi ci** accompagna Matteo?

第16課　関係代名詞

読解　僕とミッシェルの出逢い
僕とミッシェルは25年前から一緒にいて，今でもとても愛し合っている！　今君たちに僕たちの物語を話してあげよう。25年前，僕は貧乏学生で，僕にとっては愛憎入り混じった街，素晴らしく美しいがあまりに混沌としたローマに住んでいた。生計を立てるために，観光地区から少し外れたピア門の近くにある贅沢なレストランで僕は皿洗いをしていた。オーナーはあまり融通が利かなくて，僕が住んでいたテスタッチョ地区へ向かう最終バスが通る真夜中まで僕を働かせていた。ある晩，そのレストランで，キッチンのドア越しに，1人の若くて可愛い女性が，その恋人と思われる男性と口論しているのを見かけた。2人は一晩中フランス語で口論を続けていた。もうウェイター全員が帰ってしまっていて，僕とオーナーしか店には残っていなかった。だから，僕がその2人の「恋人たち」に勘定書をもっていく羽目になった。ところが，その少し前に席を立っていた男性は，女性を未払いの勘定書とともに残したままレストランから出ていたのだ！　代金は約30万リラ，その少し前に上司が僕に払ってくれた週給とちょうど同じくらいだった！　その時，すでにわっと泣き出していたその可哀そうな女性のために，僕がその代金を払おうと決めた。僕が上司にお金を渡すと，彼は信じられないといった様子で僕を見ていた。僕はテーブルの上に置いてあった花瓶から1輪の小さな花を取ると，メッセージを書いたカードと一緒に領収書を入れたフォルダーの中に入れた「泣いている時の君も綺麗だけど，笑うともっと綺麗だよ！」。僕は勇気を出して，彼女にフォルダーを閉じたまま渡した。彼女はフォルダーを開けるとすぐに涙を拭い，決して忘れることができない微笑みを僕に向けてくれた。目を開けたまま僕は夢を見ているようだった。しかし，その瞬間，僕の目の前をバスが遠ざかっていくのが見えた。「バスが！」僕が言うことができたのは，その一言だけだった。そのシーンを見ていたオーナーが噴き出すと，彼女も笑い出して，しまいには僕まで大笑いした！
その晩，ローマはとても美しかった。僕たちはローマの街を歩いて横断した！　僕たちの頭上の空には星が満ちていて，満月はミッシェルの優雅なフランス語の抑揚と一緒になって，すべてのものをより魅惑的にしていた。あの晩から25年間，僕たちは1日たりとも愛し合うことをやめたことはない。

質問
1）Quanti anni fa il protagonista ha conosciuto Michelle?
　　-L'ha conosciuta 25 anni fa.
2）Che cosa faceva lui per vivere?
　　-Faceva il lavapiatti in un ristorante lussuoso.
3）Come tornava lui dal lavoro?
　　-Tornava con l'ultimo autobus.
4）Chi era, probabilmente, l'uomo con cui litigava la ragazza?
　　-Era probabilmente il suo fidanzato.
5）Chi ha pagato, alla fine, il conto per la ragazza?
　　-L'ha pagato il protagonista.
6）Che cosa c'era scritto sul biglietto che il protagonista ha dato alla signorina?
　　-C'era scritto "Quando piangi sei bella, ma quando sorridi sei bellissima!".
7）Che cosa ha visto il protagonista mentre sognava ad occhi aperti?
　　-Ha visto passare davanti ai suoi occhi l'autobus che stava andando via.
8）Com'era Roma quella notte?
　　-Era bellissima.（C'erano le stelle e la luna piena.）

Esercizio 1（練習問題1）
1）Salvatore, che lavora come commesso, è un ragazzo simpatico.（逆も可）
2）La caramella che mi hai dato è buonissima!
3）Antonio, che è il ragazzo di Marta, ha una Vespa grigia.（逆も可）
4）Matteo, che è pieno di tatuaggi, ama la musica metal.（逆も可）
5）Gli occhiali che io porto sono italiani.

6) Quel film che stai guardando è davvero noioso.
7) La pizza che mi hanno consigliato è veramente buona.
8) La signora che abita sopra di me è molto scortese.

Esercizio 2（練習問題 2）
1) La ragazza **di cui** ti ho parlato si chiama Francesca.
2) Ho molti libri interessanti **tra cui** "Seta" e "Il nome della rosa".
3) Ieri ho rivisto quel ragazzo **di cui** ero compagno di classe alle medie.
4) La città **da cui** proviene la pizza margherita è Napoli.
5) Com'è l'albergo **in cui** hai soggiornato?
6) La ragazza **a cui** avevo regalato un anello di diamanti è sparita.
7) Il motivo **per cui** non sono venuto a casa tua è che odio i gatti.
8) Questa è la nave **su cui** ho viaggiato.

Esercizio 3（練習問題 3）
1) Niccolò Ammaniti, **che** ha scritto molti romanzi, **tra cui** "Io non ho paura" e "Che la festa cominci", è uno dei miei scrittori preferiti.
2) La signora **a cui** hai regalato il vino era contentissima!
3) I motivi **per cui** il capo non mi ha rinnovato il contratto sono numerosi.
4) Eccolo! È proprio il signore **con cui** Anna ha avuto un'avventura amorosa!
5) L'aereo **su cui** ho viaggiato l'anno scorso era davvero un catorcio!
6) I ragazzi **che** mi hanno picchiato abitano nello stesso palazzo **in cui** abita mio cugino, **che** è cintura nera di karate e certamente gliela farà pagare!
7) Totò, **i cui** genitori sono ricchissimi, è viziato e antipatico.
8) Quella signora, **la cui** sorella è una famosa cantante, è una mia collega.
9) Marika è una ragazza **a cui** piace essere al centro dell'attenzione.

Esercizio 4（練習問題 4）
1) Amo le persone **che** affrontano la vita con coraggio. Ma odio **chi** si comporta da vigliacco.
2) Adoro **chi** mi guarda negli occhi quando parla, e non mi fido di **chi** non lo fa.
3) Non sopporto le persone **che** parlano con la bocca piena e **che** fanno rumori mentre mangiano. Odio anche **chi** mi fuma in faccia e **chi** è troppo insistente.
4) Ammiro moltissimo **chi** sa disegnare bene e **chi** è bravo a parlare in pubblico.

SPECIALE　Stereotipi sugli abitanti delle principali città italiane — 各都市のイタリア人をめぐるステレオタイプ
A) I genovesi → Avari, ma anche bravi commercianti. [3]
B) I romani → Simpaticissimi, ma pigri: non amano molto lavorare. [4]
C) I milanesi → Per loro il lavoro è tutto, e hanno semre fretta. [1]
D) I siciliani → Molto gelosi e legatissimi alla famiglia. [6]
E) I sardi → Ospitali, ma un po' testardi. [7]
F) I veneziani → Grandi bevitori, ma cattivi guidatori. [2]
G) I napoletani → Sempre allegri, vivono alla giornata, passano col rosso. [5]

第 17 課　直説法遠過去・先立過去

読解　2 つの世界の英雄！
ジュゼッペ・ガリバルディはイタリア史における偉大な英雄であり，波乱万丈の生涯を送った。彼は 1807 年にニースでジェノヴァ出身の家族のもとに生まれ，とても若くして優れた船乗りになった。マッツィーニの信奉者であった彼は，1834 年にピエモンテ州で起こった武装蜂起に参加したが，その試みは失敗し，彼は逃亡を余儀なくされた。1836 年南アメリカに渡ると，その後の 12 年間に，（ブラジル南部の）リオ・グランデ・ド・スール共和国やウルグアイのために闘いながら，戦闘の技術を完成させ，偉大な指揮官になった。このために彼は「二つの世界の英雄」と呼ばれている。1838 年，ガリバルディは大きな愛を知ることになった。どんなときも，戦争においてすら彼に付き従ったアニータである。その 10 年後，1848 年の争乱と第一次イタリア独立戦争が勃発すると，彼はヨーロッパに戻ることを決意した。マッツィーニがローマを占拠してローマ共和国を建国（1849 年）すると，ナポレオン三世はその都市を解放し，教皇を守るために配下の兵士たちを送った。そこでガリバルディは最後までマッツィーニとともに戦ったが，敗北し，彼らの共和国の夢は潰えた。ローマからの敗走の後，（イタリアまでガリバルディを追いかけてきていた！）アニータが死んだ。その約10年後，第二次イタリア独立戦争が勃発した時，ガリバルディはイタリアを創るために再び行動を開始した。（当時サルデーニャ王国と呼ばれていた）ピエモンテが北部においてその領土を拡張していた間に，ガリバルディは千人隊（およそ千人の赤シャツを着た男たちで構成されていた）を引き連れてジェノヴァから船で出港し，シチリアのマルサラに着くと，現地の住民に彼らを支配していたブルボン王フランチェスコ二世に対して反乱を起こすように説き伏せた。こうしてわずかの期間に，ガリバルディはシチリア全土を制圧し，メッシーナ海峡を渡った。そしていくつかの戦いに勝利した後，彼はサルデーニャ王ヴィットリオ・エマヌエーレ二世に謁見すると，王に彼が征服した土地をすべて献上した。イタリアの大部分が統一され，1861年3月17日にイタリア王国が誕生したのは，とりわけ，ガリバルディのこうした並外れた軍事的行動のおかげであった。

質問

1）Dove e quando nacque Garibaldi?
　　Nacque nel 1807 a Nizza.
2）Che cosa fece in Sudamerica?
　　Perfezionò le sue tecniche di combattimento, combattendo per il Rio Grande del Sud e per l'Uruguay.
3）Chi incontrò nel 1838?
　　Incontrò Anita.
4）Insieme a chi, e dove combattè Garibaldi nel 1849?
　　Combattè insieme a Mazzini, a Roma.
5）Che cosa successe dopo la sconfitta?
　　Anita morì.
6）Con chi Garibaldi conquistò la Sicilia?
　　La conquistò con l'aiuto dei Mille e delle popolazioni locali.
7）A chi cedette i territori conquistati?
　　Li cedette al Re di Sardegna: Vittorio Emanuele II.

Esercizio 1（練習問題 1）

1）Giovanni dalle Bande Nere **fu** un grande condottiero italiano del Cinquecento.
2）Giuseppe Mazzini **ebbe** una vita molto avventurosa e sofferta.
3）I lanzichenecchi, che **furono** spietati mercenari al servizio dell'Imperatore Carlo V, **attaccarono** Roma nel 1527 e la **saccheggiarono**.
4）Il Medioevo **iniziò** nel 476 e **finì** nel 1492.
5）Cristoforo Colombo e i suoi uomini **crederono**（**credettero**）di aver raggiunto le Indie, ma **arrivarono** in un continente nuovo, che poi **fu** chiamato "America".
6）Galileo Galilei **osservò** il cielo e **scoprì** i satelliti di Giove.

Esercizio 2（練習問題 2）

1）Io e Margherita **ci sposammo** trent'anni fa e **andammo** in viaggio di nozze a Parigi. L'ultima sera prima della partenza **ci fu** una grande nevicata, e il nostro aereo non **partì**. Quindi **passammo** altri tre giorni a Parigi a spese della compagnia aerea! **Fu** una gran pacchia!
2）Nipotino mio, una volta io **fui** partigiano, e negli ultimi anni della guerra **combattei** e **rischiai** la vita per liberare l'Italia dai nazisti.
3）Ricordo che una volta tu e Rita **usciste** insieme, ma tu la **portasti** in una squallida taverna di periferia e lei **si arrabbiò** tantissimo.
4）Da bambino una volta accesi un fiammifero, e per sbaglio **incendiai** la casa. Per fortuna noi **riuscimmo** a sopravvivere!

Esercizio 3（練習問題 3）

1）L'imperatore romano Nerone **fece** costruire la "Domus Aurea", un enorme palazzo, che **venne** distrutto e dimenticato dopo che lui **morì**.
2）Tanti anni fa **lessi** "Va' dove ti porta il cuore" di Susanna Tamaro, ma non mi **piacque** per niente; lo **trovai** piuttosto noioso.
3）Ragazzi, vi ricordate quando da bambini **rompeste** la finestra del vicino con il pallone e lui **venne** fuori arrabbiatissimo e vi **diede**（**dette**）un sacco di schiaffi?
4）Una volta **vedesti** un film di Dario Argento e dalla paura non **riuscisti** a dormire per tre notti. Che fifone!!
5）Io **conobbi** Claudia una sera d'inverno in un pub. **Ci guardammo**, **ci piacemmo** e **ci mettemmo** insieme quasi subito.
6）Anni fa io **chiesi** a una signora se fosse incinta, ma lei mi **guardò** male e mi **rispose** di no. Poi **andò** via seccata. Questa **fu**

certamente la più brutta figura che io **feci** in vita mia!

Esercizio 4（練習問題 4）

1）Alessandro Volta **inventò** la pila, e l'unità di misura "Volt" **derivò** dal suo nome.
2）Barsanti e Matteucci **costruirono** nel 1853 un prototipo di motore a scoppio.
3）Marconi **fu** l'inventore del telegrafo senza fili, il quale **portò** alla nascita della radio.
4）Antonio Meucci **inventò** il telefono, ma non **riuscì** a brevettarlo per mancanza di denaro.
5）Enrico Fermi **nacque** a Roma, e **ideò** la pila atomica, ovvero il primo reattore nucleare.

Esercizio 5（練習問題 5）

1）Ieri **ho saputo** che Marcello, l'uomo con cui Marina **stava** insieme, nel 1975 **rubò** una macchina e **fu** arrestato.
2）Nel 1860 Garibaldi **sbarcò** a Marsala, in Sicilia, e da lì **iniziò** la conquista dell'Italia del Sud. Insieme a lui **c'erano** circa mille soldati, volontari che **indossavano** la camicia rossa. Garibaldi e i suoi uomini **riuscirono** a cacciare il Re di Napoli e **consegnarono** l'Italia del Sud al primo Re d'Italia: Vittorio Emanuele II.
3）Due giorni fa, un famoso scrittore italiano **ha visitato** la nostra scuola. Durante la sua visita **ha fatto** un discorso molto interessante: **ha parlato**（**parlava**）di concetti profondi come la vita e la morte e **ha cercato**（**cercava**）di farci riflettere sulle cose importanti della vita. Inoltre **era** molto simpatico e **parlava** in modo chiaro.
4）Mio nonno mi **parlava** spesso della sua vita negli anni in cui Mussolini **era** al potere. Per lui, che **era** un bambino, quegli anni **furono** un periodo spensierato, ma poi l'Italia **entrò** in guerra, e tutto all'improvviso **cambiò**.

Esercizio 6（練習問題 6）

1）Appena Andrea **fu uscito**, io **accesi** la televisione.
2）Subito dopo che il film **fu iniziato**, noi **ci addormentammo**.
3）Quando Marcello **ebbe finito** di lavorare, **tornò** a casa.
4）Dopo che io e Marcella **fummo andati** al parco, **incontrammo** Luca.
5）Dopo che tu e Tina **aveste fatto** la spesa, **cucinaste**.
6）Dopo che loro **ebbero giocato** a calcio, **si cambiarono**.

第18課　第3部・ステップアップとまとめ

読解　とんでもない夢…

僕はマルコ。僕が少年の頃に見た夢について君たちに語ろうと思う。とんでもない夢だった…僕はヴェネツィアにいた。午後のことで，雪が降っていて，街は真っ白に染まっていた。僕はカジノに賭けをするために行っていて，大金を勝ち得ていた。あとは入り口のところにある機械でお金を引き出せばよかった。しかし，僕が機械にチケットを差し込むとすぐに警報が作動して，警備員が走って僕の方へやってきた。黒ずくめの衣装を着てサングラスをかけた警備員が僕に尋ねた。「お客様，何をしているのですか？」そしてチケットを確認すると，僕にこう告げた。「このチケットは無効です，お客様」。怒りの衝動に駆られて（僕は大金を勝ち得ていたのだった），僕は渾身の力で彼の顔を拳で殴りつけた。彼のサングラスは床に飛んで行ったが，彼はまだ立ったままだった。僕は彼に何のダメージも与えることが出来なかった！　まるで金属でできているかのようだった！　その瞬間，彼の目が赤く光った。その警備員はアンドロイドだったのだ！　人間の顔をしたロボット！　私のシャツを掴むと，私を高く放り投げ，大きなモザイクガラスの窓にぶつけた。ガラスは私の体とぶつかった衝撃で粉々に割れた。私はカジノの屋根の上にいた。幸運なことに私はまだ完全に無事だった。私は立ち上がると，自分の体に信じられない力が漲っていることに気付いた！　私もまたアンドロイドだったのだろうか？　一瞬後に私は振り向くと割れた窓の方を眺めた。アンドロイドの警備員が私を捕まえようと，私の方に向かって飛んできているじゃないか！　逃げなければならなかった。私は隣の屋根に飛び移ると，さらにその隣のより低くなった屋根に飛び移った。私は猫のように跳ねていたが，何の痛みも感じず，むしろ，より強くなったように感じていた。私の追跡者は，まだ私の後方にいた。ある時点で，私は大きくジャンプすると，雪の積もったヌオーヴァ通りに飛び降り，走り続けた。突然，脇道から赤い目を光らせたアンドロイドが出てきて，私を取り押さえようとした。だが，私ははるかに強くなっていた。鋼鉄の拳と蹴りで全員を破壊した。ボコッ，バシッ，ドーン！　なんて快感なんだ！　僕は無敵だ，もう誰も僕を止めることは出来ない！
そう，これがSF映画ばかり見ているものに起こることなんだ…

質問

1）Com'era il tempo a Venezia nel sogno?
　　Nevicava.

2) Che cosa doveva ritirare Marco dalla macchinetta?
    Doveva ritirare molti soldi che aveva vinto al casinò.
3) Come era vestita la guardia?
    Era vestita di nero e portava gli occhiali da sole.
4) Che cos'era in realtà la guardia?
    Era un androide (un robot).
5) Che cos'ha fatto l'androide a Marco?
    Lo ha preso per la camicia e l'ha gettato verso l'alto contro una grossa finestra a mosaico.
6) Perché Marco doveva scappare?
    Perché l'androide-guardia stava volando verso di lui per prenderlo.
7) Che cosa facevano gli altri androidi dagli occhi rossi?
    Provavano a bloccare Marco.
8) Che cosa faceva Marco agli androidi?
    Li distruggeva tutti con pugni e calci d'acciaio.
9) Come era diventato Marco?
    Era diventato fortissimo.
10) Perché Marco ha fatto questo sogno?
    Perché aveva visto troppi film di fantascienza.

Esercizio 1（練習問題 1）
1) **Ho saputo** proprio adesso che Teresa aspetta un bambino! Che bello!
2) Ragazzi, voi **conoscevate** mio nonno? Era davvero simpaticissimo!
3) Martino **ha conosciuto** Sandra all'università.
4) Non **sono potuto** venire alla festa perché sono stato impegnato tutto il giorno.
5) Ieri tu **dovevi** andare dal dentista, ma non ci sei andato. Perché?
6) Antonio, io non **volevo** offenderti, ma tu mi hai fatto arrabbiare!
7) Siccome i miei suoceri non hanno pagato il conto, alla fine **ho dovuto** pagarlo io!
8) **Sapevi** che Marino era campione di boxe? Io non lo **sapevo**!

Esercizio 2（練習問題 2）
1) Voglio andare in America, ma non ho soldi...
    Da giovane **volevo** andare in America, ma non **avevo** soldi...
2) Ora conosco Giulia.
    Fino a ieri non **conoscevo** Giulia.
3) Oggi voglio mangiare una pizza!
    Ieri **volevo** mangiare una pizza!
4) Oggi voglio uscire con gli amici, ma non posso perché devo studiare.
    Ieri **volevo** uscire con gli amici, ma non **ho potuto** perché **dovevo** studiare.
5) So da ieri che tu fra qualche giorno parti per il Giappone.
    Ieri **ho saputo** che tu fra qualche giorno parti per il Giappone.

Esercizio 3（練習問題 3）
1) Hai portato i pasticcini? -Sì, **li ho portati**!
2) Hai comprato il vino? -Sì, **l'ho comprato**!
3) Hai spento la televisione? -Sì, **l'ho spenta**!
4) Hai chiuso le finestre? -Sì, **le ho chiuse**!
5) Hai preso il telefonino? -Sì, **l'ho preso**!
6) Hai dato il libro a Nino? -Sì, **gliel'ho dato**!
7) Hai chiesto le chiavi a Lea? -Sì, **gliele ho chieste**!
8) Ti ho dato il resto? -Sì, **me l'hai dato**!
9) Mi hai dato i soldi? -Sì, **te li ho dati**!
10) Ci avete scritto la lettera? -Sì, **ve l'abbiamo scritta**!

Esercizio 4（練習問題 4）
1) Anna, con **la quale** sono uscito ieri sera, ha lasciato il ragazzo **il quale** l'aveva tradita.

2）Carlo e Gino hanno comprato un drone **il quale** si è rotto dopo cinque minuti.
3）A Parma ho ritrovato il ristorante **nel quale** avevo mangiato tanti anni fa!
4）Nell'enoteca **nella quale** sono andato oggi ho comprato un vino **il quale** ti piacerà certamente!
5）Il motivo per **il quale** non voglio uscire con Sergio è questo: lui non si lava mai!
6）I ragazzi con **i quali** uscite sempre sono dei figli di papà **i quali** non fanno nulla tutto il giorno.
7）Le amiche di Lucia, **le quali** sono delle gran pettegole, sanno già delle cose **delle quali** ti ho parlato.

Esercizio 5（練習問題 5）
1）prevedere: 予想する
2）trasportare: 運ぶ，移す
3）distrarre: そらせる，移す
4）rileggere: 読み直す
5）iperattivo: 超活動的な
6）biscotto: ビスケット（2 度焼かれた）
7）estrarre: 引き出す
8）trasmettere: 伝える
9）postmoderno: ポストモダン
10）ipotesi: 仮説
11）proporre: 提案する
12）analfabeta: 読み書きのできない
13）santificare: 神聖化する
14）parlamento: 国会
15）bellezza: 美しさ，美
16）milanista: AC ミランファン
17）birreria: ビヤホール
18）bravura: うまさ，熟達

Esercizio 6（練習問題 6）
1）**Chi** va piano va sano e va lontano.
2）Ecco i bambini di **cui** ti parlavo.
3）Amo **chi** regala fiori!
4）Marcello, **che** è un pantofolaio, non esce mai di casa.
5）Giovanna e Lucia, alle **quali** ho regalato i miei libri, non mi hanno nemmeno ringraziato.
6）Le persone **che** non salutano mai sono in genere poco affidabili.
7）**Chi** ha un tatuaggio o si tinge i capelli non è necessariamente una cattiva persona.
8）Il ragazzo al **quale** ho dichiarato il mio amore è già fidanzato! Che peccato!
9）**Chi** si loda s'imbroda.
10）Ho tanti film , tra **cui** "Amarcord" e "Amici miei".

Esercizio 7（練習問題 7）
1）Quei ragazzi, che sono simpaticissimi, sono i miei compagni di classe.
2）Ieri ho conosciuto Rosanna, la ragazza a cui tu avevi chiesto di uscire.
3）Il motivo per cui Federica non ti ha chiamato è chiaro: non vuole parlare con te!
4）Ieri notte ho fatto un sogno in cui ero inseguito da dei robot che volevano prendermi!
5）Il signore al quale hai telefonato ieri è il nuovo console d'Italia in Giappone.

Esercizio 8（練習問題 8）
Il principe superbo
C'era una volta un principe malvagio e arrogante che **voleva** conquistare il mondo. I suoi soldati **distruggevano** i villaggi, **uccidevano** persone innocenti e **portavano** via tutte le loro ricchezze.
Un giorno il principe **volle** conquistare tutti i regni vicini al suo. E dopo che **ebbe conquistato** il mondo, **decise** di sfidare Dio. Per fare questo, **costruì** una grande nave volante. La nave **era** trainata da diecimila aquile, e **aveva** migliaia di cannoni. Dopo che il principe **fu partito** per il regno dei cieli con la sua nave, Dio gli **mandò** uno dei suoi angeli. Il principe **sparò** tantissimi colpi, ma l'angelo **era** invincibile.
Con un fulmine, l'angelo **colpì** la nave, la quale **precipitò**. Ma il principe non **morì**, e dopo che **si fu ripreso**, **fece** costruire tante altre navi volanti, ancora più grandi. Mentre il principe **stava** per ripartire verso il cielo, Dio **mandò** sulla Terra una zanzara, che **punse** il principe in un orecchio e su tutto il corpo. Il dolore **era** terribile, al punto che il principe **si tolse** l'armatura e i vestiti. In quel momento, tutti i suoi uomini **iniziarono** a ridere e a prendere in giro il principe superbo che **voleva** conquistare l'universo, ma che si **era fatto** sconfiggere da una sola, piccola zanzara.

Esercizio 9（練習問題 9）省略

Esercizio 10（練習問題 10）省略

Esercizio 11（練習問題 11）省略

第19課　受動態

読解　外来語に付く冠詞

外来語の名詞の前にはどのような冠詞が付けられべきだろうか？　誰もが，遅かれ早かれ，こうした疑問に悩まされることになる。イタリア語を学ぶ学生に教える教師，そして勿論イタリア人自身も同様である！　通常，多くの外来語は男性名詞と見なされる。例えば，コンピュータやバール，ヨーグルトなどがそうである。しかし，その外来語と同様の意味を持つ女性形のイタリア語が存在する場合，しばしば女性名詞と見なされることもある。メール（イタリア語の女性名詞「手紙」と同様に）やスーパーカー（イタリア語の女性名詞「自動車」と同様に）などがそうである。ともかく，こうした名詞は今では公式にイタリア語の一部になっている。
しかしながら，あるイタリア人が外国にいて，別のイタリア人とイタリア語で会話するとき，しばしば一つの問題に直面せざるを得なくなる。まだイタリア語に登録されておらず，したがって辞書に載っていない外国語の名詞をどのように分類するか？　答えは単純である。それぞれが自分の流儀で分類しているのである！　例えば，日本に住んでいるイタリア人の間では，蕎麦のことを，ある人は la soba と女性単数形の定冠詞を付けて呼び（語尾が -a で終わるから），別の人は i soba と男性複数形の定冠詞を付けて呼ぶ（イタリア語で男性複数名詞であるスパゲッティに対応するものと見なしているから）。また，「ラーメン」に関しても，ある人は il ramen と男性単数形（イタリア語で男性単数名詞の「料理」と見なして）で，別の人は i ramen と男性複数形（やはりこれも男性複数名詞のスパゲッティと同様のものとして）で呼ぶといった具合である。実際，いく人かのイタリア人は，こうしたことのために口論するほどである！ イタリア語は，料理や政治，そして勿論サッカー同様，イタリア人にとって「熱い」テーマなのである！
しかし，結局のところ，誰も納得などしておらず，それぞれ自分が正しくて（多くのイタリア人にとって，「常に」自分が正しいことがとても重要なのだ！），相手が間違っていると考えているのである。そして，こうした論争が続く限り，全員が好きなように冠詞を付け続けているのである ...。

質問

1）Quale dubbio assale gli studenti, gli insegnanti di italiano e gli italiani stessi?
　　Il dubbio è: "Quali articoli vanno messi davanti ai sostantivi stranieri?".
2）Come vengono considerati di solito, in italiano, i sostantivi stranieri?
　　Vengono considerati maschili.
3）I sostantivi "mail" e "supercar" sono maschili o femminili?
　　Sono femminili.
4）Quale problema linguistico affrontano gli italiani all'estero?
　　Come classificare i sostantivi stranieri che ancora non sono stati registrati dalla lingua italiana e che non appaiono sul dizionario.
5）Secondo te è più corretto dire "la soba" o "i soba"?
　　省略
6）Secondo te è più corretto dire "il ramen" o "i ramen"?
　　省略
7）Quali sono gli argomenti di discussione più "caldi" per gli italiani?
　　Sono la cucina, la politica, il calcio e la lingua italiana.

Esercizio 1（練習問題 1）

1）Martina **viene**（**è**）**accompagnata** a scuola da Federico.
2）Francesca **è**（**viene**）**amata** da Aldo.
3）Federica **è stata tradita** da Luigi.
4）Pippo **venne**（**fu**）**salutato** da Umberto.
5）Io spesso **venivo**（**ero**）**disturbato/a** da mio fratello.
6）I piatti **verranno**（**saranno**）**lavati** da voi!
7）Gino e Simona **sono stati chiamati** da te.
8）Io **sono stato/a graffiato/a** dal gatto.
9）Michele **è stato derubato**.
10）Il mio ombrello **è stato preso**（da qualcuno）.

Esercizio 2（練習問題 2）

1）Anna **chiamò** Daniele.
2）**Hanno rubato** la macchina a Sergio.
3）Silvia **bacia** Tommaso.

4) Vittorio **ha lasciato** Laura.
5) Gli altri bambini **ti prendevano in giro**.
6) Molti **parlano** il tedesco in Trentino.
7) Il nostro capo **offrirà** la cena.
8) Giovanni **prenderà** il posto di Luca.
9) Leonardo da Vinci **inventò** la vite.
10) Il terremoto **ha distrutto** Finale Emilia.

Esercizio 3（練習問題 3）
1) Da bambino Ugo **veniva** chiamato da tutti “Ciccio”.
2) 複合時制の受動態で書き直し不可。
3) Il telescopio **venne** perfezionato da Galileo Galilei.
4) Il campionato quest’anno **verrà** vinto dal Napoli.
5) 複合時制の受動態で書き直し不可。
6) I miei fratelli **venivano** trattati meglio di me.
7) 複合時制の受動態で書き直し不可。
8) Il computer **viene** usato da tutti al giorno d’oggi.
9) Da giovane **venivo** spesso ingannato dalle ragazze.
10) 複合時制の受動態で書き直し不可。

Esercizio 4（練習問題 4）
1) Paolo, hai comprato **qualcosa**? -No, non ho comprato **niente/nulla**.
2) Sei stato bocciato, eh! **Ognuno** ha quel che si merita! Non hai mai studiato **niente/nulla**.
3) **Chiunque** riuscirà a finire questo lavoro per le 5:00 potrà tornare a casa.
4) C’è **qualcuno** che vuole uscire con noi stasera? Oltre a Carlo, nessun **altro**?
5) Ieri ho visto **uno** che andava in giro con un coccodrillo al guinzaglio! Roba da matti.

Esercizio 5（練習問題 5）
1) La carbonara non **va fatta** con la panna!
2) Le tasse **vanno pagate** assolutamente.
3) Le ragazze non **vanno maltrattate**.
4) Gli amici non **vanno sfruttati**.
5) I vicini di casa **vanno salutati**.
6) Sul pesce non **va messo** il formaggio.
7) La pizza **va mangiata** con le mani.
8) Il *ramen* **va mangiato** con il risucchio.
9) Il *sushi* non **va mangiato** con la forchetta.
10) Gli animali **vanno amati**.

Esercizio 6（練習問題 6）
1) In Italia **si parlano** numerosi dialetti.
2) In Giappone **si produce** il sakè.
3) La pasta fresca **si fa** con tante uova.
4) 動作主が特定されているので書き換え不可。
5) A Natale **si fanno** tanti regali.
6) **Si è fatto** un grande passo avanti.
7) 動作主が特定されているので書き換え不可。
8) Per i bambini **si fanno** molti sacrifici.

第 20 課　条件法

読解　引き出しの中の夢

フェデリーコ：みんな，君たちの引き出しにしまってある夢はどんなものかな？　話してみてよ！

キアラ：旅行したい，できる限りたくさん旅行したいなぁ。アジアや南米を訪れたいものだわ。でも飛行機で旅行するのは嫌。快適すぎるもの！　私なら寝袋とテントを持って，車で出発するわ！　勿論，少しは危険かもしれないけれど，きっと素晴らしい冒険になるはずよ！

アルベルト：でも君は免許すら持っていないじゃないか！　それにお金だってたくさん必要だし ... ところで，僕は宝くじを買ったんだ！　まだ，当たるか外れるかわからないけど，きっと当たるよ！　そのお金で，僕はきっと真っ赤なランボルギーニの新車を買って，友人たちを嫉妬で死なせるためにバールの前に横付けにするんだ！　それから，僕はディスコから出てきて，たくさんの女の子をひっかけるんだ！あはははは！

アンナ：ひっかける，あなたが？　そんなお腹をして？　勘弁してよ ... それに私の見たところでは，あなたはあまりにも自己中心的で下品よ。友人たちを嫉妬させるためだけに，そんなことをしようとしている。他人がどう思うかなんて，私はあまり興味ないわ。私には恋人がいればそれで充分なの！　彼と一緒に小さな島に引きこもって，そこに小さな家を建てて，街の喧騒からは離れて静かに暮らすの。朝は菜園で一緒に作業して，午後にはそれぞれお気に入りの本を読むの。晩はソファーの上で抱き合いながら映画を見たいな。

フェデリーコ：なんて退屈な ... きっと彼は君を捨てるだろうね！　じゃあ今度は，僕の夢を聞いてくれよ。僕は医者になりたいんだ！　多くの人の命を救って，お金をたくさん貯めて，アフリカに行くんだ。そこで不治の病から多くの子供たちを救って，彼らのために多くの学校を作ってあげるんだ！

アンナ：確かに素晴らしいけど，その前に卒業しなきゃね！　口で言うのと実際にやるのとでは，間に海ほどの距離があるわ！

質問

1）Quale dei quattro ragazzi è studente universitario?
　Federico.

2）Come viaggerebbe Chiara?
　Prenderebbe un sacco a pelo e una tenda, e partirebbe in macchina.

3）Per quali motivi Alberto comprerebbe una Lamborghini?
　La comprerebbe per far morire d'invidia gli amici.

4）Che cosa farebbe Anna sull'isoletta?
　La mattina lavorerebbe nell'orto, il pomeriggio leggerebbe i libri preferiti e la sera guarderebbe qualche film sul divano sempre con il suo fidanzato.

5）Perché Federico vorrebbe diventare medico?
　Vorrebbe diventarlo per andare in Africa, dove salverebbe tanti bambini da malattie mortali e dove aprirebbe tante scuole per loro.

6）Quale dei quattro ragazzi è il più egoista?
　È Alberto.

7）Chi è, invece, il più altruista?
　È Federico.

Esercizio 1（練習問題 1）

1）Hai sentito la novità? Valeria **sarebbe** incinta! Ma il padre chi **sarebbe**? [④]
2）Scusate, ragazzi, **potreste** abbassare la voce, per cortesia? [③]
3）Noi **compreremmo** un castello e lo **trasformeremmo** in un albergo! [①]
4）Hai il raffreddore! Al posto tuo io **prenderei** un'aspirina e **andrei** a letto! [②]
5）**Vorremmo** dormire in una camera con vista mare. **Sarebbe** possibile? [③]
6）Aldo **uscirebbe** con qualsiasi ragazza, grassa o magra, alta o bassa, non importa! [①]
7）A quanto pare, la figlia del direttore **vorrebbe** divorziare... Ma sarà vero? [④]
8）Stefania ti ha lasciato? Al posto tuo io **cercherei** subito un'altra ragazza! [②]

Esercizio 2（練習問題 2）

1）Ho un caldo da morire!　Al posto tuo io **berrei** un chinotto ghiacciato! [e]
2）Mamma mia, che fame!　Se fossi in te io **mangerei** una pizza! [d]
3）Aiuto! Mi hanno rubato la borsa!　Se fossi in te io **chiamerei** la polizia. [f]
4）Mi sono innamorato di Simona...　Al posto tuo io glielo **direi** al più presto possibile. [h]
5）Ho mal di denti!　Io al posto tuo **andrei** dal dentista! [a]
6）Leo mi ha tradita...　Se fossi in te io lo **lascerei** subito! [g]
7）Il mio cane è scappato di casa...　Al posto tuo io lo **cercherei** al canile! [b]
8）Vorrei dimagrire!　Al posto tuo io **farei** ginnastica. [c]

Esercizio 3（練習問題 3）

1） **Potresti** chiudere la finestra? Ho freddo...
2） Ragazzi, voi **dovreste** dormire a quest'ora.
3） **Vorrei** conoscere Luisa! Me la **presenteresti**?
4） Mi scusi, **avrei** da fare... **Potrebbe** richiamarmi?
5） **Vorremmo** farLe una proposta interessante.
6） Come **vorreste** il gelato? Me lo **direste**, per favore?
7） -Chi **sarebbero** quei signori? -Non **saprei**...
8） -Signora, mi **saprebbe** dire dov'è la stazione?
9） Scusi, professore, **avrei** una domanda...
10） Non **potreste** parlare a voce più bassa?

Esercizio 4（練習問題 4）

1） Noi **saremmo usciti** con voi, ma abbiamo preso l'influenza. [g]
2） Giuseppe **avrebbe dovuto** telefonarmi, ma si è dimenticato. [e]
3） Mi **sarebbe piaciuto** diventare medico, ma sono diventato un ballerino. [a]
4） Io **avrei sposato** Daniela, ma lei mi ha lasciato ieri. [f]
5） Loro **sarebbero andati** in Giappone, ma non avevano soldi... [d]
6） Sergio **avrebbe invitato** anche Lino, ma lui ha rifiutato. [h]
7） Voi **sareste venuti** con noi, ma non c'era posto per voi in auto. [b]
8） Tu **saresti stato** ucciso, ma io ti ho salvato la vita! [c]

Esercizio 5（練習問題 5）

1） Ieri Antonio **diceva** che **sarebbe venuto** con noi al karaoke, ma poi non si è visto.
2） Qualche anno fa io **credevo** che quel politico **avrebbe cambiato** l'Italia, ma poi ho cambiato idea.
3） Ieri tu mi **hai promesso** che non **avresti raccontato** più bugie, ma anche quella era una bugia.
4） Ieri i miei amici **dicevano**（**hanno detto**）che mi **avrebbero aspettato**, ma poi sono partiti senza di me.
5） Ieri Valeria mi **ha promesso** che mi **avrebbe amato** per sempre, ma oggi già baciava Mimmo.
6） L'anno scorso **eravamo** sicuri che la polizia ci **avrebbe arrestati**, ma siamo ancora liberi!

Esercizio 6（練習問題 6）

L'attesa

Non ho mai visto un cielo così blu come quello di oggi. Nessuna nuvola sopra di me. Proprio adesso **sono** in chiesa, perché **ho deciso** di sposare l'uomo della mia vita. È un ragazzo alto, bellissimo, dall'aria sfuggente e misteriosa che **ho incontrato** su un aereo esattamente un anno fa. Due mesi fa lui mi **ha promesso** che proprio oggi, l'11 giugno, mi **avrebbe sposata**, che mi **avrebbe portata** in viaggio di nozze a Cuba e che mi **avrebbe fatta** felice. E non **ha mai voluto** parlarmi del suo lavoro. Ma che importa? Ero sicura che i miei genitori non **sarebbero stati** contenti della mia scelta; quei due sono molto all'antica e **avrebbero preferito** vedermi con un insipido medico o un noioso avvocato, quindi loro ancora non **sanno** niente del mio matrimonio, e, naturalmente, oggi non **sono** qui.

Ma sono già le undici, e lui non **arriva**. Gli **sarà successo** qualcosa? Lui di solito **è** puntualissimo, non **si sognerebbe** mai di arrivare in ritardo proprio oggi.

Le undici e cinque, e lui ancora non **si vede**. Gli telefono, ma non **risponde**. **Andrei** a cercarlo dappertutto, ma intrappolata in questo bellissimo abito bianco non posso muovermi da qui.

Le undici e dieci, una leggera folata di vento **entra** dal portone della chiesa e mi accarezza il velo. Lui **dovrebbe** essere qui con me ora. Ma non c'è. Noi **dovremmo** giurarci amore eterno. **Vorrei** baciarlo, abbracciarlo, ma non c'è.

Questi pochi minuti **mi sembrano** ore interminabili. L'imbarazzo del prete e dei pochi invitati è ormai evidente. Ormai so già che lui non **verrà**, ma la mia dignità, mista a un filo di speranza, mi aiuta a trattenere le lacrime.

Intanto, cinquemila metri più in alto, un aereo sorvolava la chiesa, lasciando una scia sottile come una lama di rasoio che tagliava in due il blu profondo del cielo. Lei mai **avrebbe immaginato** che dentro quell'aereo c'era lui. E la ragazza seduta al suo fianco era già caduta nella sua trappola.

第21課　接続法（現在・過去）

読解　社会人デビュー！

僕の名前はトモヤ。ついに大阪大学を卒業して，今日から広告代理業者として働き始めます。僕のオフィスは本当に素晴らしい環境だと思います。窓が多くあり，光に満ちあふれ，とても広い。オフィスはたかだか6階にあるものの，僕の事務机からは素晴らしい眺望が見られるのです！　仕事用に最新のコンピュータを使っていますが，上司がわざわざ僕のために，それを購入してくれたようです。そして，毎日11時と午後3時にはコーヒーブレイクの時間もあります！　夏の休暇は15日間だけですが，海に行ったり，ちょっと海外を旅行したりするには十分であるように思います。それに給料もとてもいいのです！　一時間前に，僕は初めて同僚たちと顔を合わせましたが，本当に感じが良さそうな人たちです。ケンゴは背が高く色白で眼鏡をかけていて，記憶が間違っていなければ北海道出身だったように思います。マナミはぽっちゃりとして微笑みを浮かべた若い女性で，少し子どもっぽい振る舞いから判断すると，ここで働き始めてまだ日が浅いと思われます。タカユキは髪を金色に染めてミステリアスな雰囲気を持った男性で，何を考えているのか誰もわからないようなタイプです。しかし何といっても，事務机が僕の隣のヨウコがいます。とてもかわいらしい女の子です！　背はかなり高く，黒のショートヘアーで赤いフレームの眼鏡をかけています。大きくて表情豊かな目をしていて，おとぎ話に出てくるような素晴らしい笑顔をしています。ただ，年齢がいくつなのかどうしてもわかりません。彼氏はいるのか？　それもわかりません。よく考えてみると，大学ではこれほどかわいらしい女性を一度も見たことがなかったように思います！　いつか彼女が僕を好きになってくれれば…と望んでいます！もうすぐ僕たちは上司のワタナベさんにも会うことになるでしょう。彼について同僚たちが語っていることから判断すると，ワタナベさんは融通がきき，理解力のある人物のようです。僕たちを働かせ過ぎなければいいとだけ願っています！　結局，今のところ，僕を待ち受けている仕事は簡単ではないにせよ，僕は満足していると言えるでしょう…

（第22課に続く）

質問

1）Che lavoro fa Tomoya?
　　Fa l'agente pubblicitario.
2）Com'è il suo ufficio?
　　È pieno di finestre, luminosissimo e molto grande.
3）A che ora è la pausa caffè?
　　La prima è alle undici, e la seconda（è）alle tre del pomeriggio.
4）Come si chiamano i suoi colleghi?
　　Si chiamano Kengo, Manami, Takayuki e Yoko.
5）Chi, secondo Tomoya, lavora in quella ditta da poco?
　　Manami.
6）Che cosa pensa Tomoya di Takayuki?
　　Crede che sia un tipo misterioso, che non si capisce mai cosa pensi.
7）Com'è Yoko?
　　È carinissima (molto carina). È abbastanza alta, con i capelli a caschetto neri e un paio di occhiali dalla montatura rossa. Ha occhi grandi ed espressivi, e un sorriso da favola.
8）Che cosa spera Tomoya su Yoko e sul suo capo?
　　Su Yoko spera che un giorno si innamori di lui, e sul suo capo spera che non li faccia lavorare troppo.

Esercizio 1（練習問題1）

1）Non credo che Lucia **prenda** la metropolitana per venire qui oggi. [c]
2）Voglio che i miei figli **leggano** libri, e non solo fumetti! [e]
3）Penso che Claudia **guidi** come una pazza! [a]
4）Immagino che loro due **partano** domani per il viaggio di nozze. [f]
5）Penso che Anna e Lucia **portino** lo spumante e il panettone. [d]
6）Voglio davvero che voi **vinciate** la partita. Ve lo meritate! [g]
7）Non credo che mio padre **capisca** che mi sono innamorato di Marco... [h]
8）Penso che loro **cerchino** questo portafoglio. [b]

Esercizio 2（練習問題2）

1）Penso che Anna **sia** uno schianto con quel vestitino!
2）Noi crediamo che Francesco e Mara non **abbiano** molti soldi...
3）Loro vogliono che io **faccia** questo lavoro per domani, ma non ce la farò mai!

4) Credo che Lorenzo **abbia** l'influenza e che **stia** a casa oggi.
5) Suppongo che voi non **veniate** con noi.
6) Non credo che ad Anna **piacciano** i dolci...
7) Spero che mio marito Stefano **esca** di casa al più presto... Non lo sopporto più!
8) Ragazzi, penso che voi **dobbiate** studiare di più...
9) Immagino che tu **vada** al mare anche quest'anno...
10) Voglio che Massimo mi **dica** che mi ama! Non me lo dice mai!

Esercizio 3（練習問題 3）
1) Io credo che Garibaldi **sia stato** un grande eroe. [d]
2) Pensiamo che loro **abbiano avuto** dei problemi con i vicini. [h]
3) Non credo che tu **abbia fatto** una gran bella figura... [e]
4) Paolo crede che io **abbia rubato** i soldi della tombola. [g]
5) Credo che Ugo e Mara **si siano lasciati** perché lei lo tradiva. [a]
6) Immagino che voi **abbiate visto** quel film: è famosissimo. [l]
7) Penso che i ladri **siano venuti** ieri notte a rubare in casa mia. [i]
8) Penso che tu **abbia bevuto** un po' troppo whisky... [f]
9) Loro credono che noi **abbiamo perso** questa partita. Ma si sbagliano. [c]
10) Credo che Francesco **sia diventato** un professore universitario. [b]

Esercizio 4（練習問題 4）
Chiacchiere di paese
In paese dicono che Anna l'anno scorso **abbia avuto** un bambino dal suo ragazzo. Ma sembra che il suo ragazzo, che ha solo vent'anni, **abbia deciso** di abbandonarla! Per questo si vocifera che Mario, il padre di Anna, furioso, **abbia preso** il fucile e **sia andato** a discutere con i genitori del ragazzo, e sembra che **sia riuscito** a convincerli a far sposare il loro figlio ad Anna.
Ora, dopo il matrimonio, pare che tutti e tre **vivano** insieme e che si **vogliano** bene; e benché il ragazzo **sia** molto giovane, sembra che ora **lavori** seriamente ogni giorno nel negozio di alimentari del padre di Anna. Si dice che il ragazzo e il suocero **abbiano fatto** pace, e che ora **vadano** molto d'accordo!

Esercizio 5（練習問題 5）
Gli italiani e il congiuntivo
Si dice che negli ultimi anni molti italiani **stiano** abbandonando l'uso del congiuntivo. Sembra inoltre che questa tendenza **sia** particolarmente diffusa tra i giovani. Sempre più spesso, nelle trasmissioni televisive e in rete, molti ragazzi **evitano** di usare il congiuntivo, e quando lo **usano** è possibile che lo **sbaglino**. Il fatto di sbagliare clamorosamente un congiuntivo durante una conversazione **potrebbe**（**può**）far rabbrividire la persona che **si trova** davanti a noi. Per esempio, davanti a una gaffe del genere anche il ragazzo o la ragazza dei nostri sogni **sparirebbe** subito dopo il primo appuntamento. **Sarebbe** davvero imbarazzante. Si **pensa** che la paura di sbagliare e di trovarsi in imbarazzo **sia** il motivo principale di questa "congiuntivofobia" che **colpisce** le nuove generazioni. Ma è possibile anche che gli italiani di oggi **preferiscano** usare sempre l'indicativo per mostrarsi più sicuri e decisi, e **considerino** il congiuntivo un indicatore di debolezza e indecisione.

Esercizio 6（練習問題 6）
1) Ti seguirò **dovunque** tu vada!
2) Marco dovrebbe arrivare in tempo, **a meno che** non ci sia traffico...
3) **Nonostante** Martina sia una ragazza fantastica, non ha il ragazzo.
4) Ecco, ti do una cartina **affinché** tu non ti perda!
5) Federica si innamora di **chiunque** mostri interesse per lei!
6) Non la sposare! Dammi retta, lasciala **prima che** sia troppo tardi!
7) **Comunque** vadano le cose, noi saremo sempre amici.
8) **Qualunque** sia il risultato, non ci lamenteremo!

SPECIALE　Gli indovinelli italiani — イタリア語のなぞなぞ
1) Non ha braccia e non ha gambe, ma corre e salta. Che cos'è?　la palla [d]
2) Sa tante cose ma non sa parlare, ha tante ali ma non sa volare. Che cos'è?　il libro [h]
3) Più la tiri e più diventa corta. Che cos'è?　la sigaretta [c]
4) È buonissima, ma tutti la scartano. Che cos'è?　la caramella [i]

5) Sta in casa con il bel tempo ed esce quando piove. Che cos'è? l'ombrello [n]
6) Si spoglia quando fa freddo. Che cos'è? l'albero [f]
7) Ha i denti ma non morde, se lo usi devi toglierti il cappello. Che cos'è? il pettine [b]
8) Lo mangiate sempre rotto, che sia crudo o che sia cotto. Che cos'è? l'uovo [a]
9) È tuo, ma lo usano sempre gli altri. Che cos'è? il nome [l]
10) Lo pianti ma non cresce. Che cos'è? il chiodo [g]
11) Quando balla, cade sempre. Che cos'è? il dente [m]
12) Nelle acque bollenti, entrano bastoni ed escono serpenti. Che cosa sono? gli spaghetti [e]

第22課　接続法（半過去・大過去）

読解　がっかりだぁ!!

二年後...

また僕，トモヤだよ。僕がこのオフィスで働き始めてから，今では2年が過ぎた。僕にとってそれは大いなる失望だったと言わざるを得ない！　もうたくさんだ，もうこれ以上はやってられない。今，感情をぶちまけるよ。なによりもまず，最初僕は，僕の上司があれほど頑固で伝統主義者だなんて思っていなかった。それから彼は僕を搾取したんだ。僕が働けば働くほど，彼は僕をより働かせた！　例えば，昨日僕が帰宅したのは真夜中だ！　率直に言って，こんな段階にまでなるとは思ってもいなかったよ！　それから，昨年の夏は少しくらい休暇を取らせてくれると思ってたんだけど，上司は8月の最も暑い数日間も僕がこの事務所に残ることを強制したんだ！　なんてこった...同僚たちのことについては言いたくもないよ。ケンゴは明かりが気になっていて（僕はいつも彼が吸血鬼じゃないかと思っていたよ！），それでいつもブラインドを閉めていた。僕は眺望が楽しめると思っていたのに...でも，どうしようもなかったよ！

マナミはいい娘だったけど，僕に対してとても嫉妬深くて，以前口論していたと思われるヨウコとは僕を絶対に話させようとしなかった。あの2人はちっともうまく行ってなかったよ！　金髪のタカユキは，逆に，最初は変わった奴だと思ってたけど，実際は本当に立派な青年で，仕事ではよく僕を助けてくれたし，僕が失敗したときはいつも一番に僕をかばってくれた。でも，2か月前，上司との激しい口論の末に会社を辞めてしまったんだ。

でも，一番痛かったのはヨウコのことだ！　6か月前に僕たちはこっそり付き合ったんだ（マナミが怒らないようにね...）。少しの間は楽しかったけど，その後でちょっとしたことが分かったんだ...僕以外に彼女は少なくとも3人のほかの男性とも交際していたんだ（その中にはタカユキもいたよ！）...なんてこった！　天使のように見えていたけれど，実際は悪魔だったってわけさ！　誰がそんなこと想像できた？　僕は彼女を本当に愛していたんだ！　がっかりだったよ!!　でも幸運なことに，僕は新しい仕事を見つけた！　1か月後には，その仕事を始めるんだけど，今から待ち遠しいよ！

質問

1) Quanto tempo è passato da quando Tomoya ha iniziato a lavorare?
   Sono passati due anni.
2) Com'era in realtà il capo?
   Era una persona rigida e tradizionalista.
3) Che cos'ha fatto Tomoya ad agosto dell'anno prima?
   È rimasto in ufficio senza prendere un po' di ferie.
4) Perché Tomoya pensava che Kengo fosse un vampiro?
   Perché a Kengo dava fastidio la luce.
5) Che cosa faceva Takayuki per Tomoya?
   Lo aiutava spesso con il lavoro ed era sempre il primo a difenderlo quando sbagliava.
6) Perché, secondo te, Manami non voleva che Tomoya parlasse con Yoko?
   Manami era gelosa di Yoko, ed era innamorata di Tomoya.
7) Qual era il vero volto di Yoko?
   Quello di un diavolo: frequentava almeno altri tre ragazzi oltre a Tomoya.

Esercizio 1（練習問題1）

1) Pensavo che casa tua **fosse** in centro, invece è in campagna... [c]
2) Non credevamo che loro **potessero** essere così crudeli con noi. [d]
3) Credevo che Marta mi **volesse** bene, invece mi ha tradito con quel tamarro. [e]
4) Volevo che voi **diventaste** avvocati, ma poi siete diventati artisti di strada. [b]
5) Mi aspettavo che tu mi **facessi** una sorpresa, invece niente... [a]

6) Pensavo che quei ragazzi **andassero** a ballare, invece sono tornati a casa. [g]
7) Pensavamo che **piovesse**, invece nevica! [h]
8) Desideravo che lui mi **comprasse** un bell'anello di diamanti! [f]

Esercizio 2（練習問題 2）
1) Magari la mia ragazza **fosse** alta, mora e con gli occhi chiari, e **avesse** un bel fisico e un carattere dolce e premuroso...!
2) Magari i miei genitori mi **comprassero** sempre i miei giocattoli preferiti...!
3) Magari mio marito mi **facesse** una sorpresa e mi **portasse** a fare un viaggio!
4) Magari i miei figli mi **venissero** a trovare...
5) Magari il mio capo mi **lasciasse** andare in vacanza per dieci giorni!
6) Magari il mio professore mi **dicesse** che sarò promosso!
7) Magari io **vincessi** al lotto...!
8) Magari noi **potessimo** comprare una casa nuova!

Esercizio 3（練習問題 3）
1) Credevo che Federico **fosse partito** ieri, invece parte oggi.
2) Non sapevo che i miei insegnanti **fossero andati** in pensione...
3) Nonostante loro **avessero bevuto** moltissimo, non erano ubriachi.
4) Ero convinto che Fabio e Martina **si fossero sposati**, invece no!
5) Ero sicuro che lui da giovane **fosse stato** in Italia per un anno.
6) Non credevo che loro **avessero vinto** così tanti soldi.
7) Credevo che la luce l'**avessi spenta** tu! Invece è accesa.
8) Nonostante voi ieri **aveste mangiato** moltissimo, avevate ancora fame.

Esercizio 4（練習問題 4）
1) Credevo che Franco ieri **fosse venuto** a scuola, ma ho saputo che è rimasto a casa.
2) Penso che tu **abbia fatto** troppi errori, e che tu **deva**（**debba**）studiare di più.
3) Non sapevo che loro **avessero vinto** al lotto! Che bella notizia!!
4) Ero convinto che voi oggi **veniste**（**foste venuti**）con la macchina, ma siete venuti in treno!
5) Le previsioni del tempo avevano detto che oggi **sarebbe nevicato**, ma sta piovendo!
6) Loro pensano che noi ieri **abbiamo bevuto** troppo, ma non eravamo ubriachi.
7) Tu pensavi che io **mi fossi dimenticato** di te, ma mi sono ricordato!!
8) Vorrei che voi **foste** più gentili con me, e che mi **aiutaste** a lavorare.

Esercizio 5（練習問題 5）
1) Se tu **studiassi** un po', saresti il primo della classe! [e] ②
2) Se io non **avessi conosciuto** tua madre, tu non saresti mai nato. [g] ③
3) Se voi non **foste diventati** medici, che lavoro avreste fatto? [f] ③
4) Se **chiami** Mario, viene di sicuro! [h] ①
5) Se loro mi **aiutassero**, io passerei quell'esame. [b] ②
6) Se voi **vinceste** quella partita, parteciperesti alle Olimpiadi! [a] ②
7) Se la vostra macchina non **si fosse fermata**, noi non ci saremmo mai incontrati! [d] ③
8) Se **leggerete**（**leggete**）quel libro, vi piacerà senza dubbio! [c] ①

第 23 課　比較級と最上級

読解　男子の品定め

ラウラ：ねえアンナ，あなたにとって私たちのコース（専攻）で最もハンサムで興味深い男子は誰？

アンナ：ラウラ，そんなことわかってるはずよ！　私にとって最もハンサムなのは勿論アルトゥーロよ！　背がとても高くて，筋肉質でとても素敵な笑顔をしているもの！　彼はまさに私のタイプね。それに彼は申し分のない男子よ。いつも誰にでもとても親切で，確実に他のクラスメートの男子よりも聡明だわ。多分，学校で最も，いや，私のとっては世界一ハンサムな男子だわ！

ラウラ：そうね。悪くはないわ。でも，私はフィリッポの方が彼よりもハンサムだと思うな。私は金髪で青い目をした男の子が好きなせいかな ... 死ぬほどセクシーだし，いつもモデルのような着こなしよ！

アンナ：それはそうだけど，私からしてみれば彼は酷い性格をしているわ ... 父親が有力な実業家で村一番のお金持ちなのを鼻にかけて，とても気取っていて，自分が誰よりもカッコいいと思っている。それに甘やかされてとてもわがまま，いつだって最新式の携帯電話と最速のスクーターを欲しがるし ... それに勉強ではクラスで最低のうちの１人じゃない，落第するかもよ！

ラウラ：あとベッペにも惹かれるわ ... 彼はハンサムというよりかわいらしいタイプね。でも確かに，今までに私が出会った中で最も感じが良く楽しい男の子のうちの１人よ！

アンナ：それについては同意見よ！　でもアルトゥーロとは比較にならないわね。全く違う星のものだ（＝二人の男性は全然レベルが違う）！

ラウラ：じゃあトンマーゾは？　彼についてはどう思う？

アンナ：ねえ，もうやめましょ ... 彼と一緒に出掛けるくらいなら，ヒキガエルを飲み込む方がましよ！

ラウラ：いったいどうして？

アンナ：美男子かもしれないけど，とても退屈だわ ... いつもサッカーかテレビゲームのことばかり話してるじゃない。私にとって，それらより興味のないことはないくらいよ。

ラウラ：わかったわ。あなたの頭にはアルトゥーロのことしかないのね ... とにかく，あなたは好みがうるさすぎるわ ...

質問

1）Chi è il ragazzo più bello della scuola secondo Anna?
　È Arturo.

2）Che aspetto ha invece Filippo?
　Ha i capelli biondi e gli occhi azzurri e si veste sempre come un modello.

3）Secondo Anna quali difetti ha Filippo?
　Si dà tante arie e crede di essere il più fico di tutti. È viziatissimo e nello studio uno dei peggiori della classe.

4）Chi sono i due ragazzi preferiti di Laura?
　Sono Filippo e Beppe.

5）Per quale motivo ad Anna non piace Tommaso?
　Perché è noiosissimo, parla sempre e solo di calcio e videogiochi.

Esercizio 1（練習問題 1）

1）Il Monte Bianco（4810 metri）è **più** alto del monte Fuji（3776 metri）.

2）Il Colosseo（72 − 80 d.C）è **meno** antico del Partenone（447 − 438 a.C）.

3）Mimmo（180 cm.）è alto **quanto**（**come**）Luca（180 cm.）, ma entrambi sono **più** alti di Ugo（172 cm.）. Ugo ha i capelli biondi **come** me.

4）L’Italia è molto **più** piccola della Cina, ma è **più** grande del Belgio.

5）Io, che ho 42 anni, sono **più** vecchio di voi che ne avete 18.

6）Marco pesa 85 chili, proprio **quanto**（**come**）me. Ma lui è **meno** basso di me, e sembra **più** grosso.

Esercizio 2（練習問題 2）

1）Federico **è simpatico come** Gianni.

2）I gatti **sono più piccoli dei** cani.

3）Osaka **è meno grande di** Tokyo.

4）Questo caffè **è più buono del** tuo.

5）La pizza **è più buona della** focaccia.

6）Il treno **è meno veloce dell’**aereo.

7）La mia ragazza **è bella come** un angelo!

8）L’Italia **è meno cara del** Giappone.

9）La mia casa **è vecchia come**（**quanto**）la tua.

Esercizio 3（練習問題 3）

1）In questa scuola ci sono più bambini bravi **che** cattivi.

2）Martina ama molto più sciare **che** nuotare. Invece a me l’estate piace più **dell’**inverno.

3）Alberto ha meno soldi **di** Luigi, ma Luigi certamente è più antipatico **di** Alberto.

4）I miei amici sono più numerosi **dei** tuoi. E a loro piace di più uscire **che** restare a casa.

5）Gino è più bravo **di** me a scuola. Ma è più studioso **che** intelligente.

6）Nel mondo ci sono più donne **che** uomini, si dice.

7）Gli spaghetti sono più buoni **dei** fusilli, secondo me.

8) Io piaccio più a mia suocera **che** a mia moglie!

Esercizio 4（練習問題 4）
1) Michela è la ragazza più bella dell'università.
2) Il sushi è il piatto giapponese più apprezzato nel mondo.
3) "O Sole Mio" è la (canzone) più famosa tra le canzoni italiane.
4) Questi sono gli amici più cari della mia gioventù.
5) Sandra e Martina sono le impiegate meno brave della ditta.
6) Giacomo è il poliziotto più pigro del quartiere.

Esercizio 5（練習問題 5）
1) "Il nome della rosa" è certamente uno dei romanzi italiani più belli e intriganti. [c]
2) La pizza è uno dei piatti italiani più diffusi nel mondo. [g]
3) Penso che "Santa Lucia" sia una delle canzoni italiane più cantate in Giappone. [e]
4) Sofia Loren fu una delle attrici italiane più belle e famose del mondo. [f]
5) Il prezzemolo è una delle erbe più usate nella cucina italiana. [h]
6) Il prosecco è uno dei vini frizzanti italiani più famosi nel mondo. [d]
7) La "Monna Lisa" di Leonardo è uno dei più misteriosi dipinti del Rinascimento. [a]
8) Guglielmo Marconi fu uno dei più importanti inventori d'Italia. [b]

Esercizio 6（練習問題 6）
1) Francesca è **bellissima** e anche **intelligentissima**!
2) Aiuto! C'è un serpente **grossissimo** e **lunghissimo** qui!
3) Marco è **ricchissimo**, vive in una casa **stupenda** e ha tre macchine, tutte **velocissime**! Beato lui!
4) Fausto invece è **poverissimo**, vive in una baracca **sporchissima** e ha soltanto una bicicletta **vecchissima**! Povero lui!
5) La mia ex ragazza era **viziatissima**: voleva sempre andare in ristoranti **elegantissimi** e pretendeva regali **carissimi**!
6) Tokyo è una città **grandissima** e **fantastica**, ma davvero **costosissima** e **popolatissima**!

Esercizio 7（練習問題 7）
1) Mia sorella **minore** fa la hostess per una grande compagnia aerea americana.
2) Il Lambrusco è decisamente **migliore** del Brachetto.
3) L'inquilino del piano **inferiore** si lamenta sempre di tutto.
4) Queste linguine al granchio sono **ottime**. Chi le ha fatte?
5) Il caffè di questo bar è **pessimo**. Sembra di bere acqua sporca.
6) Dante Alighieri fu il **maggior** poeta della sua epoca.
7) Mussolini era il capo **supremo** delle forze armate italiane.
8) Questo è un filmaccio trash di **infimo** livello. Ma è divertentissimo.
9) Non riesco ad immaginare una situazione **peggiore**.
10) Fidarsi è bene, non fidarsi è **meglio**.

第24課　第4部・ステップアップとまとめ

読解　イタリアの食をめぐる慣習
イタリアには，明文化されてはいないが，その住民の生活を大きく条件づける伝統や慣習，規則といったものが多く存在する。最も一般的な慣習の例をいくつか挙げると，クリスマスにはツリーを飾り，パネットーネ（あるいはパンドーロ―ミラノとヴェローナの間には論争が存在するのだ！）を食べ，トンボラで遊ぶ。1年の終わりの日である聖シルヴェストロの日には，（健康と富の象徴である）レンズ豆を添えたザンポーネ（豚足）を食べ，新年を祝うためにスプマンテを準備して午前0時を待つ。一方，復活祭には，チョコレート製でとても美味しく，中に大人や子どものためのプレゼントが入った（時には少しがっかりするものもあるが）卵を割る。たいてい2月中に訪れるカーニヴァルには，コスチュームや仮面で仮装をしてフリッテッラを食べる。
こうした伝統は，宗教的な祭日と結びついているために，すべてのイタリア人に影響を及ぼすことになる。しかしながら，日常生活においては，すべての地域（そしてすべての街）がその土地独特の慣習を持っており，それらは他の地域の住民にとっては一般に知られておらず，「奇妙」とも思われるものである。エミリア・ロマーニャ州とポー川流域では，例えば，トルテッリーニのスープに少し赤ワインを入れる。ナポリでは折りたたんだピザを食べる。四つ折りにたたんで，必ず手で食べるのだ。そしてシチリアではグラニータ（シャーベットとかき氷の間のもの）を朝ご飯にすることができる！
最後に，イタリア人は明文化されていないが，彼らを外国人からしばしば区別するいくつかの規則を守っている。実際，イタリアでは，午前11時以降には「決して」カプチーノを飲まない（飲むのはコーヒーだけだ)。ピザと一緒にワインは決して頼まず，頼むのはビール（あるいは，もしそれが好きならコカ・コーラ）だけ。そして食事が終わった後，できればコーヒー（エスプレッソに限る，アメリカンコーヒーではない！）か食後酒のグラッパやアマーロを飲みながら，おしゃべりをするために長い時間テーブルに留まるなどである。ところで，イタリアには死刑はもはや存在しないが，多くのイタリア人はカルボナーラに生クリームを入れる輩は死刑にしてもいいと考えている！ :)

質問

1）Che cosa condiziona la vita degli italiani?
La condizionano tradizioni, abitudini e regole non scritte.
2）Che cosa si fa in Italia per Natale?
Si fa l'albero, si mangia il panettone o il pandoro e si gioca a tombola.
3）Che cosa si fa per Carnevale?
Ci si traveste con un costume o con una maschera e si mangiano le frittelle.
4）Quale abitudine è diffusa in Emilia-Romagna e nelle zone vicine al Po?
È diffusa l'abitudine di mettere un po' di vino rosso nel brodo dei tortellini.
5）Che cosa significa mangiare la pizza "a portafoglio"?
Significa mangiare con le mani la pizza piegata in quattro.
6）Che cosa gli italiani non fanno mai dopo le undici del mattino?
Non bevono mai il cappuccino.
7）Che cosa fanno gli italiani dopo mangiato?
Rimangono a tavola a lungo per chiacchierare, magari davanti a un caffè, una grappa o un amaro.

Esercizio 1（練習問題 1）

1）All'Acquario di Genova **si possono** vedere migliaia di specie di creature marine.（受動態）
2）Alle terme di solito **si va** per un po' di relax.（非人称）
3）In Italia ogni tanto **ci si bacia** in pubblico, ma in Giappone quasi mai.（非人称）
4）I cannelloni spesso **si cucinano** con la ricotta e gli spinaci.（受動態）
5）Nei giorni di festa in genere **si dorme** di più.（非人称）
6）In Giappone sul treno **si parla** di meno rispetto agli altri paesi.（非人称）
7）Per spostarsi **si usa** la macchina, ma in centro **si va** a piedi.（受動態，非人称）
8）In Italia di solito tra città vicine **ci si odia** molto!（非人称）
9）Per venire in Giappone generalmente **si prende** l'aereo.（受動態）
10）In biblioteca **si deve** fare silenzio.（非人称）

Esercizio 2（練習問題 2）

1）-Pensiamo che da bambino **tu fossi** un fifone!
2）-Credo che Mario da bambino **andasse** al mare.
3）-Immagino che ieri da voi il tempo **fosse** bello.
4）-Non credo che la settimana scorsa loro **avessero** l'influenza.

Esercizio 3（練習問題 3）

1）multicolore: 多色の	2）fruttiera: 果物皿	3）fiammifero: マッチ
4）insetticida: 殺虫剤	5）onnivoro: 雑食性の	6）trifoglio: クローバー
7）deforme: 変形した，歪んだ	8）acquedotto: 水道，送水路	9）semifreddo: ソフトアイス
10）equità: 公正，正義感	11）audizione: 聴取，聴くこと	12）centrifugo: 遠心性の
13）minifilm: 短編映画	14）benefico: 有益な	15）equidistante: 等距離の

Esercizio 4（練習問題 4）

1）telescopio: 望遠鏡	2）bibliografia: 図書目録	3）microbiologia: 細菌学
4）termometro: 温度計	5）toponimo: 地名	6）omofobia: 同性愛嫌い

7) democrazia: 民主主義	8) pentagramma: 五線譜	9) microcosmo: 小宇宙
10) piromane: 放火魔	11) idrogeno: 水素	12) psicologo: 心理学者
13) emofobia: 血液恐怖症	14) poligono: 多角形	15) psicopatico: 精神病質患者
16) ippofilo: 馬好きの人	17) monologo: 独白	18) geografia: 地理学
19) gastrite: 胃炎	20) simbiosi: 共生	21) antropofagia: 人食い

Esercizio 5（練習問題5）
1) Allo zoo si **possono** vedere le giraffe, gli elefanti, le tigri e i cammelli.
2) Al Consolato d'Italia si **fa** domanda per il visto di soggiorno.
3) Per ottenere il visto di studio si **devono** consegnare molti documenti.
4) Di solito in Giappone si **rispettano** i genitori.
5) Ad Aosta si **parlano** l'italiano e il francese.
6) A Modena si **mangiano** ottimi tortellini e si beve il Lambrusco.

Esercizio 6（練習問題6）
1) Se vincessi alla lotteria, viaggerei per un anno intero in Europa!
2) Quel quadro, nonostante fosse molto caro, è stato comprato da una ricca signora.
3) Mangiare la pasta con le bacchette è come mangiare il sushi con la forchetta.
4) Lisa pensa che Carlo sia il ragazzo più bello della scuola, ma per me non è così.
5) Si pensa che qualche piromane abbia dato fuoco alla vecchia fabbrica di biscotti.

Esercizio 7（練習問題7）
Autobus 1059
Quel giorno, come sempre, **sono uscito** di casa per andare al lavoro. **Ho preso** il treno e l'autobus 1059 come ogni giorno. Ma quel giorno, le strade che l'autobus percorreva mi **sembravano** diverse. Eppure ero sicuro che l'autobus **fosse** quello giusto. Luoghi sconosciuti, strade sconosciute, che mi **facevano** affiorare mille pensieri nella mente. Pensavo che l'autista **si fosse sbagliato**, oppure pensavo **di essere** in un sogno. Nonostante l'autobus **fosse** pieno, c'era silenzio. Un silenzio surreale. La studentessa liceale seduta di fianco a me **ascoltava** la musica con le cuffie ad occhi chiusi, e mi sembrava che **dormisse**, mentre la signora alla mia sinistra leggeva un libro su cui mi sembrava non **fosse scritto** nulla. Non avevo idea di che cosa **stesse succedendo**, ma era tutto molto strano. A un certo punto mi sono accorto che l'autobus **correva** lungo strade di campagna, i palazzi grigi e le insegne colorate della città **erano spariti**, per lasciare il posto a sterminati campi di grano punteggiati di papaveri rossi, e al cielo più blu che io **avessi mai visto**. Avevo la sensazione che quell'autobus mi **stesse** portando lontano dalla vecchia vita, che non aveva più alcun senso e di cui mi ero già dimenticato, per condurmi in un mondo nuovo ma familiare, caldo e piacevole. L'autobus si **è fermato**. Sul cartello della fermata era scritto il mio nome. Sono sceso. E ho capito tutto. Era il mio nuovo mondo, quello che i vivi, di solito, chiamano "paradiso".

第25課　命令法

読解　2通の奇妙な手紙
親愛なるビンヌ
生活はどうだい？　お前が元気でいてくれることを願っている。俺は今刑務所にいる。逮捕はされたが，元気だ。だから心配するな！　それよりも，お前は，いいな，俺と同じ結果にならないようにしろよ！　家を移り，俺のいとこの田舎の家に行って暮らせ，地下の貯蔵庫に隠れるんだ。そして決して外出はするな，いかなる理由があってもだ！書類と金は上手に隠せよ。口髭と髪を切って，眼鏡を外してコンタクトレンズを付けるんだ，そうすれば警察はお前を見つけられまい！　あぁ，忘れていたことがある。俺のいとこの家へ行く時は車は使うな。あまりにも危険だ！　そこには二級道路を通って自転車で行け，そして着いたらいとこに少しばかりの迷惑料をやるんだ。コーザ・ノストラの若い衆と連絡を取るときは，これと同じような小さなカードだけを使うんだ。体に気をつけろよ，そして頼むからおとなしくしてるんだぞ！

伯父のトトより愛情をこめて
（追伸：ボスの中のボスはいつも俺だ！）

ビアンキーニ殿
お元気ですか？　デ・ベルナルディス伯爵の城を賃借していただき，感謝申し上げます。そのメンテナンスについて，いくつか貴方様に助言申し上げたいと存じます。まず最初に，内庭はしっかりお手入れなさってください，そして夜間は外側の表門を閉めることをお忘れにならぬよう。2階のシャワーは故障しておりますゆえ，お使いになられませんように。それから喫煙を控えることと調理する際は窓を開けてください。さもなければ，蒸気と油がフレスコ画を傷めてしまいますゆえ。後生ですから，北東の塔には決して上らないようにしてください。グラグラしており，今にも崩壊の可能性がございます。夜間に物音や人の声が聞こえることがあるかもしれませんが，落ち着いてください。ただの伯爵の幽霊です。とてもお利口にしてますので，放っておいてあげてください。怖がる必要はありません。
何か問題の際は，遠慮せずご連絡ください。
敬具

G.M. カタラン・ベルモンテ，不動産業者

質問

1）Dove si trova zio Totò?
Si trova in prigione.
2）Dove consiglia a Binnu di nascondersi?
Gli consiglia di nascondersi nella cantina della casa di campagna di suo cugino.
3）Perché Binnu non deve usare la macchina?
Perché è troppo pericoloso.
4）Che lavoro fanno, secondo te, Zio Totò e Binnu?
Fanno i mafiosi.（Sono due boss mafiosi.）
5）Che cosa deve fare il dottor Bianchini al castello?
Deve fare manutenzione. Deve tenere ben curato il giardino interno e chiudere i portoni esterni.
6）Che cosa, invece, non deve fare?
Non deve usare la doccia del secondo piano. Non deve fumare e cucinare senza aprire le finestre. E non deve salire sulla torre di nord-est.
7）Chi fa rumori di notte?
Li fa il fantasma del conte.

Esercizio 1（練習問題 1）

1）-Carletto, **mangia** tutta la pappa! [c]
2）-Signore, **entri** pure, il ristorante è aperto. [g]
3）-Ragazzi, **correte** a casa, fra poco pioverà! [f]
4）-Oggi **finiamo** quel lavoro! [a]
5）-Paolo, **leggi** questo libro! È davvero avvincente! [h]
6）-Signori, **aprano** pure le finestre, non si preoccupino! [b]
7）-Antonio, **scusa**, ti disturbo? [d]
8）-**Scusi**, signora. Vorrei chiederLe una cosa. [e]

Esercizio 2（練習問題 2）

1）Caro, **non portare** via la spazzatura!
2）Ragazzi, **leggete** quel libro.
3）Signora, **non scriva** il Suo nome qui.
4）Fedro, **corri**!
5）Anna, **non pulire** il bagno!
6）Oggi **dormiamo**!
7）Signor Rossi, **non guardi** qui.
8）Elisa, **spegni** la luce!
9）Ehi, voi! **Non entrate** qui!

Esercizio 3（練習問題 3）

1）Abbiamo una fame da lupi! -**Andate** al ristorante! [l]
2）Non riesco a trovare la ragazza... -**Abbi** più fiducia in te stesso! [f]
3）Il nostro computer non funziona. -**Chiamate** il tecnico! [i]
4）Giovanni mi ha lasciata! -Non **essere** triste! Pazienza! [h]
5）Abbiamo sonno... -**Bevete** un bel caffè doppio! [g]
6）La mia casa è piena di scarafaggi! -**Compra** un buon insetticida! [a]
7）Vorrei dimagrire... -**Fai**（**Fa'**）un po' di ginnastica! [d]

8) Piove e non ho l'ombrello... -**Prendi** questo! Io ne ho due. [c]
9) Ho la febbre. -**Vai** (**Va'**) subito dal medico! [e]
10) Non riusciamo a finire la tesi. -**Chiedete** aiuto al professore! [b]

Esercizio 4 (練習問題 4)
1) Senta, signorina, **vada** fuori a fumare! Non **sia** maleducata.
2) Signore, La prego, non **parcheggi** qui. È vietato.
3) Signori, **diano** (**date**) il biglietto alla cassiera, per cortesia.
4) Signora, **dica** pure. La ascolto.
5) Prego, signori, **entrino** (**entrate**) pure, non **abbiano** (**abbiate**) paura del cane!
6) Signorina, **stia** tranquilla e **aspetti**, per favore. Ci vuole tempo.
7) Signore, **sappia** che noi La aspettiamo! **Venga** pure quando vuole!
8) Dottore, **abbia** pazienza. Stiamo arrivando.

Esercizio 5 (練習問題 5)

Si fa o non si fa?

In Italia	In Giappone
Non fare rumore quando mangi! È segno di grande maleducazione.	**Togli** sempre le scarpe prima di entrare in casa!
Porta sempre un piccolo regalo quando vai a casa di qualcuno!	**Di'** "Itadakimasu" prima di mangiare.
Evita di dire troppe parolacce. Per una parola di troppo puoi finire nei guai!	**Non piantare** mai i bastoncini nel riso! Porta sfortuna.
Non dire "Buona fortuna!" prima di un esame! Si dice "In bocca al lupo!".	Quando preghi in un santuario shintoista **batti** le mani due volte!
Stai (**Sta'**) attento ai borseggiatori quando sei nei luoghi turistici e c'è tanta gente!	**Fai** (**Fa'**) attenzione alle moltissime biciclette che sfrecciano sui marciapiedi!
Ricorda sempre di timbrare il biglietto quando viaggi in treno o in autobus.	**Non parlare** troppo di politica, religione o sesso; sono argomenti tabù!

Esercizio 6 (練習問題 6)
1) -Fabio, devi portare le bambine a scuola. -No, dai, Marisa, accompagna**le** tu!
2) -Hai voglia di raccontare una favola ai bambini? -No, dai, Marisa, raccconta**gliela** tu!
3) -Fabio, potresti preparare la cena? -No, ti prego, Marisa! Prepara**la** tu, che sei più brava!
4) -Fabio, puoi pulire il bagno? -No, cara, non ho tempo... Pensa**ci** tu!
5) -Fabio, vai a comprare il prosciutto? Compra**ne** due etti. -No, cara, compra**lo** tu!
6) -Adesso BASTA, Fabio!!! Alzati da quel divano, e basta con quel telefonino, butta**lo** via!
7) -Cara! Il mio telefonino!! Lascia**lo**! No, il martello no! Ti prego, non romper**lo**! CRACK!

Esercizio 7 (練習問題 7)
1) -Io devo sapere il tuo nome! Forza, **dimmelo**!
2) -Quello è il nostro pallone! Avanti, **ridatecelo**!
3) -Perché oggi non vuoi andare a scuola? Dai, **vacci**, forza!
4) -Quanto prosciutto compriamo? -**Compratene** 200 grammi.
5) -Carmelo, ti amo da morire! Ti prego, **stammi** sempre vicino!
6) -Mia moglie vuole una Ferrari... -Beh, sei ricco! **Regalagliela**!
7) -Ragazzi! **Fatevi** una doccia! Siete tutti sudati!
8) -Ciro deve partire subito! Forza, **diamogli** un passaggio!
9) -In quel ristorante si mangia benissimo, ragazzi! **Andateci**!
10) -Ho finito l'acqua... **Dammene** un po' della tua!

Esercizio 8 (練習問題 8)
1) Quel libro è davvero noioso! **Non leggerlo!** (**Non lo leggere!**)

2）È un segreto! **Non dirglielo**（**Non glielo dire**）assolutamente!
3）È un posto orribile, **non andateci**（**non ci andate**）mai!!
4）Non lo voglio, **non darmelo**（**non me lo dare**）！
5）**Non metterti**（**Non ti mettere**）il cappello, ti sta malissimo!
6）Questo vino fa schifo... **Non compratelo**（**Non lo comprate**）！

Esercizio 9（練習問題 9）
1）Signore, **mi scusi**. **Mi dia** il resto.
2）Signora, non **si preoccupi**! **Si fidi** di noi!
3）Signori, ecco il tavolo. Prego, **si accomodino**.
4）Signore, **mi dica**. Che cosa posso fare per Lei?
5）La prego, signore, non **mi faccia** arrabbiare!
6）Signorina, **ci porti** il conto, per favore!

第 26 課　不定法：ジェルンディオ・分詞・不定詞

読解　エスカレーター
1986 年 11 月 20 日，18 時 45 分　−東京。秋葉原の国鉄駅。
疲れた様子で，鞄を手に持った，41 歳離婚経験ありのサラリーマン，ナカタニトオルは，扉が開くと人波の爆発に流されるようにして，中央線の電車から外に押し出される。仕事帰り，いつもと同じように，ほかの乗客や習慣の力に押されて，惰性で歩いていく。彼がしている仕事の内容については，我々は関心を持たない。我々が知るのは，家に着くまでに彼は 3 回電車を乗り換えなければならないということだ。また，彼がどこに住んでいるのか知ることすらも我々の関心ではない。我々が知るのは，彼がひとり暮らしをしているということだ。電車の中ではいつも立ったまま，吊革につかまっている。毎日，永遠に。我々が知るのは，3 年前彼が市役所で離婚届に判を押したということだ。今，彼がぼんやりと思いだせるのは，10 年前に結婚し，ある日突然出て行った女性，アヤの顔の輪郭だけだ。精神の不可思議なメカニズムが，彼女の記憶や顔つきさえも消し去ろうとしていた。古びた写真のように，今では色が褪せてしまった年月やいくつかの瞬間，記憶の断片。改札口へと続く上りの長いエスカレーターに向かって歩きながら，ナカタニは思い出している。しかし今回は，非常に明瞭で色彩に溢れた記憶である。夏。8 月。大学の 2 年次。蚊。蒸し暑さ。火のついたタバコ。京都の鴨川沿いの花火。夜。人込み。浴衣の色。かき氷。ひんやりとしたキス。彼女の両手。彼女。ナツミ！　夏の美しさ！
エスカレーターの最初の段に足をかけ，黒いゴム製の手すりの上に疲れた様子で肘をもたせ掛けて立ち止まる。視線を上げる。あの晩から 20 年が経っていた。その瞬間，彼女を見る。幻覚ではなかった。あそこに，わずか数メートル先に，下りのエスカレーターに乗っている。あの束の間の追憶の主人公，彼女だった。
8 月のあの晩のまま，とても美しかった。ほとんど何も変わっていなかった。洗練された薄化粧，わずかにウェーブのかかった黒い髪は，あの頃より少しだけ長い。地味だがエレガントな栗色のコート。視線は動かず，何か考えごとに没頭している。何を考えているのだろう。恐らく彼女もまた彼のことを考えていたのだろうか，そして交差した思いが，この理屈では説明できない偶然の出会いを実現させたのだろうか。いや，違うだろう。あり得ない。たぶん彼女は，そう，彼女の人生を埋め尽くす多くのことに思いを馳せていたのだろう。哀れなナカタニも我々も彼女が実際何を考えていたのかは知る由もないが。
その代わりに我々が知るのは，我らのサラリーマンにとって，世界の残りの部分は消えてしまったということだ。その瞬間に存在していたのは，彼と彼女，上りのエスカレーターと下りのエスカレーターだけで，周りには何もなかった。彼は彼女に気がつき，信じられないといった様子で彼女を見つめる。しかし，彼女の方は彼に気づいた様子はない。彼女の顔からは，いかなる表情も読み取れない。彼女の乗ったエスカレーターが下りてくる。ほらそこに。ますます近づいてくる。様々な思いと様々な疑い。もう結婚しているのだろうか？　いや，まだかな？　子どもはいるのか？　いないのでは？　幸せなのだろうか？　ナカタニはその刹那考える。おそらく幸せではないだろう。しかし，その一瞬後には恥ずかしくなる。結局，いずれにせよ，自分だけが彼女を本当に愛した男なのだと確信していた。
彼らの背丈は同じくらいだった。2 人がすれ違う。ナカタニは彼女の香りを感じるように思う。すぐ近くにいる。手すりの黒いベルトに乗せられた白い手。指輪はしていない。恐らく彼女は目の端で彼のことを見ているのだ。彼に気がついたのか？　いや，気づいていない。彼は震えを感じる。彼女に微笑みかけたい。彼女に愛していると言いたい。彼女の手の上に自分の手を伸ばし，彼女を呼びたい，彼女の名前を叫びたい。

「ナツミ！」と彼の心が叫ぶ。一瞬後には，彼女は彼の後方を降りていく。我々の英雄は最後にもう 1 度彼女を見つめるために振り返りたい。だが，何かが彼がそうすることを押しとどめる。視線を合わせることができないという恐れなのか？　彼女なしで彼の人生の大部分を過ごしてきたことへの後悔なのか？　彼女を失ったという自覚だったのか？
彼女は恐らく彼を見なかった。あるいは，彼のことを見たけれども，彼だとわからなかったのか。あるいは彼のことを見ないふりをしていたのか。わからない。しかし，ある時点でエスカレーターは終わる。

結末
ナカタニは，エスカレーターが終わることに気づかずに，躓き床に倒れる。彼の後ろにいた人々は彼を避けて通り過ぎる。何人かは，彼を酔っ払いだと思い，軽蔑の眼差しでかすかに彼に目をやるが，無関心に歩き続ける。彼はすぐに落ち着きを取り戻そうとする。そして鞄を拾い上げ眼鏡を直した後で，ついに勇気を出して下を見る。しかし，彼女の姿は見えない。消えてしまっていた。
まるで最初から存在していなかったかのように。

質問
1）Come si chiamano i due protagonisti di questa storia?
Si chiamano Toru（Nakatani）e Natsumi.
2）Chi è Aya?
È l'ex moglie di Nakatani. È la donna che Nakatani aveva sposato dieci anni prima, e che un giorno, all'improvviso, se n'era andata.
3）Dove si incontrano Tōru e Natsumi?
Si incontrano sulle scale mobili.
4）Com'era Natsumi dopo ventun anni?
Non era cambiata quasi per niente.
5）Toru riesce a parlare con Natsumi sulla scala mobile?
No, non ci riesce.
6）Che cosa succede a Tōru quando la scala mobile finisce?
Toru non se ne accorge, inciampa e cade a terra.
7）Secondo te Natsumi era reale o era un fantasma? Perché?
省略
8）Il finale è un po' triste... prova a scrivere tu un lieto fine per il povero Tōru!
省略

Esercizio 1（練習問題1）

動詞	現在	過去
1）camminare	**camminando**	**avendo camminato**
2）parlare	**parlando**	**avendo parlato**
3）fare	**facendo**	**avendo fatto**
4）essere	**essendo**	**essendo stato**
5）scrivere	**scrivendo**	**avendo scritto**
6）bere	**bevendo**	**avendo bevuto**
7）dire	**dicendo**	**avendo detto**
8）capire	**capendo**	**avendo capito**
9）finire	**finendo**	**avendo finito**
10）salire	**salendo**	**essendo salito**

Esercizio 2（練習問題2）
1）**Non prendendo** le medicine, non guarirai. ③
2）**Studiando** mi mangio mezzo chilo di gelato al caffè. ①
3）Ho passato tutta la giornata **facendo** le pulizie e **stirando**. ④
4）**Pur avendo** la ragazza, Antonio esce con Martina! ⑤
5）**Avendo** molti soldi, Laura non ha bisogno di lavorare. ②
6）**Pur piovendo**, c'è il sole. ⑤
7）Marzia guida la macchina **mangiando** e **guardando** il telefonino. ①
8）**Avendo** finito il credito, non posso telefonare. ②
9）**Non dando** l'acqua ai fiori, li farai appassire. ③

Esercizio 3（練習問題 3）

動詞	現在分詞	過去分詞
1）portare →	**portante**	**portato**
2）contare →	**contante**	**contato**
3）seccare →	**seccante**	**seccato**
4）correre →	**corrente**	**corso**
5）bollire →	**bollente**	**bollito**

Esercizio 4（練習問題 4）
1）Chi è quella ragazza **sorridente**?
2）**Finito** il film, siamo tornati a casa.
3）**Salutata** Maria, mi incamminai verso il treno.
4）Questo è un film **divertente**!
5）Sono salito su un cargo **battente** bandiera liberiana.

Esercizio 5（練習問題 5）
1）**Fumare** troppo fa male!
2）**Bollire** la pasta e quando è pronta, **scolarla**.
3）**Dopo aver mangiato** le ostriche in quel ristorante, sono stato male.
4）Mi sono lussato una spalla **per aver nuotato** con il mare troppo mosso.
5）**Svegliarsi**, pelandroni! Non **poltrire**! Avanti!

SPECIALE　Una ricetta italiana — イタリア料理のレシピ
パレルモ風ウニのスパゲッティ
材料（4 人分）
スパゲッティ（あるいはリングイーネ）500 グラム，生ウニ 100 グラム，ニンニク 2 かけ
パセリ（イタリアンパセリ），オリーブオイル 100 ミリリットル，塩とコショウ
1）ウニソースの準備
小鍋を取り，オリーブオイルをそれに注いでください。2 かけのニンニクの皮をよく剥いて，それらを中火でキツネ色に炒めなさい。ニンニク片がキツネ色になったところで，それらをオイルから取り出し捨てておきなさい。こうした処理の後で，ウニの 3 分の 1（約 30 から 35 グラム，全部ではないので注意してください！）を熱いオイルの中に入れて，一つまみの塩とコショウを加え，2，3 分混ぜて，それから火を消しなさい。
2）パスタの準備
大きめの鍋に冷たい水を入れなさい。一握りの大粒の塩を入れるのを忘れないように。火をつけてそれを沸騰させます。水が沸騰したらスパゲッティ（グラニャーノ産のものであればより良いでしょう！）を加えて，それをアルデンテに茹でます。パスタを茹でている間にパセリを刻んでおきましょう。パスタの準備ができる前に，スプーン 3 杯分のパスタの茹で汁をオイルに加えてください。パスタが全部入るほどの大きな深いボウルを取ります。もしなければ，鍋を使いましょう。パスタが茹で上がったら，湯を切って，それをボウルに移し（あるいはそれを再び鍋に戻し），火を通したウニと一緒にオイルを混ぜます。この時点で，生ウニ（65 から 70 グラム）と刻んだイタリアンパセリを加えて，よく混ぜてお皿に盛りつけてください。さあ召し上がれ！

第 27 課　直接話法・間接話法

読解　マカロニ X ファイル
ファイル 104　レンツォ・ロッシ（58 歳，フェッラーラ県，スコルティキーノ村の労働者）の証言
「これが私の身に起きたことです。この村では誰も私の言うことを信じてはくれませんが，私が大事にしているものすべてにかけて，今皆さんに話そうとしていることが真実であると誓います。私は田舎の道で車を運転しておりました。一日中働き詰めだったので，その晩は少し疲れていました。ラジオを聞いておりました。勿論一滴のワインも飲んでおりませんでしたが，ある時点で，あたかも巨大な昆虫が私の車の真上を飛んでいるかのような奇妙なブーンという音が聞こえたんです。私はカーラジオがもう鳴らなくなっていること，そして車が私の操作に反応しなくなっていることに気づきました！　その一瞬後に，私は頭上にオレンジ色の強烈な光を見ました。そして，誓って本当ですが，私の車が地面から少なくとも 1 メートルは持ち上がったのです！　私は飛んでいたのです！　しかし，私は車をコントロールすることはできませんでした。ハンドルは常にロックされており，ペダルはまったく役に立ちませんでした。

車は，勿論私を中に閉じ込めたまま，道から浮き上がり，近くの小麦畑の上を飛び回り始めたのです。上へ下へ，左に右に。私はメリーゴーランドの上にいるみたいでした！　そして，あのブーンという音と目も眩むほどの光とともに，回転はますます速くなりました。ある時点で私は気を失ったに違いありません。再び目が覚めた時，車は私の家のちょうど前に止まっていたのです！　私にも車にも傷一つなく，至って普通の状態でした。しかし，その２日後，いつもと同じように朝バールに行って，地元の新聞を見ました。自分の目が信じられませんでした！　第１面に，フェッラーラ県のまさにこの地域で起こった奇妙な事象について語る記事が載っていたのです。そこには丸や三角，四角，そして完全に幾何学的な形の象徴など，非常に美しい図形に満ちた小麦畑の航空写真が添えてありました！　私は完全に確信しています。誰か，恐らくはこの星の者ではない誰かが，それらを描くために私の車を「絵筆」として用いたのです！　私にとっては，本当に信じられない体験でした。そして本当のことを言うと，夜に田舎の道を運転するのが今も少し怖いのです ...」

質問

1）Che cosa stava facendo il signor Rossi quella sera?
　Guidava la macchina per una strada di campagna.
2）A che cosa somigliava il suono che il signor Rossi ha sentito?
　Somigliava al ronzio di un insetto gigantesco.
3）Di che cosa si è accorto poi il signor Rossi?
　Si è accorto che l'autoradio non funzionava più, e che l'auto non rispondeva ai suoi comandi.
4）Dove gli sembrava di essere quando la macchina volteggiava sui campi?
　Gli sembrava di essere su una giostra.
5）Dove si trovava il signor Rossi al risveglio?
　Si trovava proprio davanti a casa sua.
6）Che cosa c'era scritto sul giornale?
　C'era scritto di un fatto misterioso successo nella provincia di Ferrara, proprio nella zona del signor Rossi.
7）Di che cosa è convinto il signor Rossi?
　È convinto che qualcuno, probabilmente non di questo mondo, abbia usato la sua macchina come "pennello" per disegnare delle figure geometriche sui campi di grano.

Esercizio 1（練習問題 1）

1）Fabio **dice che non vuole uscire con sua sorella.**
2）Anna e Rita **dicono che quella sera le accompagna lì Massimo.**
3）Alberto **mi dice di non disturbarlo.**
4）Sergio e Franca **dicono che si amano da morire.**
5）Stefano **dice che il film non gli piace per niente.**
6）Gianni e Franca ci **dicono di uscire con la loro macchina.**

Esercizio 2（練習問題 2）

Ecco quello che gli è successo: lì in paese nessuno gli crede, ma sarebbe pronto a giurare su tutto ciò che ha di caro che quello che sta per raccontarci è la verità. Guidava la sua macchina per una strada di campagna; era un po' stanco quella sera perché aveva lavorato tutto il giorno, e stava ascoltando la radio. Naturalmente non aveva bevuto nemmeno un goccio di vino, ma a un certo punto ha sentito uno strano ronzio, come se un insetto gigantesco stesse volando proprio sopra la sua macchina. Si è accorto che l'autoradio non funzionava più, e che l'auto non rispondeva ai suoi comandi! Un istante dopo ha visto sopra di se una fortissima luce arancione, e, ci giura, la sua macchina si era alzata dalla strada di almeno un metro! Stava volando! Ma non riusciva a controllarla: il volante era sempre bloccato, e i pedali non servivano a nulla. La macchina, con lui dentro, naturalmente, è uscita di strada e ha cominciato a volare e a volteggiare sopra i campi di grano vicini: su e giù, sinistra e destra; gli sembrava di essere su una giostra! E girava sempre più veloce, con quel ronzio e quella luce abbagliante. A un certo punto deve essere svenuto, e quando si è risvegliato la macchina era ferma proprio davanti a casa sua! Nè lui nè la macchina avevano un graffio, era tutto normale. Due giorni dopo, però, è andato al bar come ogni mattina, e ha visto il giornale locale. Non credeva ai suoi occhi! Sulla prima pagina c'era un articolo che parlava di un fatto misterioso successo nella provincia di Ferrara, proprio in quella zona, con foto aeree di campi di grano pieni di bellissimi disegni: cerchi, triangoli, quadrati, simboli dalle geometrie perfette! E lui è assolutamente convinto che qualcuno, probabilmente non di questo mondo, abbia usato la sua macchina come "pennello" per disegnarli! Per lui è stata davvero un'esperienza incredibile, ma a dire il vero ora ha un po' paura a guidare in campagna la sera...

Esercizio 3（練習問題 3）
1）Dissi a Federica **che da quel giorno non l'amavo più**.
2）Stefano mi aveva detto **che sarebbe venuto sicuramente il giorno dopo**.
3）Mio zio un giorno mi disse **che due anni prima aveva comprato la bara per il suo funerale.**
4）Mario ha detto **che pensava che Anna, la sua ragazza, fosse davvero in gamba.**
5）Stefania disse **che non credeva che quello fosse il suo cane.**
6）Ieri Debora ha perso l'aereo delle sette, e **ha detto che pensava che partisse alle otto.**

Esercizio 4（練習問題 4）
1）Gianni mi aveva detto: **"Non uscirò!".**
2）Federica gli ha detto: **"Non pensavo di trovarti qui!".**
3）Antonio diceva: **"Oggi non ho tempo!".**
4）Gino aveva detto: **"La mia ragazza non spierebbe mai il mio telefonino!".**

Esercizio 5（練習問題 5）
1）Avevamo detto a Mario **di** non lasciare fuori la bicicletta, ma lui non ci ha ascoltato.
2）Ho chiesto a Marta **se** avesse intenzione di tornare a casa oppure no.
3）Marco dice **che** lui qui non ci vuole più abitare.
4）Ho detto a Stefania **di** lasciare quel fannullone di Marco: è meglio perderlo che trovarlo.
5）La polizia ci ha detto **che** i ladri sono entrati dal balcone.
6）Il generale ci ha ordinato **di** attaccare!
7）Non vi avevo detto **quando** si fa l'esame? Si fa mercoledì prossimo!
8）Avevo chiesto a Maurizio **dove** fosse quel quadro, ma lui non se lo ricorda più...

Esercizio 6（練習問題 6）
1）Avevo chiesto a Martina **chi le avesse rubato la borsa**.
2）Adelmo chiede a Giuseppe **quali sport faccia.**
3）Stefania ha domandato a Yoko **se avesse mai mangiato la liquirizia.**
4）Galileo si chiedeva **se davvero il sole girasse intorno alla terra, o se fosse il contrario.**
5）Ho chiesto a Marina **che cosa ci facesse lì.**

SPECIALE　Il burocratese — 官僚語
① 口頭供述（一般語）
「今朝早く，私はストーブをつけるために地下の貯蔵庫に行きました。そして私は石炭の箱の後ろにあれらのワイン瓶を見つけたのです。私は夕食の時に飲むために１本それを取りました。上の酒屋がこじ開けられていたことなど，全く知らなかったんです。」

② 警察官が書いた公式な記録（官僚語）
午前の最初の数時間のうちに，暖房設備の始動を実行するために地下室に赴いた調書署名者は，燃料の収納に用いられた容器の後方に位置していた大量のブドウ加工品を偶然に発見するに至ったこと，そして上階の店舗で発生した家宅侵入について認識することなく，午後の正餐時にそれを消費する意図をもって，上述の品目の１つを持ち出すに及んだことを供述している。

① 官僚語		② 一般語
1）Titolo di viaggio	=	**5）Biglietto**
2）Velocipede	=	**1）Bicicletta**
3）Deiezione	=	**6）Cacca**
4）Palazzetto dello sport	=	**3）Palestra**
5）Sanzione amministrativa	=	**2）Multa**
6）Zona di balneazione	=	**4）Spiaggia**

第28課　最終のチャレンジ

サルデーニャの少年鼓手　(エドモンド・デ・アミーチス『クオーレ』より)

クストーザの戦いの初日，一八四八年七月二十四日のこと，周囲になにもない民家の接収命令を受けて高地に派遣されていた，わが軍の歩兵連隊約六十名が，オーストリア軍二個中隊の急襲にあった。銃弾をいたるところから浴びせられ，その民家の戸口から命からがら逃げこんで，戸口をしめるのがやっとだった。死傷者は戦場に残したままだった。

戸口をしめると，味方の兵士は一階と二階の窓にかけよって，襲撃してくる敵の頭上めがけて，はげしく銃撃を開始した。敵も，民家を前方からまるく囲むようにして接近しながら，さかんに応戦した。イタリア兵六十名の指揮にあたっていたのは，中少尉二名に大尉一名だった。大尉は，やせて長身の謹厳そうな老人で，髪もひげも真っ白だった。兵士にまじって，ひとり，サルデーニャ島出身の鼓手がいた。十四歳になったばかりの少年で，まだ十二歳にも見えないくらい小柄な，彫りのふかくて浅黒い顔をした，きらきら光る黒いひとみをしていた。大尉は一階の一室に陣取って，まるで連射射撃でもするように，矢つぎ早に命令をくりだしながら，防戦の指揮をとっていた。その意志の固そうな顔に，ひるむ様子はいっこうに見えなかった。鼓手は，いくらか青ざめてはいたが，足をふんばって，机にのぼると，ぴったり壁に身をよせて，首をのばして，窓の外を見た。すると草原をぬけて，銃撃のけむりのむこうから，オーストリア兵の白い軍服が，ゆっくりとこちらにむかってくるのが見えた。

その民家はけわしい斜面のてっぺんにあって，斜面の側には，屋根裏部屋についた小窓がひとつ，高いところにあるだけだった。そのためオーストリア兵もそちらの側には攻撃をしかけることはせず，斜面に人影はなかった。射撃は家の正面とその両側だけにしか加えられていなかった。

それでも地獄の砲火にはちがいなかった。鉛の弾があられのようにふりそそぎ，外壁をくずし，かわらをこなごなにし，家の中では，天井から家具，窓にドアを，はしからこわして，あたり一面，木ぎれやしっくいの粉，食器やガラスのかけらを舞いちらしながら，うなりをたてて，そこかしこにあたってはねかえり，頭が割れるくらいすさまじい音をたて，片っぱしから跡形もなくなるまでに破壊していった。ときおり，窓から撃っていた兵士がもんどりうって倒れると，だれかが奥にひきずっていった。傷口に手をあてがって，別の部屋によろめきながら移っていく兵士もいた。台所では，すでに一名，弾がひたいに命中して命を落とした兵士がでた。敵の包囲網の輪がせばまってきていた。

ふと，それまでまったく動揺の見えなかった大尉の顔に，不安の色がよぎったかと思うと，大尉が軍曹をしたがえて，部屋から大またにでていった。三分ほどして，軍曹がかけ足でもどってきて，鼓手に，ついてくるようにと，合図をおくった。少年は軍曹のあとについて，階段をかけあがり，軍曹といっしょに，がらんとした屋根裏部屋にはいった。見ると大尉が，小窓にもたれて，鉛筆で紙になにか書いているところだった。足もとの床には，井戸につかう綱が一本おいてあった。

大尉はその紙をたたむと，兵士たちをふるえあがらせる，その灰色のつめたい目で，少年をじっと見て，なげつけるように言った。「鼓手！」

少年は敬礼した。

大尉が言った。「おまえは度胸がいい」

少年の目がきらりと光った。

「はい，大尉どの」

「下を見ろ」と，少年を窓ぎわに押しやりながら，大尉が言った。「平地の，ヴィッラフランカの集落のあたりに，銃剣が光っているのが見えるな。わが軍があそこにいる。一歩もひかずにだ。いいか，この手紙をもって，この綱で小窓からおりたら，斜面をくだり，草原をぬけ，味方のところまでいき，最初にあえた将校に，手紙をわたすんだ。ベルトと背嚢はおいていけ」

少年はベルトと背嚢をはずすと，手紙を胸ポケットにいれた。軍曹が綱を投げおろし，片はしを両手でしっかりつかんだ。大尉は，草原に背をむけると，少年が小窓を通れるように手を貸した。

「いいか」大尉が少年に言った。「この分遣隊が助かるかどうかは，おまえの勇気と，その二本の脚にかかっておる」

「ご信頼ください，大尉どの」外にぶらさがりながら，少年はこたえた。

「下り斜面では，かがむんだ」軍曹といっしょに綱をつかみながら，大尉がまた言った。

「だいじょうぶです」

「しっかりな」

あっというまに少年は地上におりた。軍曹は綱をひきあげると，すがたを消した。大尉は小窓から，さっと顔をのぞかせて，少年が斜面を飛ぶようにかけおりていくのを見た。

どうやら敵にみつからずに逃げおおせたようだと大尉が考えはじめた，そのときだった。少年の前後の地面から，五つ，六つ，ちいさな土ぼこりが上がった。オーストリア兵にみつかったのだ。斜面のてっぺんから，少年めがけて，いっせいに射撃がはじまっていた。こまかな土ぼこりは，銃弾が地面にはねたものだった。

けれど少年鼓手は，なおも前のめりになって，走りつづけていた。

突然，少年がばたっと倒れた。「やられた！」と大尉はさけんで，こぶしを噛んだ。だが，それさえ言い終えないうちに，少年が起きあがるのが見えた。「ああ！　倒れただけだった！」と胸のなかで言って，大尉はほっと息をついた。じっさい，少年は，また全力で走りはじめた。けれど足をひきずっていた。「ねんざだ」と大尉は思った。少年のまわりのそこかしこで，また砂けむりがたった。けれどそれもすこしずつ遠ざかっていった。助かったぞ。大尉は勝ち誇ったようにさけんだ。それでもまだ，少年のあとをじっと目で追っていた。あと一瞬遅ければ，と思うとぞっとした。即刻援軍を手配してほしいと書いた手紙をもった少年が，一刻もはやく，下にいる味方のところにたどり着かなければ，部下は全員命を落とすか，さもなければ降服して敵の捕虜になるか，どちらかだった。少年は，ちょっとはやく走っては，速度をゆるめ，足をひき，またかけだすのだが，そのたびごとに，苦しくなるらしく，時どきつまずいたり，立ち止まったりしていた。「たぶん弾がかすったんだ」と大尉は思った。そしてふるえながら，少年の動きを，ひとつも見のがすまいとみつめていた。まるで自分の声が少年にとどきでもするかのように，少年をはげまし，少年に話しかけていた。そしてその燃えるような目で，逃げる少年と，はるか下のほう，陽の光で黄金色に染まった穀物畑に囲まれた平地でときおりきらめく銃剣と，両者の距離をたえず測っていた。

そのあいだも，下の部屋からは，びゅんびゅん弾がとびかい，なにかがこわれる激しい音が聞こえていた。将校や軍曹たちが大声で命令したりどなったりする声も，けがをして悲鳴をあげるけが人たちの声も，家具やしっくい壁のくだける音も。

「さあ！　がんばれ！」遠くなった少年を目で追いかけながら，大尉はさけんだ。「進むんだ！　走れ！　止まりおったぞ，くそっ！　おお，またかけだした」

将校がひとりやってきて，敵方に攻撃をやめる気配はなく，白旗をふって降服をうながしております，と大尉につたえた。

「ほうっておけ！」少年から目を離さずに，大尉はさけんだ。少年はもう平らなところまでたどり着いていたが，これ以上は走れないというように，はうようにして，かろうじて進んでいた。「さあ，進め！　走るんだ，おい！」歯ぎしりしながら，こぶしをにぎりしめて，大尉は言った。「くたばれ，死んでしまえ，このいくじなし！　さあ，いくんだ！」そして聞くのもおそろしい呪いのことばを投げつけた。「ああ！　この死にぞこないめ，すわりこみおったぞ！」

じっさい，さっきまで穀物畑の上に頭の先をのぞかせていた少年のすがたは，ふいに消えた。倒れたとしか思えなかった。けれどもそれも一瞬のことで，少年がまた頭をのぞかせた！　最後はその頭も生け垣のむこうに消え，それっきり大尉の目には見えなくなった。

すると大尉はあたふたと下にかけおりていった。弾はあられのようにふりつづいていた。部屋という部屋がけが人であふれ，なかには，家具につかまって，よっぱらいのように，ぐるぐるまわっているものもいた。壁も床も，血だらけだった。どの戸口にも，死体が折り重なっていた。中尉は銃弾で右の腕をくだかれていた。あらゆるものが，けむりとほこりにまみれていた。

「しっかりしろ！」大尉はさけんだ。「持ち場から動くな！　援軍がくる！　あとすこしだ，がんばれ！」

オーストリア兵がさらに近くまできていた。下のけむりのあいだから，そのゆがんだ顔が見えたかと思うと，すさまじい銃声にまじって，降服しろ，さもないと皆殺しだ，とおどす野蛮で無礼なさけびがとどいてきた。それにおじけづいて，窓からあとずさる兵士がでた。それを軍曹たちが，また押しもどした。しかし防戦する弾の音はしだいに弱まって，どの顔にも，あきらめの色がうかんでいた，もうこれ以上，抵抗はむりだった。

そのうちオーストリア兵の銃撃が間遠になり，とどろくような声が，まずドイツ語で，それからイタリア語で，ひびきわたった。「降伏しなさい！」

「するものか！」大尉が窓からどなりかえした。

そして両軍はいっそうはげしく銃撃戦を再開した。またあらたな死者がでた。防御にあたる兵士のいなくなった窓は，ひとつやふたつではなかった。最期の瞬間がせまっていた。大尉は歯を食いしばりながら，声をからしてさけんでいた。「こない！　援軍がこない！」そして気でもちがったように，ふるえる手でサーベルをふりまわし，必死の形相でかけまわっていた。そのとき，屋根裏から軍曹がかけおりてきて，しぼりだすような声でさけんだ。「きました！」

「援軍がきたぞ！」大尉が歓喜のさけびをあげた。

その声を聞いて，無事なものも，けがをしたものも，将校たちも，軍曹たちも，みんながいっせいに窓に突進していった。抵抗はさらにはげしさをました。それからまもなく，敵に不安と混乱のきざしらしいものが見えた。すかさず大尉は，大急ぎで，一階の一室に，一小隊を集め，銃剣突撃に打ってでると告げた。そしてふたたび上にかけのぼっていった。大尉が上にたどり着くのとほとんど同時に，勇ましい雄たけびがあがり，ひづめの音がそれにつづいた。窓から見ると，けむりをついて，イタリア騎兵の，両先のとがった帽子が，そして騎兵中隊が風のように突き進んできたかと思うと，宙をまう刃のきらめきの先が，次つぎと，頭や肩や胴にふりおろされていった。それを見て，戸口から，わが小隊が銃剣を低くかまえて突撃にでた。敵は総くずれになり，よろめきながら退却していった。もう草原に人影はなく，その民家も無事だった。イタリア歩兵二個大隊が大砲二門をしたがえて，その高地を占領したのは，それからまもなくのことだ。

大尉は，生き残った兵士たちをつれ，自分の連隊に合流すると，さらに戦闘をつづけたが，最後の白兵戦のおり，流れ弾にあたって左手に軽傷をおった。

その日は，味方の勝利で終わった。

しかし翌日，戦闘が再開され，イタリア軍は，勇敢に抵抗したが，その甲斐もなく，オーストリアの大軍に押され，二十六日朝，あえなくミンチョの川へと退却しなければならなかった。

大尉は，けがしたからだで，疲れきってだまりこくった部下たちといっしょに，徒歩で行軍をつづけ，日の暮れるころに，ミンチョ川のほとりにあるゴイトの町に着いた。それからすぐに，片腕をやられて衛生部隊にに収容され，ひと足先にきているはずの中尉の消息をたずねた。すると，教会が急ごしらえの野戦病院になっていると教えてくれたひとがいて，そこにむかった。

教会は負傷した兵士でいっぱいだった。二列にならべられたベッドの上にも，床に敷かれたマットの上にも，兵士たちが横たわっていた。ふたりの軍医と助手がいくにんか，息をきらしながら，あわただしく立ちはたらいていた。おさえたようなさけび声やうめき声が，あちこちから聞こえていた。

中にはいるとすぐ，大尉は立ち止まり，部下の将校をさがして，あたりを見まわした。

そのとき，すぐそばで，自分をよぶ弱々しい声がした。「た，い，い，ど，の！」

ふりかえると，それはあの少年だった。

簡易ベッドに寝かされて，赤と白のチェックの，厚手のカーテンに胸までおおわれ，その上に両腕をだしていた。顔色は悪く，やせたようだったが，その瞳はいつもと変わることなく，黒い宝石のように，きらきらとかがやいていた。

「おまえ，ここにいたのか？」びっくりして，けれどぶっきらぼうに大尉がたずねた。「よくやった，おまえは任務を果たしたんだ」

「できるだけのことはしました」少年鼓手はこたえた。

「けがをしたんだな」そう言いながら，大尉は，あたりのベッドに中尉のすがたをさがしていた。

「のぞむところです！」はじめての負傷をほこらしく思う気持ちが，少年に，話をさせる勇気をあたえたのだった。でなければ，大尉の前で直接口を開くことなどできなかっただろう。「せいいっぱい，からだをまるめて走ったんですが，すぐにみつかってしまいました。敵の弾にあたらなければ，あと二十分ははやくつけたはずです。さいわいすぐに，参謀本部の大尉どのに会えて，手紙をわたすことができました，ですが，あいつをお見舞いされてからは，下りがきつくて！　のどがからからになって，もうたどり着かないんじゃないかって思いながら，でも自分が一分遅れるごとに，上のほうでは，味方がまたひとりあの世にいくかと思うと，腹が立って，涙がとまりませんでした。もういいんです。やれるだけのことは，やったんですから。満足してます。あのう，失礼ですが，大尉どの，血がでています」

たしかに大尉の手のひらの，包帯のほつれたところから，血が指をつたって流れでていた。

「包帯をしめてさしあげましょうか，大尉どの？　ちょっとこちらに，おだしください」

大尉は左手をさしだし，少年がむすび目をほどいてしばりなおすのを手伝おうと，右手をのばした。けれど少年はまくらからからだを起こしたとたん，青ざめて，また頭をもどさなければならなかった。

「もういい，もういい」と言って，大尉は少年をじっとみつめ，それから，少年が放そうとしないので，包帯をしたほうの手をひこうとした。「自分のことを考えろ，他人の心配をする前にな。大したことはないと油断していると，たいへんなことになるからな」

少年は首をふった。

「だがな，おまえは」じっくりと少年を見てから，大尉は言った。「そうとう出血がひどかったはずだ。それだけ弱っているところをみるとな」

「出血がひどかったですって？」と，ほほえみながら少年がこたえた。「出血どころじゃありません。ごらんください」

そう言うと少年は，ふいにシーツをはねのけた。

大尉は，ぎょっとして，あとずさった。

少年の脚が，片ほうなくなっていた。左の脚が，ひざの上から切り落とされていた。切り口には，包帯がまかれ，血がにじんでいた。

ちょうどそのとき，小柄でふとった軍医が通りかかった。シャツは着ていなかった。

「ああ，大尉どの」少年を指さしながら，軍医が口早にいった。「じつに残念なことをしました。あんなにむちゃなことさえしなければ，この脚も，どうということもなく，助かったんですがね。なにしろ炎症がひどくて。その場で切らなければなりませんでした。ああ，でも……勇敢な子ですよ，私が請け合います。涙ひとつこぼしませんでしたからね。声ひとつあげなかったですから！　手術しながら，わたしも誇らしく思いましたよ，これこそイタリアの少年だとね。この子は，ほんとうにすごい子です，まったく！」

そう言って，軍医は足早に去っていった。

大尉は，白くてふといまゆをよせて，じっと少年をみつめてから，シーツをもとどおりにかけなおしてやった。それからゆっくりと，自分でも気づかないうちに，片手を帽子にやると，少年をみつめたまま，帽子をぬいだ。

「大尉どの！」びっくりして少年はさけんだ。「なにをなさるんです，大尉どの，この自分ごときにでありますか？」

すると，部下にやさしいことばひとつかけたことのない，その無骨な兵士が，なんとも言えないやさしく愛情のこもった声でこたえた。「わしは一介の大尉にすぎないがお前は英雄だ」

そして両腕をひらいて少年におおいかぶさると，その胸に口づけをした。

（和田忠彦 訳，岩波文庫，2019 年 7 月刊行）

Osaka University Press